高等院校医学实验教学系列教材

医学显微形态学实验

第2版

主　编　张　莉　杨春雨
副主编　刘　霞　李晓明　杜晓媛　李尘远　田　娟
编　委　（按姓氏笔画排序）

王　丹　王雅光　田　娟　田　鹤　包翠芬
刘　霞　苏荣健　杜晓媛　李　虹　李尘远
李晓明　杨　立　杨　静　杨春雨　宋小峰
张　勇　张　莉　张　萍　陈学军　单　颖
侯　威　陶嘉雯　薛占瑞　魏国华

科学出版社
北　京

内 容 简 介

本教材在第1版基础上按照现行培养方案进行修订。本书涵盖了人体形态学（除解剖学外）、细胞生物学及医学遗传学的实验教学内容，以微形态学内容为主，辅以必要的免疫组织化学及分子生物学内容，是医学生必修课程之一。本教材共分四篇；第一篇主要介绍了常用的实验仪器及其使用方法，以及形态学的基本实验方法；第二篇为经典验证性实验，是本教材的主体；第三篇是综合性实验，第四篇是创新性实验。综合性实验融合了基础和临床多学科的实验方法，目的在于改变传统的单一实验教学模式，有利于提高学生的综合思维和实践能力；创新实验通过介绍一些前沿的实验方法和研究思路，旨在培养学生创新意识和能力。

本教材适用范围为高等医药院校医药学专业的本、专科学生。

图书在版编目 (CIP) 数据

医学显微形态学实验/张莉，杨春雨主编.—2版.—北京：科学出版社，2018.2

ISBN 978-7-03-054084-3

Ⅰ.①医… Ⅱ.①张… ②杨… Ⅲ.①人体形态学-显微术-实验-高等学校-教材 Ⅳ.① R32-33

中国版本图书馆 CIP 数据核字 (2017) 第 187096 号

责任编辑：朱　华 / 责任校对：郭瑞芝
责任印制：霍　兵 / 封面设计：陈　敬

版权所有，违者必究。未经本社许可，数字图书馆不得使用

科 学 出 版 社 出版
北京东黄城根北街 16 号
邮政编码：100717
http://www.sciencep.com

北京中科印刷有限公司 印刷
科学出版社发行　各地新华书店经销
*

2011 年 8 月第　一　版　　开本：787×1092　1/16
2018 年 2 月第　二　版　　印张：18 1/4
2024 年 1 月第十五次印刷　字数：488 000
定价：99.00元
（如有印装质量问题，我社负责调换）

高等院校医学实验教学系列教材（第2版）总编委会

主　任　曲　巍
副主任　崔洪雨　肖建英　王爱梅　温有锋
　　　　　贾云宏　徐　军　万义增
委　员　（按姓氏笔画排序）
　　　　　于　利　于秋泓　万义增　王　顺　王亚平
　　　　　王昌军　左中夫　叶丽平　李华侃　杨　菁
　　　　　杨春雨　张　莉　张轶博　单　颖　徐　军
　　　　　高　航　阎文柱
总策划　崔洪雨
秘　书　马丽娜

高等院校医学实验教学系列教材(第2版)

编委会

总　　序

医学专业教育不仅要让学生系统掌握医学理论知识，更需要关注学生实践技能、科学思维和创新能力的培养。实验教学与理论教学相辅相成，在全面提高医学教育质量方面有着理论教学不可替代的作用，是高等教育体系中的一个重要环节，是医学教育教学的重要组成部分。实验教材是体现实验教学内容和教学方法的知识载体，是指导学生动手操作、培养学生实践能力的重要工具，是做好实验教学、提高实验教学质量的重要保证，是培养创新型人才的重要手段。为顺应当代医学发展形势、满足医学教育和医学生培养需求，建立以能力培养为主线，分层次、多模块、相互衔接的实验教学体系，培养适应21世纪医药卫生事业发展的高素质医学人才，从实际应用性出发，构建具有自身特点的实验教学内容和教材体系。

本系列实验教材第1版于2011年由科学出版社出版发行，为推动实验教学改革，整合实验教学资源，完善实验教学体系，提高实验教学水平，于2016年10月对第1版系列教材进行全面修订。第2版教材由长期工作在教学、科研、医疗第一线的具有丰富理论与实践教学经验的教师编写而成，延续上一版教材的结构框架，将实验内容分为基本实验操作及常用仪器使用、经典验证性实验、综合性实验、研究创新型实验，并依据学科特点适当调整结构比例，增加综合性、创新性实验项目，减少验证性实验。进一步整合、更新了实验项目，删减陈旧内容，纠正在使用过程中发现的问题，使实验项目设置更加科学，实验技术操作更加规范，更有利于培养和提高学生实践能力、观察能力、分析和解决问题能力。

第2版实验系列教材共八本，包括《医用化学实验》《医用物理学实验》《医学大体形态学实验》《医学显微形态学实验》《医学机能实验学》《生物化学与分子生物学实验》《医学免疫学与病原生物学实验》《临床技能学》。其中《临床技能学》融合视频、音频等富媒体技术，使纸质教材与数字教材有机地结合，顺应教材多样化、个性化的发展需要。

本系列教材读者对象以本科、专科临床医学专业为主，兼顾预防、口腔、影像、麻醉、检验、护理、药学等专业需求，涵盖医学生基础医学全部实验教学内容。

在修订过程中，虽经全体编委努力工作及反复修改，但由于水平和时间限制，教材中难免有疏漏或缺陷，恳请读者和同行专家提出宝贵意见。

高等院校医学实验教学系列教材
总编委会
2017年7月

前 言

本教材是高等院校医学实验教学系列教材,是在第1版的基础上,编委们整合了细胞生物学、医学遗传学、组织胚胎学和病理解剖学的实验教学内容,同时结合多年实践教学经验编写而成。

随着国家对医学高等教育改革的逐步深入,医学实验教学的教学目标和教学内容也在发生深刻的变革。新时期医学人才的培养目标是培养基础知识扎实、实践能力强,同时具有一定的创新能力的医学人才;而培养学生科学的学习态度、严谨的科学作风和勇于探索的创新精神是医学实验教学的宗旨。努力打造以能力培养为主线的新的实验教学体系,探索和实践把实验教学作为一门医学课程,而不单单是理论教学的辅助手段,本教材就是在这种新的形势下编写而成。

本教材坚持传承和创新。既传承了传统的经典验证性实验教学内容,又在此基础上有所拓展,引入了显微镜及形态学技术、综合性实验和创新性实验。经典的验证性实验是教材的主体部分,它是前辈们经过多年的探索、实践和提炼,创建而成的实验教学体系,是实验教学的精髓,必须得到传承。而显微镜及形态学技术介绍了各种显微镜的结构、使用以及常用形态学技术方法;综合性实验和创新性实验展示了部分现代的、前沿的实验方法和研究手段,体现了现代科学的研究成果。这样,既可以开阔学生的眼界,又坚定了学生探索科学奥秘的信念,进而达到培养学生创新性思维的最终目的。

本教材组织4个学科的资深教授和优秀青年骨干教师,认真研究教材编写思路,精心筛选了实验内容,相信这套教材的出版会给我们的形态学实验教学带来改变,经过一定时间的实践和探索,总结出适合现代医学教育的形态学实验教学体系。

由于编写水平和能力有限,难免有疏漏和不足之处,敬请广大同仁和师生们给予批评指正。

张 莉 杨春雨
2017年10月8日

目　　录

第一篇　常用仪器及其使用方法

第一章　显微镜的结构和使用 …………… 1
 第一节　普通光学显微镜的结构和
   使用方法 …………………… 1
 第二节　荧光显微镜的结构和使用 … 6
 第三节　倒置相差显微镜的结构和
   使用 ………………………… 9
 第四节　激光扫描共聚焦显微镜的
   基本原理和应用 …………… 9
 第五节　电子显微镜的基本原理和
   应用 ………………………… 10
 第六节　数码显微互动教学系统的
   使用与数码显微摄像 ……… 12
第二章　基本实验方法 …………………… 14
 第一节　病理标本取材 ……………… 14
 第二节　组织切片制作与 HE 染色 … 16
 第三节　组织化学与细胞化学技术 … 20
 第四节　免疫组织化学技术 ………… 24
 第五节　原位杂交技术及其应用 …… 30
 第六节　组织培养技术 ……………… 33
 第七节　常用电镜技术及标本制备 … 34

第二篇　经典验证性实验

第一部分　细胞生物学 …………………… 40
 第一章　动物细胞的基本形态观察 …… 40
 第二章　细胞组分的化学反应 ………… 43
 第三章　线粒体和液泡系的活体染色 … 46
 第四章　细胞膜通透性的观察 ………… 49
 第五章　细胞计数 ……………………… 51
 第六章　细胞超微结构电镜照片的识
   别和细胞器的显微观察 ……… 53
 第七章　细胞分裂 ……………………… 56
 第八章　细胞融合 ……………………… 58
 第九章　微丝的染色及形态观察 ……… 60
第二部分　组织胚胎学 …………………… 62
 第一章　上皮组织 ……………………… 62
 第二章　结缔组织 ……………………… 66
 第三章　软骨组织和骨组织 …………… 69
 第四章　血液 …………………………… 73
 第五章　肌组织 ………………………… 76
 第六章　神经组织 ……………………… 78
 第七章　循环系统 ……………………… 82
 第八章　免疫系统 ……………………… 85
 第九章　内分泌系统 …………………… 88
 第十章　消化管 ………………………… 91
 第十一章　消化腺 ……………………… 95
 第十二章　呼吸系统 …………………… 98
 第十三章　泌尿系统 …………………… 100
 第十四章　生殖系统 …………………… 103
 第十五章　中枢、皮肤、感觉器官 …… 107
 第十六章　胚胎总论 …………………… 113
 第十七章　颜面发生 …………………… 119
 第十八章　消化系统和呼吸系统发生
   ………………………………… 121
 第十九章　泌尿系统和生殖系统
   发生 …………………………… 123
 第二十章　循环系统的发生 …………… 126
第三部分　病理学 ………………………… 130
 第一章　适应、损伤和修复 …………… 130
 第二章　局部血液循环障碍 …………… 135
 第三章　炎症 …………………………… 138
 第四章　肿瘤 …………………………… 141
 第五章　心血管系统疾病 ……………… 150

第六章	呼吸系统疾病 …………… 158	第四部分	医学遗传学 ………………… 211
第七章	消化系统疾病 …………… 165	第一章	人类外周血淋巴细胞染色
第八章	淋巴造血系统疾病 ……… 173		体标本的制备 …………… 211
第九章	泌尿系统疾病 …………… 175	第二章	人类染色体常规核型分析 … 214
第十章	生殖系统和乳腺疾病 …… 182	第三章	人类染色体 G 显带标本的
第十一章	内分泌系统疾病 ………… 191		制备与分析 ……………… 216
第十二章	神经系统疾病 …………… 196	第四章	人类 ABO 血型检测 ……… 220
第十三章	传染病 …………………… 201	第五章	人类苯硫脲（PTC）尝味
第十四章	寄生虫病 ………………… 208		实验 ……………………… 222

第三篇　综合性实验

第一章　形态学定量分析 ……………… 224
　第一节　显微测量 ………………… 224
　第二节　肿瘤微血管构筑异质性与
　　　　　正常组织微血管形态观察
　　　　　………………………… 226
　第三节　鼠肾发育的体视学分析 … 228
第二章　动物实验 ……………………… 231
　第一节　血液循环与空气栓塞 …… 231

　第二节　肾脏血管分布特点与肾
　　　　　缺血性梗死 ……………… 231
　第三节　小鼠胚胎标本的制作 …… 232
　第四节　血管内皮细胞的体外培养
　　　　　与鉴定 …………………… 233
第三章　疾病分析与诊断 ……………… 235
　第一节　诊断病理学概要 ………… 235
　第二节　病例分析与诊断 ………… 243

第四篇　创新性实验

第一章　组织损伤与修复 ……………… 251
　第一节　肿瘤细胞凋亡的检测设计
　　　　　………………………… 251
　第二节　局部因素对皮肤创伤愈合
　　　　　的影响 …………………… 253
　第三节　坐骨神经分支选择损伤
　　　　　模型的制备及行为学观察
　　　　　………………………… 254
　第四节　小鼠癫痫模型的制备及
　　　　　形态学检测 ……………… 255
　第五节　脑缺血再灌注损伤大鼠
　　　　　模型制备及免疫组织化
　　　　　学染色 …………………… 257
　第六节　危重病性肌病大鼠模型的
　　　　　制备及 HE 染色 ………… 259
　第七节　糖尿病肾病大鼠模型制备
　　　　　及 PAS 染色 …………… 261

　第八节　帕金森模型的制备及行
　　　　　为学观察 ………………… 262
　第九节　大鼠肝损伤模型制备及
　　　　　相关检测 ………………… 264
第二章　肿瘤的生物学行为分析 ……… 267
　第一节　肿瘤的侵袭及转移能力
　　　　　分析 ……………………… 267
　第二节　肿瘤的生长与凋亡分析 … 272
第三章　基因与遗传 …………………… 280
　第一节　人类性状的家系收集和
　　　　　遗传分析 ………………… 280
　第二节　疾病家系收集和遗传
　　　　　分析 ……………………… 281
　第三节　遗传咨询 ………………… 282
　第四节　DNA 损伤与遗传性疾病
　　　　　………………………… 283

第一篇 常用仪器及其使用方法

本篇主要介绍人体形态学实验的常用仪器和使用方法，包括多种显微镜的结构和使用，光镜和电镜的常用制片方法，组织化学、免疫组织化学和原位杂交技术及组织细胞培养技术等。

第一章 显微镜的结构和使用

显微镜是一种精密的光学仪器，已有300多年的发展史。自从有了显微镜，人们看到了过去看不到的许多微小生物和构成生物的基本单元——细胞。目前，不仅有能放大千余倍的光学显微镜，而且有放大几十万倍的电子显微镜。本章主要介绍医学常用显微镜的基本结构和使用方法。

第一节 普通光学显微镜的结构和使用方法

【实验目的】

掌握普通光学显微镜的低倍镜、高倍镜和油镜使用方法；了解普通光学显微镜的基本结构及其保护要点。

【实验原理】

普通光学显微镜是一种精密的光学仪器，是生物医学研究不可缺少的工具。显微镜的镜头由一套透镜组成，普通光学显微镜通常能将物体放大1500~2000倍。显微镜的放大效能（分辨率）是由所用光波长短和物镜的数值孔径决定的，缩短使用的光波波长或增加数值孔径可以提高分辨率。显微镜总的放大倍数是目镜和物镜放大倍数的乘积，而物镜的放大倍数越高，分辨率越高。

【实验方法】

一、普通光学显微镜的结构

显微镜由机械装置和光学系统两大部分组成（图1-1-1-1）。

（一）显微镜的机械装置

显微镜的机械装置是显微镜的重要组成部分。其作用是固定与调节光学镜头，固定与移动标本等。主要有镜座、镜臂、载物台、镜筒、物镜转换器与调焦装置组成。

1. 镜座和镜臂 镜座的作用是支撑整个显微

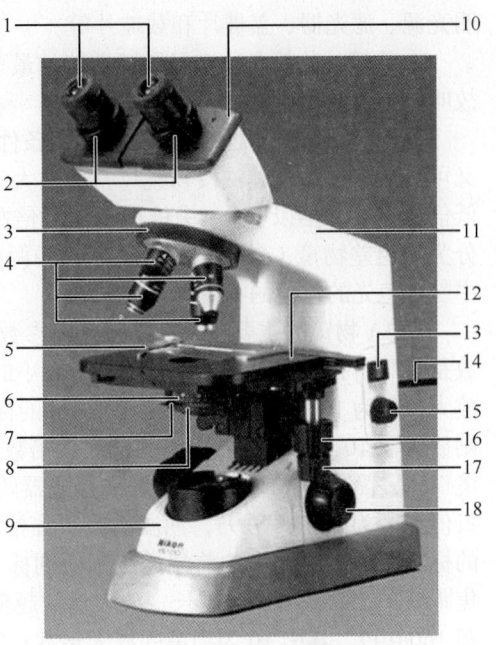

图1-1-1-1 光学显微镜的结构

1.目镜；2.视力调节；3.物镜转换器；4.物镜；5.片夹；6.聚光器；7.光栅；8.滤光片；9.镜座；10.眼距调节；11.镜臂；12.载物台；13.开关；14.电线；15.灯光调节；16和17.推进尺；18.调焦装置

镜，装有反光镜，有的还装有照明光源。镜臂的作用是支撑镜筒和载物台，分固定式和活动式两种。

2. 载物台（又称工作台、镜台） 载物台作用是安放载玻片，形状有圆形和方形两种。中心有一个通光孔，通光孔后方左右两侧各有一个安装压片夹用的小孔。分为固定式与移动式两种。有的载物台的纵横坐标上都装有游标尺，一般读数为0.1cm，游标尺可用来测定标本的大小，也可用来对被检部分做标记。

3. 镜筒 镜筒上端放置目镜，下端连接物镜转换器。分为固定式和可调节式两种。机械筒长（从目镜管上缘到物镜转换器螺旋口下端的距离称为镜筒长度或机械筒长）不能变更的叫作固定式镜筒，能变更的叫作调节式镜筒，新式显微镜大多采用固定式镜筒。安装目镜的镜筒，有单筒和双筒两种。单筒又可分为直立式和倾斜式两种，双筒则都是倾斜式的。其中双筒显微镜，两眼可同时观察以减轻眼睛的疲劳。双筒之间的距离可以调节，而且其中有一个目镜有屈光度调节（即视力调节）装置，便于两眼视力不同的观察者使用。

4. 物镜转换器 物镜转换器固定在镜筒下端，有3～4个物镜螺旋口，物镜应按放大倍数高低顺序排列。旋转物镜转换器时，应用手指捏住旋转碟旋转，不要用手推动物镜，因时间长容易使光轴歪斜，使成像质量变差。

5. 调焦装置 显微镜上装有粗准焦螺旋和细准焦螺旋。有的显微镜粗准焦螺旋与装在同一轴上，大螺旋为粗准焦螺旋，小螺旋为细准焦螺旋；有的则分开安置，位于镜臂的上端较大的一对螺旋为是粗准焦螺旋，其转动一周，镜筒上升或下降10mm。位于粗准焦螺旋下方较小的一对螺旋为细准焦螺旋，其转动一周，镜筒升降值为0.1mm，细准焦螺旋调焦范围不小于1.8mm。

（二）显微镜的光学系统

显微镜的光学系统主要包括物镜、目镜、反光镜和聚光器四个部件。广义地说也包括照明光源、滤光器、盖玻片和载玻片等。

1. 物镜 物镜是决定显微镜性能的最重要部件，安装在物镜转换器上，接近被观察的物体，故叫作物镜或接物镜。

（1）物镜的分类：物镜根据使用条件的不同可分为干燥物镜和浸液物镜；其中浸液物镜又可分为水浸物镜和油浸物镜（常用放大倍数为90～100倍）。根据放大倍数的不同可分为低倍物镜（10倍以下）、中倍物镜（20倍左右）高倍物镜（40～65倍）。根据像差矫正情况，分为消色差物镜（常用，能矫正光谱中两种色光的色差的物镜）和复色差物镜（能矫正光谱中三种色光的色差的物镜）。

（2）物镜的主要参数：物镜主要参数包括：放大倍数、数值孔径和工作距离。①放大倍数是指眼睛看到像的大小与对应标本大小的比值。它指的是长度的比值而不是面积的比值。例：放大倍数为100×，指的是长度是1μm的标本，放大后像的长度是100μm，要是以面积计算，则放大了10 000倍。显微镜的总放大倍数等于物镜和目镜放大倍数的乘积。②数值孔径也叫镜口率，简写NA或A，是物镜和聚光器的主要参数，与显微镜的分辨力成正比。干燥物镜的数值孔径为0.05～0.95，油浸物镜（香柏油）的数值孔径为1.25。③工作距离是指当所观察的标本最清楚时物镜的前端透镜下面到标本的盖玻片上面的距离。物镜的工作距离与物镜的焦距有关，物镜的焦距越长，放大倍数越低，其工作距离越长。例：10倍物镜上标有10/0.25和160/0.17，其中10为物镜的放大倍数；0.25为数值孔径；160为镜筒长度（单位：mm）；0.17为盖玻片的标准厚度（单位：mm）。10倍物镜有效工作距离为6.5mm，40倍物镜有效工作距离为0.48mm。

（3）物镜的作用是将标本作第一次放大，它是决定显微镜性能的最重要的部件。显微镜不能无限放大图像，过分放大会导致图像不清晰，它受分辨率（resolution power）的限制。分辨率的大小是用分辨距离（所能分辨开的两个物点间的最小距离）的数值来表示的。在明视距离（25cm）之处，正常人眼所能看清相距 0.073mm 的两个物点，这个 0.073mm 的数值，即为正常人眼的分辨距离。显微镜的分辨距离越小，即表示它的分辨率越高，也就是表示它的性能越好。显微镜的分辨率的大小由物镜的分辨率来决定的，而物镜的分辨率又是由它的数值孔径和照明光线的波长决定的。当用普通的中央照明法（使光线均匀地透过标本的明视照明法）时，显微镜的分辨距离为 $R=0.61\lambda/NA$。式中 R——物镜的分辨距离，单位 nm；λ——照明光线波长单位：nm；NA——物镜的数值孔径。例如油浸物镜的数值孔径为 1.25，可见光波长范围为 400～700nm，取其平均波长 550 nm，则 $d=270$ nm，约等于照明光线波长一半。一般地，用可见光照明的显微镜分辨力的极限是 0.2μm。

2. 目镜

（1）目镜的结构：通常目镜由上下两组透镜组成，上面的透镜叫作接目透镜，下面的透镜叫作会聚透镜或场镜。上下透镜之间或场镜下面装有一个光阑（它的大小决定了视场的大小），因为标本正好在光阑面上成像，可在这个光阑上粘一小段毛发作为指针，用来指示某个特点的目标。也可在其上面放置目镜测微尺，用来测量所观察标本的大小。目镜的长度越短，放大倍数越大（因目镜的放大倍数与目镜的焦距成反比）。

（2）目镜的作用：是将已被物镜放大的，分辨清晰的实像进一步放大，达到人眼能容易分辨清楚的程度。常用目镜的放大倍数为 5～16 倍。

（3）目镜与物镜的关系：物镜已经分辨清楚的细微结构，假如没有经过目镜的再放大，达不到人眼所能分辨的大小，那就看不清楚；但物镜所不能分辨的细微结构，虽然经过高倍目镜的再放大，也还是看不清楚，所以目镜只能起放大作用，不会提高显微镜的分辨率。有时虽然物镜能分辨开两个靠得很近的物点，但由于这两个物点的像的距离小于眼睛的分辨距离，还是无法看清。所以，目镜和物镜即相互联系，又彼此制约。

3. 聚光器 聚光器也叫集光器。位于标本下方的聚光器支架上。它主要由聚光镜和可变光阑组成。其中，聚光镜可分为明视场聚光镜（普通显微镜配置）和暗视场聚光镜。

（1）光镜的主要参数：数值孔径（NA）是聚光镜的主要参数，最大数值孔径一般是 1.2～1.4，数值孔径有一定的可变范围，通常刻在上方透镜边框上的数字是代表最大的数值孔径，通过调节下部可变光阑的开放程度，可得到此数字以下的各种不同的数值孔径，以适应不同物镜的需要。

（2）聚光镜的作用：聚光镜的作用相当于凸透镜，起会聚光线的作用，以增强标本的照明。一般地把聚光镜的聚光焦点设计在它上端透镜平面上方约 1.25mm 处。

（3）可变光阑：可变光阑也叫光圈，位于聚光镜的下方，由十几张金属薄片组成，中心部分形成圆孔。其作用是调节光强度和使聚光镜的数值孔径与物镜的数值孔径相适应。可变光阑开得越大，数值孔径越大（观察完毕后，应将光圈调至最大）。在可变光阑下面，还有一个圆形的滤光片托架。

4. 反光镜 反光镜是一个可以随意转动的双面镜，直径为 50mm，一面为平面，一面为凹面，其作用是将从任何方向射来的光线经通光孔反射上来。平面镜反射光线的能力较弱，是在光线较强时使用，凹面镜反射光线的能力较强，是在光线较弱时使用。反光镜的作用是使由光源发出的光线或天然光射向聚光器。当用聚光器时一般用平面镜，不用时用凹面镜；当光线强时用平面镜，弱时用凹面镜。观察完毕后，应将反光镜垂直放置。

5. 照明光源 显微镜的照明可以用天然光源或人工光源。天然光源，光线来自天空，最好是由白云反射来的。人工光源，对人工光源的基本要求：有足够的发光强度；光源发热不能过多。常用的人工光源：显微镜灯；日光灯。

6. 滤光器 安装在光源和聚光器之间。作用是让所选择的某一波段的光线通过，而吸收掉其他的光线，即为了改变光线的光谱成分或削弱光的强度。分为两大类：滤光片和液体滤光器。

7. 盖玻片和载玻片 盖玻片和载玻片的表面应相当平坦，无气泡，无划痕。最好选用无色，透明度好的，使用前应洗净。盖玻片的标准厚度是 0.17±0.02mm，如不用盖玻片或盖玻片厚度不合适，都会影响成像质量。载玻片的标准厚度是 1.1±0.04mm，一般可用范围是 1～1.2mm，若太厚会影响聚光器效能，太薄则容易破裂。

二、显微镜的使用

显微镜观察标本切片的基本程序依次是显微镜的准备、标本的肉眼观察、低倍镜、高倍镜和油镜观察。这样才能有效、快速完成实验。

1. 显微镜的准备

（1）取镜和放置：显微镜平时存放在柜或箱中，用时从柜中取出，右手紧握镜臂，左一手托住镜座，将显微镜放在自己左肩前方的实验台上，镜座后端距桌边 5～10cm 为宜，便于坐着操作。右侧放记录本或绘图纸。

（2）对光：用拇指和中指移动旋转器（切忌手持物镜移动），使低倍镜对准镜台的通光孔（当转动听到碰叩声时，说明物镜光轴已对准镜筒中心）。打开光圈，上升集光器，并将反光镜转向光源（电光源不用），直到视野内的光线均匀明亮为止。

2. 标本的肉眼观察 主要观察切片标本的大小、外形、在切片上的位置以及大标本上要观察的部位，以便于镜下观察。

3. 低倍镜观察

（1）放置玻片标本：取一玻片标本放在镜台上，一定使有盖玻片的一面朝上，切不可放反，用推片器弹簧夹夹住，然后旋转推片器螺旋，将所要观察的部位调到通光孔的正中。

（2）调节焦距：以左手按逆时针方向转动粗调节器，使物镜距标本片约 5mm 处。一定要从侧面观察以免造成镜头或标本片的损坏。

单筒显微镜，两眼同时睁开，用左眼在目镜上观察，左手顺时针方向缓慢转动粗调节器，直到视野中出现清晰的物像为止。如果物象不在视野中心，可调节推片器将其调到中心（注意移动玻片的方向与视野物象移动的方向是相反的）。如果视野内的亮度不合适，可通过升降集光器的位置或开闭光圈的大小来调节，如果在调节焦距时，未见到物象，说明此次操作失败，则应重新操作，切不可心急而盲目地调整。

双筒显微镜，先调两个目镜筒之间的距离（瞳距），双眼看到一个明亮的圆形视野即可。调焦时，先闭左眼，转动调焦轮调节右眼焦距清楚；闭右眼，转动左目镜的镜头至焦距清楚，此时，双眼的焦距就一致了。

4. 高倍镜观察 在低倍镜观察的基础上直接转换高倍镜到通光孔，除个别维修配置的物镜外，一般高倍镜不会碰到切片。如果进一步使用高倍物镜观察，应在转换高倍物镜之前，把物像中需要放大观察的部分移至视野中央（将低倍物镜转换成高倍物镜观察时，视野中的物像范围缩小了很多）。低倍物镜和高倍物镜基本齐焦（同高调焦），在用低倍物镜观察清晰时，换高倍物镜应可以见到物像，但物像不一定很清晰，可以转动细准焦螺旋进行调节。

5. 油镜的使用 使用油镜之前，必须先经过低倍镜、高倍镜观察，将需要观察的部分移至视野的中心，并调好焦距。因油镜需要光线较强，要将聚光器升至最高位置，光圈开到最大。转动转换器，移动高倍镜，在需观察部位滴加一滴香柏油，然后慢慢转动油镜到通光孔，使油镜浸入油中。眼睛观察目镜，并慢慢转动细调焦轮至物像清晰。如果不出现物像或目标不理想要重找，要擦去切片上的油，重复上述操作，直至满意。

使用油镜时，观察完毕后，要及时进行清洁工作。擦拭要细心，动作要轻。油浸物镜前端先用干的擦镜纸擦一两次，把大部分油去掉，再用二甲苯滴湿的擦镜纸擦两次，最后再用干的擦镜纸擦一次。标本片上的香柏油可用"拉纸法"（即把一小张擦镜纸盖在香柏油上，然后在纸上滴一些二甲苯，趁湿把纸往外拉，这样连续三四次，即可干净，一般不会损坏未加盖玻片的涂片标本）擦净。擦镜纸也要防尘，一般在使用前，将每页剪成8小块，贮存在一个干净的小培养皿中，用起来既节省又方便。

三、注意事项及仪器保养

（一）注意事项

1. 持镜时必须是右手握臂、左手托座的姿势，不可单手提取，以免零件脱落或碰撞到其他地方。

2. 轻拿轻放，不可把显微镜放置在实验台的边缘，以免碰翻落地。

3. 保持显微镜的清洁，光学和照明部分只能用擦镜纸擦拭，切忌口吹手抹或用布擦，机械部分用布擦拭。

4. 水滴、酒精或其他药品切勿接触镜头和镜台，如果沾污应立即擦净。

5. 放置玻片标本时要对准通光孔中央，且不能反放玻片，防止压坏玻片或碰坏物镜。

6. 要养成两眼同时睁开的习惯，以左眼观察视野，右眼用以绘图。

7. 不要随意取下目镜，以防止尘土落入物镜，也不要任意拆卸各种零件，以防损坏。

8. 使用完毕后，必须复原才能放回镜箱内，其步骤是：取下标本片，转动旋转器使镜头离开通光孔，平放反光镜，下降集光器（但不要接触反光镜）、关闭光圈，推片器回位，盖上绸布和外罩，放回实验台柜内。最后填写使用登记表。

（二）仪器保养

1. 经常性的维护

（1）防潮：如果室内潮湿，光学镜片就容易生霉、生雾。镜片一旦生霉，很难除去。显微镜内部的镜片由于不便擦拭，潮湿对其危害性更大。机械零件受潮后，容易生锈。为了防潮，存放显微镜时，除了选择干燥的房间外，存放地点也应离墙、离地、远离湿源。显微镜箱内应放置1～2袋硅胶作干燥剂。并经常对硅胶进行烘烤。

（2）防尘：光学元件表面落入灰尘，不仅影响光线通过，而且经光学系统放大后，会生成很大的污斑，影响观察。灰尘、砂粒落入机械部分，还会增加磨损，引起运动受阻，危害同样很大。因此，必须经常保持显微镜的清洁。

（3）防腐蚀：显微镜不能和具有腐蚀性的化学试剂放在一起。如硫酸、盐酸、强碱等。

（4）防热：防热的目的主要是为了避免热胀冷缩引起镜片的开胶与脱落。

2. 光学系统的擦拭 平时对显微镜的各光学部分的表面，用干净的毛笔清扫或用擦镜纸擦拭干净即行。在镜片上有抹不掉的污物、油渍或手指印时，镜片生霉、生雾以及长期停用后复用时，都需要先进行擦拭再使用。

（1）擦拭范围：目镜和聚光镜允许拆开擦拭。物镜因结构复杂，装配时又要专门的仪器来校正才能恢复原有的精度，故严禁拆开擦拭。

拆卸目镜和聚光镜时，要注意以下几点：

1）小心谨慎。

2）拆卸时，要标记各元件的相对位置（可在外壳上划线作标记）、相对顺序和镜片的正反面，以防重装时弄错。

3）操作环境应保持清洁、干燥。拆卸目镜时，只要从两端旋出上下两块透镜即可。目镜内的视场光栏不能移动。否则，会使视场界线模糊。聚光镜旋开后严禁进一步分解其上透镜。因其上透镜是油浸的，出厂时经过良好的密封，再分解会破坏它的密封性能而损坏。

（2）擦拭方法：先用干净的毛笔或吹风球除去镜片表面的灰尘。然后用干净的绒布从镜片中心开始向边缘作螺旋形单向运动。擦完一次把绒布换一个地方再擦，直至擦净为止。如果镜片上有油渍、污物或指印等擦不掉时，可用柳枝条裹上脱脂棉，蘸少量酒精和乙醚混合液（乙醇80%，乙醚20%）擦拭。如果有较重的霉点或霉斑无法除去时，可用棉签蘸水润湿后粘上碳酸钙粉（含量为99%以上）进行擦拭。擦拭后，应将粉末清除干净。镜片是否擦净，可用镜片上的反射光线进行观察检查。要注意的是，擦拭前一定要将灰尘除净。否则，灰尘中的砂粒会将镜面划起沟纹。不准用毛巾、手帕、衣服等去擦拭镜片。酒精乙醚混合液不可用得太多，以免液体进入镜片的粘接部使镜片脱胶。镜片表面有一层紫蓝色的透光膜，不要误作污物将其擦去。

3. 机械部分的擦拭 表面涂漆部分，可用布擦拭。但不能使用酒精、乙醚等有机溶剂擦，以免脱漆。没有涂漆的部分若有锈，可用布蘸汽油擦去。擦净后重新上好防护油脂即可。

（杨 立）

第二节 荧光显微镜的结构和使用

【实验目的】

掌握荧光显微镜的操作方法；了解荧光显微镜的结构及原理。

【实验原理】

1. 光源 现在多采用100W或200W的超高压汞灯作光源，它发射很强的紫外和蓝紫光，足以激发各类荧光物质，因此，为荧光显微镜普遍采用。超高压汞灯（100W或200W）光源的电路和包括变压、镇流、启动几个部分。在灯室上有调节灯泡发光中心的系统，灯泡球部后面安装有镀铝的凹面反射镜，前面安装有集光透镜。

2. 滤色系统 滤色系统是荧光显微镜的重要部位，由激发滤片和压制滤片组成。滤片型号，各厂家名称常不统一。滤片一般都以基本色调命名，前面字母代表色调，后面字母代表玻璃，数字代表型号特点。如德国产品（Schott）BG12，就是种蓝色玻璃，B是蓝色的第一个字母，G是玻璃的第一个字母；我国产品的名称已统一用拼音字母表示，如相当于BG12的蓝色滤片名为QB24，Q是青色（蓝色）拼音的第一个字母，B是玻璃拼音的第一个字母。

（1）激发滤片：根据光源和荧光色素的特点，可选用以下三类激发滤片，提供一定波长范围的激发光。

紫外光激发滤片：此滤片可使400nm以下的紫外光透过，阻挡400nm以上的可见光通过。常用型号为UG-1或UG-5，外加一块BG-38，以除去红色尾波。紫外蓝光激发滤片：此滤片可使300～450nm范围内的光通过。常用型号为ZB-2或ZB-3，外加BG-38。紫蓝光激发滤片：它可使350～490nm的光通过。常用型号为QB24（BG12）。近年开始采用金属膜干涉滤片，由于针对性强，波长适当，因而激发效果比玻璃滤片更好。如西德Leitz厂的FITC专用KP490滤片和罗达明的S546绿色滤片，均远比玻璃滤片效果好。激发滤片分薄厚两种，一般暗视野选用薄滤片，亮视野荧光显微镜可选用厚一些。基本要求是以获得最明亮的荧光和最好的背景为准。

（2）压制滤片：压制滤片的作用是完全阻挡激发光通过，提供相应波长范围的荧光。与激发滤片相对应，常用以下3种压制滤片。

紫外光压制滤片：可通过可见光、阻挡紫外光通过。能与 UG-1 或 UG-5 组合。常用 GG-3K430 或 GG-6K460。

紫蓝光压制滤片：能通过 510nm 以上波长的光（绿到红），能与 BG-12 组合。通常用 OG-4K510 或 OG-1K530。

紫外紫光压制滤片：能通过 460nm 以上波长的光（蓝到红），可与 BG-3 组合，常用 OG-11K470AK 490，K510。

3. 反光镜 反光镜的反光层一般是镀铝的，因为铝对紫外光和可见光的蓝紫区吸收少，反射达 90% 以上，而银的反射只有 70%；一般使用平面反光镜。

4. 聚光镜 专为荧光显微镜设计制作的聚光器是用石英玻璃或其他透紫外光的玻璃制成。分明视野聚光器的暗视野聚光器两种。还有相差荧光聚光器。

（1）明视野聚光器：在一般荧光显微镜上多用明视野聚光器，它具有聚光力强，使用方便，特别适于低、中倍放大的标本观察。

（2）暗视野聚光器：暗视野聚光器在荧光显微镜中的应用日益广泛。因为激发光不直接进入物镜，因而除散射光外，激发光也不进入目镜，可以使用薄的激发滤片，增强激发光的强度，压制滤片也可以很薄，因紫外光激发时，可用无色滤片（不透过紫外）而仍然产生黑暗的背景。从而增强了荧光图像的亮度和反衬度，提高了图像的质量，观察舒适，可能发现亮视野难以分辨的细微荧光颗粒。

（3）相差荧光聚光器：相差聚光器与相差物镜配合使用，可同时进行相差和荧光联合观察，既能看到荧光图像，又能看到相差图像，有助于荧光的定位准确。一般荧光观察很少需要这种聚光器。

5. 物镜 各种物镜均可应用，但最好用消色差的物镜，因其自体荧光极微且透光性能（波长范围）适合于荧光。由于图像在显微镜视野中的荧光亮度与物镜镜口率的平方成正比，而与其放大倍数成反比，所以为了提高荧光图像的亮度，应使用镜口率大的物镜。尤其在高倍放大时其影响非常明显。因此对荧光不够强的标本，应使用镜口率大的物镜，配合以尽可能低的目镜（4×，5×，6.3× 等）。

6. 目镜 在荧光显微镜中多用低倍目镜，如 5× 和 6.3×。过去多用单筒目镜，因为其亮度比双筒目镜高一倍以上，但目前研究型荧光显微镜多用双筒目镜，观察很方便。

7. 落射光装置 新型的落射光装置是从光源来的光射到干涉分光滤镜后，波长短的部分（紫外和紫蓝）由于滤镜上镀膜的性质而反射，当滤镜对向光源呈 45° 倾斜时，则垂直射向物镜，经物镜射向标本，使标本受到激发，这时物镜直接起聚光器的作用。同时，波长长的部分（绿、黄、红等），对滤镜是可透的，因此，不向物镜方向反射，滤镜起了激发滤板作用，由于标本的荧光处在可见光长波区，可透过滤镜而到达目镜观察，荧光图像的亮度随着放大倍数增大而提高，在高放大时比透射光源强。它除具有透射式光源的功能外，更适用于不透明及半透明标本，如厚片、滤膜、菌落、组织培养标本等的直接观察。近年研制的新型荧光显微镜多采用落射光装置，称之为落射荧光。

荧光显微镜和普通显微镜有以下的区别：

（1）照明方式通常为落射式，即光源通过物镜投射于样品上。

（2）光源为紫外光，波长较短，分辨力高于普通显微镜。

（3）有两个特殊的滤光片，光源前的用以滤除可见光，目镜和物镜之间的用于滤除紫外线，用以保护人眼。

荧光显微镜也是光学显微镜的一种，主要的区别是二者的激发波长不同。由此决定了荧光显微镜与普通光学显微镜结构和使用方法上的不同。荧光显微镜是免疫荧光细胞化学的基本工具。

荧光显微镜的结构如图 1-1-2-1。

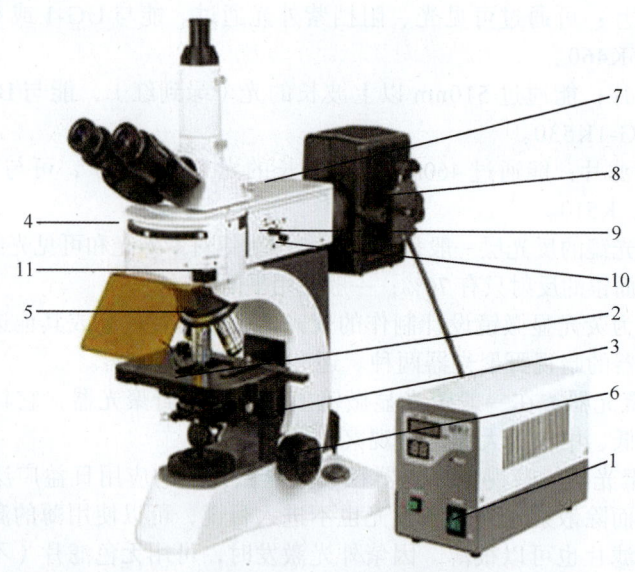

图 1-1-2-1　荧光显微镜

1. 开关；2. 样品夹；3. X 轴、Y 轴旋钮；4. 荧光组件室；5. 物镜转换器；6. 粗细调焦旋钮；7. ND 滤光片；8. 集光透镜聚焦钮；9. 视场光阑旋钮；10. 孔径光阑旋钮；11. 挡板旋钮

【实验方法】

1. 打开电源开关，待超高压汞灯弧光至稳定状态。

2. 根据样品荧光指示剂，在光路的插槽中插入所要求的激发滤片／双色束分离器／阻断滤片的插块。旋转荧光组件室数码圆盘，分别对应以下标志：

WB—适用于 FITC 荧光抗体染色的样品观察，阳性染色为绿色。

WG—适用于 PE 或 Cy3 荧光抗体和罗丹明染色的样品观察，阳性染色为红色。

WU—适用于紫外光荧光抗体染色的样品观察，阳性染色为蓝色。

3. 将荧光指示剂标记好的样品放在载物台上。

4. 将物镜放在光路中聚焦样本，并按需要选择 ND 滤光片。

5. 用低倍镜观察，根据不同型号荧光显微镜的调节装置，调节视场光阑和孔径光阑，使光源中心位于照明光斑的中央，整个视野亮度均一。

6. 开始镜下观察标本。

【注意事项】

1. 荧光几乎都微弱，应该在较暗的室内进行观察。

2. 未装滤光片不要用眼直接观察，以免损伤眼睛。

3. 用油镜观察标本时，一定要用"无荧光油"。

4. 高压汞灯关闭后，不要立即重新打开，需待 5 分钟后再启动，否则影响汞灯寿命。

5. 如果长时间使用高倍镜观察，会发生荧光衰减，导致荧光图像反差减弱。使用 ND 滤光片或孔径光阑可减少激发光强度，就能缓解样品荧光的衰减。

6. 根据所用的荧光染料选择与之匹配的荧光组件。当荧光亮度极弱时，使用超宽带激发；如果样品自发荧光很强，则使用窄带激发。

（杨　立）

第三节　倒置相差显微镜的结构和使用

【实验目的】

熟练掌握倒置相差显微镜操作方法；了解其结构及原理。

【实验原理】

普通光镜一般不能分辨未染色细胞的细微结构，这是由于各细微结构的折光性很近似或对比度不够。相差显微镜的结构特点是：①装有大小不同环状光阑的聚光器。环状光阑的作用是造成空心的光线锥，使直射光和衍射光分离。②物镜内装有位相板。相板的作用是使直射光和衍射光干涉，相位差变成振幅差，明暗反差加强，提高标本内各种结构之间对比度，从而使标本结构清晰可辨。③中心望远镜装置。倒置相差显微镜，是相差显微镜和倒置显微镜的结合，即既具有倒置显微镜的倒置观察方式，同时，成像原理则与相差显微镜成像原理相一致。

倒置相差显微镜，其照明系统位于镜体上方，而物镜和目镜则位于下部。这样在集光器和载物台之间有较大的工作距离，可以放置培养皿、细胞培养瓶等容器，辅助以相差的光学系统，可以很方便地对培养中的细胞进行观察。且相差系统的观察效果远好于一般光学观察系统。由于工作距离的限制，倒置显微镜物镜的最大放大率为60×。一般研究用倒置显微镜都配有4×、10×、20×及60×相差物镜。结构如图1-1-3-1。

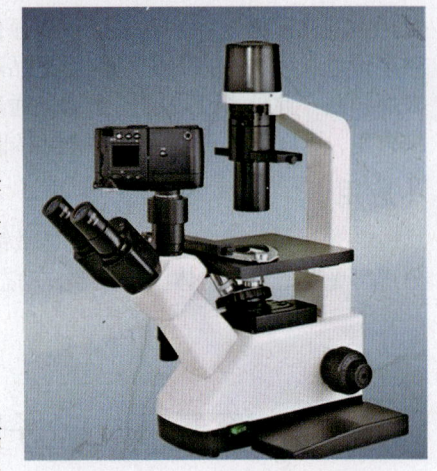

图1-1-3-1　倒置相差显微镜

【实验方法】

1. 熟悉倒置相差显微镜的基本部件。

2. 将培养皿或瓶等放置载物台上，遵循先低倍后高倍的原则进行观察。注意，调节焦距可看到不同焦距水平的细胞。

3. 由于相位差增强了细胞核、细胞质等各部分的明暗反差，从而观察到明暗的图像。

（薛占瑞）

第四节　激光扫描共聚焦显微镜的基本原理和应用

【实验目的】

掌握激光扫描共聚焦显微镜的操作方法；了解激光扫描共聚焦显微镜的结构及原理。

【简介】

它是在荧光显微镜成像基础上加装了激光扫描装置，利用计算机进行图像处理，把光学成像（荧光显微镜）的分辨率提高了30%～40%，使用紫外或可见光激发荧光探针，从而得到细胞或组织内部微细结构的荧光图像，其可以在亚细胞水平上观察诸如Ca^{2+}、pH、膜电位等生理信号及细胞形态的变化，激光共聚焦成像系统可以观察各种染色、非染色和荧光标记的组织和细胞等，成为形态学、细胞生物学、药理学、分子生物学、遗传学、神经生物学等领域中新一代强有力的研究工具。结构如图1-1-4-1。

【原理】

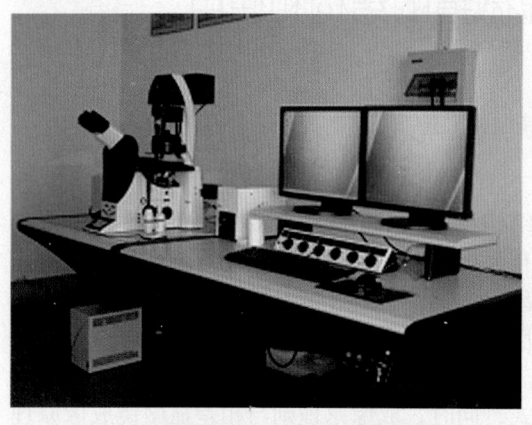

图 1-1-4-1　激光扫描共聚焦显微镜

激光共聚焦荧光显微技术是一种无损的多层形态观测的新方法，光学显微镜使用的是场光源，标本上每一点的图像都会受到邻近点的衍射或散射光的干扰；激光扫描共聚焦显微镜利用激光束经照明针孔形成点光源对标本内焦平面的每一点扫描，标本上的被照射点，在探测针孔处成像，由探测针孔后的 PMT 或 CCD 逐点或逐线接收，迅速在计算机监视器屏幕上形成荧光图像。照明针孔与探测针孔相对于物镜焦平面是共轭的，焦平面上的点同时聚焦于照明针孔和发射针孔，焦平面以外的点不会在探测针孔处成像，这样得到的共聚焦图像是标本的光学横断面，克服了普通显微镜图像模糊的缺点。它不仅在 X-Y 平面观察标本，同时还可以在 Z 轴方向，即可获得样品不同深度层面的信息，即光学切片或断层扫描，而无需破坏样品。此外，获得的图像信息通过相关软件的帮助，可对标本各深度层面的信息进行三维重建，可以得到表面及内部结构都非常清晰的三维图像。

【应用】

共聚焦显微镜除了具有荧光显微镜所有的功能外，还有其自身的优点，诸如：成像更清晰，分辨率更高，观察立体三维成像，动态观察等。

（苏荣健）

第五节　电子显微镜的基本原理和应用

一、电子显微镜的基本原理

电子显微镜是用电子束（电子射线）做光源来观察物体的显微镜。电子束也具有波长和振幅且其波长是可见光中最短波长的八万分之一，因此利用电子束做光源的显微镜能观察到比光学显微镜所观察到的小几千倍、甚至小几万倍的微小生物结构以及非生物的原子构成。

利用电子束得到物体的放大像，必须使它在行进的途中能发生曲折，如同用透镜使可见光发生曲折一样。由于电子是带电的粒子，因此电场或磁场都可以使它运动方向发生曲折。图 1-1-5-1 所示为利用电场制作的简单的电子透镜，是两块平行的金属板构成的容电器。一块

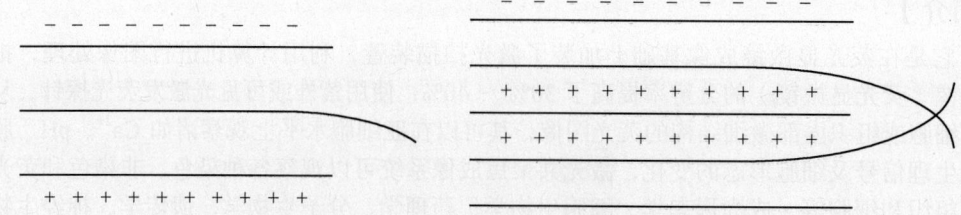

图 1-1-5-1　电子显微镜基本原理示意图

金属板接正电压，另一金属板接负电压。当电子束从两板间通过时电子束会向正极方向曲折。如果将两个容电器叠合起来，如图所示使叠合的两块金属板接正电，就可以使两股电子束向相反方向曲折而汇集在一点，如同透镜使两条从物体两端发出的光线汇集在一点一样。利用磁场作用制成的透镜是用线圈做成的，当线圈里有电流通过时，就在它的周围造成磁场，电子束通过时也同样发生曲折，这样的透镜叫磁透镜。

近代的电子显微镜，是由电子透镜或电磁透镜构成的。同光学显微镜一样，电镜里也有几组电子透镜：第一组透镜叫聚光镜，其作用是把电子束集中起来，瞄准在要观察的物体上；第二组透镜是物镜，使经过观察物体的电子束发生曲折而产生初步放大像；为了达到更高的倍数，可以在经过第一、第二中间镜和投影镜三次放大，最后由电子束构成的物体放大像投在荧光屏上，把电子图像变成了可见光图像。

二、透射电镜的基本结构

电子显微镜一般由照相系统、成像系统、观察记录系统构成的主件和真空系统、电气系统为辅件构成（图1-1-5-2）。照明系统由电子枪和聚光镜构成，目的是产生相干性好且平行的可控的电子束。可控的含义是随着倍数的要求电子束斑的直径也不同。高倍时电子束集中束斑也小，低倍时束斑大。因此，常常需两个聚光镜才能完成。成像系统是由物镜、反差光阑、衍射光阑、中间镜和投影镜组成。其目的是使电子图像清晰并初步放大，最终经投影镜放大透射到荧光屏上。观察记录系统是把电子图像反映在荧光屏上，荧光发光与电子束流成正比。把荧光屏换成底片可以照相记录结果。也可换成电子干板，经CCD（couple charged devices）记录观察结果。

真空系统包括机械泵、油扩散泵、离子泵、真空仪表以及真空管道，目的是使镜筒内真空达到10^{-5}托，目前最好的真空系统镜筒内真空可达$10^{-9}/10^{-10}$托。良好的图像是在高真空的条件下产生的。否则气体分子与电子相互碰撞发生衍射而会使图像衬底不良。低真空还会腐蚀灯丝，污染样品等。

电气系统包括高压直流电源、透镜电源、偏转线圈电源、电子枪灯丝加热电源以及真空泵电源等。加速电压和透镜磁电流不稳会引起过分的色差，同时也影响电镜的分辨本领。因此一个良好的电气系统是非常必要的。

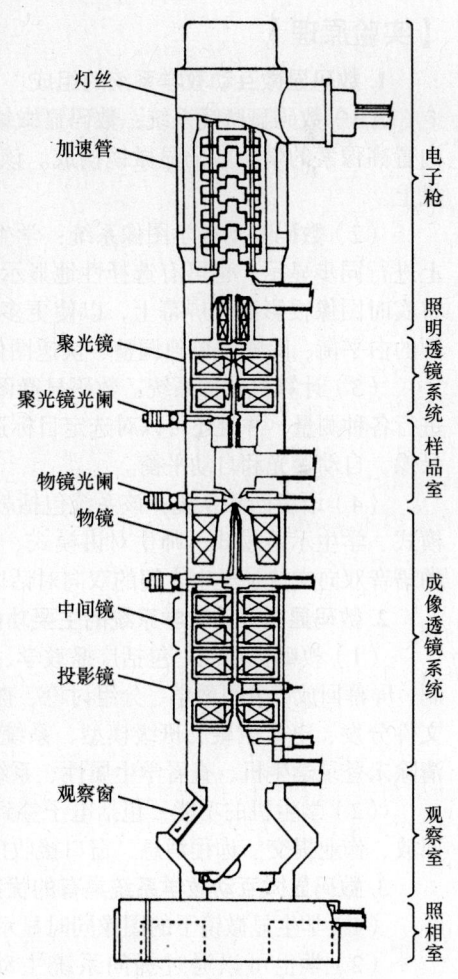

图1-1-5-2　透射电基本结构示意图

三、电子显微镜在生物医学领域中的应用

电子显微镜的出现促进了细胞学的发展。人们开始在超微结构水平上研究细胞的结构和功能。观察到了以前无法看清楚的超微结构，对细胞的功能有了进一步的了解。通过对

超微结构变化的观察可为疾病的发生、诊断、治疗提供更有力的依据。电镜解开了病毒的奥秘,对认识和发现病毒以及分类提供了依据。对微生物的认识也提高了一大步,特别是对病菌的活动、孢子发芽等。侵入寄生的研究获得了新的进展。更重要的是电镜技术与生命科学新兴的技术相结合促进了生物医学新技术的进展,如电镜放射自显影技术、免疫电镜技术等。

(包翠芬　陶嘉雯)

第六节　数码显微互动教学系统的使用与数码显微摄像

【实验目的】

掌握数码显微互动教学系统的组成,基本功能和优势。

【实验原理】

1. 数码显微互动教学系统的组成

(1) 数码显微镜系统:数码显微镜系统由一台带高像素摄像系统的教师显微镜和若干台内置高像素的学生数码显微镜构成。该系统能够提供高像素清晰的画面,并实时显示在计算机上。

(2) 数码互动教学图像系统:学生用显微镜与教师的计算机相连,可在教师计算机屏幕上进行同步显示,也可有选择性地显示任何一台学生显微镜的图像。同时该系统还可进一步将实时图像投影到大屏幕上,以使更多的学生对好的图像讲解共享。此外,该系统还具有视频的白平衡、除噪与单独调整、快速图像捕捉等功能。

(3) 计算机软件系统:数码显微图像处理系统所使用的图像软件系列,不仅提供对图像进行各种测量,并且还可以对选定目标进行过滤处理、分割及自动计数,能手动、自动拍照、录像,自动曝光和自动平衡。

(4) 语音问答系统:该系统包括教师端主控计算机和学生端的操作面板等。具有全通话模式、学生示范模式、师生对讲模式、分组讨论模式。这些模式可充分保证教师与学生之间的语音双向交流、学生之间的双向对话以及学生分组讨论渠道的通畅。

2. 数码显微互动教学系统的主要功能

(1) 教师机功能:包括广播教学、语音教学、语音对讲、学生演示、监控转播、屏幕录制、屏幕回放、分组教学、分组讨论、查看作业、视频直播、电子点名、黑屏肃静、网络影院、文件分发、电子教鞭、班级模型、系统管理、远程命令、远程设置、远程消息、清除举手、清除未登录学生机、查看学生属性、系统锁定、可选窗口显示模式。

(2) 学生机的功能:包括电子签到、电子举手、镜下显微结构的荧屏显示、拍照、屏幕回放、作业提交、远程消息、窗口接收广播、可选窗口显示模式等。

3. 数码显微互动教学系统具有的优势

(1) 学生显微镜下的图像同时显示在学生机和教师机的电脑显示屏上。

(2) 学生可以通过提问系统主动请求教师帮助,与老师直接对话,讨论镜下观察问题。

(3) 学生可以通过学生系统对镜下观察的图像进行处理,比如摄像并保存数码图片;标示图片中的结果、细胞,文字说明,提交实验报告等。

(4) 学生还可以对所观察的微细结构或者细胞进行显微测量,完成定量分析。

(5) 学生也可通过学生系统调出计算机内储存的图片进行复习或者自我检测。

（6）老师可以实时观察到教室里每个学生电脑显示屏上的显微画面，及时发现学生的问题和提示、指导学生改正，可控制学生机的使用。

（7）教师可以实时与学生讨论镜下图像，回答问题；也可将某位学生的显微图像或者教师显微镜下的图像向所有学生展示。

（8）教师完成学生实验报告的批阅，期末的实验考试内容也可制成考试课件，通过该系统完成对学生的考核。

（李晓明）

第二章 基本实验方法

病理学诊断是临床诊断的金标准,也是最后的宣判性诊断。做好病理诊断,层层制片步骤就显得尤为重要,包括组织的取材、固定、脱水、浸蜡、包埋及染色等过程。

第一节 病理标本取材

【实验目的】

掌握取材的原理与步骤。

【实验原理与步骤】

1. 标本的定位 利用标签、缝线、墨汁或其他染液标记标本,或可通过绘图或标本自身的解剖特点,重建标本原有的解剖方位以及相互关系、明确标本的重要结构与部位,以便于明确描述与取材。

2. 标本的固定 离体后的新鲜组织,易因细菌繁殖而致腐败,细胞内的酶会使蛋白质分解为氨基酸渗出细胞,引起自溶。因此除非特殊需要时,可在新鲜状态下取材,如为了缩短制片时间、做冰冻切片、进行基因分析等;一般情况下均将取出的标本立即投入固定液内进行固定。

（1）标本固定的意义

1）使细胞内的蛋白质、脂肪、糖、酶等各种成分转变成不溶性物质,使其沉淀和凝固起来,终止或减少分解酶的作用,防止自溶。

2）转变后的不溶性物质可防止和减少制片过程中的溶解和丢失。

3）保存组织、细胞的离体前结构状态,包括其抗原性。

4）可产生不同的折光率,并增强对染料的亲和力。

5）增加组织的硬度,标本不易变形,有利于在保持原有形态结构的基础上切块、取材。

6）可减少诸如结核病等某些传染病的散播。

（2）标本固定的方法

1）物理学方法,如低温冷冻,干冰（即固态无水碳酸）冰冻真空脱水,石蜡渗入法。

2）化学方法,采用各种化学溶液作固定液,使组织细胞进入固定状态,这是国内最常用的方法。该法因操作方式不同又分为浸入法和灌注法。浸入法主要用于活检或手术标本以及其他不能用于灌注的组织固定;灌注法适用于动物实验的研究。

（3）标本固定的影响因素

1）固定液的选择：必须要有较强的渗透能力,能迅速地渗入组织内部,不会使组织过度收缩或膨胀。固定液的种类很多,根据组织的性质及工作状态的不同,可选用适宜的固定液：如①用于制作 HE、免疫组化染色的 10% 福尔马林液（4% 甲醛水溶液）,其渗透能力很强,固定均匀,对组织收缩小,细胞核染色较好;②对于糖原、纤维蛋白及弹性纤维检查,可选用 70%～100% 的乙醇,其可与水无限相溶,固定兼脱水,但其渗透力相对较弱,对色素有破坏,易使组织过度收缩、变硬、细胞变形;③做电镜检查宜用 1%～4% 的戊二醛和 1%～2% 的锇酸固定液。

2）组织与固定液的比例：固定器皿不宜过小,固定液的量要足,原则上固定液的量与组织的比应是 20：1,这个要求对于小组织来说是完全可以达到的,但对于大标本来说,需将标本沿最大的切面平行剖开或剪开空腔脏器以使其充分暴露于固定液中为最低要求。

3）固定的时间与温度：固定时间应适当，微小标本（如胃黏膜等）常温2～4h即可，大标本应常温置放12～24h，但亦不要过久，以免影响抗原性，造成免疫组化操作中的困难；如低温（如4℃）固定，时间应相应延长。

3. 标本的肉眼观察及描述 观察大体标本时，首先要正确辨认标本的来源，是组织、器官，还是胚胎？是什么脏器或来自脏器哪一部分，并与正常脏器比较有什么不同？一般来讲按从上到下、从整体到局部、从异常到正常、从相关到不相关等逐一解剖部位进行检查描述。实质性脏器由外向内观察，空腔脏器由内向外观察，着重观察以下内容：

（1）脏器大小及重量。

（2）脏器的形态：是否完整、变形，表面光滑度、颜色及硬度有无改变，包膜有无增厚，边缘变钝还是变锐，切面结构是否异常。空腔器官：要注意内腔大小变化，腔内壁粗糙或平滑？有无溃疡或肿物，腔壁厚薄，腔内容物的性状，腔外壁有无粘连等。

（3）病灶：指局限性的病变区域。如有病灶应注意观察描述以下变化：

1）数目：是一个还是多个。

2）分布及位置：是均匀散布在整个脏器或仅限于脏器的某一处。

3）形态：如囊状、乳头状、菜花状、圆形、椭圆形等。

4）大小：可用厘米计量亦可用实物来形容，如粟米大、黄豆大、拳头大、儿头大等表示。

5）边缘：整齐或不规则，界线清楚或模糊，有无包膜。

6）颜色：暗红色表示病灶内含血量多，黄色表示含有脂肪或类脂，绿色或黄绿色表示含有胆汁，肺或肺门淋巴结之黑色斑点多为炭末沉着，半透明冻胶状表示富有黏液，灰黄色提示为坏死灶。

7）质地：是软或硬，实性或海绵状，组织变硬常表示纤维组织增生或钙化甚至骨化，组织变软常提示有液化性坏死甚至囊性变。

8）切面：是凹陷或肿胀突出。

9）与周围组织的关系：界线明显或模糊不清，有无压迫或破坏周围组织，病灶以外的组织有何改变。

4. 标本的取材 对待检标本观察描述后，应进行有目的的选择性取材，使之从有限的切片中获得最大的信息。

（1）取材的要求

1）组织块的切面：根据各器官的组织结构，决定其切面的走向，纵切或横切往往是显示组织形态结构的关键、暴露病变或肿块的最大面，尽量做平行切面、保留其与邻近组织的解剖关系。

2）组织块的选取：小标本应全部或尽可能多地取材；较大标本应分取有代表性病变区域，适量包括与病变区域毗邻的"正常"结构和坏死组织等。

3）组织块的数量：依病变的具体情况以满足诊断需要为准，如怀疑良性病变或癌前病变的恶性转化，要广泛取材；对于原位癌或早期癌变区要进行全部取材。

4）组织块的面积：通常在2cm×1.5cm以内，厚度不超过0.3cm（快速包埋制片时则应尽量薄些）。

5）肿瘤的取材：为满足对肿瘤组织学分级及临床分期的需要，除分取肿瘤的不同结构、成分区（异质性）外，还要分别取材切缘、能反映浸润范围和深度的部位、区域淋巴结、邻近脏器组织等处。

6）组织块的标记：切取的组织要按不同部位分别给予不同编号或标记。

（2）取材的注意事项

1）使用的刀、剪要足够长，刃要薄而锋利；取组织块时，要垂直切取，避免前后拉动或用力挤压组织。

2）应避免使用带齿镊子，用镊子夹取组织时动作应轻柔，否则会挫伤或挤压组织而引起组织结构的变形和损伤。

3）取材应避免过多的凝血块或坏死组织；若有线结应拔除，有钙化应经5%硝酸溶液脱钙后再取材，否则切片时会损伤切片刀。

4）为防止标本之间的相互污染，在每例标本取材后，必须把取材工具刀、剪、镊、检验台及切板，用流水洗干净。

5）微小标本用伊红染色防止漏掉。

5. 标本的保存 取材后剩余的标本应密封储存一定时期，便于可能的重新观察和补充取材。

【实验材料】

1. 组织标本 外科手术切取、钳取或刮取抽吸等方法获得病人的活组织或尸检组织或动物标本。

2. 常规器材 天平、手术刀、解剖剪、组织镊、尺子、探针、长刀、包埋盒、包埋框、乳胶手套、口罩、手术衣等。

3. 试剂 固定液、脱钙液、伊红染液、墨汁等。

【实验报告】

以临床的乳腺癌改良根治术标本或胃大部及大网膜切除根治标本为实例，进行肉眼观察、描述、取材并记录。

（杜晓媛）

第二节 组织切片制作与 HE 染色

组织切片制作与染色是研究生物微观结构的基础实验方法，其目的是提供显微镜下合适的样品，从而能有效地对其进行形态、功能的研究。

一、制作石蜡包埋切片

【实验目的】

了解石蜡包埋制片的基本原理及过程，学会制作石蜡切片。

【实验原理与步骤】

组织制片时，由于组织柔软或软硬不均，很难制出厚薄均匀的切片。因此应用包埋剂浸透组织内部，使组织均匀硬化，有利于切成薄片。一般光学显微镜观察的切片用石蜡、火棉胶、炭蜡、明胶等作包埋剂；电子纤维镜则用环氧树脂、聚苯乙烯树脂、异丁烯树脂及水溶性树脂等作包埋剂，这里主要介绍常用的石蜡包埋切片。

石蜡包埋制片法是将材料经固定、水洗、脱水、透明、浸蜡后包埋在石蜡里进行切片的方法。具有制片手段完善、应用广、制片薄（2～8μm）、可制作连续切片、保存长久的优点；缺点是制作时间较长、操作复杂。随着科技的发展，组织块的脱水至包埋过程已由简单的人工操作转向用机器的自动、半自动操作。其具体的操作流程如下：

1. 固定 取材的组织块固定同前述（见本章第一节）。

2. 水洗 目的是除去留在组织内的固定液及其结晶沉淀，以免影响染色效果和观察。多数用流水冲洗已经固定的组织块 30min；如果组织经酒精或酒精混合液固定，则不必洗涤，可直接进行脱水。

3. 脱水（常温） 固定后或洗涤后的组织内充满水分，如不除去水分就无法进行以后的透明、浸蜡与包埋的步骤，因为这些步骤中所用的透明剂、石蜡等均不能与水相溶，水分不脱尽，就不能充分浸入。

常用脱水剂为酒精，它既能与水相混合，又能与透明剂相混。为了减少组织材料的急剧收缩，应使用从低浓度到高浓度递增的顺序进行，通常从 30% 或 50% 乙醇开始，经 70%、80%、90%、95% 直至无水乙醇（两次），每级停留时间为 1～4h 或更长（无水乙醇中时间宜短，一般在 15～30min）；如不能及时进行各级脱水，材料可以放在 70%～80% 乙醇中保存，因高浓度乙醇易使组织收缩硬化，不宜处理过久。

脱水的过程中应注意以下几点：
（1）进入脱水程序的组织块必须充分固定。
（2）脱水试剂容积应为组织块的 5～10 倍以上。
（3）脱水试剂应及时过滤更换（加入硫酸铜的无水乙醇变蓝时，提示需要更换）。
（4）较大组织块的脱水时间长于较小者，应将两者分开进行脱水。

4. 透明 纯乙醇不能与石蜡相溶，透明剂则既能与脱水剂（酒精）又能与包埋剂（石蜡）相溶，便于以后浸蜡与包埋；此外透明剂将脱水剂从材料中除去，使材料透明，增强其折光系数。

常用的透明剂有二甲苯、苯、氯仿等，这些试剂都是穿透力强，易使组织变脆，所以透明过程也是逐级进行的，通常先经纯乙醇和透明剂各半的混合液浸渍 1～2h，再转入纯透明剂中浸渍（两次），时间是 15～20min 即可。透明剂的浸渍时间要根据组织材料块大小、属性而定，时间过短则透明不彻底，石蜡难于浸入组织；时间过长，则组织硬化变脆，就不易切出完整切片。

透明的过程中应注意以下几点：
（1）二甲苯的容积应为组织块总体积的 5～10 倍以上。
（2）组织块在二甲苯中透明的时间依不同类型组织及其大小而异（组织块呈现棕黄或暗红色透明即可）。
（3）二甲苯应及时过滤、更换。
（4）组织块经二甲苯适度处理后不显透明常提示该组织的固定或脱水不充分，应查找原因并妥善处理。

5. 浸蜡 用石蜡取代透明剂，使石蜡浸入组织，从而获得了一定硬度和韧度。一般所用的石蜡分软蜡（熔点＜54℃）和硬蜡（熔点＞54℃）。浸蜡前需在蜡箱熔化、过滤后使用，以免因含杂质而影响切片质量，且可能损伤切片刀。

浸蜡的顺序是先软蜡后硬蜡，从低温到高温逐级进行，通常经二甲苯和软蜡等量混合液、纯软蜡、软蜡与硬蜡等量混合液直至纯硬蜡内，每级浸蜡 1h。浸蜡应在高于石蜡熔点 3℃ 左右的温箱中进行，温度过高可致组织变脆、酶活性破坏。浸蜡时间应适宜，过短组织过软，反之组织硬脆。

浸蜡的过程应注意以下几点：
（1）熔化石蜡必须专人负责，不得用明火加温，必须在熔蜡箱内或水浴中（70℃）进行。
（2）熔蜡容积应为组织块 5～10 倍以上。
（3）应尽可能减少将透明后组织块表面的二甲苯带入熔蜡中。
（4）熔蜡应及时过滤、更换。

6. 包埋 将经熔化、沉淀、过滤的等熔点石蜡倾入标记过的包埋模具中，再用加热的弯曲钝头镊子轻轻夹取已经过浸蜡的组织块，使组织块最大面或被特别指定处的组织面向下埋入熔蜡中，将组织块平整地置放于包埋模具底面的中央。包埋于同一蜡块内的多块细小组织应彼此靠近并位于同一水平面上；腔壁、皮肤及黏膜组织必须垂直包埋。为防止烫伤组织，包埋用的镊子加温不可过高，熔蜡的温度应低于65℃。

7. 切片 将蜡块夹在旋转切片机蜡块钳内，移动刀座或蜡块支持器，使蜡块与刀刃接触夹角呈5°为宜，旋紧刀座和蜡块支持器；调整蜡块与刀的距离，摇动手柄修组织块切面，调节切片厚度调节器（4～7μm），切出连续的蜡片；以专用小镊子轻轻夹取将蜡片光滑面朝下放入伸展器的温水中（水温必须适宜约45℃左右、清洁）充分展开；用洁净的载玻片捞取，贴于载玻片的右侧2/3处的中央，留出另一侧1/3的位置用优质记号笔或刻号笔准确、清楚地标记，贴附标签。待载玻片上的水分流下后，将其置于烤箱中烘烤（60～62℃，30～60min），然后即可进行染色。

【实验材料】

1. 常规器材 组织切片机、配套的刀片、切片漂烘控温仪、水浴锅、恒温箱、载玻片。
2. 试剂 常用固定液、乙醇、二甲苯、石蜡等。

【实验结果】

制备的石蜡切片与载玻片之间无气泡，蜡片完整无缺、均匀、无刀痕、颤痕、皱褶、缺损、开裂等。

二、HE 染 色

【实验目的】

了解组织切片苏木精-伊红（HE）染色的原理及流程。

【实验原理与步骤】

未经染色的细胞组织其折光率相似，不易辨认。染色的目的是使细胞内不同的细胞器及其内含物以及不同类型的细胞组织呈现不同的颜色以便于观察。染色剂种类繁多，应根据观察要求及研究内容采用不同的染色剂及染色方法，还要注意选用适宜的固定剂才能取得满意的结果。

经典的苏木精（Hematoxylin）和伊红（Eosin）染色法是组织学标本及病理切片标本的常规染色，简称HE染色。苏木精为带阳离子的染料，染液呈碱性，细胞核内染色质和细胞质中的核糖体等酸性物质对苏木精这种染料有亲和性，染成紫蓝色，称为嗜碱性；伊红为带阴离子的染料，染液呈酸性，细胞质和细胞间质中碱性蛋白对这种染料有亲和性，染成淡红色，称为嗜酸性。

常规石蜡切片HE染色步骤如下：

1. 脱蜡 将切片浸入二甲苯20～30min脱去石蜡，再经无水乙醇（两次）、95%、90%、80%、70%乙醇中各浸入1～3min脱二甲苯，过蒸馏水1min。

2. 苏木精染色 入苏木精染色10～15min，流水洗1min使组织发蓝；再经1%盐酸乙醇液分色数秒，以洗去多余染料；稍水洗数秒，用温水或1%氨水等返蓝数秒，流水洗、过蒸馏水各1～2min。判断结果以显微镜下见细胞核蓝染、细胞质无色为宜。

3. 伊红染色 入50%、70%、80%、90%、95%乙醇脱水各1～3min，入伊红乙醇溶液对比染色1～3min（95%乙醇+0.5g伊红），入95%乙醇液1～3min分色。

4. 脱水、透明 入无水乙醇（两次）脱水1～2min，入二甲苯与无水乙醇等量混合液、二甲苯各透明15～30min。

5. 封片 取出切片，拭去多余二甲苯，速滴少量中性树胶于组织片中央，然后覆上清洁的盖玻片，封盖处内无气泡，外无溢胶，树胶干后切片即可观察和长期保存。

【实验材料】

1. 常规器材 恒温箱、盖玻片、染色缸等。

2. 试剂 常用固定液、乙醇、二甲苯、苏木精、伊红、二氨基联苯胺（DAB）、中性树胶等。

【实验结果】

石蜡切片的 HE 染色鲜艳，对比清晰：细胞核呈蓝色，细胞质、胶原纤维、肌纤维和红细胞及细胞间质呈不同程度的红色；钙盐和细菌可呈蓝色或紫蓝色。

三、冷冻组织切片的制备

【实验目的】

了解冰冻切片制作流程。

【实验原理与步骤】

冰冻切片是利用低温使新鲜标本快速冷冻到一定硬度后进行切片的制片方法。其优点是制作过程较石蜡切片相对简便、快捷，多应用临床病理手术中快速诊断，从而决定手术的方法及范围；缺点是组织块不能过大、切片组织易碎、不易薄切、不能连续切片、染色不及石蜡切片清晰，观察需有一定经验。

快速制作一张优质的冰冻切片对确保诊断结果的正确性、可靠性显得至关重要，这需要从标本取材、速冻、切片、固定、染色到封片等每一步都精益求精。具体步骤如下：

1. 取材 目前冰冻制片应用最广、最适用的是恒冷箱切片，其组织块必须未曾固定，即将新鲜的组织标本不经过任何试剂处理切成 2cm×1.5cm×0.2cm 大小的组织块；要尽量切掉四周的脂肪组织、避免取坏死组织和过硬的纤维成分，以免脱片；组织块不要取得过大或过厚，以致延长制片时间；组织不能用水冲，要用吸水纸或吸收纱布充分吸干水分，以免产生冰晶影响诊断。

2. 速冻 把取好的标本迅速放在已经预冻好的冷冻头上，注意冷冻头需晾干后再预冻，使它与组织块结合更牢固。若组织标本太小，先将包埋剂放在冷冻头上，待胶凝固时再放上组织，这样组织被垫高，切片质量更好。值得注意的是包埋剂涂的面积应该大于组织标本，这样的片子组织不易卷曲。

常用的包埋剂有三种：OCT 包埋剂、胶水和水。OCT 成本太高，水容易形成冰晶，胶水经济适用，不影响切片的质量，是一种很好的包埋剂。

冷冻条件：一般温度设置为 -18 ～ -25℃，根据各种组织的结构不同，可适当调整冷冻的温度和时间，见表 1-2-2-1。

表 1-2-2-1 常见组织的冷冻的温度及时间

组织类型	冷冻温度	冷冻时间	效果
较小的组织	-18 ～ -20℃	1min	不宜太硬利于切片
脑、淋巴结、甲状腺、肝、肾、脾等组织	-15℃左右	2min	以防切片产生裂纹或无法切片
脂肪样组织	-25 ～ -30℃	5min	冻得结实易切
纤维较多的组织	-18 ～ -20℃	2min	以防薄厚不均或呈帘状

3. 切片与贴片 冰冻的切片厚度 6μm 左右，是利用温度差将切片粘贴在载玻片上，即先把组织与片子的粘贴处放在手背上数秒，增加温度差使其结合牢固。注意保持载玻片干净、及时清除切片刀和冻台上的异物、根据情况换刀位，以防切片脱落、不完整、皱缩或卷缩。

4. 固定 固定对染色起决定作用，不要急于染色而忽略固定。混合固定液有 FAA 即：包括 95% 乙醇 85ml、甲醛 10ml、冰醋酸 5ml 的混合液；乙醚乙醇混合液即：乙醚与 95% 乙醇等量混合。这种混合固定液对组织有较强的穿透力，可使细胞内的蛋白质沉淀并防止组织过度收缩，具有固定速度快、渗透力强、HE 染色鲜艳、组织结构清晰等优点。固定液要新鲜、不要加热防脱片，并根据组织情况决定固定时间。

5. 染色及封片 染色方法为 HE 染色法（见本节二、HE 染色部分），并用中性树胶封固。

【实验材料】

1. 常规器材 恒冷箱切片机、配套的刀片、载玻片、盖玻片、染色缸等。

2. 试剂 常用固定液、乙醇、二甲苯、石蜡、苏木精、伊红、二氨基联苯胺（DAB）、中性树胶等。

【实验结果】

制备的冰冻切片完整、无皱折、无龟裂；HE 染色的鲜艳，对比清晰：细胞核呈蓝色，细胞质、胶原纤维、肌纤维和红细胞及细胞间质呈不同程度的红色；钙盐和细菌可呈蓝色或紫蓝色。

（杜晓媛）

第三节 组织化学与细胞化学技术

组织化学技术（histochemistry）与细胞化学技术（cytochemistry）是利用组织或细胞内组成成分的化学性质或物理性质，通过化学反应或物理反应的原理来显示这些成分的组织学研究方法。通过这些方法可以对组织或细胞内的成分进行定位、定性和定量的研究。如组织和细胞中的糖类、脂类、酶、核酸和蛋白质等成分。

组织化学和细胞化学方法是运用已知的化学反应过程使组织细胞内的各种化学物质在原位形成可见的有色的终末产物，可以在显微镜下进行观察分析。

一、磷钨酸苏木精染色法（简称 PATH）

【实验目的】

掌握磷钨酸苏木精染色方法。

【实验原理】

目前还不清楚，可能认为是媒染剂作用组织后，而成熟的苏木精作用于组织上的含有媒促剂，并有选择的牢固结合，形成不溶性的蓝色沉淀，在经过分化后将结合不牢固的部分，以分子间引力，再进行分色。实际上单一染色能够显示两种不同的棕色和蓝色结果成分。

【实验材料】

1. Mallory 磷钨酸苏木精液（PEAH） 苏木精 0.1g，磷钨酸 2g，蒸馏水 100ml。

将苏木精置于 20ml 蒸馏水中加热溶解，再将磷钨酸溶于 80ml 蒸馏水中。苏木精冷却后加入磷钨酸溶液，混合后置放，经阳光处理数周至数月才成熟。

2. 高锰酸钾氧化液 0.5% 高锰酸钾水溶液 50ml，0.5% 硫酸水溶液 50ml。

3. 1% 草酸溶液。

【实验方法】

1. Zenker 固定液固定组织或中性甲醛固定组织，石蜡切片，常规脱蜡至水。
2. 在高锰酸钾氧化液中氧化 5～10min。
3. 经蒸馏水洗后，再将切片置于 1% 草酸溶液中漂白 2min。
4. 蒸馏水充分洗涤。
5. 浸入 Mallory 磷钨酸苏木精液中 2～4h，甚至延长到 18h 以上。
6. 直接以 95% 乙醇分化。
7. 无水乙醇脱水，二甲苯透明，中性树胶封片。

【实验结果】

横纹肌纤维，纤维素，胞核，核仁和神经胶质纤维等呈蓝色，胶原纤维，网状纤维，软骨基质呈棕红色，弹力纤维呈紫色（图 1-2-3-1）。

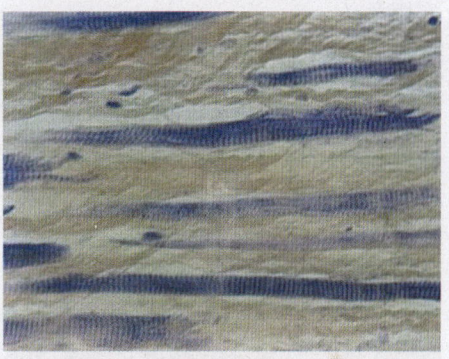

图 1-2-3-1　横纹肌纤维呈蓝色（磷钨酸苏木精染色）

二、Lillie 油红 O 染色法

【实验目的】

掌握油红 O 染色方法。

【实验原理】

染料溶解于有机溶剂，但更容易溶解于脂质，利用染料在脂质内溶解度远远大于在有机溶剂溶解度的原理，染色时染料从有机溶剂中迅速转移到冰冻切片脂质内，从而使中性脂肪着色。

【实验材料】

油红 O 原液　油红 O 0.5g，异丙醇 100ml 充分溶解（或稍加热溶解过滤）。

【实验方法】

1. 组织经 10% 甲醛、甲醛钙固定。
2. 冰冻切片 6～10μm，入 60% 异丙醇 20～30s。
3. 油红 O 原液 6ml，加蒸馏水 4ml，混合后静置 10min，过滤后入密封容器 10～15min。
4. 60% 异丙醇除去多余染液，蒸馏水洗。
5. 苏木精染核，水洗后入稀碳酸锂水溶液变蓝。
6. 阿拉伯糖胶或甘油明胶封片。

【实验结果】

中性脂肪呈橙红色，核呈蓝色。

三、刚果红染色法

【实验目的】

掌握刚果红染色方法。

【实验原理】

刚果红是一种偶氮染料，以氨基和淀粉样物质的羟基进行结合，而平行地附着淀粉样物质的纤维上，在偏光显微镜下是有特征性的绿色双折光性，对诊断和实验研究更具有重要的实用意义。

【实验材料】

1. 刚果红染色液　刚果红 1g，蒸馏水 100ml。

2. Harris 苏木精染色液。

【实验方法】

1. 中性甲醛液固定组织，石蜡切片，常规脱蜡至水。
2. 苏木精染色液浸染 2min。
3. 0.5% 盐酸乙醇液分化数秒钟。
4. 自来水洗，蒸馏水洗 2 次。
5. 入刚果红染色液中 25min。
6. 无水乙醇迅速脱水 2 次，二甲苯透明，中性树胶封片。

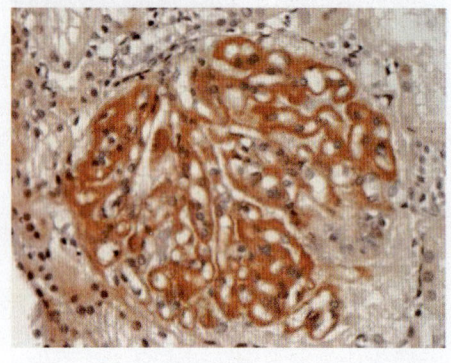

图 1-2-3-2　淀粉样物质呈红色（刚果红染色）

【实验结果】

淀粉样物质呈红色，细胞核呈蓝色（见图 1-2-3-2）。

四、过碘酸 -Schiff（PAS）染色法

【实验目的】

掌握过碘酸 -Schiff（PAS）染色方法。

【实验原理】

过碘酸（periodic acid）是一种氧化剂，它可把多糖的葡萄糖分子的两个相邻的带有羟基的—C—C—键打开，而生成醛基。这些醛基与 Schiff 试剂中的亚硫酸品红反应形成紫红色化合物，该反应称 PAS 阳性反应，PAS 阳性部位为多糖存在的部位。

【实验材料】

1. 高碘酸氧化液　高碘酸 0.5g，蒸馏水 100ml。此溶液溶解后保存于冰箱中待用。

2. Schiff 试剂　碱性复红 1g，1mol/L HCl 溶液 20ml，重亚硫酸钠 2g，重蒸馏水。先将重蒸馏水 200ml 煮沸，稍有火焰，加入碱性复红 1g，再煮沸 1min。冷却至 50℃，加 1mol/L HCl 溶液 20ml，再冷却至 35℃，加入重亚硫酸钠 2g，充分摇匀置低温暗处，直至溶液呈透明无色后方能使用。

【实验方法】

1. Carnoy 液固定 6～8h 或乙醇饱和甲醛液固定 8～12h。
2. 石蜡切片，常规脱蜡至水。
3. 入高碘酸氧化液氧化 10～20min。
4. 蒸馏水洗两次。
5. Schiff 试剂染色 10min。
6. 流水冲洗 5min。

7. 用 Mayer 或 Harris 明矾苏木精复染胞核 2～3min。

8. 0.5% 盐酸乙醇溶液分化，充分水洗。

9. 无水乙醇脱水，二甲苯透明，中性树胶封片。

【实验结果】

糖原及其他 PAS 反应阳性物质呈红色，细胞核呈蓝色（见图 1-2-3-3）。

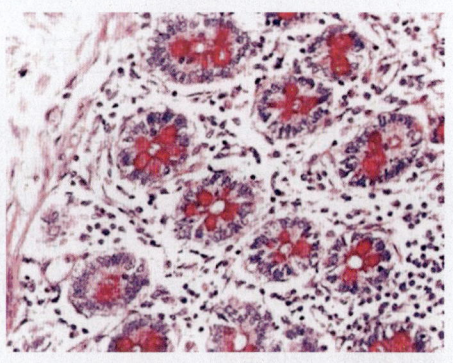

图 1-2-3-3　糖原呈红色（PAS 染色）

五、网状纤维染色法

【实验目的】

掌握网状纤维染色方法。

【实验原理】

由于组织蛋白质与银化合物的结合，再经过甲醛还原成为金属银而沉淀于组织内及表面的物质。

【实验材料】

1. 氨性银溶液　甲液：硝酸银 10.2g，蒸馏水 100ml；乙液：氢氧化钠 3.1g，蒸馏水 100ml。

取甲液 5ml，滴加氨水至溶解清亮为止。再加入 5ml 乙液，此时该液突然变黑，再滴加氨水至清亮为止。补加 4 滴氨水，用蒸馏水补足 50ml。

2. 高锰酸钾氧化液　高锰酸钾 0.5g，蒸馏水 95ml，再加入 3% 硫酸 5ml。

【实验方法】

Gomori 银染色法

1. 中性甲醛固定组织，石蜡切片，常规脱蜡至水。
2. 高锰酸钾氧化液 5min。自来水洗 1min。
3. 2% 草酸漂白 2min。水洗 2min。
4. 2% 硫酸铁铵媒染 2min。
5. 水洗 1min，蒸馏水洗 2 次。
6. 入氨性银溶液内 1min。
7. 蒸馏水洗 2 次，20% 甲醛液还原 5min。
8. 蒸馏水浸洗 2 次。
9. 0.2% 氯化金液 1min，蒸馏水洗 2 次。
10. 丽春红 S 苦味酸染色液复染 3～5min。
11. 无水乙醇脱水，二甲苯透明，中性树胶封片。

【实验结果】

网状纤维呈黑色（见图 1-2-3-4）。

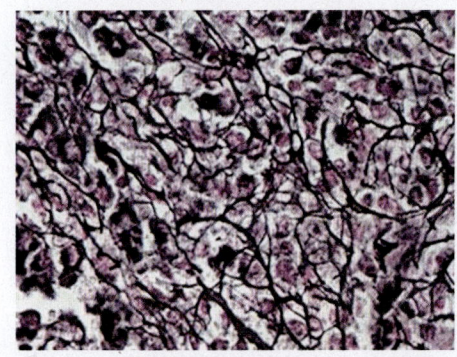

图 1-2-3-4　网状纤维呈黑色（Gomori 银染色）

（陈学军）

第四节 免疫组织化学技术

免疫组织化学（immunohistochemistry），也称为免疫细胞化学（immunocytochemistry），是根据抗原与抗体特异性结合的原理，检测组织中多肽和蛋白质等的一种实验技术。把人或动物的某种肽或蛋白质作为抗原注入另一动物体内，该动物便会产生针对抗原的特异性抗体。将抗体提取与标记物结合，即成为标记抗体。免疫组织化学技术就是用标记抗体（或抗原）与组织或细胞中相应抗原（或抗体）特异性结合，形成带有标记物的抗原抗体复合物，在普通显微镜、荧光显微镜或电子显微镜下对反应产物进行观察。常用标记物有荧光素、辣根过氧化物酶、胶体金等。

免疫组织化学除了具有特异性强和敏感性高等优点外，最大的优点是能将形态学变化与功能和代谢结合起来，既保持了传统形态学对组织和细胞的客观、细致观察的优点，又克服了生物化学、免疫学反应只能定性和定量而不能定位的缺点。现已成为生物医学各学科领域的重要研究手段，尤其在肿瘤病理学中已成为常规的诊断方法。

根据标记物的不同，免疫组织化学技术可分为免疫荧光组织化学技术、免疫酶组织化学技术、亲和免疫组织化学技术、免疫金银及铁蛋白组织化学技术等。

一、免疫荧光组织化学技术

【实验目的】
1. 掌握免疫荧光细胞组织化学技术的实验原理。
2. 熟悉免疫荧光细胞组织化学技术的基本操作技术及在医学领域的应用。

【实验原理】
1. 直接法 直接法是利用标有荧光素的特异性抗体直接与标本中相应抗原相结合来检测未知抗原的方法。优点是简单、需时短、特异性高；缺点是一种标记抗体只能检测一种抗原，且敏感性较差，观察时须用高分辨力的荧光显微镜（见图1-2-4-1）。

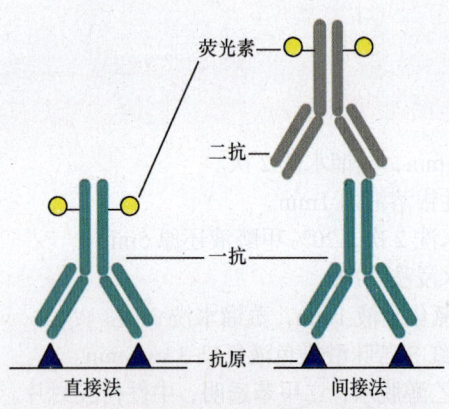

图1-2-4-1 免疫荧光组织化学方法示意图

2. 间接法 间接法需用两种抗体，即一抗和二抗（荧光素标记）。一抗对标本中的抗原来说起抗体作用，但对标记有荧光素的第二抗体来说又起着抗原作用。该法优点是一种荧光素标记抗体可应用于多种第一抗体，只要第一抗体是从同一种动物中产生的均可应用，其敏感性较直接法高10倍左右。缺点是参加反应的因子较多，产生非特异性染色的机会也增多，且染色时间较长（见图1-2-4-1）。

3. 补体法 补体法是间接法的一种改良。它是用特异性抗体同新鲜补体混合后再与片上的抗原反应，补体就结合在抗原抗体复合物上，再用抗补体的荧光抗体与补体结合，形成抗原-抗体-补体-抗补体荧光抗体复合物。补体法不仅具有间接法的敏感性，而且荧光抗体不受免疫血清的动物种属限制，一种荧光抗体就能检测所有的抗原抗体系统。缺点是较间接法更容易出现非特异性染色。且补体不稳定，每次均要采取新鲜血清，操作上比较繁杂。

【实验材料】
新鲜组织冷冻切片、固定液（甲醇或丙酮）、PBS、50%甘油、荧光标记抗体、荧光显微镜等。

【实验方法】

1. 直接法

（1）培养细胞涂片、新鲜组织冷冻切片或石蜡包埋经脱蜡后的切片，先用甲醇或丙酮固定，吹干。

（2）0.01mol/L PBS（pH 7.4）冲洗后，滴加适当稀释的荧光抗体液于切片上，37℃孵育30min。

（3）用 PBS 冲洗 2 次，每次 5min，用荧光显微镜直接观察或用无发光的 50% 缓冲甘油封片后观察。为防止干燥，可用石蜡封堵盖片周围，暂存冰箱冷藏过夜。

2. 间接法

（1）切片固定同直接法。

（2）PBS 洗涤后，滴加合适浓度的未标记的一抗，37℃或室温孵育 30min。

（3）PBS 洗涤 2 次后，滴加荧光素标记的二抗（适当浓度），37℃或室温孵育 30min。

（4）PBS 冲洗 2 次，荧光显微镜观察或用 50% 缓冲甘油封片，冰箱冷藏保存。

3. 补体法

（1）切片固定同直接法。

（2）PBS 洗涤后，滴加适当稀释的抗体及补体混合物，37℃或室温孵育 30min。

（3）PBS 洗涤 2 次后，滴加适当稀释的抗补体荧光抗体，37℃或室温孵育 30min。

（4）PBS 冲 2 次，荧光显微镜观察或用 50% 缓冲甘油封片 4℃冰箱冷藏保存。

4. 对照试验　为了保证免疫荧光染色的特异性，排除非特异性染色，在染色过程中，特别是初次试验时，应进行以下对照试验。

（1）阳性对照：用已知阳性标本与待检标本同时进行染色，阳性标本应出现特异性的荧光染色。

（2）阴性对照：将已知不含待检抗原的标本与待检标本同时染色，结果应为阴性。

（3）替换试验：以 PBS 或与特异性抗体同源的动物正常血清取代特异性抗体，结果应为阴性。

（4）吸收试验：将过量的纯化抗原与特异性抗体（按 100μl 最高稀释度的特异性抗体中加入 1nmol 的纯化抗原的比例）混合后 4℃孵育 24h，3000r/min 离心 15min，取上清液孵育标本，结果应为阴性。

【实验结果】

荧光显微镜下，细胞上的荧光清楚，背景干净。

二、免疫酶组织化学技术

【实验目的】

掌握免疫酶组织化学技术的基本原理、实验步骤和结果观察。

【实验原理】

免疫酶组织化学技术的基本原理是将酶连接在抗体上，制成酶标记抗体，再借助酶对底物的特异催化作用，生成有色的不溶性产物或具有一定电子密度的颗粒，在光镜或电镜下显示细胞表面或细胞内部各种抗原成分的定位。常用于标记的酶有辣根过氧化物酶（horseradish peroxidase，HRP）、碱性磷酸酶（alkaline phosphatase，AKP）、葡萄糖氧化酶（glucose oxidase，GOD）等，其中 HRP 最常用。标记在抗体上的 HRP 分解特异性底物 H_2O_2 产生原子氧，后者使同时加入的无色还原性染料（供氢体）转化为有色的氧化性染料沉积于抗原所在的部位，被检抗原得以标识。常用的供氢体有：① 3，3'- 二氨基联苯胺（3，3'-diaminobenzidin，

DAB），反应产物呈棕褐色；② 4- 氯 -1- 萘酚（4-chloro-1-naphthol），反应产物呈蓝色；③ 3- 氨基 -9- 乙基 - 卡巴唑（3-amino-9-ethylcarbazol，AEC），反应产物呈红色。

免疫酶组织化学可分为直接法、间接法和非标记抗体酶法。

1. 直接法　是将酶标记在特异性抗体上，与标本中的相应抗原反应结合，形成抗原 - 抗体 - 酶的复合物后再加入酶的底物，酶催化底物产生有色的产物，沉积在抗原抗体复合物的部位，可对抗原进行定性、定位乃至定量研究。

2. 间接法　是将酶示踪物标记在二抗上，再与一抗反应，然后进行显色反应。此法要求第二抗体与第一抗体应是不同种属的动物产生的。

3. 非标记抗体酶法　由于酶和抗体以化学方式结合后，不同程度地降低了抗体和抗原结合的能力，并且对标记物的活性也有影响，所以创建了不用化学方法使酶与抗体结合的非标记抗体酶法。其基本原理：①是先用酶去免疫动物，制备高效价、特异性强的抗酶抗体；②再用桥抗体的两个抗原结合部位分别于抗酶抗体和特异性抗体结合，从而将两者连接起来，经过酶催化底物的显色反应后，显示出抗原所在的部位；③作为桥抗体必须对特异性抗体和抗酶抗体都具有特异性，因此，特异性抗体和抗酶抗体应有同一种属动物产生。

（1）酶桥法：基本原理是组织切片上的抗原（人）与特异性抗体（兔抗人 IgG）结合；桥抗体（羊抗兔 IgG）的 1 个抗原结合部位与特异性抗体结合，另一个抗原结合部位与抗酶抗体（兔抗酶 IgG）结合；加入的酶与抗酶抗体结合，形成抗原 - 抗体 - 酶复合物；加入底物，显色。在此过程中，由于酶是通过免疫学原理与抗酶抗体结合的，任何抗体均未被酶标记，保留了酶的活性，提高了方法的敏感性，同时也节省了特异性抗体的用量。

（2）过氧化物酶 - 抗过氧化物酶法（PAP 法）：基本原理是利用桥抗体将酶连接在特异性抗体结合部位，与酶桥法不同的是将酶和抗酶抗体制成复合物（peroxidase antiperoxidase，PAP）以代替酶桥法中的抗酶抗体和随后结合的酶，将两个步骤合并为一个步骤，即细胞抗原（人）+ 特异性抗体（兔抗人 IgG）+ 桥抗体（羊抗兔 IgG）+ PAP 复合物→形成复合物→加入底物显色（见图 1-2-4-2）。这一重要的改进，不仅简化了步骤，而且具有更大的优势。因为 PAP 是由 3 个过氧化物酶分子和 2 个抗酶抗体分子结合形成的一个环形分子，其结构非常稳定，冲洗时酶分子不会脱落，而且结合在抗原抗体复合物上的酶分子增多，酶底物反应后的呈色效果增强，能使微量的或抗原性弱的抗原也显示出来，提高了灵敏度。

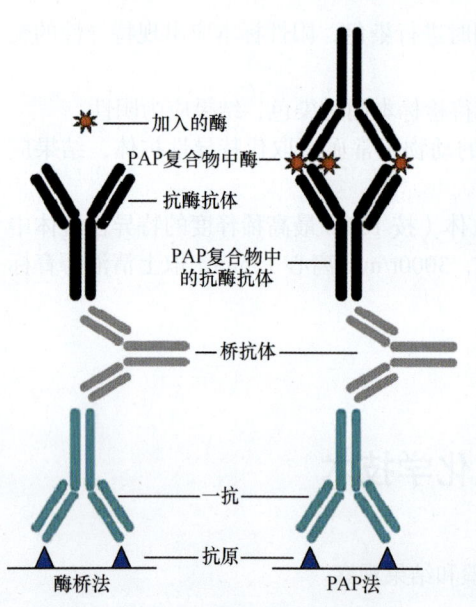

图 1-2-4-2　非标记抗体酶法示意图

（3）碱性磷酸酶 - 抗碱性磷酸酶法（APAAP 法）：基本原理与 PAP 法相同，是用碱性磷酸酶（AKP）代替 HRP 来显示结果的免疫酶组织化学技术。在内源性的过氧化物酶较高的组织中进行免疫组织化学染色时，APAAP 法比 PAP 法具有更多的优势，仅需稍加处理就能消除内源性酶的干扰，在血、骨髓、脱落细胞涂片的免疫细胞化学染色上具有 PAP 法不能替代的优势。

PAP 法和 APAAP 法的关键在于：① PAP 或者 APAAP 复合物中的抗酶抗体必须与特异性抗体为同种动物所产生；②特异性抗体最好使用有效的低浓度；③桥抗体必须过量，以保证桥抗体分子的两个抗原结合部位能分别与特异性抗体和抗酶抗体结合。

【实验材料】
1. 常规切片制作的仪器设备和低耗品，恒温水浴箱。
2. 组织切片，抗体，牛血清白蛋白，0.3%TritonX-100，pH7.4 的 PBS 等。

【实验方法】
过氧化物酶 - 抗过氧化物酶法（PAP 法）染色：
1. 石蜡切片常规脱蜡至水。
2. 0.3% TritonX-100 室温孵育 20min。PBS 5min×3。
3. 0.3% H_2O_2 处理切片，室温 5～10min 以灭活内源性过氧化物酶。
4. PBS 5min×3。
5. 热修复抗原：将切片浸入 0.01mol/L 枸橼酸盐缓冲液（pH 6.0）电炉或微波炉加热至沸腾后断电，间隔 5～10 min 后，反复 1～2 次。
6. 冷却后 PBS 5 min×3。
7. 抗原修复液 I 对于大部分指标，可以直接进入下一步；对于难以显示的抗原，可以用抗原修复液 I（进一步暴露抗原）滴加在切片上室温 5～10 min 后，PBS 5 min×3。
8. 滴加正常动物血清封闭液，室温 30 min。吸去多余血清，不洗。
9. 滴加适当稀释的特异性抗体，37℃ 1h 或 4℃过夜。
10. PBS 洗 5min×3。
11. 滴加与特异性抗体种属匹配的第二抗体，37℃ 30min 或室温 2h。
12. PBS 洗 5min×3。
13. 滴加 PAP 复合物，37℃ 30 min 或室温 2h。
14. PBS 洗 5min×3。
15. DAB 显色使用 DAB 显色试剂盒。取 1ml 蒸馏水，加试剂盒中 A、B、C 试剂各 1 滴，混匀后滴加至切片。室温显色，镜下控制反应时间，一般在 5～10min 之间。也可以自配显影剂显色。
16. 蒸馏水洗涤。
17. 苏木精轻度复染，无水乙醇脱水，二甲苯透明，中性树胶封片。
对照试验同免疫荧光。

【实验结果】
阳性细胞或纤维呈棕褐色。

三、亲和免疫组织化学技术

【实验目的】
掌握亲和免疫组织化学技术的基本原理、实验步骤和结果观察。

【实验原理】
利用两种物质之间的高度亲和能力及可标记性而显示其中一种物质的方式称为亲和组织化学，将免疫酶组织化学和亲和组织化学结合即亲和免疫组织化学。亲和免疫组织化学一方面区别于组织化学的分解、置换、氧化和还原反应，另一方面本质上不是抗原 - 抗体反应。该技术结合了免疫酶组织化学在待检抗原部位形成有色沉淀和亲和组织化学能产生有效抗原信号放大系统的特点，使其敏感性大大增加，操作过程省时，背景清晰，因此成为目前应用最广的免疫组织化学方法。
相互之间具有高度亲和力的两种物质互称亲和物质对，如亲和素（avidin）与生物素

（biotin）、植物凝集素（lectin）与糖类、葡萄球菌 A 蛋白（staphylococcal protein A，SPA）与抗体的 Fc 片段等。亲和免疫组织化学就是利用这些物质对之间的高度亲和性，将酶、荧光素等标记物与亲和物质连接，从而对抗原进行定位和定量的方法。目前，亲和素与生物素是在亲和免疫组织化学中应用最广的亲和物质对。

生物素也称维生素 H，是一种分子量为 244Da 的小分子维生素，能与抗体分子结合而不影响抗体与抗原结合的能力。一分子抗体可结合多达 150 个生物素分子。亲和素是一种分子量为 68kD 的糖蛋白。每个亲和素有 4 个与生物素结合的位点，因其能使生物素失活，故又称抗生物素。亲和素和生物素之间有着极强的亲和力，比抗体和抗原的亲和力要高出 100 万倍，两者之间呈非共价键结合，作用非常快，一旦结合很难解离，并且不影响彼此的生物学活性。亲和素除与生物素具有亲和力外，还具有与其他示踪物质（如酶、荧光素和胶体金等）相结合的能力。

由于生物素和亲和素既可结合抗体等大分子物质，又可结合多种标记物，现已发展成为一个独特的亲和素-生物素系统，并以此建立了多种亲和免疫组织化学技术。目前常用的亲和免疫组织化学方法有：亲和素-生物素-过氧化物酶复合物法（avidin biotin-peroxidase complex method，ABC 法）、链霉亲和素-生物素链霉亲和素过氧化物酶法（streptavidin peroxidase method，SP 法）和链霉亲和素-生物素-过氧化物酶复合物法（treptavidin biotin-peroxidase complex method，SABC 法）。

1. 亲和素-生物素-过氧化物酶复合物法（ABC 法） 将亲和素和酶标生物素按一定的比例混合形成亲和素-生物素-过氧化物酶复合物（ABC），使每个亲和素分子的 3 个结合位点与生物素偶联的过氧化物酶结合，另一个结合位点保留，用于与生物素化的第二抗体结合。染色时特异性抗体先与标本中抗原结合，再与生物素化的第二抗体结合；加入 ABC 后，复合物中的亲和素上游离的结合位点便与第二抗体结合，最后通过过氧化物酶的组织化学显色反应显示组织细胞中的抗原（见图 1-2-4-3）。

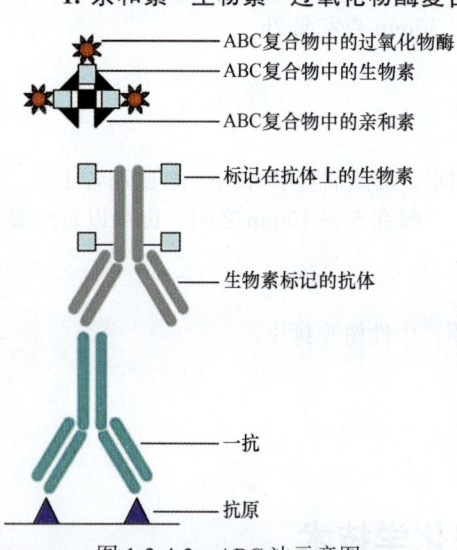

图 1-2-4-3　ABC 法示意图

在 ABC 反应中，亲和素作为桥连接于生物素偶联的过氧化物酶和生物素化的第二抗体之间，而生物素偶联的过氧化物酶又可作为桥连接于亲和素之间，于是形成了含有 3 个以上过氧化物酶分子（大于 PAP 复合物）的网格状复合物，故 ABC 法敏感性比 PAP 法高 20～30 倍。因为其敏感性高，特异性抗体和生物素化抗体都可以高度稀释，可明显减少非特异性染色，所以 ABC 法背景淡，特异性强。

2. 链霉亲和素-生物素链霉亲和素过氧化物酶法（SP 法） 链霉亲和素（streptavidin）是一种从链霉菌培养物中提取的蛋白质，分子量为 60kD，不含糖类。同亲和素一样，链霉亲和素也具有 4 个与生物素结合的位点，与生物素的亲和力高达 10^{15}mol/L，是一种更完美的生物素结合蛋白。SP 法用链霉亲和素直接与过氧化物酶结合，形成链霉亲和素-过氧化物酶复合物（SP）；当生物素化抗体与结合在组织细胞中抗原上的特异性抗体结合后，该复合物通过链霉亲和素游离的生物素结合位点与生物素化抗体结合，然后经过氧化物酶的组织化学显色反应检测组织细胞中的抗原。由于链霉亲和素很少有低聚糖残余成分，可保持中性等电点，不与内源性生物素结合，因此可避免组织中非特异性染色。

3. 链霉亲和素-生物素-过氧化物酶复合物法（SABC 法） SABC 法是 ABC 法的改良，

用链霉亲和素代替 ABC 法中的亲和素，其他成分与 ABC 法的完全相同。

【实验材料】

1. 常规切片制作的仪器设备和低耗品，恒温水浴箱。

2. 组织切片，抗体，牛血清白蛋白，0.3% TritonX-100，pH7.4 的 PBS 等。

【实验方法】

链霉亲和素 - 生物素 - 过氧化物酶复合物法（SABC 法）染色：

1. 石蜡切片常规脱蜡至水。

2. 0.3% TritonX-100 室温孵育 20min。PBS 5min×3。

3. 0.3% H_2O_2 处理切片，室温 30min 以阻断内源性过氧化物酶。

4. PBS 5min×3。

5. 热修复抗原 将切片浸入 0.01mol/L 枸橼酸盐缓冲液（pH 6.0）电炉或微波炉加热至沸腾后断电，间隔 5～10 min 后，反复 1～2 次。

6. 冷却后 PBS 5 min×3。

7. 抗原修复液 I 对于大部分指标，可以直接进入下一步；对于难以显示的抗原，可以用抗原修复液 I（进一步暴露抗原）滴加在切片上室温 5～10 min 后，PBS 5 min×3。

8. 滴加正常动物血清封闭液，室温 30 min。吸去多余血清，不洗。

9. 滴加适当稀释的特异性抗体，37℃ 1h 或 4℃过夜。

10. PBS 洗 5min×3 次。

11. 滴加与特异性抗体种属匹配的第二抗体，37℃ 30min 或室温 2h。

12. PBS 洗 5min×3 次。

13. 滴加 SABC 复合物，37℃ 30 min 或室温 2h。

14. PBS 洗 5min×3 次。

15. DAB 显色使用 DAB 显色试剂盒。取 1ml 蒸馏水，加试剂盒中 A、B、C 试剂各 1 滴，混匀后滴加至切片。室温显色，镜下控制反应时间，一般在 5～10min 之间。也可以自配显影剂显色。

16. 蒸馏水洗涤。

17. 苏木精轻度复染。无水乙醇脱水，二甲苯透明，中性树胶封片。

对照试验同免疫荧光。

【实验结果】

阳性细胞或纤维呈棕褐色。

四、免疫胶体金技术

【实验目的】

掌握免疫胶体金技术的基本原理、实验步骤和结果观察。

【实验原理】

以胶体金（colloidal gold）作为示踪标志物应用于免疫组织化学研究的技术称为免疫胶体金染色（immunogold staining，IGS）。Faulk 和 Taytor（1971）将胶体金引入免疫化学，此后免疫胶体金技术作为一种新的免疫学方法，在生物医学各领域得到了广泛的应用。

胶体金是指金的水溶液，它具有一般溶胶的特性。溶胶是指一种物质以或大或小的微小粒子分散在另一种物质中所形成的体系。被分散的物质叫分散相，容纳分散相的另一种物质叫分散介质。溶胶的颜色取决于分散相物质的颜色、分散相物质的分散度和入射光线的种类，粒子越小，分散度越高，则散射光的波长越短。对同一种物质的水溶胶来说，粒子的大小不同，呈现的颜色也不同。如胶体金颗粒在 5～20nm 之间，吸收波长 520nm，呈红色的葡萄酒色；在 20～40nm 之间主要吸收波长 530nm 的绿色光，呈深红色；60nm 主要吸收波长 600nm 的橙黄色光，呈蓝紫色。一般应用于免疫组织化学的胶体金颗粒为 5～60nm 范围内，溶液呈现红色。在相当的一段时期内保持其溶胶不变性，称为胶体金的稳定性。影响其稳定性的因素是电解质，其次是胶体金本身的浓度、温度及其他非电解质等。

在免疫金染色的基础上，用对苯二酚还原剂将银离子还原为银原子，是在抗原抗体反应部位的金粒子周围形成很多沉淀层，光镜下就可看到阳性反应部位呈清晰地棕黑色，从而显示不易被光镜定位的较小金颗粒，这种方法称为免疫金银法（immunogold-silver staining, IGSS）。IGSS 不仅提高了灵敏度，同时金标记抗体可以稀释 10 倍以上后应用。

【实验材料】

1. 常规切片制作的仪器设备和低耗品，恒温水浴箱。
2. 组织切片，抗体，牛血清白蛋白，0.3%TritonX-100，pH7.4 的 TBS 和 PBS 等。

【实验方法】

1. 石蜡切片常规脱蜡到水。
2. 0.3%TritonX-100 室温孵育 20min。PBS 洗 5min×3。
3. 1% 卵蛋白室温 20min。
4. 滴加适当稀释的特异性抗体，37℃ 1h 或 4℃过夜。
5. TBS 洗 5min×3 次。
6. 1% 卵蛋白室温 20min。
7. 滴加与特异性抗体种属匹配的胶体金标记的第二抗体，37℃ 30min 或室温 2h。
8. TBS 洗 5min×3 次。双蒸水洗 5min。
9. 1% 戊二醛固定 10min。
10. 苏木精轻度复染。无水乙醇脱水，二甲苯透明，中性树胶封片。

对照试验同免疫荧光。

【实验结果】

光学显微镜观察，阳性部位呈红色。

（陈学军）

第五节 原位杂交技术及其应用

【实验目的】

1. 了解原位杂交的基本原理。
2. 掌握原位杂交的实验方法。

【基本原理】

原位杂交技术（in situ hybridization，ISH）是将分子杂交技术与组织化学技术相结合来检测和定位核酸的一项新技术。其基本原理是根据核酸碱基互补的原则，利用已知碱基序列并带有标记物的核酸（如 DNA、RNA 或寡聚核苷酸）作为探针（probe），在适宜条件下与细胞或组织切片中的待测核酸序列如 RNA 和 DNA 特异性结合而形成杂交体，然后通过与标记物相应的检测系统即应用组织化学或免疫组织化学的方法去检测带有标记物的核酸探针与待测核酸杂交体，从而达到在原位对组织细胞中的待测核酸序列进行定性、定位和相对性定量的目的。

根据所用探针和靶核酸的不同，原位杂交可分为 DNA-DNA 杂交，DNA-RNA 杂交和 RNA-RNA 杂交三大类。根据探针的标记物是否能直接被检测，原位杂交又可分为直接法和间接法两类。所谓直接法，探针用放射性核素、荧光素或一些酶标记，探针与组织细胞内靶核酸所形成的杂交体可分别通过放射自显影、荧光显微镜术或呈色的酶促反应直接显示；间接法一般都用半抗原来标记探针，最后通过用免疫组织化学对半抗原的定位，间接地显示探针与组织细胞内靶核酸所形成的杂交体。

一、地高辛标记的寡核苷酸探针检测石蜡切片的 RNA 原位杂交

【实验方法】

1. 组织切片的预处理

（1）固定：组织以 10% 中性甲醛（福尔马林）液或 Bouins 液固定，常规石蜡包埋，切片厚 3～4μm，黏附于涂有黏附剂的玻片上，入烤箱 60℃ 8～18h，使切片更紧粘贴于玻片。

（2）脱蜡：二甲苯 10min×2，置于 100% 乙醇Ⅰ和Ⅱ、95% 乙醇、90% 乙醇、70% 乙醇、50% 乙醇各 5min，自来水冲洗，蒸馏水洗。

（3）PBS 5min×2。

（4）0.2mol/L HCl 20min，以除去蛋白。

（5）50℃，2×SSC 溶液中 30min。

（6）加入蛋白酶 K（1μg/ml，溶于 0.1mol/L PBS 中），37℃，20～25min。

（7）0.2% mol/L 甘氨酸液室温处理 10min，终止蛋白酶反应。

（8）4% 多聚甲醛室温处理 20min。

（9）PBS-MgCl（5mmol/L）漂洗 10min×2。

（10）脱水：置于上述各浓度乙醇（由低浓度到高浓度）各 3min，空气干燥。

2. 预杂交 封闭非特异性杂交位点，加预杂交液，每张切片 20μl，42℃水浴 30min。

3. 杂交 加杂交液滴 10～20μl/每张切片，加盖硅化的盖玻片，或采用无菌的蜡膜代替硅化的盖玻片，将切片置于 95℃ 10min，使探针及病毒 DNA 变性，然后迅速置于冰上 1min，再将切片置于盛有少量 5×SSC 或 2×SSC 溶液的湿盒中，42℃过夜（16～18h）。

4. 杂交后处理

（1）2×SSC 溶液内振动，移除盖片。

（2）2×SSC 溶液中 55℃处理 10min×2。

（3）0.5×SSC 溶液中 50℃处理 5min×2。

（4）缓冲液Ⅰ（100mmol/L Tris-HCl，15.0mmol/L NaCl，pH7.5）中室温处理 15 min。

（5）缓冲液Ⅱ（含 0.5% 封阻试剂，用缓冲液Ⅰ溶解）中，37℃，30 min。

（6）加酶标地高辛抗体（1∶5000，用缓冲液Ⅰ稀释），37℃，30～120min。

（7）缓冲液Ⅰ室温处理 10 min×2。

（8）缓冲液Ⅲ（100mmol/L Tris-HCl，100mmol/L NaCl，50mmol/L MgCl$_2$，pH9.5）室温处理 5min。

5. 显色

（1）在 1ml 缓冲液Ⅲ中加入 4.5μl 四氮唑蓝（NBT）和 3.5μl 5-溴-4-氯-3-吲哚磷酸盐（BCIP）配成显色液或用 1∶50 稀释的 NBT/BCIP 贮存液。每张切片加显色液 30μl，置暗处

显色 30 min～2h。定时抽查切片，镜检显色情况。

（2）缓冲液Ⅳ（10mmol/L Tris-HCl，1mmol/L EDAT，pH8.0）处理 10 min 终止反应。用核固红或甲绿复染 5 min，乙醇脱水，封片。

【实验结果】

杂交阳性信号呈紫蓝色，细胞核呈红或绿色。

二、荧光原位杂交

【实验目的】

了解免疫原位杂交原理。

【基本原理】

荧光原位杂交（fluorescence in situ hybridization，FISH）的基本原理是利用特异的 DNA 探针（经生物素、地高辛或荧光素标记），对外周血、肿瘤细胞或癌前组织的离散培养细胞的染色体铺片或组织切片进行 DNA-DNA 原位杂交，其杂交定位信号用荧光显示。目前该技术已广泛应用于基因结构和基因组进化研究、染色体结构变异分析、病毒感染诊断、细胞遗传学和肿瘤遗传学等领域。与传统的放射性标记原位杂交相比，荧光原位杂交具有快速、检测信号强、杂交特异性高和可以多重染色等特点，不仅可以检测分裂象的染色体，也可检测培养的间期细胞、石蜡切片和冰冻切片。

探针的荧光素标记可以采用直接和间接标记的方法。直接标记法是将荧光素直接与探针核苷酸或磷酸钨糖骨架共价结合，或在缺口平移法标记探针时将荧光素核苷三磷酸掺入。而间接标记法是采用生物素标记 DNA 探针，杂交后用偶联的荧光素亲和素或荧光素抗生物素进行检测，可利用生物素 - 亲和素（抗生物素）- 荧光素复合物，将荧光信号进行放大。

【实验方法】

1. 常规方法制备染色体标本，显微镜下选取质量较好的染色体作为杂交区域并做好标记。

2. RNA 酶的处理

（1）RNase（100μg/μl）溶液于 37℃孵育 1h。

（2）2×SSC 室温洗 2min×3。

（3）梯度冷乙醇 -20℃脱水，每级 2min，室温下干燥。

3. 变性

（1）切片滴加变性液于标记好的区域，70℃变性处理 2～5min。

（2）迅速将玻片转移到 70% 冷乙醇中 2min。

（3）在 -20℃乙醇梯度脱水，每级 2min，室温下干燥。

4. 杂交

（1）将玻片置于湿盒内，37℃孵育 30min。

（2）生物素标记的 DNA 探针加入 30μl 杂交液（5×SSC，50% 甲酰胺，5×Denhardt's，100μg 鱼精 DNA，10% 硫酸葡聚糖）中。

（3）混匀后放入 70℃水浴变性 5min。

（4）迅速放入冰浴冷却。

（5）将杂交混合液滴加到切片上，加硅化盖玻片，指甲油封边，放入湿盒，37℃孵育 8～16h。

5. 杂交后处理

（1）除去盖玻片，放入清洗液中，43℃洗 20min。

（2）2×SSC 37℃洗 4min×2。

(3) 1×PBS 洗 3～5min。

(4) 加入 60μl 封闭液 1（生物素标记检测试剂盒中配备），并用石蜡膜盖好，室温下 5min。

(5) 去掉石蜡膜，加 60μl 荧光标记 avidin 溶液，37℃ 20min。

(6) 1×PBS 洗 2min×3，加入 60μl 封闭液 2（生物素标记检测试剂盒中配备），室温 5min。

(7) 加抗 avidin 抗体，37℃ 20min，1×PBD 洗 2min×3。

(8) 加终止液 1.60μl，室温 5min，加荧光标记 avidin 溶液，37℃ 20min，再用缓冲液洗 3 次。

(9) 在玻片上加 18μl Propidium Iodine 及 anti-fade 剂，室温 5min，加盖玻片，在荧光显微镜下观察。

【实验结果】

荧光显微镜下杂交信号呈黄绿色，染色体和间期核呈红色。

（陈学军）

第六节　组织培养技术

组织培养技术是将离体细胞、组织或器官，放置在模拟机体生理条件的培养基中，在适当的温度和无菌条件下，在体外进行培养的一种技术，广泛应用于生物学和医学研究的各个领域。

【实验目的】

掌握组织培养技术的基本理论、方法和技术。

【实验内容】

（一）实验设备与材料

无菌操作室、超净工作台、抽滤系统、CO_2 培养箱、高压消毒器、液氮罐、倒置显微镜、加样器、pH 计、离心机、天平、冰箱、干燥箱、培养瓶、培养皿、培养板、吸管、剪刀、镊子、培养基、缓冲液等。

（二）实验前准备

1. 培养器皿的清洗

(1) 玻璃器皿的清洗：用过之后的玻璃器皿应放入含有消毒液的水中浸泡，新的玻璃器皿用水浸泡清洗后用 5% 稀盐酸浸泡过夜，然后，用硫酸和重铬酸钾清洗液浸泡过夜，流水冲洗干净，烘干备用。

(2) 塑料器皿的清洗：一般均为出厂时经过消毒的一次性耗材，开封后即可使用。

2. 培养器皿的消毒　培养器皿必须要消毒，以防止细菌、真菌和微生物污染。主要有三种消毒方法：物理灭菌法（紫外线照射、干热、湿热、离心、过滤以及射线照射等）、化学灭菌法（应用化学消毒剂等）、抗生素灭菌法。

（三）组织细胞培养基本操作过程

1. 取材　动物和人体的所有组织均可进行培养。取材时注意如下事项：①动作要快；②严格执行无菌操作；③最好取新鲜组织进行培养。如果不能在取材后立即培养，可以把组织切成 $1cm^3$ 的小块，放在培养液中 4℃贮存，时间不超过 24 小时。

2. 把组织分离成细胞 可根据不同器官和组织的性质、硬度和纤维成分的多少选择不同的分离方法。常用的方法如下：

（1）切割分离法：先用剪刀将组织或器官切成 $1mm^3$ 的小块，加入缓冲液后用吸管反复吹打，低速离心，去上清即可。

（2）消化分离法：常用的是胰蛋白酶消化法，适于消化细胞间质较少的软组织。将组织剪成小块，用胰蛋白酶消化 30min，离心去上清，缓冲液清洗，加入培养基，经不锈钢纱网过滤，取滤过液用于培养。

（3）细胞沉降分层分离法：这是根据细胞自身比重或密度的不同，置于一定液体和不同离心速度下沉降分离细胞的方法，如：一般分层法和梯度密度分离细胞法等。

3. 细胞接种 用培养基将分离的细胞制成细胞悬液，细胞计数后，按一定浓度接种于培养瓶、皿或培养板中，放入二氧化碳培养箱，在 5% CO_2 和 37℃下进行培养，定期更换培养基。

（四）细胞冻存

细胞一般放在液氮中长期贮存，用时解冻，细胞仍能生长增殖，给科研工作提供了方便。细胞在冻存时，由于加入了保护剂（甘油或二甲基亚砜），因此，可使冰点降低，使细胞内的水分在凝固前透出细胞外，避免了因冰晶形成而对细胞造成的机械性损伤和蛋白质变性等。

1. 冻存方法

（1）选对数生长期细胞，在冻存前 24 小时更换一次培养基。

（2）制备 $5×10^6$/ml 细胞悬液，1000r/min 离心 5min，弃上清。

（3）加入与所弃上清液相同量的培养基（含 10% 二甲基亚砜或甘油），制成细胞悬液。

（4）把细胞悬液分装入冻存管中，每管 1.5ml，封口。

（5）将冻存管依次放入 4℃冰箱 30min、-20℃冰箱 30min，液氮罐的气相空间过夜，最后放入液氮（-196℃）中长期保存。

2. 细胞复苏

（1）把细胞冻存管从液氮罐中取出，放入 37℃水浴，不断摇动，使其尽快融化。

（2）在超净工作台上打开冻存管，将细胞悬液移入离心管，加入 10ml 培养基，制成悬浮液，低速离心去上清，再加入培养基重新漂洗、离心。

（3）用培养基制成细胞悬液，置于培养器皿中，放入培养箱进行培养，倒置显微镜下观察细胞。

【实验结果】

倒置显微镜下观察，细胞为无色透明，大部分细胞贴壁生长，于 2～4 天左右就可以在培养瓶、培养皿或培养板的底部铺成单层。

（张 莉 单 颖）

第七节 常用电镜技术及标本制备

一、常规透射电镜标本制备及超薄切片

超薄切片技术是为透射电镜观察提供的薄片样品技术，是生物学观察细胞超微结构的基本技术，也是细胞电镜化学、免疫电镜细胞化学以及电镜放射自显影等技术的基础。超薄切片厚度为 10～100nm 之间。制作过程包括取材、固定、脱水、包埋、切片、染色等步骤。与

光镜切片过程相似，不同的是要求更仔细，操作更严格，所用的试剂也有不同。

（一）取材与固定

取材要求迅速地使组织标本与固定液发生作用，尽可能地使组织块固定在生活状态。因此要求取材用的刀、剪等器械必须锐利而干净。取材的大小取决于标本与固定液发生作用的特点，一般不超过1mm³。

良好的固定在电镜下表现为膜性结构清晰而连续，无断裂、浑浊表现；基质均匀，无空白表现及髓鞘样物质出现；粗面内质网和线粒体内嵴上颗粒连续无脱落。固定的方法有两种，即物理固定和化学固定。物理固定包括低温固定和微波固定，后者可加快化学固定。电镜标本多采用化学固定。化学固定是利用固定剂固定标本。固定液的种类很多，实际工作中多用多聚甲醛-戊二醛复合固定液行前固定，再用锇酸后固定。戊二醛在固定过程中并不会破坏细胞膜的半透膜渗透性，因此选择适当的渗透压固定液是重要的，一般来说1%～25%浓度（磷酸缓冲液或二甲胂酸钠缓冲液配制）即可达到要求。四氧化锇又叫锇酸，是一种强氧化剂，呈浅黄色结晶。先配成2%水溶液的储存液，应用时用缓冲液再配成1%的应用液。四氧化锇对脂类固定甚佳，并具有电子染色的功能。经锇酸固定的细胞膜清晰反差好，补充了醛类固定的不足。两种固定液操作时应戴手套等保护措施，且要在通风橱下进行。

固定的方法有两种，浸润固定和灌流固定。浸润固定是将取材的组织块迅速放入固定液内。常规先入醛类固定液内行前固定，缓冲液洗净前固定液后锇酸后固定。前固定约24～48小时，后固定一般1～15小时即可。

灌流固定是经血管（动脉）灌注固定液以达到固定标本的目的。由于各器官有其各自的特点，因此对灌流的压力、流量等的要求也各不相同。对形态计量学的研究，规范化的灌流条件是必要的，包括灌流固定液的温度、渗透压、pH、灌流压力，以及单位时间流量等。一般的器官如肾脏、肝脏、胃肠道等灌流压力为16～186kPa，流量为9～10ml/min。特殊的器官如骨髓灌流压力为24～266kPa，流量为11～12ml/min。与浸润固定相比灌流固定需要固定的灌流设施，操作复杂，需要的固定液量也很多，但是其固定的速度快、效果好。

（二）脱水

由于绝大多数包埋剂是不溶于水的，因此在固定后必须进行脱水，使既与水又与包埋剂相容的脱水剂替代样品内的水，以利包埋剂渗透到样品内各细胞内。脱水会引起组织细胞皱缩和脂类丢失。常用的脱水剂为乙醇、丙酮，也有用氧化丙烯作为渗透剂的。脱水过程从低浓度开始，逐渐到高浓度溶液，最后到纯溶液。脱水要彻底，否则会引起渗透和包埋不良而切片上有许多小洞。脱水时间不宜过长，过长会导致脂类结构丢失。如当天不能完成可放在70%乙醇过夜。未经锇酸后固定的标本要在低温下脱水。

（三）渗透与包埋

渗透和包埋的目的是使包埋剂均匀地分散在组织细胞内，然后与标本外的包埋剂共同聚合成均质的有一定硬度的易于切割的包埋块，以利切出高质量超薄切片。

包埋剂要符合以下几个条件；一是易于渗透到组织细胞内；二是聚合后有一定硬度而利于超薄切片；三是透明度好，而且不能损伤样品内结构；四是无毒或低毒；最后是耐受电子束轰击。常用环氧树脂包埋。

环氧树脂型号较多，常用Epon812是一种长链的脂肪族环氧化合物的进口树脂（Epon812），是目前国际上普遍采用的一种优良包埋剂，黏度为150～210cP（在25℃）。该包埋剂配制方法甚多，但一般都按1961年Luft提出的配方进行。其配方如下：

A液：Epon812 62ml+DDSA 100ml；B液：Epon812 100ml+MNA 89ml。

上述配方若改变A液和B液的比例则可调节聚合块硬度，A液多则软，B液多则硬。视组织的硬度和气候不同选择其比例。通常冬天使用 A：B 为 2：8，夏天使用 A：B 为 1：9，配制时可先分别配制 A 液和 B 液，然后将 A 液和 B 液按一定比例混合后，再加入 1%～2% 的加速剂，边加边搅拌，使其充分混合。为了方便操作，也有人将 Epon812，DDSA，MNA 三种成分按一定比例直接混合使用。Epon812 的聚合温度为：37℃过夜，60℃ 24～36 小时。

根据南方地区的气候条件，可用下列配方：

Epon812 51ml ＋ DDSA 12ml ＋ MNA 37ml ＋ DMP-30 1.8～2ml

聚合条件 60℃ 8～12 小时，或室温过夜。

DDSA 是十二烷基琥珀酸酐（dodecenylsuccinic anhydride）的简称。它是一种可得到软性包埋块的长链脂肪族分子。

MNA 是甲基内次甲基二甲酸酐（methyl nadic anhydride）的简称，又称六甲酸酐，它有两个链环，能获得较硬的包埋块。

DMP-30 是 2,4,6-三（二甲基氨基甲基）苯酚 [2,4,6-Tri（dimethyl aminomethyl）phenol] 的简称。它能加速固化过程。

组织块（样品）脱水完毕先进入渗透剂两次，每次 5～15 分钟。经渗透后的样品挑入已装有包埋剂的空心胶囊，或特制的锥形塑料囊，或多孔橡胶模板中，将包埋剂灌满，放入标签，然后根据包埋剂聚合所需的温度及时间放入温箱聚合，制成包埋块。

渗透和包埋的注意事项：①包埋过程中，一切器材用品都要干净、干燥。配制包埋剂时，每加一种试剂都要充分搅拌均匀，并尽量防止产生气泡。②若用 Epon 包埋，还要控制室内的湿度（最好相对湿度在 60% 左右），否则聚合不均匀，造成切片困难，甚至包埋完全失败。包埋块要保存在干燥的器皿中。

（四）超薄切片的制作

超薄切片是在超薄切片机中进行的。要切出比较理想的超薄切片除了有一台质量好的超薄切片机外，还要有渗透、包埋良好的包埋块，要有好的切片刀以及操作者的熟练技术等。超薄切片的步骤如下：

1. 覆膜铜网的制备　超薄切片必须置于一种金属网（如铜网等）上才能进行观察。常用的铜网直径为 3mm，铜网上的网孔大小和多少是不同的，可根据需要进行选择，常用的是每英寸为 200 目的铜网。有时为了使超薄切片能很好地贴附在铜网上并提高切片抵抗电子照射的能力，可以在铜网上铺一层聚乙烯醇缩甲醛（Formvar）等材料的支持膜。

近年来，许多实验室在观察超薄切片时，已不再在铜网上铺上一层支持膜，只要把洗净的铜网用无水乙醇或丙酮浸泡之后，干后便可直接用来贴附切片。没有支持膜的铜网贴附的切片，在电镜下细胞结构比较清晰。

2. 制刀　目前用于超薄切片的刀有两种：一是钻石刀（diamond knife），另一种是玻璃刀（glass knife）。钻石刀虽然质量好、耐用、适用面广，但价格昂贵，而且容易损坏，需要小心保护。玻璃刀虽然比较脆、不耐用，但价格低廉，适合初学者使用，制刀用的玻璃是一种特制的硬质玻璃。目前多用制刀机裁制玻璃刀。它操作简单，制出的刀合格率也比较高，而且还可以根据需要制作出不同刀角（knife angle）的玻璃刀。制刀时，先将玻璃条洗净晾干，制成方块（如作 45°刀）或菱形块（如作 35°刀），然后，沿着稍偏离对角线的方向划割，便可得到两把三角形的刀。按上述方法制成的玻璃刀，必须在解剖镜下用投射光照射或在暗视野显微镜下检查，以确定适用与否。刀刃平整光滑无锯齿状波纹者适用。玻璃刀最好在使用前新鲜裁制，以免沾染灰尘或碰坏。玻璃内部的分子运动也会导致刀刃变钝，制出的刀最好在 6 小时内用掉，否则刀刃会变钝。

3. 水槽制作　制成的玻璃刀在解剖镜下用投射光照射或在暗视野显微镜下检查，刀刃平整光滑无锯齿状波纹者适用，经检查后的玻璃刀须在刀上作一小水槽（trough），以便在切片时让切下来的超薄切片漂浮在液面上。

4. 修块（trimming）　在进行超薄切片前，首先必须对包埋块进行修整和定位。修整可以用双面刀片手工修整，也可以使用修块机或者用玻璃刀或专门的修块刀在超薄切片机上进行修块。为了避免超薄切片的盲目性以及便于做光镜和电镜的对照观察，可以作定位修块。定位修块一般可分两个步骤，先切出半薄切片（0.5～2μm），然后根据光镜下观察和半薄片上的方位标记进一步修好包埋块，再进行超薄切片。

5. 超薄切片（ultrathin sectioning）　其步骤包括装块、装刀、对刀、切片、捞片。切片机上虽有切片厚度指示标志，但并非代表切片的实际数值，可以结合切片在亮水面上的干涉色来粗略估计切片厚度。干涉色和切片厚度近似值关系（适用于折射率为 15 的树脂，如甲基丙烯酸树脂、环氧树脂等）如下：暗灰色 40nm 以下，灰色 40～60nm，银白色 60～80nm，金黄色 80～130nm，紫色 130～190nm，蓝色 190～240nm。切片过厚，实际上不能用于电镜观察。要获得较好的图像，一般需要银白色到淡黄色的切片。切片速度也是影响切片质量的因素之一。通常使用 2mm/s 的切片速度，稍硬的样品可使用较慢的速度（1mm/s 或更慢）。

6. 电子染色　生物样品主要由低原子序数的轻元素组成，这些元素原子对电子的散射能力很弱，相互之间的差别也很小，观察时像的反差很弱。这会影响像的观察及其分辨率，使生物超微结构看不清。为了提高像的反差，除了通过电镜的操作外，需要电子染色来提高样品本身的反差。这种所谓电子染色不同于光学显微镜的染色，它实际是利用某些重金属盐类（如铅盐、铀盐等）与细胞的某些成分或结构结合起来，由于重金属对电子散射能力很强，使那些与其结合的结构或成分对电子散射能力增强，从而达到提高样品本身反差的一种方法。经过染色的超薄切片不仅提高了反差，而且重金属沉淀在切片上还增加了切片对电子束损伤的抵抗力。染色还可以进行电镜组织细胞化学的研究。

目前使用的染色剂很多，对于理想的染色剂应满足以下条件：能强烈地增加样品反差，不会形成人工假象，不会引起细胞超微结构的畸变，没有细胞成分被抽提，染色均匀，染色时间短，制备和使用简单并且稳定等。目前，最常用的染色剂是铀盐和铅盐。最常用的铀盐和铅盐是醋酸铀和柠檬酸铅，其配制方法：醋酸铀染色液通常是用水或 50% 乙醇配制成饱和溶液进行染色。由于醋酸铀在甲醇中比在乙醇中容易溶解，所以也有人使用甲醇配制的醋酸铀染色液。因为环氧树脂吸收甲醇，所以醋酸铀的甲醇液比水溶液渗入组织更深，染色速度较快，但甲醇比乙醇毒性大。

柠檬酸铅染色液的制备通常采用 Reynold 法：

硝酸铅 $Pb(NO_3)_2$ 133g　　　　柠檬酸三钠 $Na_3(C_6H_5O_7) \cdot 2H_2O$ 176g

去二氧化碳的双蒸水 30ml

上述成分混合于 50ml 的容量瓶中，用力摇荡 1min 后，间歇摇荡 30min，当溶液出现均匀的乳白色悬浮液时，加入 1mol/L 氢氧化钠 8ml，溶液变成无色透明，再加水至 50ml，溶液的 pH 大约是 12，紧塞瓶口，于冰箱内保存备用。如果出现混浊即不能使用。1965 年，Venable 和 Coggeshal 提出了一个简化的配制柠檬酸铅染色液的方法，以下是稍作改动的方案：在 5ml 容量瓶中加入 0.01g 的柠檬酸铅和 5ml 去二氧化碳的双蒸水，用力摇荡直至几乎柠檬酸铅完全溶解，此时溶液呈乳白色，再加入一至两滴去二氧化碳的 10mol/L 氢氧化钠，溶液立即变澄清。

二、负染色技术

与超薄切片的正染色相比，负染色是背景染色，即用高密度的重金属盐行背景染色，在黑暗的背景上显示样品的结构。合格的染液应具备以下条件：具有较高的电子密度和电子散射的能力，能耐受电子束的轰击，在电镜下无结构，化学性质稳定不沉淀。这种方法可以显示大分子,病毒,原生物,分离的细胞器,蛋白质结晶等。特别对病毒的研究中更为重要。目前,最常用的负染液是磷钨酸、磷钨酸钾和磷钨酸钠(分别简称为 PTA、KPT、NaPT)。此外醋酸铀、甲酸铀、硅钨酸、钼酸铵等也常作负染色剂用。

它们的配制方法如下:

磷钨酸、磷钨酸钠、磷钨酸钾溶液通常用双蒸水或磷酸缓冲液配制成 1%～3% 的溶液,使用时应用 1mol/L 氢氧化钠溶液将负染色液 pH 调至 6.4～7.0 或实验所需值。醋酸铀:通常使用双蒸水配制成 0.2%～0.5% 水溶液(pH4.5)。醋酸铀染色液应是新鲜的,最好使用前配制。醋酸铀溶解需 15～30min,在黑暗中能稳定几小时,使用前用 1mol/L 氢氧化钠溶液将 pH 调至 4.5。甲酸铀:用双蒸水配制成 0.5%～1% 水溶液,(pH3.5),使用时用 1mol/L 氢氧化钠溶液将 pH 调至 4.5～5.2。钼酸铵:用双蒸水配制成 2%～3% 水溶液,使用时用醋酸铵将 pH 调至 7.0～7.4。钼酸铵对有界膜的生物材料具有良好的染色值。

样品的制备:于负染色所用的样品是悬液,因此染色前应把所研究的样品制成悬液。方法有:①离心提取法:经低速离心(3000r/min,10min)除去较大的杂质,然后用适当孔径的滤膜过滤,滤液再经低速离心后取沉淀物制成悬液。②吸附法:病毒与红细胞混合放置 5min 使红细胞吸附在细胞表面,离心后细胞沉在管底,去上清液加入生理盐水,放置几个小时病毒便从红细胞表面释放到液体内成为悬液。③释放法:适用于疱疹病毒和腺病毒。将培养后的细胞与病毒加入培养液和蒸馏水(比例为 1:4),细胞因低渗而破坏释放病毒,冻融后低速离心取上清液即可。④沉淀法:病毒与相应抗体形成病毒-抗体复合物,经离心沉淀而浓缩,用于染色即可。对有些病毒,如疱疹可用毛细管直接吸取疱疹样品进行染色。

三、扫描电镜生物样品制备过程

(一)扫描电子显微镜样品制备的原则

1. 每一处理步骤及操作过程中应注意防止对样品的污染和损伤,使被观察的样品尽可能地保持原有的外貌及微细结构,注意确认和保护样品的观察面。

2. 在脱水和干燥处理时,要尽量减少和避免样品体积变小,表面收缩变形等人工损伤。

3. 降低样品表面的电阻率,增加样品的导电性能,以提高二次电子发射率,建立适当的反差和减少样品的充放电效应。

(二)扫描电镜生物样品制备

1. 取材 扫描电子显微镜生物样品取材的基本原则同透射电镜的超薄切片法,取材部位要准确,大小要适当。观察组织细胞表面结构为主的样品可大一些,观察组织细胞内部结构为主的样品,其直径应小于 2mm,高度可在 3mm 左右。取材时要做好样品观察面的标记。

2. 样品的清洗

(1)选用适当的清洗液:贴附于一般组织表面的血液、黏液和其他分泌物,可选用等渗的生理盐水或固定液相应的缓冲液进行冲洗;游离的组织细胞(例如精子、血细胞等)及处于悬浮液中的微生物等,可选用缓冲液清洗;表面覆盖大量黏液的样品(例如胃、肠黏膜等),可在样品固定后,选用低浓度蛋白水解酶(胰蛋白酶、糜蛋白等)对样品进行处理;培养细胞的清洗一般选用相应的组织培养液为宜。

(2)清洗的方法:较干净的生物组织可在固定以后置入盛有清洗液的干净小瓶内摇动清洗,并通过反复换清洗液达到清洗目的;表面覆盖大量黏液和杂质的样品,则在固定前利用振荡器进行清洗或用注射器加压冲洗;游离细胞及其他微小生物样品一般采用缓冲液离心清洗法(4000r/min,3～5min,重复 3～4 次);表面形态结构复杂、不易清洗的样品宜用超声清洗法,但要严格控制其频率和功率的强弱,谨防因强度过大或时间过长而引起样品破碎、变形。此外，观察组织细胞内部结构为主的样本常采用先灌流清洗再固定取材的方法。

3. 固定 固定使生物样品的微细结构和外部形貌真实地保留下来，同时还可使组织硬化，增强在干燥过程中耐受表面张力变化的能力，提高样品对镜筒内高真空和电子束轰击的耐受力。所用固定剂及其配制和固定方法，基本与透射电镜样品制备相同，主要包括醛类（戊二醛、多聚甲醛）和四氧化锇。扫描电子显微镜生物样品固定仍以在4℃条件下完成固定过程较为适宜。对生物软组织采用"戊二醛-锇酸"双重固定法，即首先用戊二醛固定1～3h，经缓冲液充分清洗后，再用四氧化锇固定30～60min。

4. 脱水 由于扫描电子显微镜生物样品比透射电镜样品要大得多，因此样品的脱水好坏，对于保证金属镀膜装置和扫描电子显微镜镜筒的真空度，防止样品在高真空状态下的损坏变形等有着重要意义。所用的脱水剂和脱水操作程序与透射电镜样品制备基本相同。脱水过程中防止样品较长时间暴露于空气中，发生空气干燥。

5. 样品的干燥 常用的样品干燥法有空气干燥法、真空干燥及冷冻干燥法、临界点干燥法和叔丁醇干燥法等。后者是在冷冻干燥法的基础上建立起来的一种新方法。经3次100%丙酮脱水处理的标本，分别置于30%、50%、70%和100%叔丁醇15min。然后将标本容器置于液氮或其他骤冷剂中，使样品冷冻。而后将样品移入真空镀膜仪内，让样品中已结为冰的叔丁醇及其溶剂，在低真空状态下升华为气体，样品亦随之得到干燥。由于在升华过程中，固态直接转为气态，不经过中间的液体状态，因此不存在气相与液相之间的表面张力问题，对样品损伤较小。叔丁醇可减少单纯冷冻干燥形成的冰晶对样品的损坏，现应用较广。

6. 样品的导电处理 包括金属镀膜和组织导电技术两类。金属镀膜包括真空喷镀法和离子镀膜法。后者又称离子溅射，是增强生物样品导电性能的理想技术方法。其原理是在真空罩顶部和底部分别装有阴极和阳极，阴极表面覆盖一层镀膜所用的金属（金、铂、金-钯或铂-钯含金），又称金属靶；样品放在阳极上，真空罩内事先通入氩、氖、氮等惰性气体，亦可用新鲜空气代替。罩内真空度达到1×10^{-1}～1×10^{-2}托时，在两极间加以1000～3000伏直流电压。由于电场作用，真空罩内残留的气体分子被电离为阳离子和电子，它们分别飞向阴极和阳极，并不断与其他气体分子碰撞，表现为紫色的辉光放电现象。此外，阳离子又可轰击阴极上的金属靶，使部分金属原子被溅射出来，这些金属原子在电场的加速作用和气体分子碰击下可从不同的方向和角度飞向阳极，并呈弥漫散射的方式覆盖在样品表面，形成一层连续而均匀的金属膜。离子镀膜法与真空镀膜法的比较：① 离子镀膜的颗粒细而均匀，有利于显示样品的微细结构。②离子溅射镀膜时，其金属粒子对凹凸不平、形貌复杂的样品，可以绕射进入，取得满意的镀膜效果，同时，其二次电子的发射量也比真空镀膜法大。③离子镀膜时真空度低，不需要复杂的真空系统，并能减少镀膜时贵重金属的消耗。

7. 扫描电镜观察、拍照。

（包翠芬　张　勇）

第二篇　经典验证性实验

第一部分　细胞生物学

第一章　动物细胞的基本形态观察

【实验目的】

1. 掌握细胞临时制片的方法。
2. 观察几种不同细胞的形态结构。

【实验原理】

细胞是构成生物体形态结构和功能的基本单位。细胞的形态是多种多样的，往往与其功能密切相关，这是很多细胞的共同特点，在分化程度较高的细胞更为明显。例如：肌细胞伸展为细长的纤维结构，具有收缩机能；神经细胞有很多树枝状突起，能够感受刺激和传导冲动；红细胞和淋巴细胞为圆形、椭圆形或圆盘状，有利于在血液中循环。不论形状如何，细胞的结构一般都分为三部分：细胞膜、细胞质和细胞核，但是哺乳类红细胞成熟时细胞核消失。

细胞临时制片的一般步骤是：①取材；②将材料放在载玻片上；③固定；④染色。因材料的来源、性质和制片的目的不同，各种制片的四个步骤的方法、用料等不尽相同，并且有的制片可省略固定或染色的步骤。

【实验器材】

1. **动物和标本**　蟾蜍一只，人血液一滴。
2. **器材**　光学显微镜、载玻片、盖玻片、吸水纸、手术器材一套、解剖盘、小平皿、牙签。
3. **试剂**　1% 甲苯胺蓝、1% 甲基蓝、0.65% Ringer 液（两栖动物用）。

一、蟾蜍脊髓前角运动神经细胞的观察

【实验方法】

1. **取材**　取蟾蜍一只，破坏脑和脊髓处死，在口裂处剪去头部，剪开椎管，可见乳白色脊髓。取出脊髓放在平皿内，用 Ringer 液洗去血液后放在载玻片上，剪碎。
2. **压片**　将另一载玻片盖在脊髓碎块上，用大拇指垂直用力压片，越薄越好，使脊髓成单层细胞。之后移去上面的载片，得到压片。
3. **染色**　在压片上滴一滴甲苯胺蓝染液，染色 10min。
4. **镜检**　盖上盖玻片，吸去多余染液，在显微镜下观察。

【实验结果】

染色较深的小细胞是神经胶质细胞。染成蓝紫色的、大的、有多个突起的细胞是脊髓前角运动神经细胞，胞体呈三角形或星形，中央有一个圆形细胞核，内有一个核仁。

【作业与思考题】

神经细胞的多个突起与其功能的关系是什么？

二、蟾蜍骨骼肌细胞的观察

【实验方法】
1. 剪下一小块蟾蜍腿部肌肉，放在载玻片上。
2. 用镊子和解剖针剥离肌肉块成为肌束，继续剥离，直至得到很细的肌纤维（肌细胞）。
3. 尽可能拉直肌纤维，在显微镜下观察。

【实验结果】
肌细胞为细长形，可见折光不同的横纹，每个肌细胞有多个核，分布于细胞的周边。

【作业与思考题】
肌细胞细长的纤维状与其功能的关系是什么？

三、蟾蜍肝细胞的观察

【实验方法】
1. **取材** 剪开蟾蜍腹腔，取一小块（2～3mm³）肝组织放在平皿内，用 Ringer 氏液洗净，用镊子轻压将肝中的血挤出。
2. **压片** 将肝组织放在载玻片上，用吸水纸吸去多余的生理盐水，取另一载玻片盖在肝组织上，用大拇指垂直用力压片，使肝组织成单层细胞。
3. **染色** 用甲基蓝染液染色 5min。
4. **镜检** 显微镜下观察。

【实验结果】
可见肝细胞核染成蓝色，细胞膜、细胞质和细胞核三部分结构对比明显，清晰易辨。肝细胞紧密排列，挤成多角形，少数呈游离状。

四、蟾蜍血细胞及人血细胞的观察

【实验方法】

〖蟾蜍血细胞的观察〗
1. **取材** 剪开蟾蜍胸腔，暴露心脏和血管。
2. **制备血涂片** 取一张载玻片，用左手拇指和食指夹持载玻片的两端，右手取一张推片，用其一角蘸取一滴蟾蜍心脏血液，滴放于载玻片的一侧。然后，用推片的一端紧贴在血滴的前缘，载玻片与推片之间的角度为 30°～45°（角度越大血膜越薄，角度越小血膜越厚），用力均匀向前推，使血液在载玻片上形成均匀的薄层（见图 2-1-1-1），室温中晾干。
3. **镜检** 显微镜下观察。
4. **观察** 可见蟾蜍红细胞为椭圆形，有核。白细胞数目少，为圆形。

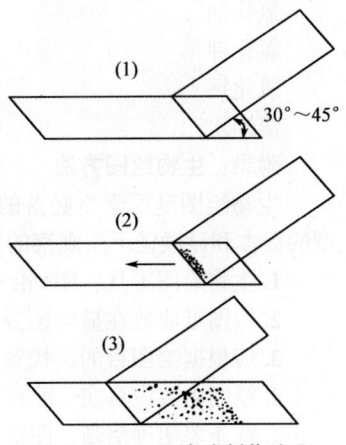

图 2-1-1-1　血涂片制作流程

〖人血涂片的制备与观察〗
取人血一滴，制片方法同上。显微镜观察可见人红细胞为凹圆盘形，无核。白细胞数目少，为圆形。

五、人口腔上皮黏膜细胞临时制片与观察

见图 2-1-1-2。

【实验方法】

1. 制片　取干净的载玻片和盖玻片各一片，在载玻片中央滴加一滴生理盐水，取一根已消毒的牙签（用较粗的一端）在自己口腔的颊部黏膜上刮取少量黏膜上皮细胞，轻轻涂于载玻片的水滴中。刮取前最好先用清水漱口。

2. 染色　用甲苯胺蓝染液，染色 5min，然后盖好盖玻片，用小镊子取吸水纸，将盖片周围多余的染液吸干。

3. 镜检　此时细胞的折光性强、染色浅，调暗视野，观察细胞。

【实验结果】

先用低倍镜找到物像，可见在视野中有许多被染成浅蓝色的小片片，挑选其中着色均匀，比较分散的细胞作高倍镜观察。

在高倍镜下，可见口腔黏膜上皮细胞呈扁平的不规则的多边形，表面有一层很薄的细胞膜（光镜下难与细胞质区分），内部有染成深蓝色的细胞核，细胞核以外至细胞膜以内为浅蓝色的细胞质，使用细调节器进一步观察可见细胞质中有大小不等的颗粒状物质。

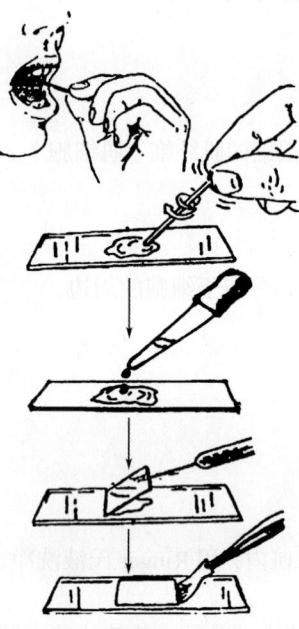

图 2-1-1-2　口腔上皮临时制片方法

【作业与思考题】

按照生物绘图的要求，绘制蟾蜍神经细胞、肝细胞、骨骼肌细胞和红细胞，绘制人口腔上皮黏膜细胞。

【试剂配制】

1. 1% 甲苯胺蓝（toluidine blue）　称取甲苯胺蓝 1g，加蒸馏水 100ml。

2. 1% 甲基蓝（methylene blue）　称取甲基蓝 1g，溶于 29ml70% 乙醇中，加入 70ml 蒸馏水。

3. 0.65% Ringer 液（两栖动物用）：

氯化钠	0.65g
氯化钾	0.042g
氯化钙	0.025g
蒸馏水	100ml

附录：生物绘图方法

生物绘图是医学生必备的基本功，包括绘制肉眼观察到的活体生物、制作的各种不同类型的标本和显微镜下所观察的标本。显微镜下生物绘图的基本方法和要求包括：

1. 生物绘图工具：HB 铅笔、绘图橡皮、直尺。
2. 绘图纸应放在显微镜旁边、绘图人执笔手一侧的桌面上。
3. 应根据绘图目的，找到典型的物像来描绘。
4. 绘制内容应真实、准确。图中各结构的形态、位置、大小比例和深浅一定要真实合理。
5. 线条要明确清晰，图像中的深浅明暗要用疏密不同的铅笔尖点成的细小点来表示。
6. 图中的各部分结构名称应在一侧引出直线后注明，各引线要平行不得交叉，末端在同一垂线上。
7. 在图的正下方写出所绘标本的名称；在图的右下角写明放大倍数、绘图时间和绘图人。所有文字一定要工整清晰，纸面要清洁。

（李尘远）

第二章 细胞组分的化学反应

【实验目的】

1. 了解核酸、蛋白等细胞化学反应原理。
2. 掌握细胞中 DNA、RNA、碱性蛋白和酸性蛋白的细胞化学染色方法。

【实验原理】

细胞的组织化学方法，是研究细胞成分常用的方法之一。它是利用化学试剂与细胞内的某些物质进行化学反应，从而在细胞局部形成有色沉淀物，再通过显微镜对组织内的生物化学成分进行定性、定位、定量研究。

【实验器材】

1. **动物和标本** 蟾蜍一只。
2. **器材** 光学显微镜、恒温水浴箱、载玻片、盖玻片、推片、解剖器材一套、蜡盘、吸水纸、染色缸、废液缸。
3. **试剂** 甲基绿-派洛宁混合液、纯丙酮、70% 乙醇、5% 三氯醋酸、0.1% 碱性固绿、0.1% 酸性固绿。

一、Brachet 反应——显示细胞内的 DNA 和 RNA

【实验原理】

甲基绿-派洛宁（methyl green-pyronin）为碱性染料，它分别能与细胞内的 DNA、RNA 结合呈现不同颜色（Brachet 反应）。两种核酸分子都是多聚体，而其聚合程度有所不同。带有负电荷的两种核酸与带有正电荷的碱性染料派洛宁及甲基绿具有不同的亲和力而进行选择性染色。当甲基绿与派洛宁作为混合染料时，甲基绿易与聚合程度高的 DNA 结合呈现蓝绿色。而派洛宁则与聚合程度较低的 RNA 结合呈现红色。但解聚的 DNA 也能和派洛宁结合呈现红色。即 RNA 对派洛宁亲和力大，被染成红色，而 DNA 对甲基绿亲和力大，被染成蓝绿色。因此可达到对细胞内的 DNA 与 RNA 进行定位定性分析（经过 Brachet 反应的标本可进一步在扫描分光光度计中测定核酸的含量，进行定量分析）。

【实验方法】

1. **制作血涂片** 捣髓法处死蟾蜍，腹部朝上放入蜡盘中，暴露胸腔，打开心包。小心将心脏剪一小口，取心脏血一滴，制作血涂片（方法见第一章），室温晾干。
2. **固定** 将涂片做好标记，滴加 70% 的乙醇（或将涂片浸入 70% 的乙醇中），固定 5～10min，然后用水冲干净，室温中晾干。
3. **染色** 在晾干的血涂片上滴加甲基绿-派洛宁染液，染色 30min，用水冲净，用吸水纸吸去多余水分（不必吸得过干）。
4. **镜检** 蟾蜍红细胞为椭圆形有核，在高倍镜下，可见细胞核呈蓝绿色，细胞质呈红色。

【实验结果】

细胞质被染成红色，细胞核被染成蓝绿色，而其中核仁被染成红色。

二、细胞内碱性蛋白和酸性蛋白的显示

【实验原理】

蛋白质的基本组成单位是氨基酸，它同时具有氨基和羧基（在溶液中主要以 $-NH_3^+$、$-COO^-$ 形式存在），当蛋白质处于酸性溶液时，蛋白质带正电荷多；当蛋白质处于碱性溶液时，蛋白质带负电荷多；当蛋白质处于某一种 pH 溶液时，它恰好带有相等的正负电荷（呈兼性离子），此时的 pH 称为等电点（pI）。由于蛋白质除了末端氨基和末端羧基之外，还具有许多侧链，其上的许多基团在溶液中也都可以电离，因此，一个蛋白质分子表面四周都有电荷。不同蛋白质分子所带有的碱性基团和酸性基团的数量不等，故它们的等电点也不一样。因此蛋白质分子所带的净电荷取决于：①分子中碱性基团和酸性基团含量。②所处溶液的 pH。

如在生理条件下，整个蛋白质带负电荷多，为酸性蛋白质（等电点偏向酸性）；带正电荷多，为碱性蛋白质（等电点偏向碱性）。据此，可将标本经三氯醋酸抽提核酸处理后，用不同 pH 的固绿染液分别染色，可使细胞内的酸性蛋白和碱性蛋白显示出来。

【实验方法】

1. 制片 同上述方法制备两张蟾蜍血涂片，室温晾干。

2. 固定 将涂片做好标记，滴加 70% 的乙醇（或将涂片浸入 70% 的乙醇中），固定 5min，室温晾干。

3. 三氯醋酸处理 将已固定的涂片浸入 5% 三氯醋酸中，60℃处理 30min，抽提出核酸。

4. 清水冲洗 反复冲洗多次，3min 以上，不可在涂片上留下三氯醋酸痕迹，否则酸性蛋白和碱性蛋白的染色不能分明。吸水纸吸干涂片上的水分。

5. 染色 一张涂片浸入 0.1% 碱性固绿（pH 为 8.0～8.5）中染色 15min；另一张浸入 0.1% 酸性固绿（pH 为 2.0～2.5）中染色 5～10min。染色后清水冲洗，盖上盖玻片，吸取多余水分。

6. 镜检

【实验结果】

经碱性固绿染色的涂片中，细胞质、核仁不着色，细胞核大部分被染成绿色，因为细胞核含有碱性蛋白质。经酸性固绿染色的涂片中，细胞质和核仁被染成绿色，因为含有酸性蛋白。

【作业与思考题】

1. 为什么蟾蜍红细胞的细胞质和细胞核可被甲基绿-派洛宁染液染成不同颜色？酸性蛋白和碱性蛋白染色的原理是什么？

2. 按照生物绘图的要求，绘制 Brachet 反应的镜下所见。

3. 说明着色的碱性蛋白可能是什么物质？

【试剂配制】

1. 甲基绿-派洛宁混合液

（1）1mol/L 醋酸缓冲液（pH 为 4.8）：

1）冰醋酸　　　　　　　　　　　6ml
　蒸馏水　　　　　　　　　　　加至 100ml
2）醋酸钠　　　　　　　　　　　13.5g
　蒸馏水　　　　　　　　　　　加至 100ml

用时分别取两液 40ml、60ml 混匀即可。
（2）甲基绿 - 派洛宁（methylgreen-Pyronin）：

5% 派洛宁水溶液	6ml
2% 甲基绿水溶液	6ml
蒸馏水	16ml
1mol/L 醋酸缓冲液	16ml

1mol/L 醋酸缓冲液临用时才可加入染液中。

2. 0.1% 碱性固绿染液（pH 为 8.0～8.5）
（1）0.1% 固绿水溶液

固绿（Fast green）	0.1g
蒸馏水	100ml

（2）0.05%Na_2CO_3 溶液

Na_2CO_3	50mg
蒸馏水	100ml

用时按 1：1 体积混合即可。

3. 0.1% 酸性固绿染液（pH 为 2.2）
（1）0.1% 固绿水溶液
（2）1/75 mol/L 盐酸液
盐酸（比重 1.19）0.109ml 加蒸馏水至 100ml
用时按 1：1 混合。

（李尘远）

第三章 线粒体和液泡系的活体染色

【实验目的】

1. 掌握线粒体和液泡系的活体染色方法。
2. 了解光学显微镜下线粒体和液泡系的基本形态结构。

【实验原理】

活体染色是应用无毒或毒性较小的染色剂真实地显示活细胞内某些结构而又很少影响细胞生命活动的一种染色方法。可以用于研究生活状态下的细胞形态结构和生理、病理状态。

活体染色可以分为体内活染和体外活染。体内活染是指用胶体状的染料溶液注入动、植物体内,染料的胶粒固定、堆积在细胞某些特殊结构里,达到易于识别的目的。体外活染又称超活染色,是指由活的动、植物分离出部分细胞或组织小块,以染料溶液浸染,染料被选择固定在活细胞的某种结构上而显色。应选择对细胞没有毒性或毒性极小的染料,配成低浓度使用。詹纳斯绿 B(Janus green B)和中性红(neutral red)两种碱性染料是活体染色剂中最重要的染料,对于线粒体和液泡系的染色各有专一性。

线粒体是细胞内一种重要细胞器,是细胞进行呼吸作用的场所。细胞的各项活动所需要的能量,主要是通过线粒体呼吸作用来提供的。詹纳斯绿 B(Janus green B)可专一性地对线粒体进行超活染色。线粒体中细胞色素氧化酶系使染料保持氧化状态呈蓝绿色,而在周围的细胞质中染料被还原,成为无色状态。

在动物细胞内,由膜包围的小泡除线粒体外都属于液泡系,包括高尔基体、内质网、溶酶体、转运小泡、吞噬小体、残体、胞饮小泡等,都是由一层单位膜包围而成。现在我们又将液泡系称为内膜系统。软骨细胞内含有较多的粗面内质网和发达的高尔基复合体,能合成与分泌软骨黏蛋白及胶原纤维等,因而液泡系发达。中性红(neutral red)是液泡系的专一性活体染色剂,在细胞处于生活状态时,只将液泡系染成红色,细胞质及核不被染色,中性红染色可能与液泡中的蛋白有关。

【实验器材】

1. **动物和标本** 兔子一只、蟾蜍一只。
2. **器材** 光学显微镜、解剖器材一套、解剖盘、蜡盘、小平皿、载玻片、盖玻片、吸水纸、20ml 注射器、吸管。
3. **试剂** 1/300 詹纳斯绿 B 染液、1/3000 中性红染液、0.65% Ringer 液(两栖类用)、0.9% Ringer 液(哺乳类用)。

一、兔肝细胞线粒体的活体染色

【实验方法】

1. **取材** 用空气栓塞法处死家兔(见图 2-1-3-1),置于解剖盘上,迅速打开腹腔,取兔肝边缘较薄的肝组织一小块($2 \sim 3mm^3$ 大小)。
2. **清洗** 将组织小块放入盛有 0.9% Ringer 液的平皿内,洗去血液(用镊子轻压),清洗三次,再用吸管吸去 Ringer 液。
3. **染色** 在平皿内滴加 1/300 詹纳斯绿 B 染液,染色约 30min。染色期间翻动组织块几次,使其各表面均有机会接触空气和染液。

4. 拉碎组织块 染色后，将组织块移到载玻片上，用镊子将组织块拉碎，去除大组织块，就会有一些游离的细胞或细胞群从组织块脱离留在载玻片上。

5. 盖片 滴加一滴 Ringer 液，盖上盖玻片，吸去多余水分。

6. 镜检

【实验结果】

家兔肝细胞质中有许多线粒体，被染成蓝绿色，呈颗粒状或线头状（见图 2-1-3-2）。

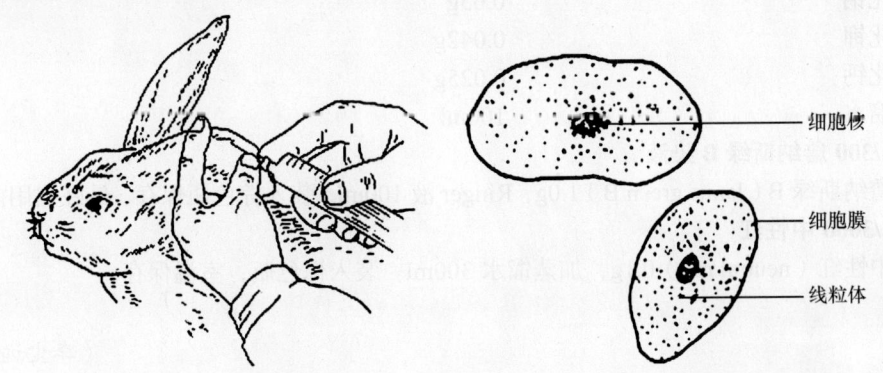

图 2-1-3-1 兔耳缘静脉注射法　　图 2-1-3-2 肝细胞线粒体超活染色

【注意事项】

保持标本的活体状态。准确快速地取材，操作。如果细胞死亡或开始死亡时，会导致酶失活而使细胞质和细胞核染色。在染色时，要让组织块上表面露在染液外面，使细胞内线粒体的酶系可进行充分的氧化，这样才有利于保持染料的氧化状态，使线粒体着色。当组织块边缘染成蓝色时即可，一般需要染色 30min。詹纳斯绿 B 有微弱的毒性，染色时间过长会导致线粒体空泡化，要加以注意。

二、蟾蜍胸骨剑突软骨细胞液泡系活体染色及观察

【实验方法】

1. 取材 取一只蟾蜍，破坏脑和脊髓处死，腹面朝上固定于蜡盘上，剪开胸腔，取胸骨剑突软骨最薄部分的一小片，放在载玻片上。

2. 染色 滴加 1/3000 中性红染液，染色 8～10min。

3. 盖片 用吸水纸吸去染液，加一滴 0.65% Ringer 液，盖上盖片，吸去多余液体。

4. 镜检。

【实验结果】

软骨细胞为椭圆形，细胞核及核仁清楚易见，细胞核周围有许多染成玫瑰红色，大小不一的小泡，即软骨细胞液泡系。

【注意事项】

在取胸骨剑突时，尽量选取较薄的部位。保持标本的活体状态，取材要准确快速。

【作业与思考题】

1. 绘制光镜下肝细胞活体染色所见的线粒体。
2. 绘制光镜下软骨细胞活体染色所见的液泡系。

【试剂配制】

1. 0.9% Ringer 液（哺乳动物用）

氯化钠	0.9g
氯化钾	0.042g
氯化钙	0.025g
蒸馏水	100ml

2. 0.65% Ringer 液（两栖动物用）

氯化钠	0.65g
氯化钾	0.042g
氯化钙	0.025g
蒸馏水	100ml

3. 1/300 詹纳斯绿 B 染液

取詹纳斯绿 B（Janus green B）1.0g，Ringer 液 100ml，装入棕色瓶保存，最好临用前现配。

4. 1/3000 中性红

取中性红（neutral red）0.1g，加蒸馏水 300ml。装入棕色瓶，室温保存。

（李尘远）

第四章　细胞膜通透性的观察

【实验目的】

1. 了解细胞膜对物质通透性的一般规律。
2. 了解溶血现象及其发生机制。

【实验原理】

细胞膜是细胞与环境进行物质交换的选择通透性屏障。它是一种半透膜，可选择性控制物质进出细胞。水是生物界最普遍的溶剂，水分子可以按照物质浓度梯度从渗透压低的一侧通过细胞膜向渗透压高的一侧扩散，这种现象就是渗透。

将红细胞放在低渗盐溶液中，由于细胞内的溶质浓度高于细胞外，水分子很快大量地渗到细胞内，可使细胞胀破，血红蛋白释放到细胞外，不透明的红细胞悬液变为红色透明的血红蛋白溶液，这种现象称为溶血。将红细胞放在某些等渗盐溶液中，由于红细胞膜对各种溶质的通透性不同，有的溶质分子可以进入细胞内，有的则不能，能进入的在速度上也有差异。如果溶质分子进入红细胞内，膜两侧的渗透压平衡会发生改变，随着胞内溶质分子浓度增加，导致水分子扩散进入细胞，红细胞膨胀而发生溶血现象。溶质进入细胞的速度不同，溶血时间不同，因此，发生溶血现象所需时间长短可作为测量物质进入红细胞速度的一种指标。本实验选用红细胞作为细胞膜通透性的实验材料，将其放入不同的介质溶液中，观察红细胞的变化。

【实验器材】

1. **材料和标本**　10%羊红细胞悬液、10ml试管、试管架、吸管。
2. **试剂**　70%乙醇、0.17M氯化钠溶液、0.17M氯化铵溶液、0.32M葡萄糖、0.32M甘油、蒸馏水。（1M=1mol/L）。

【实验方法】

1. **制备10%羊红细胞悬液**　把一份羊血和10份0.17M氯化钠溶液加入到50ml烧杯中即为稀释的羊红细胞悬液（不透明的红色液体）。
2. **溶血现象的观察**　取0.3ml羊红细胞悬液加入到3ml蒸馏水的试管中，晃动试管使之混合均匀，溶液由不透明的红色变为透明的红色，此为溶血所致（可以通过试管壁看清实验指导上的字为标准），记录发生溶血的时间。
3. **溶血实验**　观察其余5支试管中的等渗液发生溶血的时间。在装有不同物质的等渗液（均为3ml）的一排试管中，分别加入0.3ml红细胞悬液，轻轻振荡，仔细观察是否发生溶血并记录发生溶血的时间。
4. 分析上述实验结果，做好记录。

【作业与思考题】

分析每种溶液中红细胞是否发生溶血，如果发生，溶血的时间为什么不同？填写下列表格。

溶液	溶血现象	溶血时间	现象分析
0.17M 氯化钠			
0.17M 氯化铵			
0.32M 葡萄糖			
0.32M 甘油			
70% 乙醇			

(李尘远)

第五章　细 胞 计 数

【实验目的】

1. 掌握细胞计数的方法。

2. 掌握计算细胞悬液浓度的方法。

3. 了解区分细胞存活状态的方法。

【实验用品】

显微镜、双凹板、细胞计数板、计数板专用盖玻片、毛细吸管、胶帽、绸布、0.5%蛙血稀释液（0.4%台盼蓝与1%蛙血稀释液等体积配制）、无水乙醇。

【实验原理】

细胞计数法是细胞培养的基本技术之一，通过细胞计数可以了解细胞生长状态、鉴别细胞存活状态、确定细胞接种浓度、数量以及细胞存活率和增殖度等。制备好细胞悬液后，利用活体染料台盼蓝对细胞进行染色。活细胞的细胞膜具有选择通透性，台盼蓝无法通过，故活细胞不着色。细胞死亡后细胞膜受损，通透性增加，台盼蓝可以进入细胞从而将死细胞染成蓝色。当待测细胞悬液中细胞均匀分布后，于镜下借助细胞计数板可以测定一定体积悬液中的细胞数量，进而换算出每毫升细胞悬液中的细胞数量。

【实验方法】

1. 熟悉细胞计数板，细胞计数板（图2-1-5-1）是一块特制的厚玻片，玻片上有四个槽构成三个平台，中央平台又由一短槽隔成两半，两侧各有一计数室。计数室（图2-1-5-2）较两侧的支持柱低0.1mm，因此放上盖玻片后，计数室空间高度为0.1mm。每个计数室包括9个大方格，每个大方格边长1mm，面积1mm^2。四角大方格又各分为16个小方格；中央大方格则被分为25个中格，每个中格又被分为16个小格（有些计数板为16格×25格规格），小方格面积一致。

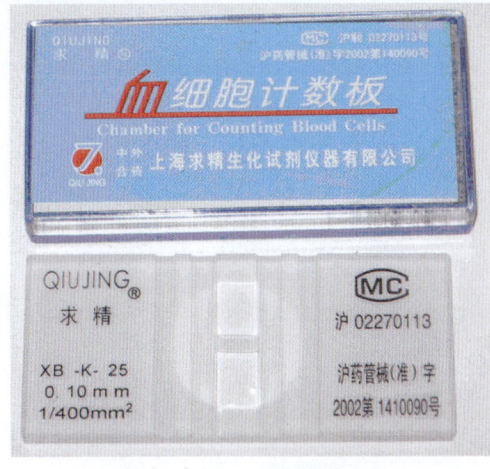

图2-1-5-1　血细胞计数板

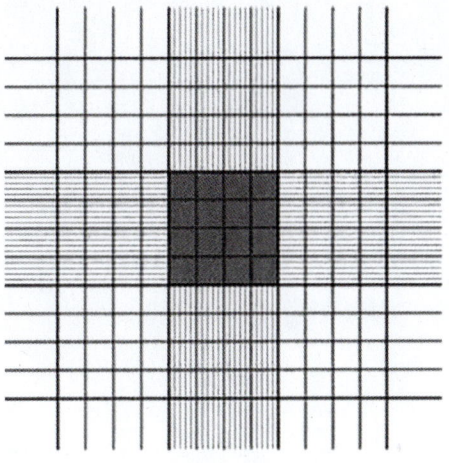

图2-1-5-2　细胞计数室

2. 制备细胞悬液，并与台盼蓝混合。

3. 用绸布蘸无水乙醇擦拭计数板与盖玻片。乙醇挥发干净后，用水稍稍润湿计数室两侧的支持柱，将盖玻片覆盖在计数板上面。

4. 充分混匀细胞悬液后，用毛细吸管将悬液滴在盖片边缘处。将细胞悬液通过毛细管作用吸入计数室内，以刚好充满计数室为宜。

5. 充液后静止 1～2min，等待红细胞下沉。低倍镜下计数四角大方格中的细胞总数和活细胞数量。计数时，采用由上至下，由左至右的 S 形计数法，以免重复或遗漏。压线细胞遵循"计上不计下，计左不计右"的原则。细胞团按单细胞进行计数，二次重复计数误差不应超过 ±5%。镜下活细胞不着色，死细胞被染成蓝色。

6. 计算原细胞悬液的浓度，细胞悬液中细胞数 /ml=（4 角大方格细胞总数 /4）×10^4×稀释倍数。（×10^4，计数室中每角大方格的体积为 1.0mm×1.0mm×0.1mm=0.1mm^3，1ml=1000mm^3。）

【注意事项】

1. 计数前应充分混匀细胞悬液。若细胞团＞10 或方格中细胞分布明显不均，必须重新计数。

2. 细胞悬液加量要适当，过多则液体流入两侧凹槽并使盖玻片浮起，体积改变，引起误差。过少则易出现气泡。若发生以上情况，应洗净计数板，待干燥后重做。

3. 计数应在 15min 内完成，延时则活细胞也将着色。

4. 细胞团按单细胞进行计数。

5. 压线细胞遵循"计上不计下，计左不计右"的原则。

【作业与思考题】

1. 实验中选用台盼蓝对细胞进行染色的原理是什么？

2. 统计四角大方格内细胞总数及活细胞的数量。

3. 计算细胞悬液的浓度。

4. 计算细胞存活率。

（侯 威）

第六章 细胞超微结构电镜照片的识别和细胞器的显微观察

【实验目的】

1. 掌握光镜下线粒体、高尔基复合体和中心体等细胞器的形态特征及分布。

2. 掌握几种重要细胞器的超微结构。

【实验用品】

光学显微镜、香柏油、二甲苯、擦镜纸、动物肝脏切片（示线粒体）、动物嵴神经节切片（示高尔基复合体）、马蛔虫子宫切片、细胞超微结构电镜照片或图片

【实验原理】

真核细胞中存在多种细胞器，如线粒体、高尔基复合体、内质网、中心体、核糖体等等，它们的形态大小功能各异。有些细胞器经特殊染色后在光镜下即可看到，也有些细胞器只有在电镜下才能观察到。通常将光镜下可见的结构称为显微结构，电镜下所见的微细结构称为亚显微结构或超微结构（ultramicroscopic structure）。

【实验方法】

（一）光镜下细胞器的观察

1. 线粒体（mitochondrion） 肝脏切片（铁苏木精染色）中肝细胞体积较大，多边形。细胞中央有大而圆的核，染色较淡（图2-1-6-1）。细胞质中有大量线粒体，蓝黑色，呈颗粒状或线状。

2. 高尔基复合体（Golgi complex） 动物嵴神经节切片中，低倍镜下可见染成棕黄色的神经纤维束将淡黄色的神经节细胞（卵圆形或圆形）分隔成群。高倍镜下可见神经节细胞中央有一圆形或椭圆形核，空泡状，浅黄色或不着色。核周围有大量高尔基复合体（图2-1-6-2），深褐色（硝酸银镀染），弯曲线状或颗粒状。

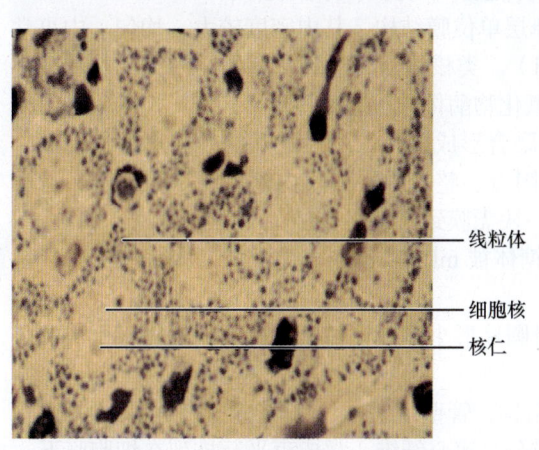

图2-1-6-1 小白鼠肝细胞切片示线粒体

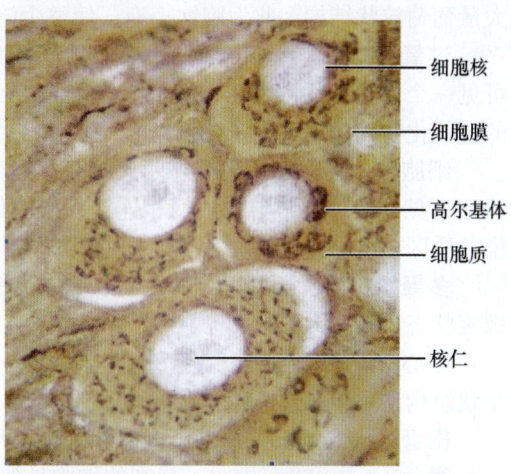

图2-1-6-2 兔神经细胞中高尔基体

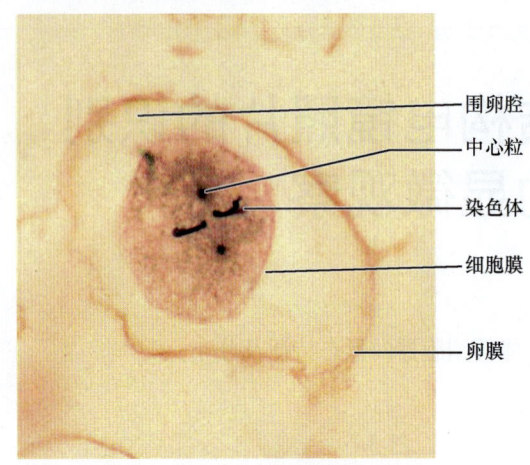

图 2-1-6-3 马蛔虫受精卵细胞分裂中期（示中心体）

3. 中心体（centrosome） 马蛔虫子宫切片（铁苏木精染色）中，低倍镜下可见子宫周边为子宫壁，壁内为子宫腔，腔内有许多球形的结构为卵囊，囊腔中央即为处于不同发育阶段的受精卵细胞。高倍镜下处于分裂中期的某些细胞，其核附近或两极上各有一个被染成黑色的小圆点——中心粒（centriole），它与周围致密的细胞质——中心球（controsphere）组成中心体（centrosome）。中心体（图 2-1-6-3）的外围有星状的放射细丝——星射线。两个中心体之间可见纺锤体（spindle）。

（二）细胞超微结构电镜照片的识别

单位膜（plasma membrane） 三层夹板式结构，即两侧为致密的深色带，中间夹一层疏松的浅色带。具有这种结构的膜统称为单位膜。

线粒体（mitochondria） 纵切呈长椭圆形，两层单位膜包围而成的封闭囊状细胞器。外膜光滑连续，内膜向内突出形成许多嵴（cristae）。可见膜间腔、嵴间腔和基粒。

粗面内质网（rough endoplasmic reticulum） 呈平行排列的单层单位膜管道系统。局部呈管状、扁平囊状，末端膨大呈大囊泡状，表面有颗粒状核糖体附着。

滑面内质网（smooth endoplasmic reticulum） 无规则排列的单层单位膜管道系统。局部呈分枝管状、囊状，表面无核糖体附着。

高尔基复合体（Golgi complex） 典型的高尔基复合体由扁平囊（saccule）、大泡（vacuole）、小泡（vesicle）组成。扁平囊 3～8 层平行排列，略弯曲呈弓形，中央较狭窄，边缘稍膨胀。弓形的凸面称形成面（forming face），凹面称分泌面（secreting face）或成熟面（mature face）。

溶酶体（lysosome） 近圆形的单层单位膜结构，内容物密度大。

初级溶酶体（primary lysosome） 所含酶尚未与底物作用，呈圆形或卵圆形，含有电子染色均匀而致密的细颗粒状内容物。

次级溶酶体（secondary lysosome） 已开始消化，呈现出多形态的结构，有时其中可见大量葡萄粒状结构，此为胞饮小泡，使整个溶酶体呈多个囊状，称多囊体。

过氧化物酶体（peroxisome） 近圆形的单层单位膜结构，其内密度较大、均匀。中央常可见一个多边形的致密结构称类核体（nucleoid）。类核体为尿酸氧化酶的结晶，人类和鸟类的过氧化物酶体中不含尿酸氧化酶，所以其过氧化物酶体中没有类核体。

细胞核（nucleus） 内外两层核膜，局部融合形成核孔，两膜之间的腔隙称为核周隙，清晰可见。核外膜常与内质网相连，有核糖体附着。整个内层核膜内侧呈块状致密区，是异染色质区，核内密度低区为常染色质区。核内一块无膜致密区是核仁

多聚核糖体（polyribosomes） 颗粒状核糖体被 mRNA 串连成串珠状的多聚核糖体，呈螺旋状态。

中心粒（centriole） 相互垂直排列的一对圆柱形小体，横切面是由 9 组三联管围成的风车状结构，称中心粒小轮。

微管（microtubule） 不分支的中空管状结构，管壁由 13 根原纤维螺旋排列而成。

微丝（microfilament） 最细的细胞骨架成分，实心纤维，常成束平行排列在细胞膜下。

中间纤维（intermediate filament） 粗细介于微管与微丝之间。

【作业与思考题】

1. 比较线粒体、高尔基复合体、中心体显微结构与亚显微结构的不同。
2. 绘制肝细胞，示意线粒体的分布及形态特征。
3. 绘制神经节细胞，示意高尔基复合体的分布及形态特征。

（侯　威）

第七章 细胞分裂

【实验目的】

掌握光学显微镜下有丝分裂期中细胞的形态变化特征。

【实验器材】

1. 材料和标本 洋葱根尖细胞切片、马蛔虫子宫切片。

2. 器材 显微镜、擦镜纸、二甲苯、香柏油。

【实验原理】

细胞有丝分裂（mitosis）是真核细胞增殖的主要方式，通过有丝分裂，可将间期复制的染色体和其携带的 DNA 分子平均分配到两个子代细胞中，使子代细胞具有与母代细胞相同的遗传物质，从而保证遗传的稳定性和完整性。有丝分裂过程包括一系列复杂的核变化，染色体和纺锤体的出现，以及它们平均分配到每个子细胞的过程。

目前，常用来观察有丝分裂的细胞包括马蛔虫受精卵细胞和洋葱根尖细胞。马蛔虫受精卵细胞中只有 6 条染色体，而洋葱体细胞的染色体为 16 条，这些细胞染色体数目较少，形态典型，便于在普通光镜下进行观察和分析。

【实验方法】

按细胞有丝分裂各期的特点观察洋葱根尖切片标本（图 2-1-7-1）、马蛔虫子宫横切片标本（图 2-1-7-2）。应按显微镜使用程序找到具有各时期最典型特征（能与其他时期区别）的细胞进行观察。细胞分裂是一个连续变化的过程，在观察中要注意这个连续变化过程中的动态表现。注意动物细胞与植物细胞有丝分裂的不同点。

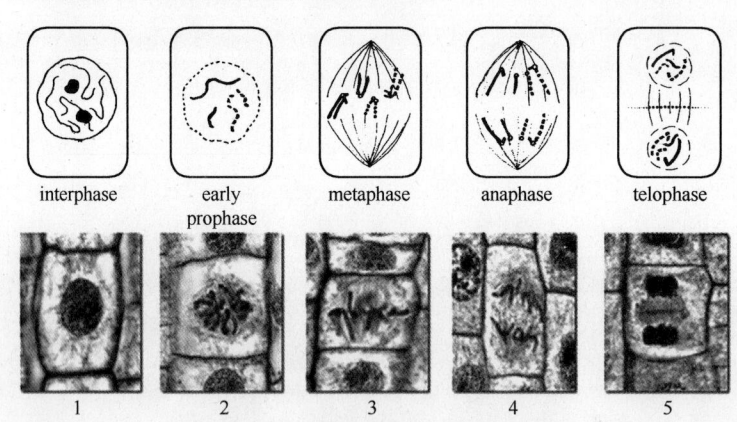

图 2-1-7-1 洋葱根尖细胞的有丝分裂
1.间期；2.前期；3.中期；4.后期；5.末期

细胞有丝分裂各时期的形态结构特点：

1. 前期 细胞核膨大，核内的染色质由原来分散状态开始凝集成丝状的染色丝，并逐渐继续凝集成棒状的染色体。核仁、核膜逐渐消失。植物细胞质的两极有纺锤丝形成。动物细胞质中，星状的中心体出现，并逐渐分开移向细胞两极，之间有纺锤丝相连。

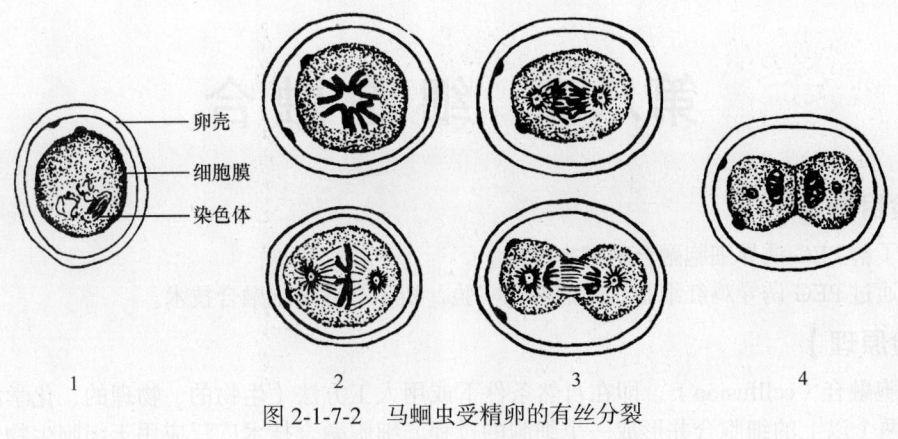

图 2-1-7-2 马蛔虫受精卵的有丝分裂
1. 前期；2. 中期；3. 后期；4. 末期

2. 中期 染色体达最大凝集状态，形成典型的结构——两条棒状的染色单体借着丝粒相连。每条染色体的着丝粒分布在细胞赤道面上，共同形成赤道板。细胞两极之间由纺锤丝形成典型的纺锤体，赤道板位于纺锤体两极正中央，可见纺锤丝牵拉着染色体（动粒部位）。这种形态改变在与细胞两极为轴的纵切与横切的直径平面上观察到的截然不同，此期动物细胞的中心体移到细胞两极。

3. 后期 分布在赤道板上的每条染色体因着丝粒纵裂两条染色单体开始分开，形成两条染色体，在纺锤丝牵引下，分别移向细胞两极，使一个细胞中有两群染色体，两群染色体移到细胞两极分别合并成团。两群染色体之间仍可见纺锤体纤维。

4. 末期 移到细胞两极的两组子染色体开始解旋，形成染色质丝，至分散状态。出现片段核膜，直至连续完整核膜。核仁重现。植物细胞中在母细胞的赤道板部位出现由膜体融合成的细胞板及细胞壁，形成两个子细胞。动物细胞中，母细胞的细胞膜在赤道板部位向内缢缩凹陷至中间体，形成两个子细胞。

【作业与思考题】

1. 动植物细胞在有丝分裂过程中有哪些异同点？
2. 绘出光镜下洋葱根尖或马蛔虫受精卵细胞有丝分裂各时期典型细胞结构图。

（李 虹）

第八章 细胞融合

【实验目的】
1. 了解 PEG 诱导细胞融合的基本原理。
2. 通过 PEG 诱导鸡红细胞之间的融合实验，初步掌握细胞融合技术。

【实验原理】
细胞融合（cellfusion），即在自然条件下或用人工方法（生物的、物理的、化学的）使两个或两个以上的细胞合并形成一个细胞的过程。细胞融合技术广泛应用于细胞生物学、遗传学、病毒学、肿瘤学的研究。例如，细胞周期调控的研究，基因互补分析、检测病毒，细胞对病毒敏感因素的分析、肿瘤细胞恶性分析等。细胞融合的主要方法包括病毒诱导融合、化学融合剂融合及电融合，常用的诱导物是灭活仙台病毒（HVJ）、聚乙二醇（polyethyleneglycol，PEG）和电脉冲。

目前应用最广泛的是 PEG，因为它易得、简便，且融合效果稳定。PEG 是乙二醇的多聚物，存在不同分子量的多聚体，它可改变各类细胞的膜结构，使两细胞相互接触部位的膜脂双层中脂类分子发生疏散和重组，此时相互接触的两细胞的胞质沟通成为可能，从而造成细胞之间发生融合。PEG 介导细胞融合，其融合效果还受到分子量及浓度、pH 值、处理时间和温度等因素的影响。

【实验器材】
1. **材料** 新鲜鸡血。
2. **器材** 离心机、显微镜、天平、恒温水浴锅、血球计数板、滴管、离心管、容量瓶、广口瓶、细口瓶、烧杯、注射器、盖玻片、载玻片。
3. **试剂** Alsever 液、生理盐水、GKN 液、詹纳斯绿 B 液、50% PEG 液、Ringer 液。

【实验方法】
1. 在公鸡鸡翼下静脉抽取 2ml 鸡血，加入盛有 8ml Alsver 液的容量瓶中，使血液与 Alsver 液的比例达 1∶4，混匀后可在冰箱中存放一周。
2. 取此储存鸡血 1ml 加入 4ml 生理盐水，充分混匀，800r/min 离心 3min，弃去上清，重复上述条件离心两次。最后弃去上清，加 GKN 液 4ml，离心。
3. 弃去上清，加 GKN 液，制成 10% 细胞悬液。
4. 取上述细胞悬液以血球计数器计数，用 GKN 液将其调整为 $1×10^6$ 个/ml。
5. 取以上细胞悬液 1ml 于离心管中，放入 37℃ 水浴中预热。同时将 50%PEG 液一并预热 20min。
6. 20min 后将 0.5ml 50% PEG 溶液逐滴沿离心管壁加入到 1ml 细胞悬液中，边加边摇匀，然后放入 37℃ 水浴中保温 20min。
7. 20min 后，加入 GKN 溶液至 8ml，静止于水浴中 20min 左右。
8. 1500r/min 离心 5min，使细胞完全沉降。弃去上清，加 GKN 溶液再离心 1 次。
9. 弃去上清，加 GKN 液少许，混匀，取少量悬浮于载玻片上，加入詹纳斯绿 B 染液，用牙签混匀，染色 3min 后盖上盖玻片，观察细胞融合情况。

【注意事项】

PEG 介导细胞融合，其融合效果受以下几种因素的影响：

1. PEG 的分子量与浓度　细胞融合效果与 PEG 的分子量及其浓度成正比；但 PEG 的分子量越大、浓度越高，对细胞的毒性也就越大。为了兼顾二者，在实验时常常采用的 PEG 分子量一般为 1000～4000，浓度一般为 40%～60%。

2. PEG 的 pH　经验证，PEG 的 pH 在 8.0～8.2 之间融合效果最好。

3. PEG 的处理时间　处理时间越长，融合效果越好，但对细胞的毒害也就越大。故一般将处理时间限制在 1min 之内。本实验中细胞融合后无需继续培养，故处理时间可适当放宽至数分钟。

4. 融合时的温度　生物膜具有流动性，且其流动性与温度成正比，所以细胞的融合效果也与温度成正比。因此，为了获得更好地融合效果，在细胞可能承受的温度范围内可适当提高处理的温度。对于哺乳动物的细胞，一般采用的温度为 38～40℃。

【作业与思考题】

在显微镜下，观察细胞融合情况，计算融合率。

融合率＝视野内发生融合的细胞核总数／视野内所有细胞核总数×100%

【试剂配制】

1. Alsever 溶液　葡萄糖 2.05g，枸橼酸钠 0.80g，NaCl 0.42g，溶于 100ml 双蒸水中。

2. GKN 溶液　NaCl 8g，KCl 0.40g，$Na_2HPO_4 \cdot 2H_2O$ 1.77g，$NaH_2PO_4 \cdot H_2O$ 0.69g，葡萄糖 2g，酚红 0.01g，溶于 1000ml 双蒸水中。

3. 1% 詹纳斯绿 B 溶液（原液）　称取 50mg 詹纳斯绿 B 溶于 5ml Ringer 液，稍加微热（30～40℃），使之溶解，用滤纸过滤后，即为 1% 原液。

4. 詹纳斯绿 B 溶液（应用液）　取 1% 原液 1ml 加入 49ml Ringer 液，混匀即可。现用现配。

5. 50%PEG 溶液　称取一定量 PEG（WM：4000）放入烧杯，沸水浴加热，使之熔化，待冷却至 50℃时，加入等体积预热至 50℃的 GKN 溶液，混匀，置 37℃备用。

6. Ringer 液　氯化钠 0.85g 氯化钾 0.25g 氯化钙 0.03g 蒸馏水 100ml。

（李　虹）

第九章 微丝的染色及形态观察

【实验目的】
1. 掌握微丝的染色方法。
2. 了解光镜下微丝的基本形态和分布。
3. 了解细胞松弛素 B 对微丝的作用及原理。

【实验原理】
真核细胞质中的蛋白质纤维网架体系称为细胞骨架（cytoskeleton），在维持细胞形状和参与细胞运动、物质运输、染色体分离等方面具有重要作用。根据组成成分和结构的不同，细胞骨架可以分为微管（microtubule，MT）、微丝（microfilament，MF）和中间纤维（intermediate filament，IF）。

微丝是肌动蛋白构成的纤维，普遍存在于真核细胞中，单根微丝直径约 7nm，在光学显微镜下看不到。但是在细胞中，微丝常常集结成束，构成某些特化结构，如紧邻质膜下方的应力纤维、小肠上皮细胞中的微绒毛、骨骼肌中的细肌丝等。应力纤维在体外培养的贴壁细胞中很发达，形态长而直，常与细胞的长轴平行并贯穿细胞全长。

细胞用去垢剂 Triton X-100 处理后，可破坏和溶解质膜结构中及细胞内许多蛋白质，但细胞骨架系统的蛋白质却保持完好。考马斯亮蓝 R250（Coomassie brilliant blue R250）可以染各种蛋白，使蛋白呈蓝色。在该实验中微管等蛋白结构在光镜下无法分辨，我们看到的主要是微丝组成的应力纤维。

【实验器材】
1. **材料和标本** 盖玻片培养的成纤维细胞、洋葱鳞茎。
2. **器材** CO_2 恒温培养箱、倒置显微镜、超净工作台、低速离心机、普通光学显微镜、移液器、恒温水浴箱、镊子、培养皿、小烧杯、载玻片、盖玻片、吸水纸。
3. **试剂** 6mmol/L PBS（pH 6.5）、1%Triton X-100 溶液、M 缓冲液、3% 戊二醛固定液、0.2% 考马斯亮蓝 R250 染液、DMEM 培养液。

一、动物细胞的微丝观察

【实验方法】
1. **取材** 将成纤维细胞培养在盖玻片上，当细胞生长到适宜密度（未致密，生长密度达 ++～+++）时，取出，用 PBS 洗 3 次。
2. **抽提** 用 1%Triton X-100 液于 37℃处理 25～30min。
3. **冲洗** 用 M 缓冲液轻轻洗细胞 3 次，每次约 2min，以提高细胞骨架的稳定性。
4. **固定** 略晾干后，用 3% 戊二醛溶液固定细胞 5～15min。
5. **冲洗** 弃固定液，用 PBS 轻轻洗细胞 3 次，每次约 1min，滤纸吸干。
6. **染色** 用 0.2% 考马斯亮蓝 R250 染片 30min。
7. **冲洗** 小心地用蒸馏水漂洗，在空气中晾干。
8. **镜检**。

【观察结果】

　　光镜下细胞形态不太清楚,可见细胞轮廓,细胞中存在被染成深蓝色的纤维网架结构,即应力纤维。同一细胞内各处骨架密度不均匀。注意调节显微镜焦距观察三维立体结构。

【注意事项】

　　1. 洗片时要轻柔,以免把细胞从载玻片上洗去。
　　2. 操作中应注意区分细胞盖玻片的正反面。
　　3. 染色后应冲洗盖玻片背面,避免损伤细胞。
　　4. TritonX-100 抽提蛋白时,注意避免抽提时间过长而导致细胞结构的破坏。

二、植物细胞的微丝观察

【实验方法】

　　1. **取材**　用镊子撕取洋葱鳞茎内表皮一小片,约 $1cm^2$ 大小,置于含 6mmol/L PBS 的小烧杯或小平皿内,使其下沉,洗 3 次,每次约 0.5min。
　　2. **抽提**　吸去 PBS,用 1%TritonX-100 液于 37℃处理洋葱表皮 20～30min。
　　3. **冲洗**　吸去 TritonX-100,用 M 缓冲液充分洗 3 次,每次约 5min,以提高细胞骨架的稳定性。
　　4. **固定**　用 3% 戊二醛溶液固定 20min。
　　5. **冲洗**　弃固定液,用 PBS 洗 3 次,每次约 1min,滤纸吸去残留液体。
　　6. **染色**　用 0.2% 考马斯亮蓝 R250 染色 20min。
　　7. **冲洗**　用蒸馏水漂洗数次,降低背景。
　　8. **镜检**　将标本平铺在载玻片上,加盖玻片,制成临时制片,在显微镜下观察。

【实验结果】

　　可见洋葱表皮细胞轮廓,细胞中的微丝束被染成深蓝色。

【作业与思考题】

　　1. 细胞中微丝的分布有什么特点?
　　2. TritonX-100 液、M 缓冲液、戊二醛及考马斯亮蓝 R250 在本实验中所起作用?
　　3. 绘制一洋葱鳞茎内表皮细胞内的应力纤维分布图。

【试剂配制】

　　1. **M 缓冲液（pH 7.2）**　咪唑,3.40g；KCl,3.71g；$MgCl_2 \cdot 6H_2O$,101.65 mg；EGTA（乙二醇双醚四乙酸）,380.35mg；EDTA（乙二胺四乙酸）,29.22 mg；巯基乙醇（mercaptoethanol）,0.07ml；甘油,292ml；加蒸馏水至 1000ml（用 1mol/L HCl 调 pH 至 7.2）。
　　2. **1%TritonX-100**　TritonX-100,1ml；M 缓冲液,99ml。
　　3. **0.2% 考马斯亮蓝 R250 染液**　考马斯亮蓝 R250,200mg；甲醇,46.5ml；冰醋酸,7ml；蒸馏水,46.5ml。
　　4. **3% 戊二醛溶液**　25% 戊二醛溶液,12ml；6mmol/L PBS,88ml。

（李尘远）

第二部分 组织胚胎学
第一章 上皮组织

【实验目的】
1. 掌握上皮组织的分布和结构特点。
2. 掌握各类被覆上皮的结构特征并加以区别。
3. 熟悉上皮细胞游离面、基底面、侧面的超微结构和功能。
4. 了解各类被覆上皮的生理功能。

【观察切片】

一、单层扁平上皮

片号 1#；材料 动物肠系膜——间皮；方法 铺片（平面观），镀银染色（$AgNO_3$）。

观察

低倍 可见经镀银染色后，因银盐沉淀在细胞间质之上而形成的波状黑线，此即扁平细胞的轮廓。细胞呈不规则形或多边形，边缘似锯齿状，相互紧密嵌合。核呈椭圆形，蓝色，位于细胞的中央（图 2-2-1-1）。当转动小螺旋时，原细胞轮廓消失，又出现了新的界线，此乃肠系膜由两层上皮组成所致。

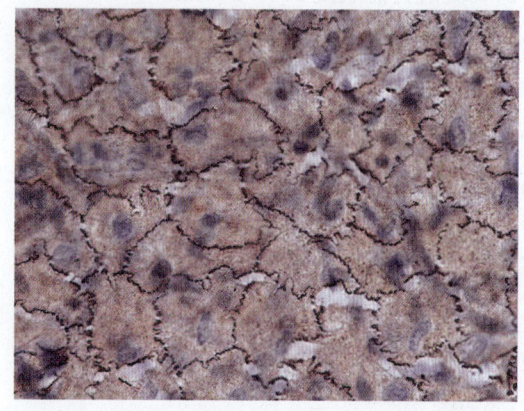

图 2-2-1-1 单层扁平上皮（镀银染色，低倍）

二、单层扁平上皮

片号 2#；材料 大动脉——内皮；方法 HE。

观察

1. **肉眼** 切片是大动脉的横切面（管腔内表面衬有一层上皮即内皮）。
2. **低倍** 大动脉管壁由内向外分为内膜、中膜、外膜三层。找到内膜后，即转高倍（图 2-2-1-2）。
3. **高倍** 内皮细胞排列较有规律，细胞扁薄，核呈扁椭圆形，染成深蓝色，略向管腔面突出。由于胞质极少，故着色较浅。

三、单层立方上皮

片号 3#；材料 甲状腺或肾脏；方法 HE。

观察

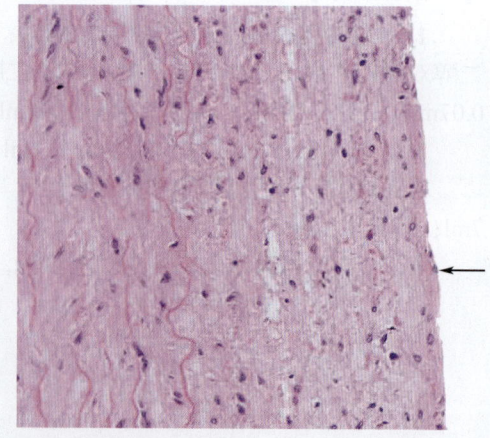

图 2-2-1-2 单层扁平上皮（HE，低倍）
↑ 单层扁平上皮细胞

1. 肉眼 染色较浅的部分为肾髓质。

2. 低倍 甲状腺滤泡的壁或肾髓质当中的肾小管的管壁是由单层立方上皮围成（图 2-2-1-3）。

3. 高倍 上皮细胞染成粉红色，呈立方形，细胞界限清楚，核圆形，染成深蓝色，位于细胞中央。

四、单层柱状上皮

片号 4#；**材料** 空肠（横断）；**方法** HE。

观察

1. 肉眼 切片是空肠壁的部分横断面，突向管腔内的大突起是皱襞；而皱襞表面的小突起是绒毛（绒毛表面被覆一层上皮即单层柱状上皮）。

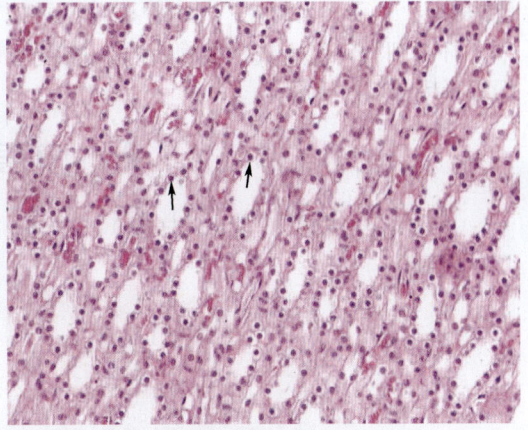

图 2-2-1-3 单层立方上皮（HE，低倍）
↑单层立方上皮细胞

2. 低倍 在绒毛表面有一层排列紧密的柱状上皮细胞，细胞界限不清。核椭圆形，靠近细胞的基部，染成蓝色。在细胞的游离面可见到染色较深的纹状缘。在柱状细胞之间，有散在的杯状细胞，呈杯状，顶部膨大，基底部细窄，胞质明亮（为什么？有何机能？）核呈三角形，染色深，被挤于细胞基部。开口处没有纹状缘（图 2-2-1-4）。

五、假复层纤毛柱状上皮

片号 5# 或 81#；**材料** 鼻甲（5#）或气管（81#）；**方法** HE。

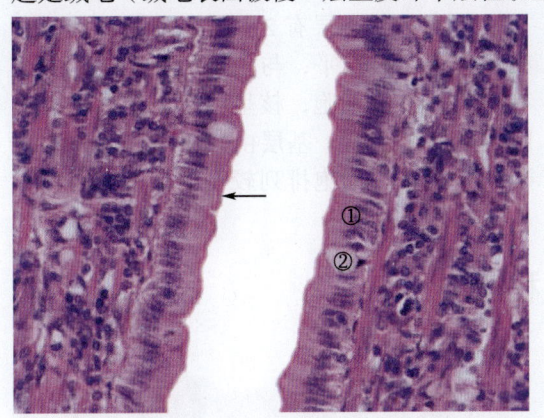

图 2-2-1-4 单层柱状上皮（HE，低倍）
①柱状细胞；②杯状细胞；↑纹状缘

观察

1. 肉眼 5# 切片是鼻甲的横切面；81# 切片是气管的部分横切面，凹面为管腔面。

2. 低倍 在鼻甲表面或者气管壁的内表面，可见染色较深的一层，此即假复层纤毛柱状上皮（图 2-2-1-5）。

3. 高倍 由于细胞高矮不等，所以细胞核的排列不在一个水平面。但所有细胞基底面与基膜相接触。

柱状细胞：数量最多，呈柱状，顶端达上皮的游离面。核椭圆形，多靠近细胞的游离缘，故多排列在上皮的浅层。细胞的游离面可见到排列规则而密集的纤毛。

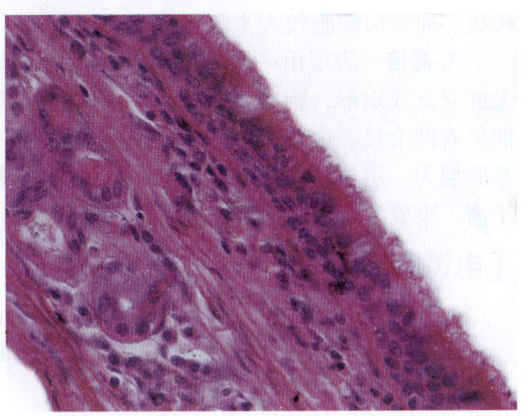

图 2-2-1-5 假复层纤毛柱状上皮（HE，低倍）

梭形细胞：胞体为梭形，比柱状细胞矮小。核椭圆形，位于细胞中央，故多排列在上皮的中层。

锥体细胞：胞体更矮小，呈锥体形，靠近基膜。核圆形，位于细胞中央，故多排列在上皮的深层。

杯状细胞：位于柱状细胞之间，胞质明亮。核呈三角形，染色深，位于细胞基部。杯状细胞直接开口于管腔。

六、复层扁平上皮

片号 6#；**材料** 食管（横断）；**方法** HE。
观察

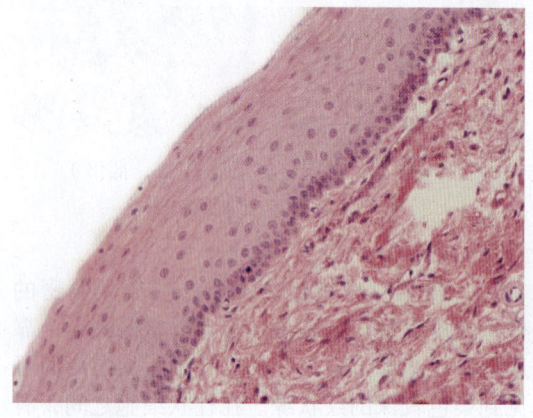

图 2-2-1-6 复层扁平上皮（HE，低倍）

1. 肉眼 管壁的内表面凸凹不平，紧贴腔面有一层着色深的部分，即复层扁平上皮。

2. 低倍 上皮由多层细胞组成。由表层至深层，染色逐渐加深。其深面染成粉红色的部分为结缔组织。结缔组织以圆锥形突出伸入上皮内，形成乳头，使上皮与结缔组织间的界限凸凹不平（图 2-2-1-6）。

3. 高倍 表层有 2～3 层扁平形细胞，染色较浅，核扁平，与上皮表面平行。中间有多层多边形细胞，核呈圆形或椭圆形。细胞界限逐渐清楚。基层由一层矮柱状或立方形细胞组成，细胞排列较密，核为椭圆形，染成深蓝色。

七、变移上皮

片号 86#；**材料** 膀胱；**方法** HE。
观察

1. 肉眼 切片是膀胱壁的一部分，凸凹不平而染色较深的一面是膀胱壁的内表面。

2. 低倍 内表面是变移上皮，由数层细胞构成，而表层细胞较大（图 2-2-1-7）。

3. 高倍 表层由一层盖细胞组成。细胞呈大的立方或矩形，胞质着色较浅，核呈圆形，偶见有两个核。中间有 2～3 层多边形细胞。基底层为一层矮柱状或立方形细胞，细胞界限不清，染成深蓝色。

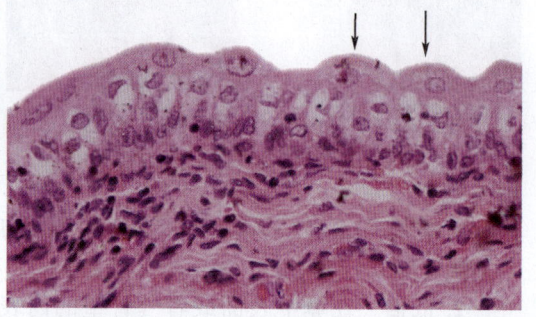

图 2-2-1-7 变移上皮（HE，低倍）
↑盖细胞

根据细胞的层数判断该膀胱是充盈（扩张）状态。

【电镜照片】

1. 微绒毛 可见细胞顶部微绒毛的纵切面呈指头状突起（图 2-2-1-8）。

2. 纤毛 可见左侧圆形结构为纤毛横断面，纤毛 9+2 微管结构清晰可见。箭头所指为纤毛纵切（图 2-2-1-9）。

3. 桥粒 可见相邻两细胞膜形成桥粒，膜内侧高密度的致密物质为附着板，胞质内的张力丝附于浮着板上。细胞间隙明显，间隙内可见中间线和丝状物质（图 2-2-1-10）。

图 2-2-1-8 微绒毛（电镜图）

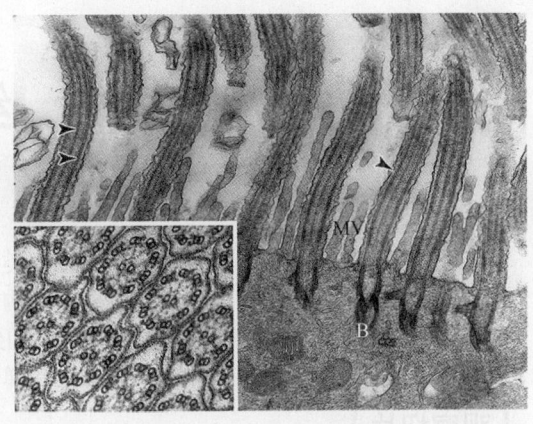

图 2-2-1-9 纤毛（电镜图）

4. 缝隙连接 可见连接处相邻细胞膜高度平行，细胞间隙极窄，上下两端可见细胞间隙。

5. 连接复合体 可见相邻细胞顶端侧面，依次可见紧密连接、中间连接和桥粒（图2-2-1-11）。

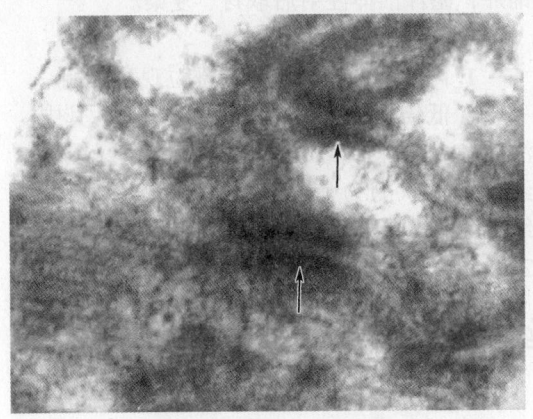

图 2-2-1-10 桥粒（电镜图）

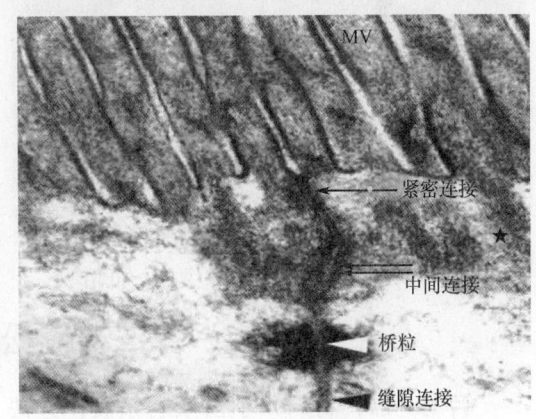

图 2-2-1-11 连接复合体（电镜图）

（田 娟）

第二章 结缔组织

【实验目的】
1. 掌握结缔组织的结构特点、分布和分类。
2. 掌握疏松结缔组织各种细胞成分的结构特点、纤维和基质的组成。
3. 在 HE 染色切片中区分疏松结缔组织和致密结缔组织。
4. 了解疏松结缔组织铺片中胶原纤维和弹性纤维的镜下特点。

【观察切片】

一、疏松结缔组织

片号 7#；材料 小白鼠肠系膜；方法 铺片，墨汁活体注射后取材、复染。

观察
1. **肉眼** 选择标本最薄部位观察。
2. **低倍** 镜下可见纤维交错排列。其中，浅粉色、波浪状或飘带状的为胶原纤维；棕红色细丝状的为弹性纤维。在纤维之间可见纤维细胞、肥大细胞、巨噬细胞等（图 2-2-2-1）。

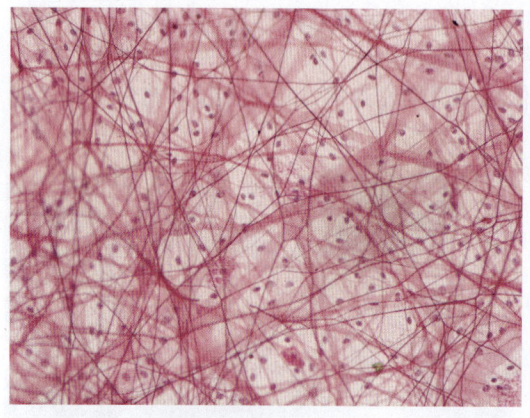

图 2-2-2-1 疏松结缔组织（复染，低倍）

二、疏松结缔组织

片号 8#；材料 小白鼠肠系膜；方法 铺片，墨汁活体注射后取材、甲苯胺蓝染色。

观察

低倍 本片主要观察巨噬细胞和肥大细胞（图 2-2-2-2）。

巨噬细胞：胞体较大，不规则形，胞质内含有较多的吞噬颗粒，呈蓝色，大小不等，分布不均。

肥大细胞：胞体圆形或卵圆形，常成群排列，胞质中的颗粒呈紫蓝色，大小相等，分布均匀，充满细胞质。中央圆形的淡染区为细胞核。

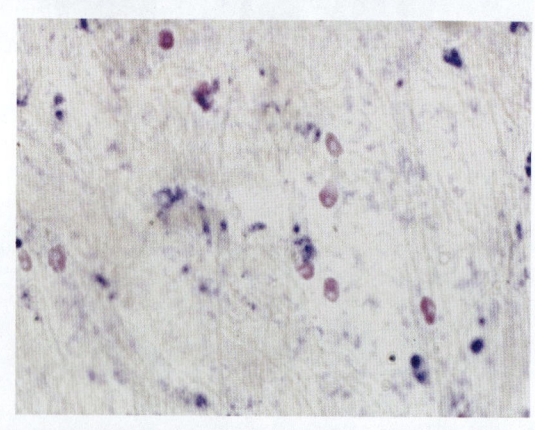

图 2-2-2-2 疏松结缔组织（墨汁注射后复染，低倍）

三、致密结缔组织

片号 51#；材料 人掌皮；方法 HE。

观察
1. **肉眼** 皮肤由表皮和真皮构成，真皮由浅层的乳头层和深层的网织层构成。本片主要观察真皮的网织层。

2. 低倍 网织层为致密结缔组织。染成粉红色的粗大的胶原纤维束交织成密网，纤维之间可见少量的成纤维细胞（图2-2-2-3）。

【电镜照片】

1. 成纤维细胞 可见细胞膜、线粒体、高尔基复合体、粗面内质网、细胞核、核仁。（图2-2-2-4）。

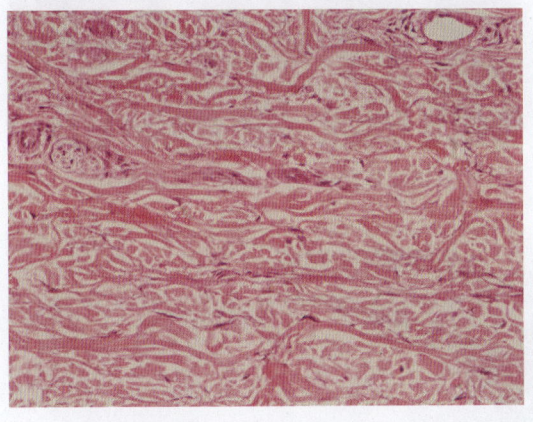

图2-2-2-3 致密结缔组织（HE，低倍）

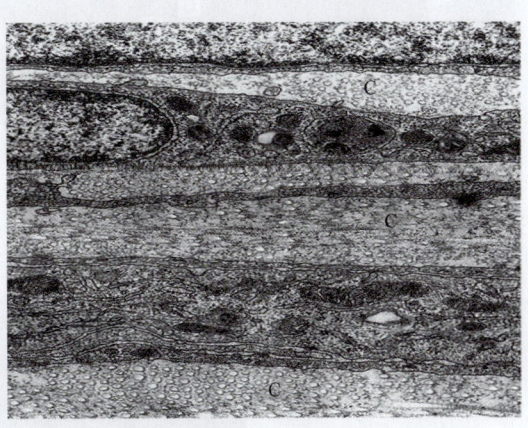

图2-2-2-4 成纤维细胞（电镜图）

2. 巨噬细胞

（1）扫描电镜照片：可见巨噬细胞呈球形，表面有许多微绒毛伸出。此巨噬细胞正在吞噬两个红细胞（图2-2-2-5）。

（2）透射电镜照片：外形不规则，周围有突起和微绒毛。胞质内可见初级溶酶体和次级溶酶体、吞噬体等（图2-2-2-6）。

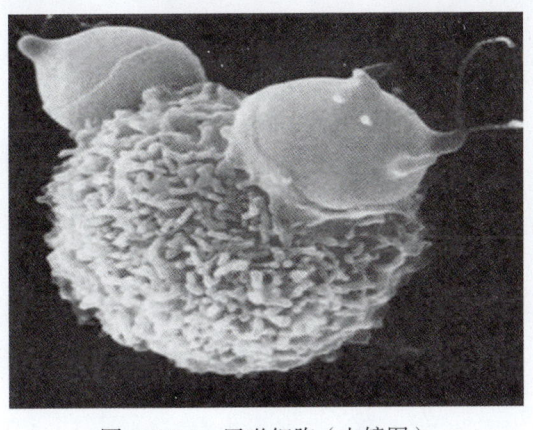

图2-2-2-5 巨噬细胞（电镜图）

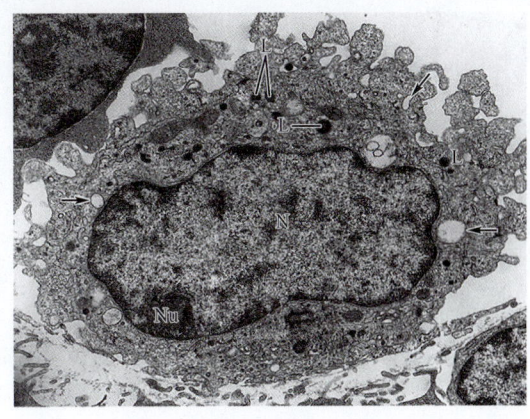

图2-2-2-6 巨噬细胞（电镜图）

3. 浆细胞 可见胞质内有大量呈板层状排列的粗面内质网，此外尚可见线粒体、高尔基复合体等。细胞核较大，偏于一侧（图2-2-2-7）。

4. 肥大细胞 可见细胞核居中，胞质中大量颗粒，颗粒内为板层状结构（图2-2-2-8）。

5. 胶原纤维

（1）扫描电镜照片：可见胶原纤维排列成束，弯曲走行，周围可见网状纤维。

（2）透射电镜照片：可见放大的胶原纤维上有周期性横纹（图2-2-2-9）。

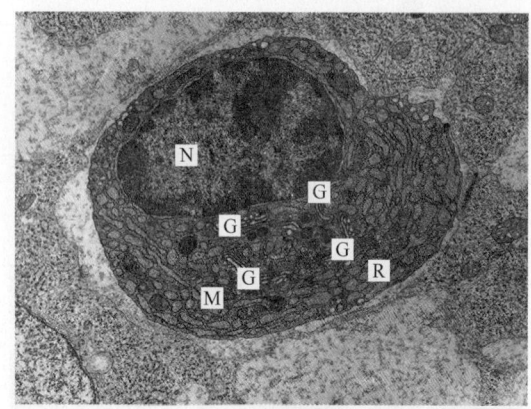 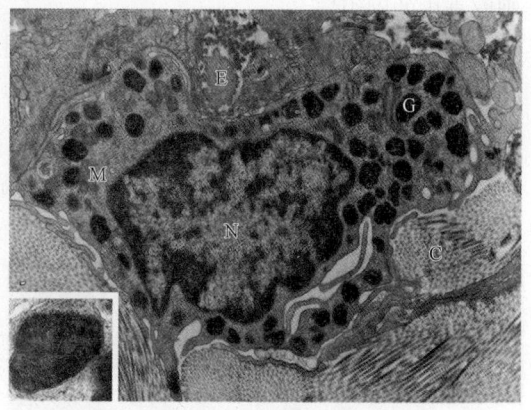

图 2-2-2-7　浆细胞（电镜图）　　　　图 2-2-2-8　肥大细胞（电镜图）

图 2-2-2-9　胶原纤维（电镜图）

（田　娟）

第三章　软骨组织和骨组织

【实验目的】

1. 掌握透明软骨和弹性软骨的光镜结构。
2. 掌握骨组织和骨的光镜结构。
3. 了解骨细胞的电镜结构和骨发生的基本过程。
4. 了解软骨细胞电镜结构。

【观察切片】

（一）透明软骨

片号　81#；材料　人气管（横断）；方法　HE。

观察

1. 肉眼　管壁中央染成紫蓝色的部分为透明软骨。

2. 低倍　软骨表面有一层致密结缔组织构成的软骨膜，染成粉红色。可见软骨细胞分布于淡蓝色的基质之中。位于软骨边缘的软骨细胞体积较小，单个存在。愈近软骨深层，细胞愈大，并成群存在（图2-2-3-1）。

3. 高倍

（1）软骨细胞：表浅的软骨细胞体积较小，扁圆形，单个存在。深部的软骨细胞，体积较大，圆形或椭圆形，可见2～8个软骨细胞位于同一个软骨陷窝内，称同源细胞群。

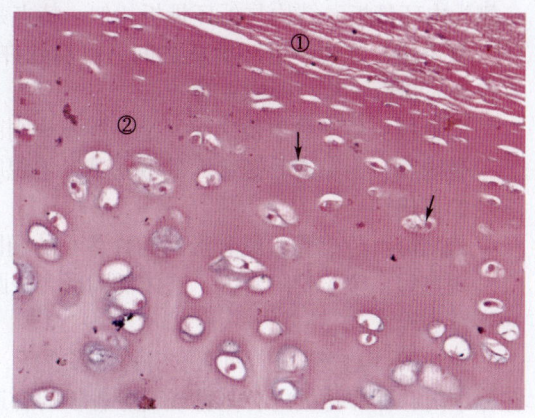

图2-2-3-1　透明软骨（HE，低倍）
①软骨膜；②软骨基质；↑软骨细胞

（2）细胞间质：在软骨细胞之间呈均质状，弱嗜碱性，染成淡蓝色。软骨陷窝周围的基质嗜碱性较强，染色深，称软骨囊。

（二）弹性软骨

片号　10#；材料　人耳郭；方法　弹性染色。

观察

1. 肉眼　标本中央之褐色部分即为弹性软骨，周边的浅色部分为皮肤。

2. 低倍

（1）软骨表面有一层致密结缔组织构成的软骨膜，染成深蓝色。

（2）弹性纤维：可见紫蓝色的基质中弹性纤维交织成网，染成深蓝色，在软骨细胞周围排列致密。软骨的中央，纤维粗而多，周边细而少，直接和软骨膜的弹性纤维相连续。

（3）软骨细胞的形态基本同透明软骨内的软骨细胞（图2-2-3-2）。

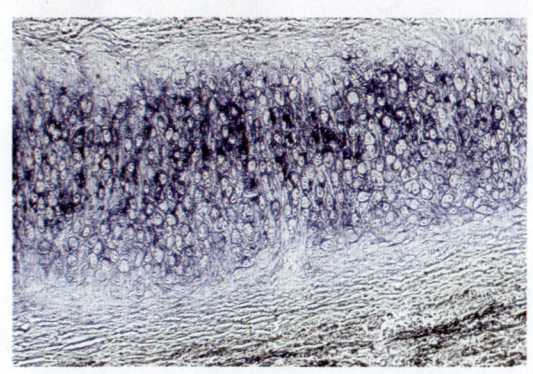

图2-2-3-2　弹性软骨（弹性染色，低倍）

（三）骨切片

片号 11#；**材料** 人长骨（横断）；**方法** HE。

观察

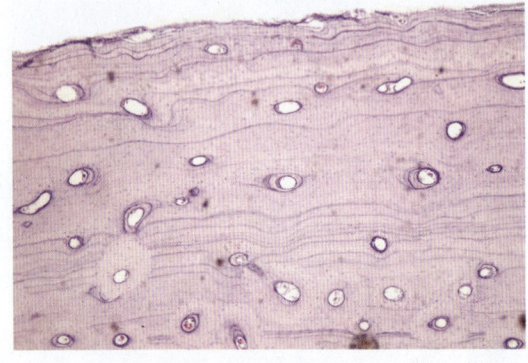

图 2-2-3-3 骨切片（HE，低倍）

1. 低倍 先将外环骨板和内环骨板区别开，在两种骨板之间存在的主要有骨单位，其间为一些不规则的平行骨板——间骨板（图 2-2-3-3）。

骨外膜：位于骨的表面，由致密结缔组织构成，有的部位已脱落。

外环骨板：观察前将光线调暗，可看到在骨外膜内侧有数层平行走行的紫蓝色细线与骨表面平行排列，即外环骨板。特点是骨板排列得紧密、规则、较厚。

内环骨板：标本上与外环骨板相对应的另一侧为内环骨板。结构与外环骨板相似。特点是骨板排列疏松、不规则、较薄。

骨单位：在内、外环骨板之间，可看到许多呈同心圆排列的骨板，即骨单位骨板。中央有较大的圆形管腔，即中央管。

间骨板：位于骨单位之间，是一些不规则的骨板，切片上呈弧形平行排列。

骨内膜：为贴在骨髓腔面的致密结缔组织膜。大部分脱落或缺失。

2. 高倍

骨陷窝：位于骨板或骨板间的许多小的椭圆形腔隙（比中央管小很多）。

骨细胞：位于骨陷窝内，胞体椭圆形，核圆形，染色深，位于中央。大部分细胞已萎缩，突起看不清。

骨小管：从骨陷窝向周围发出的许多线条，细丝状，染成紫蓝色，在切片上隐约可见。此外，在标本内、外环骨板内有垂直或斜穿骨板的管道，即穿通管。

（四）骨切片

片号 12#；**材料** 人长骨（横断）；**方法** 特殊染色。

观察

低倍 切片被染成金黄色，其结构特点同前（11#）（图 2-2-3-4）。

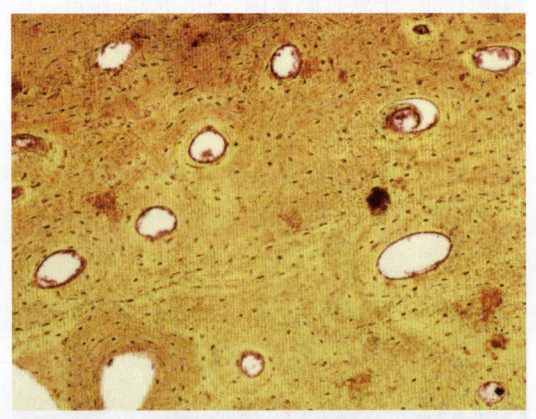

图 2-2-3-4 骨切片（特殊染色，低倍）

（五）骨发生（膜性骨发生）

片号 13#；**材料** 胎儿颅骨（扁骨）；**方法** HE。

观察

1. 低倍 可见标本的中心有一些大小不等，形态不一的小块骨片，染成粉红色。在骨片的表面有一层规则排列的矮柱状或立方形细胞，为成骨细胞（有部分脱落）。骨片之间有疏松结缔组织和血管（图 2-2-3-5）。

2. 高倍 成骨细胞矮柱状或立方形，胞质嗜碱性染成紫蓝色。

（六）骨发生（软骨性骨发生）

片号 14#；**材料** 胎儿指骨（长骨）；**方法** 切片，HE 染色。

观察

1. 肉眼 标本上可见三节指骨，中间一节较完整，指骨两端染成蓝色的部分为软骨区，中央的空腔为骨髓腔，骨髓腔周围的粉红色部分为骨干。

2. 低倍 镜下找到骺端，然后由此部向骨干依次观察下列各区（图 2-2-3-6）。

软骨贮备区：为未分化的透明软骨，淡蓝色的软骨基质中有许多软骨陷窝，扁平形，内有幼稚的软骨细胞，体积小，单个存在。

软骨增殖区：在静止区的骨干侧，软骨细胞体积增大，按骨干长轴排列成串。（它是怎样形成的？）

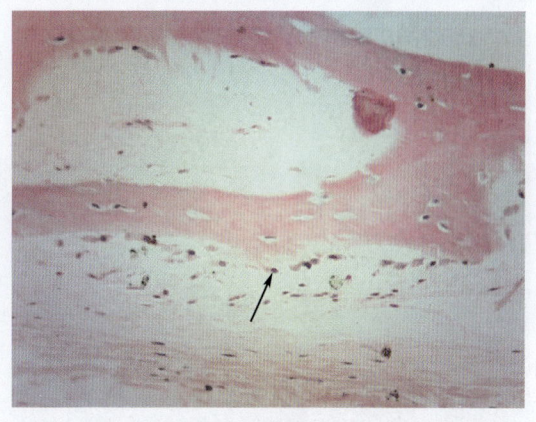

图 2-2-3-5　膜内成骨（HE，低倍）
↑成骨细胞

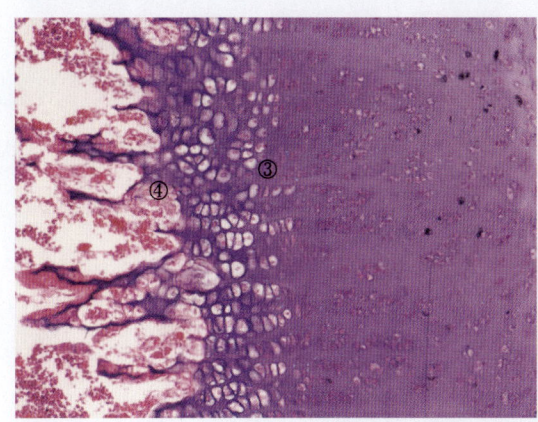 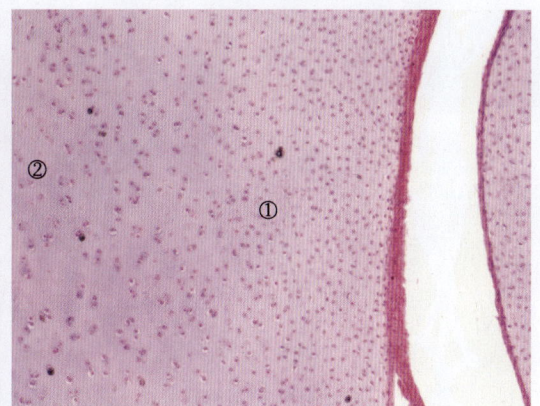

图 2-2-3-6　软骨内成骨（HE，低倍）
①软骨贮备区；②软骨增殖区；③软骨钙化区；④成骨区

软骨钙化区：软骨细胞和软骨陷窝进一步增大，多为同源细胞群，有的软骨细胞呈空泡状，核固缩，趋于退化死亡。软骨基质呈强嗜碱性，染成深蓝色。

成骨区：此区钙化的软骨基质已被破骨细胞破坏，形成许多腔隙，可见血管和结缔组织侵入。成骨细胞在残留的软骨基质表面排列，有部分骨小梁形成，不规则，染成粉红色。

骨髓腔：位于骨干中央，充满造血组织和血窦，有的已脱落形成空腔。

3. 高倍 成骨细胞：多位于骨小梁的一侧，排成一层，胞体小，呈矮柱状或立方形，胞质嗜碱性，染成紫蓝色。

破骨细胞：多位于骨小梁的凹陷处，单个存在，胞体很大而不规则，胞质嗜酸性，染成粉红色，胞体内有多个卵圆形的细胞核。

【电镜照片】

1. 软骨细胞 可见胞质内粗面内质网较多，线粒体散在，细胞核近似圆形（图 2-2-3-7）。

2. 骨细胞 可见骨细胞位于钙化的骨基质内，核有凹陷，胞质内有粗面内质网等（图 2-2-3-8）。

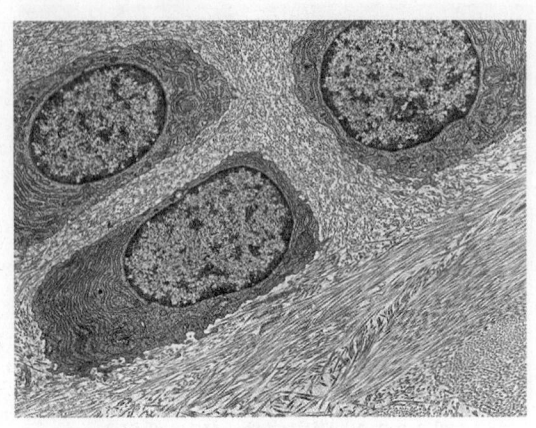

图 2-2-3-7 软骨细胞（电镜图）

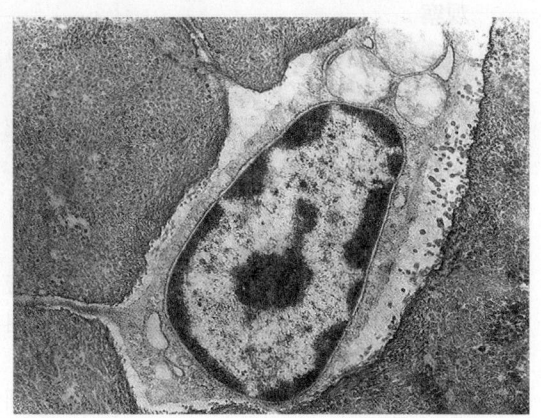

图 2-2-3-8 骨细胞（电镜图）

（田　娟）

第四章 血 液

【实验目的】
1. 掌握各种血细胞光镜和电镜结构。
2. 学会使用油镜。

【观察切片】

(一) 血涂片

片号 15#；材料 人血液；方法 涂片 Giemsa。

观察

1. 低倍 找涂片较薄的地方观察。血细胞体积较小，低倍镜显像后即可用高倍镜观察。

2. 高倍

（1）红细胞：数目最多，呈圆盘形，无核，浅红色，中央染色浅，周边染色深（为什么？）。

（2）白细胞：数目少，需移动标本观察（注意要有规律地移动）。

1）中性粒细胞：白细胞中数目最多，胞体圆形，核紫蓝色，一般为2～5个叶，杆状核较少（核的分叶多少表明什么？），胞质浅粉色，胞质中有细小并淡染的中性颗粒，一般难以分辨（图2-2-4-1）。

2）嗜酸性粒细胞：数目较少，胞体比中性粒细胞稍大，核紫蓝色，多为两叶，如"八"字形，胞质中含许多粗大而均匀排列的橘红色颗粒（图2-2-4-2）。

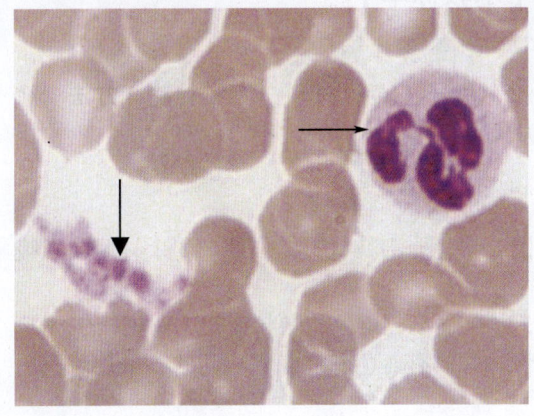 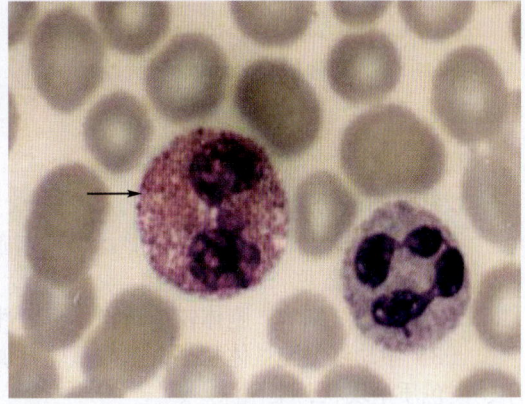

图 2-2-4-1 人血涂片（Giemsa 染色，油镜）　　图 2-2-4-2 人血涂片（Giemsa 染色，油镜）
→中性粒细胞 ↓血小板　　　　　　　　　　　　→嗜酸性粒细胞

3）嗜碱性粒细胞：数目极少，通常在标本上找不到，胞质中含大小不等、分布不均的紫蓝色颗粒，核形不规则，常被颗粒覆盖而不明显（图2-2-4-3）。

4）淋巴细胞：数目较多，多为小淋巴细胞，偶尔可见中等大小的淋巴细胞。小淋巴细胞与红细胞大小相似，核大，圆形或椭圆形，染色质粗块状，呈深紫蓝色，核的一侧常有凹陷。胞质少，呈天蓝色，有的可见少量细小的紫红色嗜天青颗粒（图2-2-4-4）。

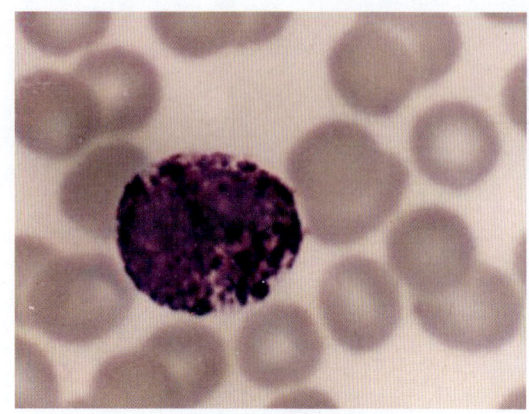

图 2-2-4-3　人血涂片（Giemsa 染色，油镜）
嗜碱性粒细胞

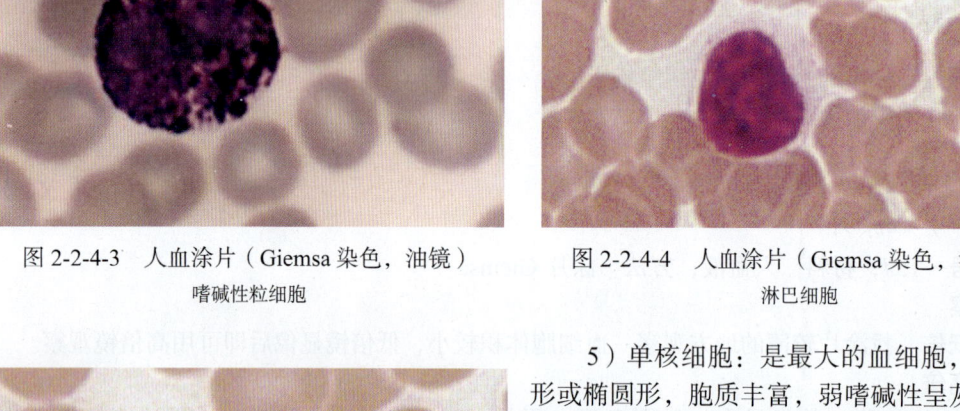

图 2-2-4-4　人血涂片（Giemsa 染色，油镜）
淋巴细胞

5）单核细胞：是最大的血细胞，胞体圆形或椭圆形，胞质丰富，弱嗜碱性呈灰蓝色。核为肾形、卵圆形或马蹄形，常偏位存在。染色质细网状，染色淡。胞质内可见少量嗜天青颗粒（图 2-2-4-5）。

（3）血小板：最小，在血细胞之间常成群存在，形态不规则，其周围胞质透明，略呈淡蓝色，中央含有许多紫红色血小板颗粒（图 2-2-4-1）。

【示教标本】

骨髓涂片

片号　16#；**材料**　人红骨髓；**方法**　涂片 Giemsa。

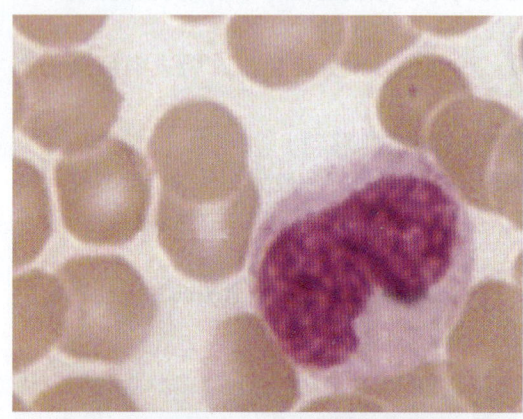

图 2-2-4-5　人血涂片（Giemsa 染色，油镜）
单核细胞

观察

1. 红细胞系统

（1）原红细胞：胞体大，圆形，胞核大而圆，染色质细粒状，核仁 2～3 个，胞质强嗜碱性，染成油画蓝色。

（2）早幼红细胞：胞体较小，胞质嗜碱性，核圆而小，染色质颗粒变粗，偶见核仁。

（3）中幼红细胞：体积小，胞质呈弱嗜碱性，并具有蓝色和橘红色相间的多染性。核更小，染色质呈块状，染色深。

（4）晚幼红细胞：胞质由于含有丰富的血红蛋白，染成橘红色。核小而固缩，染成深蓝色，常位于细胞体一侧。

2. 粒细胞系统

（1）原粒细胞：细胞为圆形或卵圆形，胞质较少，嗜碱性，呈天蓝色。核大，圆形或卵圆形，染色质细网状，排列疏松，分布均匀，呈紫红色。核仁较多，呈灰蓝色。

（2）早幼粒细胞：胞体略大，胞质弱嗜碱性，呈淡蓝色，出现嗜天青颗粒，核变小，卵圆形，偏于一侧。染色质稍粗，偶见核仁。

（3）中幼粒细胞：细胞小，胞质弱嗜碱性，可见嗜天青颗粒以及特殊颗粒。

（4）晚幼粒细胞：细胞小，核小，并一侧凹陷呈肾形，染色质致密呈块状，染色深。胞质中的颗粒明显增多。

3. 巨核细胞系统 巨核细胞为骨髓中体积最大的细胞,胞体大而不规则,胞质弱嗜酸性,含有丰富的血小板颗粒。核呈分叶状,染色质排列密集,染色深。

【电镜照片】

1. 中性粒细胞 可见体大、圆形或椭圆形的嗜天青颗粒和体小、呈椭圆形的特殊颗粒(图2-2-4-6)。

2. 嗜酸性粒细胞 可见细胞核、嗜酸性颗粒(内有结晶体)和多泡体(图2-2-4-7)。

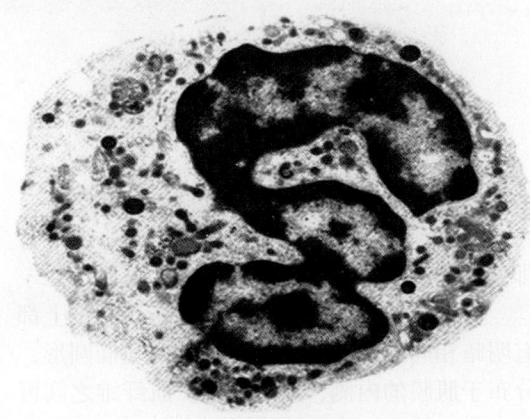
图 2-2-4-6 中性粒细胞(电镜图)

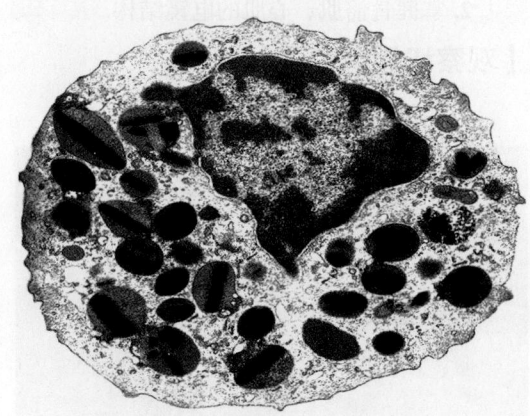
图 2-2-4-7 嗜酸性粒细胞(电镜图)

(张 萍)

第五章 肌 组 织

【实验目的】
1. 掌握三种肌组织的光镜结构。
2. 掌握骨骼肌、心肌的电镜结构。

【观察切片】

(一) 骨骼肌

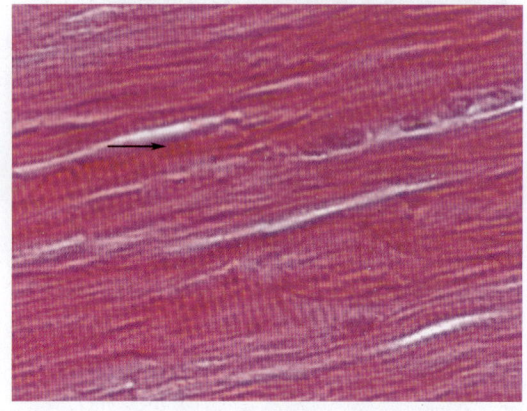

图 2-2-5-1 骨骼肌纵切面（HE，高倍）
⟶ 示横纹

1. **骨骼肌**（纵断）
   片号 18#；**材料** 人骨骼肌；**方法** HE。
   低倍 标本中可见长带状的肌纤维平行排列，胞质粉红色。
   高倍 将光线调暗，可见每条肌纤维上都有明暗相间的横纹，细胞核多个，扁椭圆形，分布于肌膜的内侧，纵行排列。肌纤维之间可见少量结缔组织及血管（图 2-2-5-1）。

2. **骨骼肌**（纵断）
   片号 19#；**材料** 人骨骼肌；**方法** 铁苏木精染色。
   低倍 骨骼肌纤维被染成蓝黑色，纵断面上可见清楚的横纹。

(二) 心肌

1. **心肌**
   片号 20#；**材料** 人心脏；**方法** HE。
   低倍 可见心肌纤维的各种断面。纵断面心肌纤维呈短柱状，有分支连接成网，胞质嗜酸性染成粉红色，核卵圆形，一个，位于中央。横断面呈不规则形，有的有核，呈圆形位于中央（注意区别斜断面）。
   高倍 纵断面可见肌纤维有明暗相间的横纹，但不明显。间隔一定距离可看到染色较深的横线即闰盘。横断面可见胞质周边染色较深，核周染色较浅（为什么？）（图 2-2-5-2）。

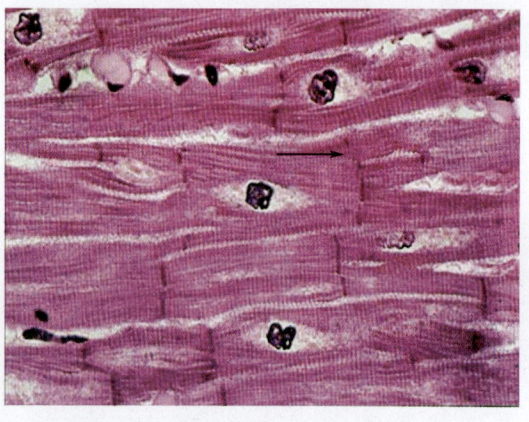

图 2-2-5-2 心肌纵切面（HE，高倍）
⟶ 示闰盘

2. **心肌**
   片号 21#；**材料** 人心脏；**方法** 磷钨酸块染。
   镜下 心肌的横纹和闰盘看的较清楚，均被染成蓝黑色。

(三) 平滑肌

片号 22#；**材料** 人结肠；**方法** HE。
观察 结肠壁从内向外由黏膜、黏膜下层、肌层和外膜构成。肌层即为平滑肌。

1. 肉眼 标本为条形，有突起的一侧为黏膜面，较平滑的一侧为外膜，靠近外膜的粉红色部分即为肌层。

2. 低倍 找到肌层，分别找出纵、横断面，再换高倍镜观察（图2-2-5-3）。

3. 高倍

（1）纵断：平滑肌纤维呈长梭形，胞质嗜酸性染成粉红色，一个细胞核，呈长杆状或椭圆形位于中央。

（2）横断：平滑肌纤维呈大小不等的圆形或多边形，有的可见细胞核，呈圆形位于中央，有的看不到核（为什么？）。平滑肌之间有少量结缔组织和血管。

【电镜照片】

骨骼肌纤维 肌节可见明带、暗带、Z线、M线、H带、粗肌丝、细肌丝、三联体和线粒体等（图2-2-5-4）。

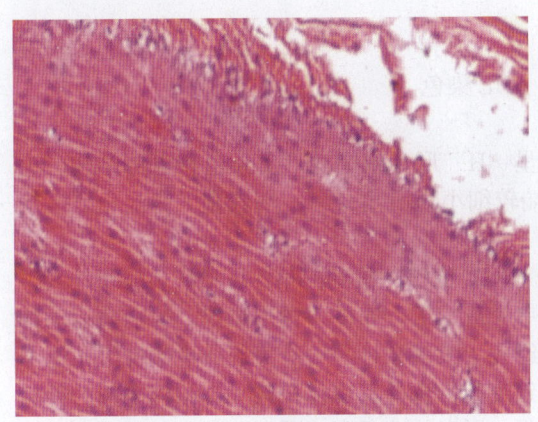
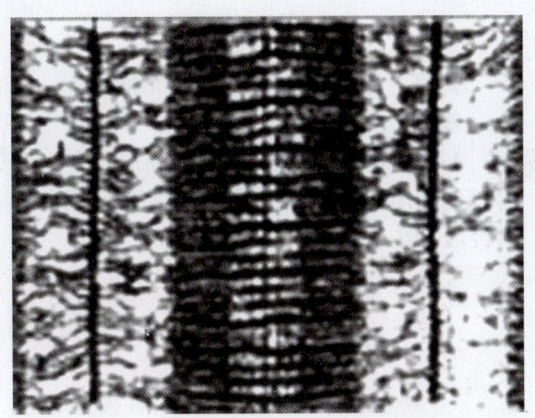

图2-2-5-3 平滑肌纵切面（HE，低倍）　　图2-2-5-4 骨骼肌肌节（电镜图）

（张　萍）

第六章 神经组织

【实验目的】

1. 掌握神经元和神经纤维的光镜和电镜结构。
2. 掌握化学性突触的光镜和电镜结构。
3. 了解神经胶质细胞的种类及光镜的结构特点。
4. 了解神经末梢的种类及光镜的结构特点。

【观察切片】

（一）多极神经元

片号 23#；**材料** 人脊髓（横断）；**方法** HE染色。

观察

1. 肉眼 脊髓横切面为椭圆形，中央可见呈"H"形（或蝴蝶形）染色较深的结构，为脊髓的灰质，周围染色浅的是白质。灰质的一端较细小为后角；另一端较宽大为前角，运动神经元存在于此。

2. 低倍 找到前角，可见许多体积较大，单个或成群分布的多角形细胞，为前角运动神经元。大多数神经元有突起，少数神经元见不到突起，选择其中体积较大，结构完整的神经元，用高倍镜观察（图2-2-6-1）。

3. 高倍

胞体：较大，呈不规则形或多角形，可见被切断的突起。细胞核很大，圆形，位于细胞中央，核染色淡，核仁明显，胞质内可见染成蓝紫色，大小不等的斑块状或颗粒状的结构，为尼氏体（Nissl bodies），分布在核周质及树突内。

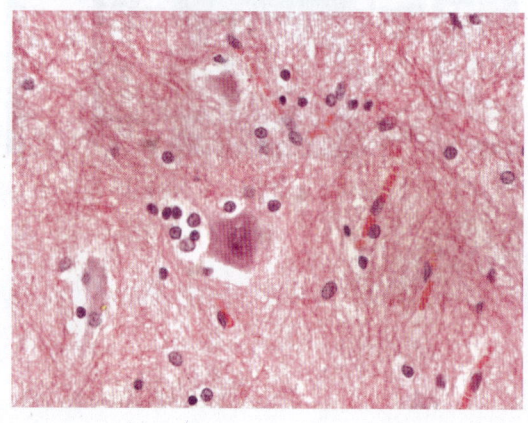

图2-2-6-1 多极神经元（HE，低倍）

突起：树突为多个，长短不等，在胞质中有尼氏体。轴突内无尼氏体，在轴突的起始部呈圆锥状，着色浅，即为轴丘，轴丘内亦无尼氏体。神经元周围有许多圆形的细胞核，为神经胶质细胞核（图2-2-6-1）。

（二）多极神经元

片号 24#；**材料** 人脊髓（横断）；**方法** 快蓝——焦油紫染色。

观察

1. 肉眼 在脊髓中央可见到"H"形（或蝴蝶形）染色较浅的部分，为脊髓灰质。

2. 低倍 在脊髓前角中找到一个结构较完整的神经元（图2-2-6-2）。

3. 高倍 胞质中清晰可见染成深蓝色斑块状或颗粒状的结构为尼氏体，分布在核周体

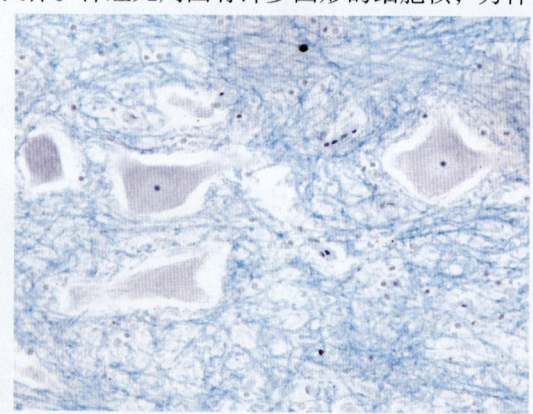

图2-2-6-2 多极神经元（快蓝——焦油紫染色，低倍）

和树突内。有的神经元可见结构典型的轴丘、轴突。

(三) 有髓神经纤维纵断

片号 30#；**材料** 坐骨神经（纵断）；**方法** HE 染色。

观察

1. 低倍 标本两侧有染成粉红色的结缔组织，为神经外膜。向内观察：有许多平行排列，粗细不等的红色线条状结构，即神经纤维束。神经纤维束内多为粗细不等的有髓神经纤维，观察单根神经纤维，首先找到郎飞结（Ranvier node），相邻两个郎飞结之间的一段为结间体（图 2-2-6-3）。

2. 高倍

（1）郎飞结（Ranvier node）：沿平行排列的神经纤维仔细寻找，可见粉色线条上的某些部位向内凹陷，即为郎飞结。

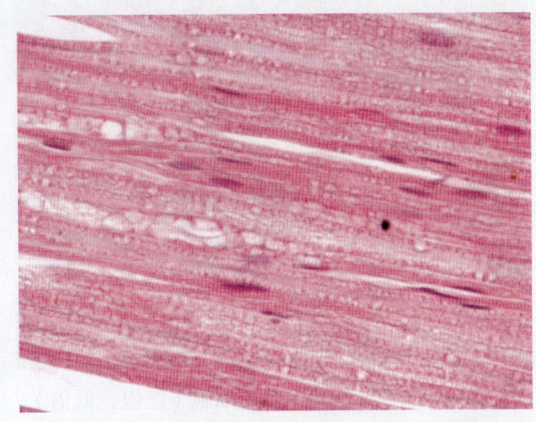

图 2-2-6-3 有髓神经纤维纵断（HE，低倍）

（2）轴突：在神经纤维中央，有一条粉红色的线状结构为轴突。

（3）髓鞘：轴突两侧发亮的部分。这主要是制片过程中，髓鞘中髓磷脂被溶解。

（4）神经膜：髓鞘外方的粉红色线条，为神经膜。神经膜内有时可见椭圆形、染色较浅的施万细胞核紧贴于髓鞘上，沿神经膜平行排列。神经纤维之间的少量结缔组织为神经内膜。

(四) 有髓神经纤维横断

片号 29#；**材料** 坐骨神经（横断）；**方法** HE 染色。

观察

1. 低倍

（1）神经外膜：是整个神经外面染成粉红色的结缔组织被膜，其中有血管、神经和脂肪细胞。

（2）神经束膜：包绕在神经束外围的一层结缔组织。

（3）神经内膜：包绕在每条神经纤维周围的薄层结缔组织（图 2-2-6-4）。

2. 高倍 主要观察神经纤维的结构。

神经纤维呈圆形，中央的粉红色小点为轴突，其周围的浅染区相当于髓鞘，髓鞘外为深染的神经膜，有时膜上可见蓝色的细胞核，为施万细胞核。

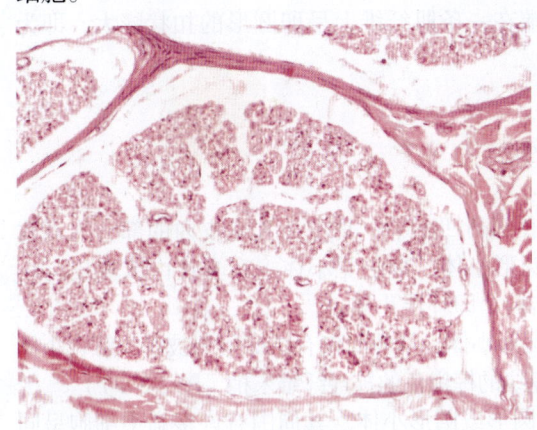

图 2-2-6-4 有髓神经纤维横断（HE，低倍）

(五) 神经胶质细胞

片号 26#；**材料** 大脑；**方法** 镀银染色。

观察

低倍 观察星形胶质细胞和少突胶质细胞。

（1）原浆性星形胶质细胞：细胞体大，棕黑色。突起粗而短，分枝很多，且表面粗糙，突起呈辐射状，自细胞体发出（图 2-2-6-5）。

（2）纤维性星形胶质细胞：细胞体与原浆性星形胶质细胞相似。突起细而长呈放射状。

分枝少，表面光滑（图2-2-6-6）。

（3）少突胶质细胞：细胞体小，呈圆形或三角形，核卵圆形、色浅，突起短而且少，多为3～5个。

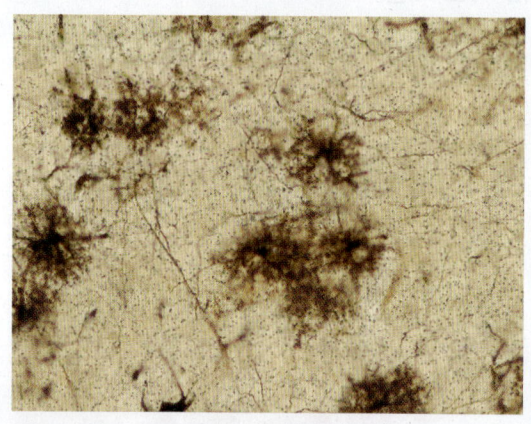 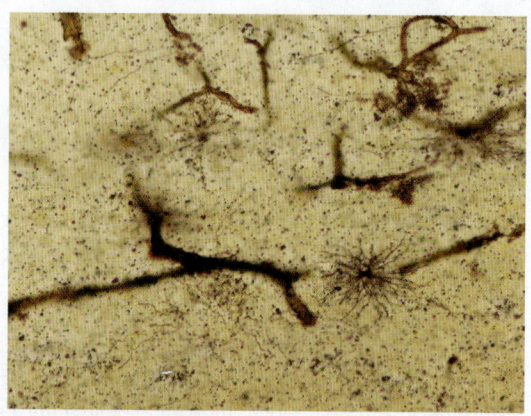

图2-2-6-5 原浆性星形胶质细胞（镀银，低倍）　　图2-2-6-6 纤维性星形胶质细胞（镀银，低倍）

（六）小胶质细胞

片号 28#；**材料** 大脑；**方法** 金升汞法染色。

观察

低倍 仔细寻找观察小胶质细胞。

小胶质细胞的胞体小，多呈梭形。由胞体发出少量的突起，每个突起上又发出细小的分枝，分枝上有许多小棘。调解小螺旋观察更为清楚。

（七）运动终板

片号 32#；**材料** 骨骼肌；**方法** 氯化金法染色。

观察

低倍 骨骼肌纤维平行排列，不甚规则，染成紫红色，横纹清楚。神经纤维染成紫黑色，分布于肌纤维间，越近末梢，分枝越细，其末端在一条肌纤维上呈卵圆形的扣状膨大，即为运动终板。

（八）环层小体及触觉小体

片号 51#；**材料** 人掌皮；**方法** HE染色。

观察

低倍 皮肤由表皮及真皮构成，表皮的基底部凸凹不平，真皮凸入表皮内的部分为真皮乳头层，在部分真皮乳头内，有染色较深的椭圆形小体，即触觉小体。在真皮内或真皮与皮下组织交界处有呈同心圆排列的圆形或椭圆形结构，即环层小体。

（1）触觉小体：位于真皮的乳头层，为椭圆形小体。其外面包有结缔组织被囊，触觉小体中的触觉细胞与表面平行排列，触觉细胞间可见盘绕的棕黑色的神经纤维末梢（图2-2-6-7）。

（2）环层小体：位于真皮网织层，为长椭圆形或圆形小体。其周围有许多扁平细胞呈同心圆排列，形成多层的结缔组织被囊。中央为染色较深的圆柱体，其中有一条无髓神经纤维（图2-2-6-8）。

【电镜照片】

1. 尼氏体 可见平行排列的粗面内质网，其间有游离的核糖体（图2-2-6-9）。

2. 突触 可见突触前膜、突触小泡、突触间隙及突触后膜（图2-2-6-10）。

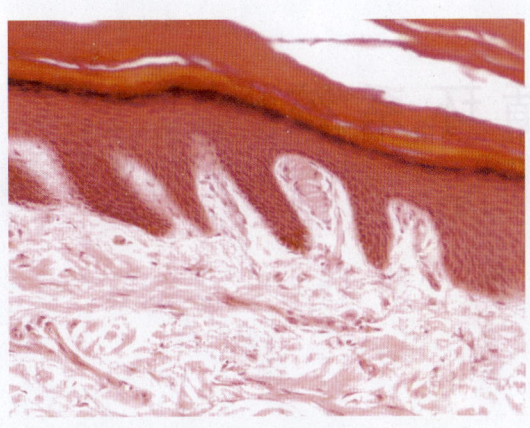
图 2-2-6-7　触觉小体（HE，低倍）

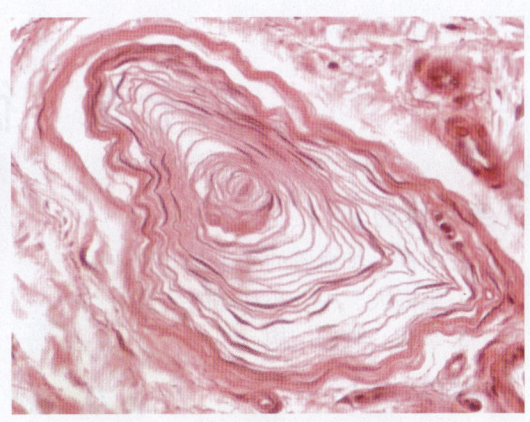
图 2-2-6-8　环层小体（HE，低倍）

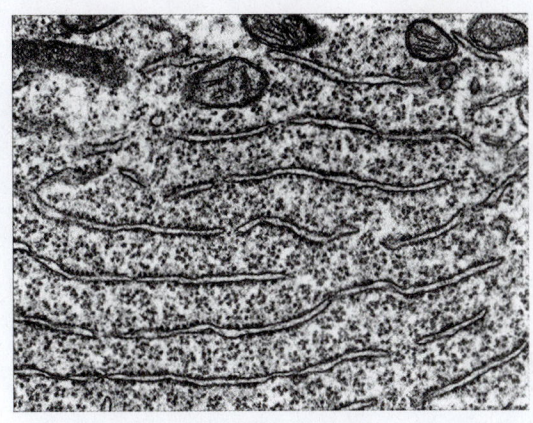
图 2-2-6-9　尼氏体（电镜图）

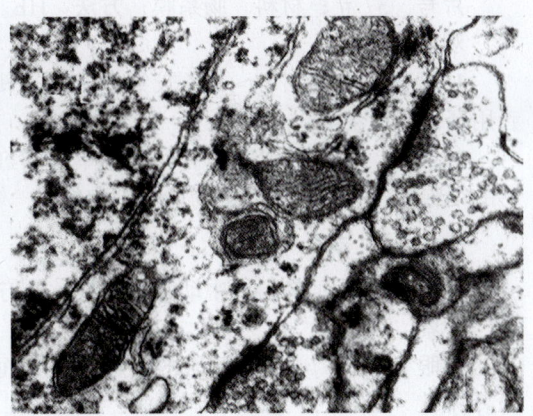
图 2-2-6-10　突触（电镜图）

（宋小峰）

第七章 循环系统

【实验目的】
1. 掌握毛细血管的光镜及电镜结构。
2. 掌握大、中、小动脉的结构特点。
3. 掌握心脏的结构。

【观察切片】

（一）毛细血管
片号 37#；**材料** 肠系膜；**方法** HE。

观察

1. 低倍 先找到1～2条较细的血管，其发出更细的分支，即毛细血管，选择结构较好者用高倍镜观察。

2. 高倍 毛细血管腔内有时可见单排的红细胞，管壁只有一层内皮细胞构成，可见长梭形的细胞核略突向腔内，即为内皮细胞核。

（二）中动、静脉
片号 38#；**材料** 中动脉、中静脉；**方法** HE。

观察

肉眼 标本为中动、静脉的横断，腔小而圆且管壁厚者为动脉。腔大、壁薄而不规则者为静脉。

1. 中动脉

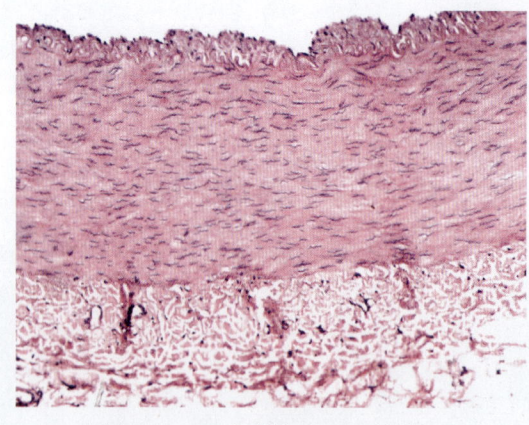

图2-2-7-1 中动脉（HE，低倍）

（1）低倍：靠近管腔的是内膜，薄且色浅。其外方色深的为中膜，最厚。外膜较厚，由结缔组织构成（图2-2-7-1）。

（2）高倍

1）内膜

A. 内皮：为单层扁平上皮，位于管腔的最内面，只见一层蓝色细胞核略向腔内突出，胞质不清楚，有些地方可能脱落。

B. 内皮下层：较薄，由结缔组织构成，纤维纤细，偶见少量的平滑肌纤维。

C. 内弹性膜：是位于内皮下层及中膜之间的一条亮粉色，呈波浪状走行的线条。

2）中膜：最厚，主要由10～40层环行排列的平滑肌构成，肌纤维之间有少量的结缔组织。

3）外膜：稍薄，由疏松结缔组织和外弹性膜构成。

A. 外弹性膜：较内弹性膜稍厚。由于弹性纤维多呈纵行排列，故有的切片上为一层亮粉色大小不等的点状结构。有的中动脉有一层较明显的、呈波浪状走行的外弹性膜。

B. 结缔组织：外弹性膜外方为疏松结缔组织，在其内常可以见到小血管和神经纤维束。

2. 中静脉

（1）低倍：与中动脉对比观察，了解其结构特点。

（2）高倍

1）内膜：很薄，可见内皮及内皮下层，内弹性膜偶尔可见。

2）中膜：较薄，由几层平滑肌构成，排列稀疏，肌束间结缔组织较多。

3）外膜：较厚，由结缔组织构成，无外弹性膜，有的中静脉外膜内可见到散在的平滑肌束。

（三）大动脉

片号　39＃；材料　大动脉；方法　HE。

观察

1. 肉眼　壁厚，腔大，呈"C"字形，凹面为其腔面。

2. 低倍　由内向外大致能分辨三层，但三层分界不明显。靠近管腔的是内膜，染色淡。其外方为中膜，染色深。外膜由结缔组织构成（图 2-2-7-2）。

3. 高倍

（1）内膜

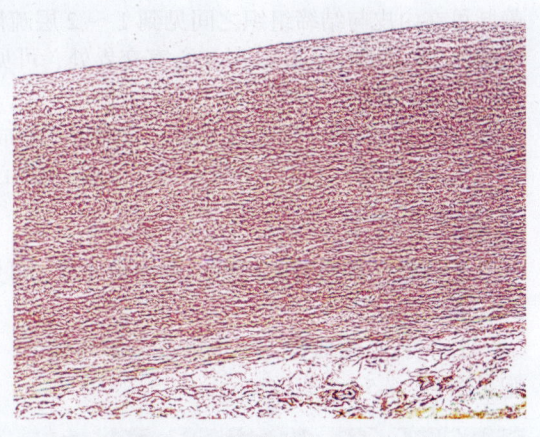

图 2-2-7-2　大动脉（HE，低倍）

1）内皮：由单层扁平上皮构成，位于管腔最内面，只可见一层蓝色细胞核略向腔内突出，胞质不清楚，有些地方可能脱落。

2）内皮下层：较厚，由结缔组织构成，其中可见平滑肌的横断。

3）内弹性膜：与中膜的弹性膜相延续，故内膜与中膜无明显分界。

（2）中膜：最厚，可以看到结构与内弹性膜相同的数十层弹性膜，呈粉红色，折光性强，弹性膜间夹有少量平滑肌和结缔组织。

（3）外膜：较中膜薄，由结缔组织构成，其中有小血管和神经纤维束，外弹性膜不明显。

（四）心脏

片号　41＃；材料　心脏；方法　HE。

观察

1. 肉眼　先将心房、心室及心瓣膜区分开，然后进行观察。

2. 低倍　首先找到心房、心室及心瓣膜，以心室为基础作一般观察（图 2-2-7-3）。

3. 高倍

（1）心室：厚，其结构与血管相似，可分三层：

1）心内膜

A. 内皮：为最内面的一层单层扁平上皮，可见染成蓝色的梭形细胞核突向腔内。

B. 内皮下层：为一薄层较细密的结缔组织。

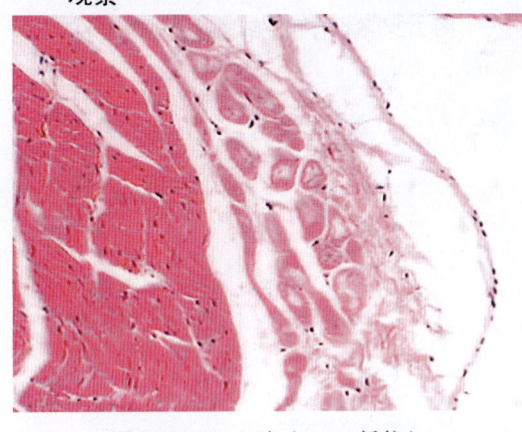

图 2-2-7-3　心脏（HE，低倍）

C. 心内膜下层：由疏松结缔组织构成，其中可见成群分布的束细胞。束细胞比心肌纤维粗大、形状不规则，核大、染色浅，位于细胞中央，肌丝少。

2）心肌膜：较厚，由心肌纤维构成，镜下心肌纤维的各种断面均可见到，肌纤维间有少量的结缔组织和丰富的营养血管。

3）心外膜：在心室的最外面被覆一层间皮（此层常脱落），间皮下方有薄层致密结缔组织，此层深部则由疏松结缔组织与脂肪组织构成，并可见许多小血管及神经，无束细胞，此点可与心内膜区别。在此部位找出结构比较完整的小动脉和小静脉仔细观察：

A. 小动脉：腔呈圆形，壁较厚，可分为三层，内膜只见内皮，有的小动脉可见内弹性膜，中膜由 2～3 层密集的平滑肌纤维围绕，外膜为结缔组织。

B. 小静脉：壁薄，管腔不规则。靠近腔面的一层为内皮，外围有少量结缔组织，有的小静脉可在内皮与结缔组织之间见到 1～2 层疏散的平滑肌纤维。

（2）心骨骼：在心房和心室交界处，可见较少的致密结缔组织与心房和心室的肌纤维相连，此为心骨骼。

（3）心瓣膜：为心内膜向心腔内折叠而成。两侧被有内皮，中间为细密的结缔组织。

（4）心房：与心室的心内膜、心肌膜及心外膜作一对比，两者有何区别？

【电镜照片】

1. 连续毛细血管 可见内皮细胞连续，可见细胞连接，胞质内有吞饮小泡，基膜完整（图 2-2-7-4）。

2. 有孔毛细血管 可见内皮细胞质很薄，有许多小孔，封有隔膜，可见细胞连接及周细胞（图 2-2-7-5）。

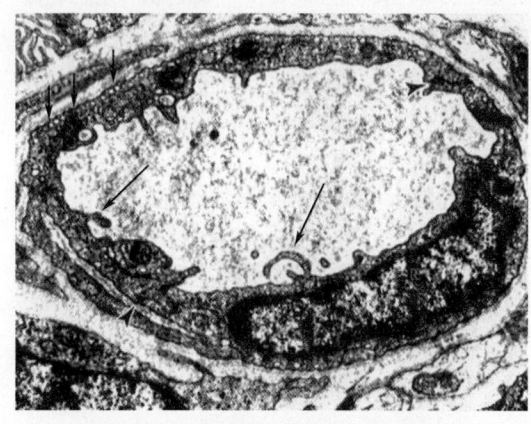

图 2-2-7-4　连续毛细血管（电镜图）

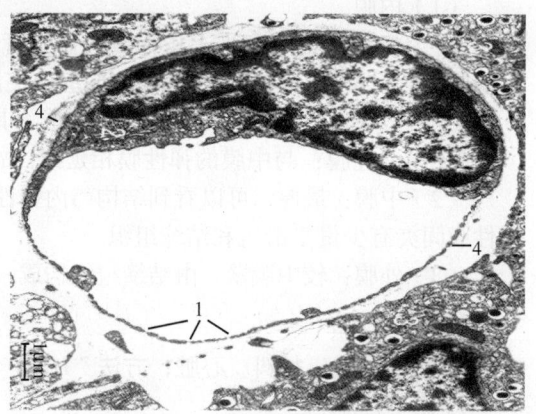

图 2-2-7-5　有孔毛细血管（电镜图）

（宋小峰）

第八章 免疫系统

【实验目的】
1. 掌握胸腺、淋巴结和脾的组织结构特点。
2. 了解扁桃体的结构。

【观察切片】

（一）胸腺

片号 42＃；材料 小儿胸腺；方法 HE。

观察

1. 肉眼 可见结缔组织将实质分隔成很多小区。小区周边染色深为皮质，中央染色浅为髓质。

2. 低倍 可见胸腺表面为结缔组织构成的被膜，被膜的结缔组织将胸腺实质分成许多大小不等的小叶。小叶周边染色较深，是皮质；而中央染色浅，是髓质，髓质中还可看到一种嗜酸性小体，呈圆形或不规则形，大小不等，即胸腺小体（图2-2-8-1）。

3. 高倍 由浅入深观察被膜、小叶间隔、小叶皮质和髓质。

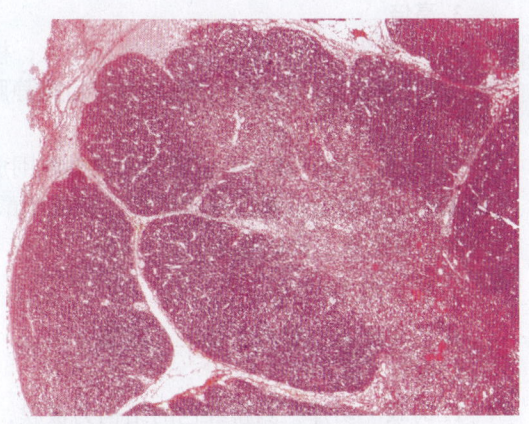

图 2-2-8-1 胸腺（HE，低倍）

（1）被膜：在腺体的最表面，由薄层结缔组织构成。并可见被膜的结缔组织伸入实质形成小叶间隔，将胸腺分成许多小叶。

（2）小叶

1）皮质：由数量较多且排列紧密的胸腺细胞和较少且分散的胸腺上皮细胞构成，故皮质染色较深。胸腺细胞染色深，胸腺上皮细胞染色浅，其轮廓不清，核大，呈椭圆形。

2）髓质：由较多的胸腺上皮细胞和较少的胸腺细胞构成，故髓质染色较浅。胸腺小体是髓质中的特殊结构，由数层胸腺上皮细胞呈同心圆排列围成。外层细胞较幼稚，细胞核清晰；近内层细胞核则不明显，细胞质渐出现嗜酸性物质；小体中央细胞已变性，核消失，呈均匀一致的粉红色。小体内常可见到巨噬细胞、嗜酸性粒细胞和浸润的淋巴细胞。

（二）淋巴结

片号 43＃；材料 淋巴结；方法 HE。

观察

1. 肉眼 切片周边粉红色部分为被膜；被膜下方深蓝色部分为皮质，中央色浅部分为髓质。有的标本在淋巴结的一侧有凹陷，为淋巴结门。

2. 低倍 由被膜向实质逐次观察。

（1）被膜与小梁：被膜由薄层致密结缔组织构成，可见输入淋巴管，结缔组织伸入实质形成小梁，实质中可见小梁的不同断面。

（2）皮质：由浅层皮质、深皮质和皮质淋巴窦组成。

1）淋巴小结：位于被膜下方，呈椭圆形或圆形。小结周边染色较深，中央染色浅，正中

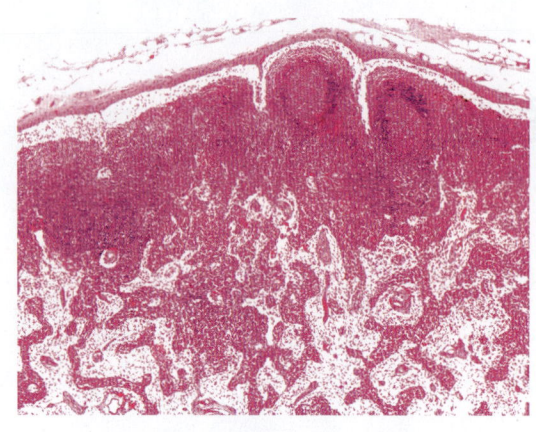

切面上的淋巴小结常可区分出帽、明区和暗区。小结帽位于淋巴小结靠近被膜的一侧，呈新月形；明区位于生发中心外侧部；暗区位于生发中心的基部。

2）深皮质：位于皮质深层的一片弥散的淋巴组织，无明显界限。

3）皮质淋巴窦：分为被膜下窦（淋巴小结与被膜之间）和小梁周窦（淋巴小结与小梁之间），染色较浅。

（3）髓质：由髓索和髓窦组成。

1）髓索：淋巴组织呈索条状排列，互相吻合成网，染色深。

图 2-2-8-2　淋巴结（HE，低倍）

2）髓窦：位于髓索之间或髓索与小梁之间，细胞较稀疏，染色浅（图 2-2-8-2）。

3. 高倍

（1）生发中心：此处的细胞体积较大，核大而染色浅。

（2）深皮质：此区可见毛细血管后微静脉的纵断或横断面，特点是内皮细胞为立方形，染色淡。

（3）淋巴窦：其壁由扁平的内皮细胞围成，窦内可见淋巴细胞、游离的巨噬细胞和许多网状细胞。巨噬细胞圆形或卵圆形，胞质嗜酸性；网状细胞呈星形，突起互相连接，细胞核卵圆形，染色浅，核仁明显。

（三）脾脏

片号　44＃；**材料**　脾脏；**方法**　HE。

观察

1. 肉眼　切片一侧粉红色的结构为被膜，其内侧为实质。实质中散在的深蓝色的圆形或椭圆形结构即白髓，其余为红髓。

2. 低倍　由被膜向实质逐次观察。

（1）被膜与小梁：被膜较厚，由致密结缔组织构成，内含平滑肌细胞。被膜表面覆有间皮。实质中可见被膜向实质伸入形成小梁的不同断面，有的可见小梁动脉和静脉。

（2）白髓：散在实质内的深蓝色细胞团。

1）脾小体：即淋巴小结，位于白髓的一侧，常可见到生发中心。

2）动脉周围淋巴鞘：在白髓的另一侧可见 1～2 条小动脉，即中央动脉，其周围所包绕的薄层弥散淋巴组织，为动脉周围淋巴鞘。

（3）边缘区：在白髓与红髓交界处，淋巴细胞较白髓稀疏但较脾索密集，此区为边缘区。

（4）红髓：被膜下、小梁周围及白髓之间的粉红色部分为红髓。分为脾索和脾窦：

1）脾索：富含血细胞的淋巴组织索，互相连接成网，位于脾窦之间。

2）脾窦：位于脾索之间的不规则间隙，大小不等，窦腔内细胞稀疏（图 2-2-8-3）。

3. 高倍　注意观察红髓的结构，与淋巴结的髓质作比较。

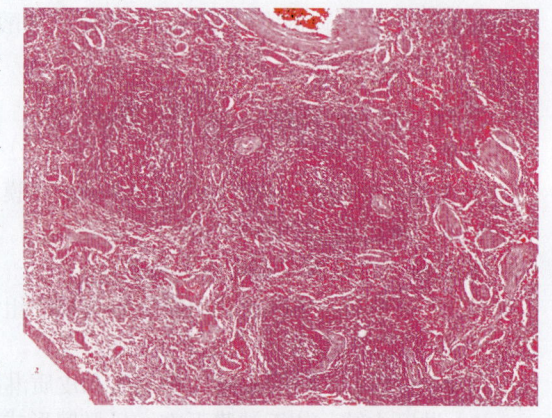

图 2-2-8-3　脾（HE，低倍）

(1) 脾索：与脾窦相间排列。
(2) 脾窦：窦壁为杆状内皮细胞构成，且多被横断，细胞核圆形，多凸向窦腔。

（四）扁桃体

片号 45＃；**材料** 腭扁桃体；**方法** HE。

观察

1. 肉眼 切片一侧表面深蓝色的线条为上皮，其对侧呈粉红色部分为被膜。

2. 低倍

（1）上皮：为未角化的复层扁平上皮，上皮内常见到一些染色较深的细胞核，它们是侵入上皮中的淋巴细胞。上皮向固有层内深陷形成隐窝。

（2）淋巴组织：在隐窝周围的固有层内有许多淋巴小结和弥散淋巴组织。

（3）被膜：位于扁桃体深层的致密结缔组织（图2-2-8-4）。

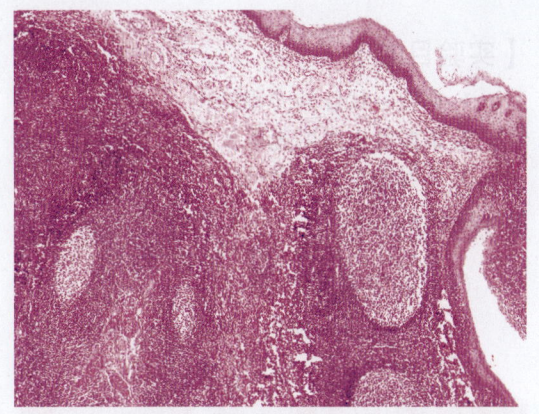

图 2-2-8-4 扁桃体（HE，低倍）

【电镜图片】

1. 脾窦（扫描电镜）（图2-2-8-5） 可见窦壁杆状内皮细胞和窦腔。

2. 淋巴窦（扫描电镜）（图2-2-8-6） 可见网状细胞和淋巴细胞。

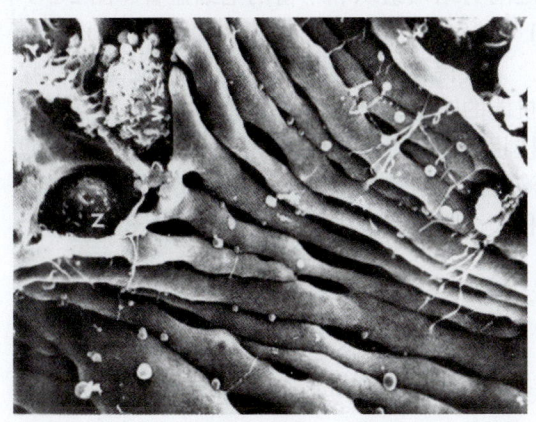

图 2-2-8-5 脾窦（扫描电镜）

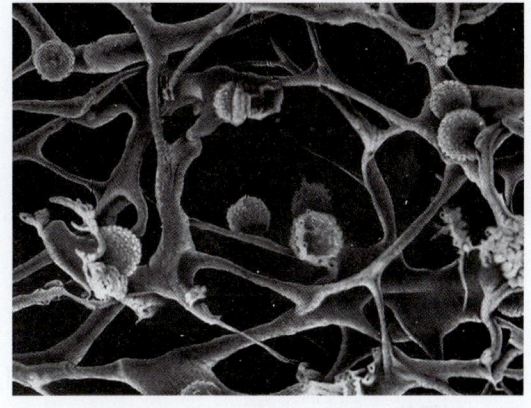

图 2-2-8-6 淋巴窦（扫描电镜）

（张 莉 陶嘉雯）

第九章　内分泌系统

【实验目的】

1. 掌握甲状腺的光镜结构。
2. 掌握肾上腺的光镜及电镜结构。
3. 掌握脑垂体的光镜结构。

【观察切片】

（一）甲状腺

片号　46#；**材料**　甲状腺；**方法**　HE。

观察

1. 低倍

（1）被膜：由薄层结缔组织构成，伸入实质把甲状腺分为许多境界不明显的小叶。

（2）滤泡：在小叶内，大小不等，圆形、椭圆形或不规则形，腔内含有红色胶体，滤泡之间为结缔组织和丰富的毛细血管（图2-2-9-1）。

2. **高倍**　滤泡壁为单层上皮。随着甲状腺机能的改变，上皮细胞形态可为扁平、立方或柱状。滤泡旁细胞位于滤泡上皮细胞之间或滤泡之间的结缔组织内，其胞体比滤泡上皮细胞稍大，胞质染色浅。

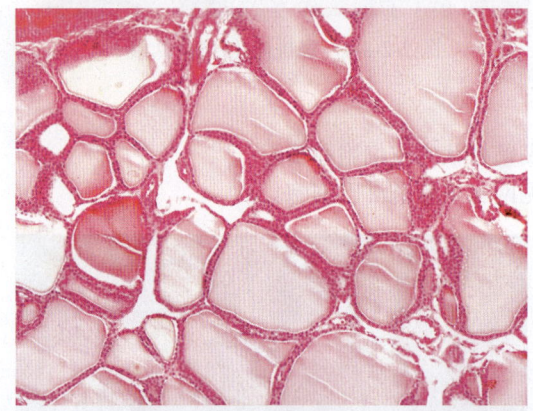

图2-2-9-1　甲状腺（HE，低倍）

（二）肾上腺

片号　48#；**材料**　肾上腺；**方法**　HE。

观察

1. **肉眼**　切片为长条状或长三角形，周围大部分为皮质，中央一窄条是髓质。

2. 低倍

（1）被膜：由结缔组织构成。

（2）皮质：自外向内依次分为：球状带、束状带、网状带。

1）球状带：此层最薄，细胞聚集成团，染色较深。

2）束状带：此层最厚，细胞排列成索，染色较浅。

3）网状带：细胞索连接成网，与髓质交界处参差不齐。

（3）髓质：主要有排列成索或团的髓质细胞组成。可见中间有中央静脉的不同断面（图2-2-9-2）。

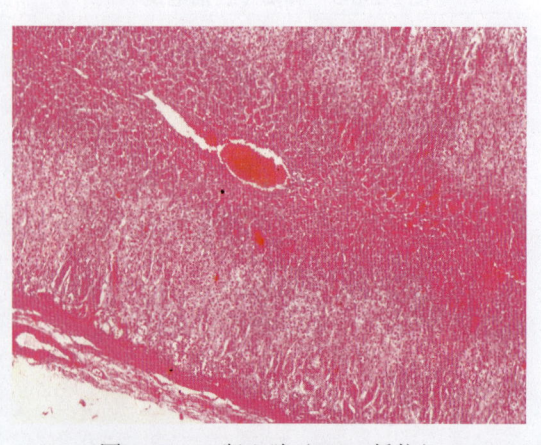

图2-2-9-2　肾上腺（HE，低倍）

3. 高倍

（1）球状带：细胞较小，呈柱状或多边形，核与胞质均染色较深，细胞团间有窦状毛细血管和结缔组织。

（2）束状带：细胞较大，呈多边形，核染色较浅，细胞中有大量空泡，细胞索间有大量血窦和少量结缔组织。

（3）网状带：细胞呈圆形，胞质内可见黄褐色的脂褐素颗粒。

（4）髓质细胞：较大的多边形细胞，核圆形位于中央。胞质弱嗜碱性。如经铬盐处理，可见胞质内有许多黄褐色的嗜铬颗粒。

（5）交感神经节细胞：偶尔可在髓质中见到。此细胞体积大，不规则形，核大而圆，染色浅，核仁明显，胞质染色较深。

（三）脑垂体

片号 49＃；**材料** 脑垂体；**方法** Azan 染色。

观察

1. 肉眼 切片大致呈椭圆形，色深的大部分是远侧部，色浅的为神经部，两者之间为中间部。

2. 低倍 腺体表面包有结缔组织被膜。远侧部细胞密集成团、成索，有红有蓝，细胞团之间有血窦；神经部染色较浅，细胞成分少，主要为神经纤维；中间部狭长，偶尔可见单层细胞围成的滤泡，滤泡内充满胶体（图 2-2-9-3）。

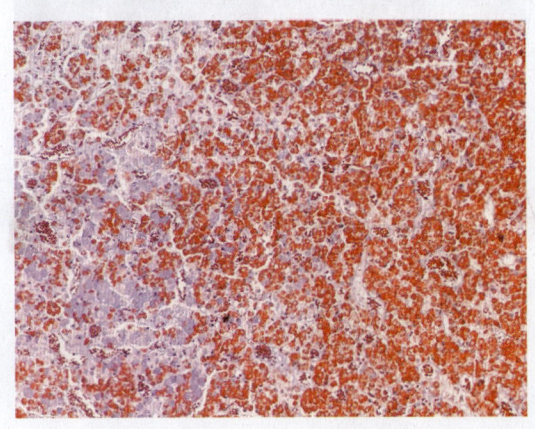

图 2-2-9-3 垂体（Azan 染色，低倍）

3. 高倍

（1）远侧部

1）嗜酸性细胞：远侧部的中央最多，胞体较大，圆形或椭圆形，核圆形，胞质内含有粗大的嗜酸性颗粒，染成红色。

2）嗜碱性细胞：数量较少，多分布在远侧部的周边，细胞大小不等，圆形或多边形，核圆形或椭圆形，胞质内含有嗜碱性颗粒，染成紫蓝色。

3）嫌色细胞：数量最多，常成群存在，细胞较小，圆形或多边形，染色浅，细胞轮廓不明显。

（2）中间部：细胞多围成滤泡，滤泡上皮为立方或柱状，滤泡周围还有一些嫌色细胞和嗜碱性细胞。

（3）神经部：主要为神经胶质细胞和无髓神经纤维，其中有丰富的毛细血管。此区域可见垂体细胞（神经胶质细胞的一种），其形态不规则，胞质内有棕黄色色素颗粒；此外，还可见大小不等的胶体性团块，嗜酸性，即赫令体。

【电镜图片】

1. 甲状腺滤泡上皮细胞 可见粗面内质网、高尔基复合体、分泌颗粒、线粒体、胶体（图 2-2-9-4）。

2. 甲状腺滤泡旁细胞 可见细胞基底部

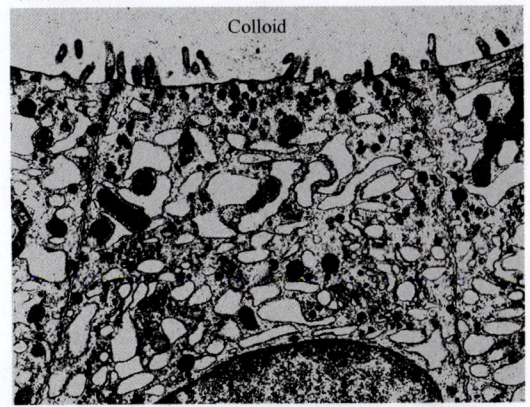

图 2-2-9-4 甲状腺滤泡上皮细胞（透射电镜）

胞质内有许多分泌颗粒（图 2-2-9-5）。

3. 肾上腺皮质束状带细胞 可见脂滴、管状嵴线粒体、滑面内质网（图 2-2-9-6）。

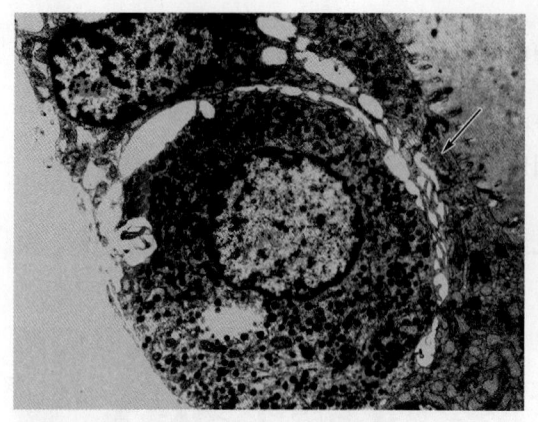 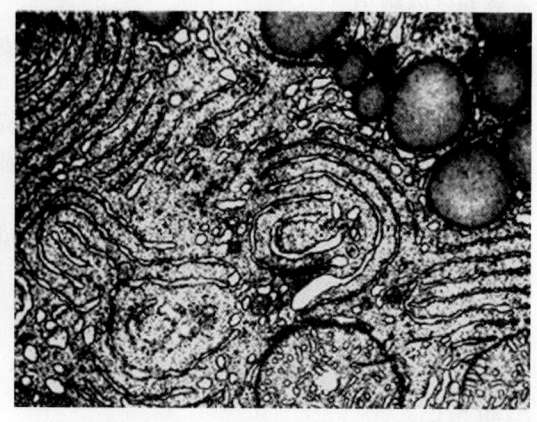

图 2-2-9-5 甲状腺滤泡旁细胞（透射电镜）　　图 2-2-9-6 肾上腺皮质束状带细胞（透射电镜）

（张　莉）

第十章 消 化 管

【实验目的】
1. 掌握消化管的光镜结构,比较消化管各段结构的异同点。
2. 掌握胃底腺壁细胞、主细胞的电镜结构。

【观察切片】
（一）舌乳头
片号 56＃；**材料** 舌尖部；**方法** HE。
观察
1. 肉眼 凹凸不平,染色较深的一面为黏膜层,表面许多细小突起为舌乳头,染成浅红色部分为舌肌。
2. 低倍 黏膜层的上皮为复层扁平上皮,上皮及固有层的结缔组织向表面突起,形成许多乳头。
（1）丝状乳头：数量较多,呈锥状隆起,深面稍宽如烛火状,浅层的细胞可有角化。上皮染成粉红色,其轴心为固有层结缔组织形成的初级乳头,染色较浅。
（2）菌状乳头：数量较少,状如蘑菇,顶端稍圆,基部较细。上皮较薄,不角化,顶部上皮内有味蕾。固有层结缔组织中含有丰富的毛细血管。
腺体 在黏膜深面及肌层之间,可见有许多腺体。

（二）舌乳头
片号 57＃；**材料** 舌体部；**方法** HE。
观察
1. 肉眼 黏膜面较大的乳头为轮廓乳头。
2. 低倍 轮廓乳头数量少,但体积大,顶部平坦。周围黏膜深陷形成环沟,由沟外的黏膜隆起形成轮廓状结构。上皮为未角化的复层扁平上皮,沟两侧的上皮内均含有味蕾。
味腺 固有层结缔组织内可见浆液性味腺,开口于环沟沟底。
3. 高倍
味蕾 淡粉色的卵圆形小体,顶端有一个小孔为味孔。
（1）味细胞：呈梭形,较粗大,位于味蕾中央,细胞长轴与上皮表面呈垂直排列,核椭圆形,染色较浅。
（2）支持细胞：梭形,位于味蕾的周边部和味细胞之间,核椭圆形,染色较深。
（3）基细胞：锥体形,位于基部,核圆形。

（三）食管
片号 58＃；**材料** 食管（横断面,下1/2段）；**方法** HE。
观察
1. 肉眼 管腔面呈星状,有纵形皱襞,腔内侧染色较深的一层为黏膜层,其外层染色较淡部分为黏膜下层,再外层染成浅红色的是肌层。
2. 低倍 由管腔内侧向外侧逐层观察（图2-2-10-1）。
（1）黏膜
1）上皮：较厚,为未角化的复层扁平上皮。

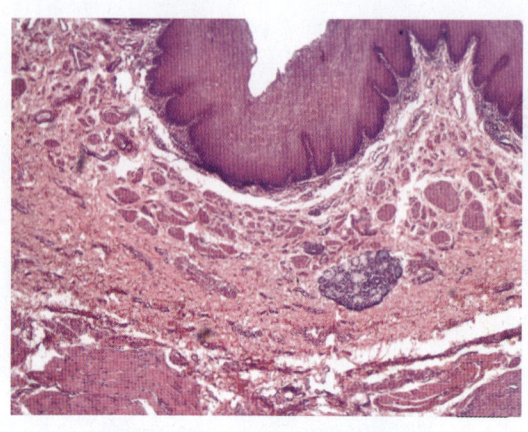

图 2-2-10-1 食管（HE，低倍）

2）固有层：由细密结缔组织构成，浅部形成许多隆起状的乳头，并突入上皮的基底部，此层可见到淋巴组织，血管及食管腺导管。

3）黏膜肌：平滑肌成束存在，横断，其间有少量结缔组织。

（2）黏膜下层：由疏松结缔组织构成，其中可见有血管，神经，导管及黏液性的食管腺。

（3）肌层：由内环外纵两层平滑肌组成。

（4）外膜：为纤维膜。

（四）胃

片号　59#；材料　胃底部；方法　HE。

观察

1. 肉眼　表面染色较深的部分为黏膜，突起为皱襞。

2. 低倍

（1）黏膜

1）上皮：单层柱状上皮，凹陷形成许多胃小凹。

2）固有层：可见胃底腺几乎占满整个固有层，腺体间仅有少量结缔组织成分。腺体被切成各种断面。找一个胃小凹与胃底腺相通或大致相连又完整腺体的纵断面，区分出颈、体、底部。固有层还有淋巴组织、平滑肌等（图2-2-10-2）。

3）黏膜肌：大致可区分为内环、外纵两层。

（2）黏膜下层：由疏松结缔组织构成，其中含有血管。

（3）肌层：由三层平滑肌组成，较厚。

（4）外膜：为浆膜，由结缔组织及表面的间皮构成。

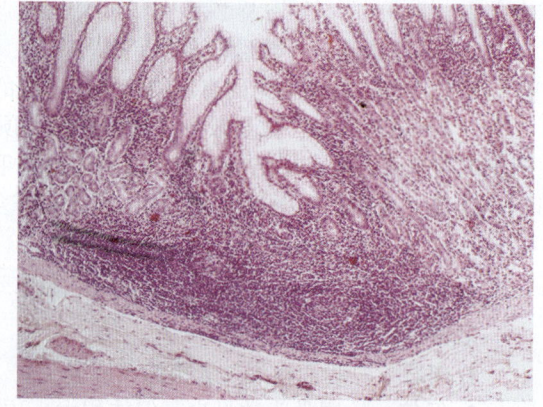

图 2-2-10-2　胃（HE，低倍）

3. 高倍

（1）上皮：单层柱状上皮（其中夹有杯状细胞吗？在上皮表面有无纹状缘？），细胞顶部胞质明亮（为什么？），核椭圆形，位于细胞基部。

（2）胃底腺

1）壁细胞：多分布在腺的颈部和体部，胞体较大，圆形，胞质嗜酸性，染成红色，核椭圆形，位于细胞中央，偶见双核。

2）主细胞：数量较多，多分布于体部和底部，细胞呈柱状，胞质嗜碱性，染成蓝色，核呈圆形，位于细胞的基底部。

3）颈黏液细胞：数量较少，分布在腺的颈部，在壁细胞之间，呈柱状，胞质淡染，核扁平，染色深，位于细胞的基部。

（五）十二指肠

片号　60#；材料　十二指肠纵断；方法　HE。

观察

低倍　其管壁结构与空肠基本相同，但绒毛高而密，形如叶状，重点观察位于黏膜下层的十二指肠腺（图2-2-10-3）。

十二指肠腺：位于黏膜下层，由黏液性腺细胞构成，腺细胞呈矮柱状，胞质透明发亮，核圆形或扁圆形，位于细胞基部。有时可见腺导管直接开口于腺底部，腺导管由柱状上皮构成。

（六）空肠

片号 61＃；**材料** 空肠（纵断）；**方法** HE。

观察

1. 肉眼 在凸凹不平面可见 4～5 个较高的突起，是小肠环行皱襞，在皱襞的表面，还可见到许多细小突起，即绒毛。皱襞中央呈粉红色部分是黏膜下层。

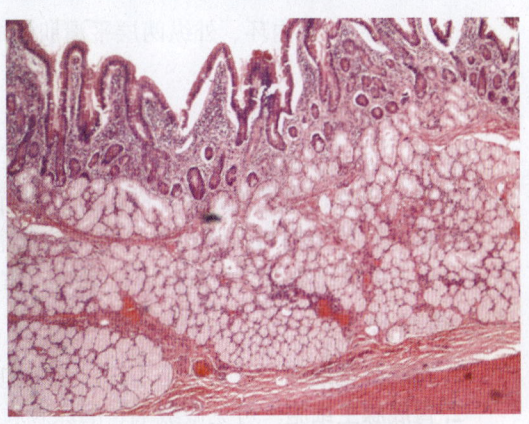

图 2-2-10-3　十二指肠（HE，低倍）

2. 低倍 首先将四层区分开，然后区分皱襞与绒毛（图 2-2-10-4）。

（1）黏膜：在皱襞表面有许多小突起，形如指状，即绒毛。固有层有各种断面的肠腺，偶尔可见孤立的淋巴小结。黏膜肌位于固有层与黏膜下层之间，呈粉红色细线状。

（2）黏膜下层：由疏松结缔组织构成，其中含有丰富的血管。

（3）肌层：由内环外纵两层平滑肌组成。其间的淡染区为肌间神经丛。

（4）外膜：为浆膜。

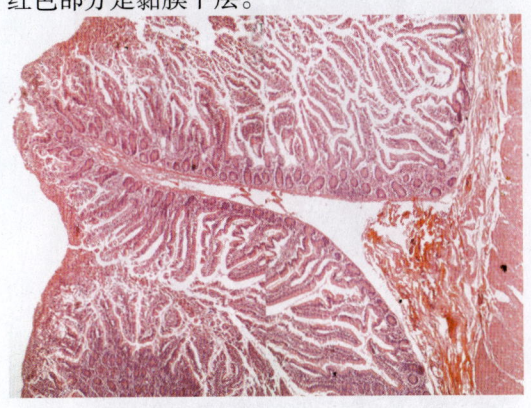

图 2-2-10-4　空肠（HE，低倍）

3. 高倍

（1）绒毛

1）上皮：被覆在绒毛的表面，为单层柱状上皮，细胞界限清楚，其游离面有明显的纹状缘。核椭圆形，位于细胞基部，柱状细胞之间常夹有杯状细胞。

2）固有层：多位于绒毛的中轴，可见毛细血管、平滑肌以及腔大而壁薄的中央乳糜管。

（2）小肠腺：位于相邻两个绒毛的基部，呈单管状腺，可见到纵、横、斜各种断面，由柱状细胞和杯状细胞组成。

1）潘氏细胞：位于肠腺基部，呈柱状或锥体形，常 3～5 成群存在，细胞顶部含有粗大的嗜酸性颗粒。

2）肌间神经丛：形状不甚规则，着色较浅。

（七）结肠

片号 63＃；**材料** 结肠；**方法** HE。

观察

低倍

（1）黏膜

1）上皮：单层柱状上皮，其中有大量杯状细胞。

2）固有层：有大量肠腺，为单管状腺。上皮内有许多杯状细胞，固有层可见孤立淋巴小结。

3）黏膜肌：由内环、外纵两层平滑肌组成。

（2）黏膜下层：由疏松结缔组织构成。

（3）肌层：由内环、外纵两层平滑肌组成，外纵肌局部增厚，形成结肠带。
（4）外膜：为浆膜。

（八）阑尾

片号 64＃；**材料** 阑尾；**方法** HE。

观察 切片是阑尾壁的部分横切面，凹面为管腔面。

低倍 管壁结构与结肠相似，但肠腔狭窄，肠腺短且少，杯状细胞减少，固有层与黏膜下层可见大量淋巴小结与弥散的淋巴组织，黏膜肌不完整。

【电镜照片】

1. 胃底腺壁细胞 可见分泌小管、微管泡系统、微绒毛及线粒体（图2-2-10-5）。

2. 胃底腺主细胞 可见微绒毛、酶原颗粒、粗面内质网及高尔基复合体（图2-2-10-6）。

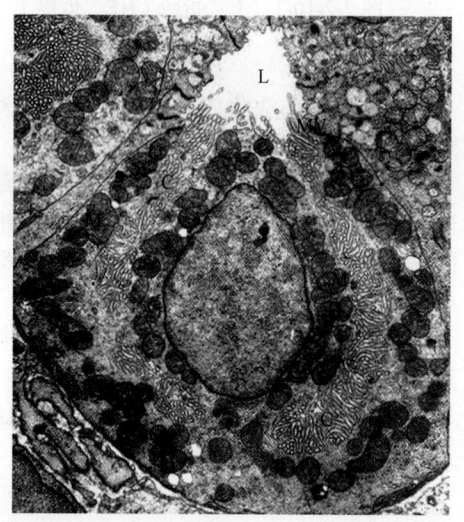
图2-2-10-5 壁细胞（电镜图）

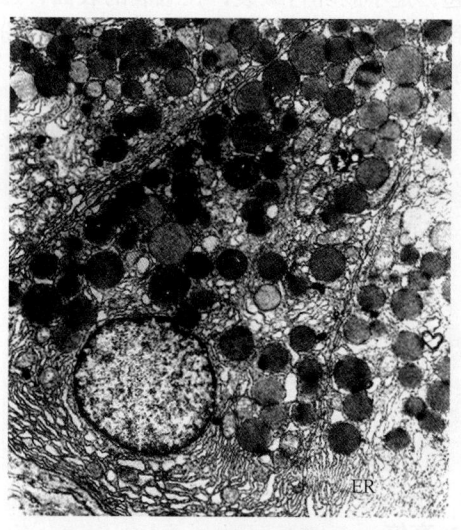
图2-2-10-6 主细胞（电镜图）

（李晓明）

第十一章 消 化 腺

【实验目的】
1. 掌握肝脏和胰腺的光镜结构。
2. 了解三种唾液腺结构特点。
3. 了解胰岛细胞的电镜结构。

【观察切片】

（一）腮腺
片号 68#；**材料** 腮腺；**方法** HE。

观察

1. 低倍 腺实质被结缔组织分成许多腺小叶。

（1）被膜：由结缔组织构成，较薄。

（2）腺小叶：被膜的结缔组织深入腺的实质，将其分隔成许多大小不等的小叶。小叶内可见染色稍深的腺泡以及一些大小不等的导管和脂肪细胞。

（3）小叶间结缔组织：其中有较大的导管及血管、神经等，其中常含有成群的脂肪细胞。

2. 高倍

（1）腺泡：为浆液性。呈圆形或椭圆形，腺腔很小。腺细胞为锥体形，着色较深，顶部胞质内充满分泌颗粒，基部胞质嗜碱性较强，核呈圆形，位于细胞的中下部。

（2）闰管：起始于腺泡，较长，管径细，管壁由单层扁平或单层立方上皮构成，胞质着色浅。

（3）纹状管：位于腺泡之间，管径较粗，管壁由单层柱状上皮构成，胞质着色较深，核呈圆形，位于细胞中上部，细胞底部可见纵纹。

（4）小叶间导管：位于小叶间结缔组织内，多由假复层柱状上皮组成。

（二）下颌下腺
片号 69#；**材料** 下颌下腺；**方法** HE。

观察

1. 低倍 被膜深入腺实质内，将腺体分隔成许多小叶，小叶内可见腺泡及粗细不等的导管（图 2-2-11-1）。

2. 高倍

（1）浆液性腺泡：数量多（其特点与腮腺的腺泡相同）。

（2）黏液性腺泡：较少，由黏液性腺细胞组成。腺腔稍大，腺细胞多呈锥体形，胞质明亮，核呈扁圆形，位于细胞基底部。

（3）混合性腺泡：较少，腺泡主要由黏液性腺细胞组成，几个浆液性腺细胞位于腺泡的底部或附着于腺泡的末端，呈半月形排列，称半月。

（4）闰管：较短，管径较细，必须仔细

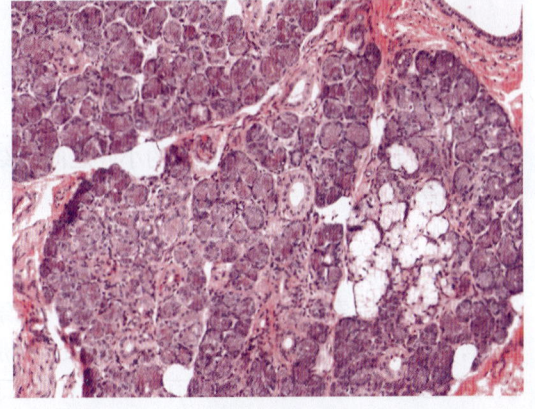

图 2-2-11-1 下颌下腺（HE，低倍）

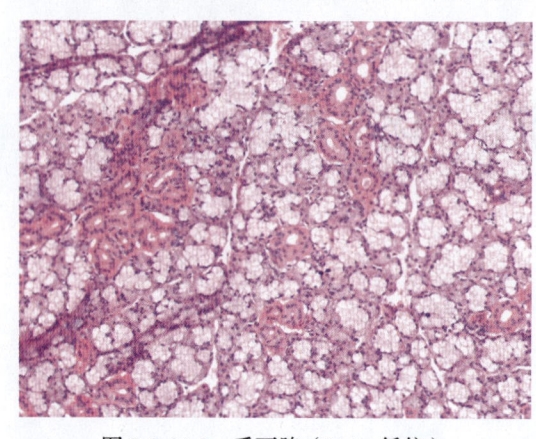

图 2-2-11-2 舌下腺（HE，低倍）

辨认。

（三）舌下腺

片号 70#；**材料** 舌下腺；**方法** HE。
观察
低倍 以黏液性腺泡和混合性腺泡为主，故多见半月（图2-2-11-2）。

（四）胰腺

片号 71#；**材料** 胰腺；**方法** HE。
观察
低倍 表面覆以结缔组织被膜，极薄。小叶分界不明显。首先分清内、外分泌部。

（1）外分泌部：由浆液性腺泡组成，占据小叶内大部分，染成紫色。

（2）内分泌部：又称胰岛。为大小不等、形状不同的细胞团，染色较浅，胰岛内的各种细胞不易区分。细胞核为圆形或椭圆形，细胞排列成索状，相互吻合成网，其间有丰富的毛细血管（图2-2-11-3）。

（五）肝脏

片号 73#；**材料** 人肝；**方法** HE。
观察
1. 低倍

（1）被膜：在切片的一侧可见到一层粉红色的结缔组织，表面覆盖一层间皮。

（2）肝小叶：肝小叶的界限不明显，以中央静脉为中心，周围有放射状的肝细胞索，索与索之间的间隙是肝血窦（图2-2-11-4）。

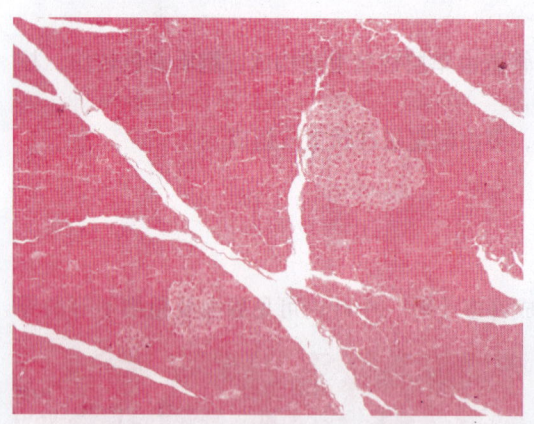

图 2-2-11-3 胰腺（HE，低倍）

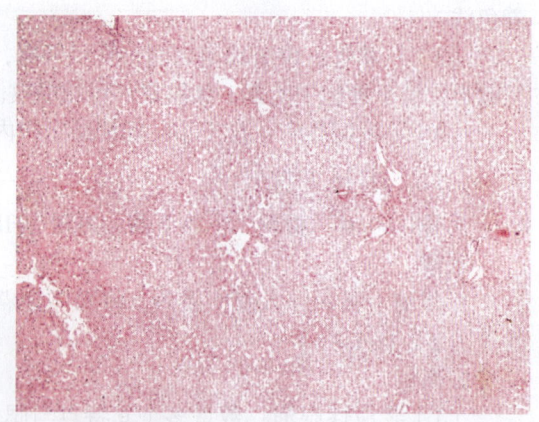

图 2-2-11-4 肝小叶（HE，低倍）

（3）门管区：在几个相邻的小叶之间，结缔组织增多，内有血管及胆管。

2. 高倍

（1）肝小叶：中央静脉的管壁薄，仅有一层内皮细胞及少量结缔组织围成。在壁上可见到血窦的开口。

1）肝细胞索：由多边形的肝细胞排列成索条状并互相吻合成网。肝细胞的胞质多染成粉红色，其中含有粒状或块状的嗜碱性物质。细胞核呈圆形，位于细胞中央，偶尔可见2个核，核内染色质稀疏，核膜清楚，有1～2个核仁。

2）肝血窦：腔隙不规则，窦壁由内皮细胞围成。腔内可见到巨噬细胞，细胞体积大，呈星形,核呈卵圆形。

（2）门管区

1）小叶间胆管：管壁由单层立方或矮柱状上皮构成,细胞着色深。

2）小叶间动脉：管腔小而圆,由两层平滑肌组成,因此管壁较厚。

3）小叶间静脉：管腔较大,壁薄且不规则。

小叶下静脉在肝小叶之间,有时可见一条单独走行的小静脉,口径较中央静脉大。

（六）肝脏

片号 74#；**材料** 猪肝；**方法** HE。

观察

低倍 被膜较厚,深入肝实质内,分隔成十分清晰的多边形小区,此即肝小叶（图2-2-11-5）。

（七）肝巨噬细胞

片号 ；**材料** 肝；**方法** 将无毒的台盼蓝溶液经静脉注入体内,几天后取材。

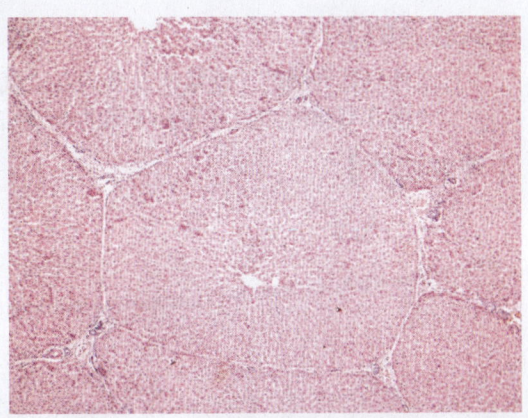

图2-2-11-5 猪肝小叶（HE,低倍）

观察

低倍 在肝血窦内可见有较大的不规则的细胞,胞质中充满蓝色色素颗粒,即肝巨噬细胞。

【电镜照片】

胰岛A细胞（图2-2-11-6）、B细胞（图2-2-11-7）和D细胞（图2-2-11-8）。胞质中含有大量分泌颗粒,但颗粒形态有所不同。

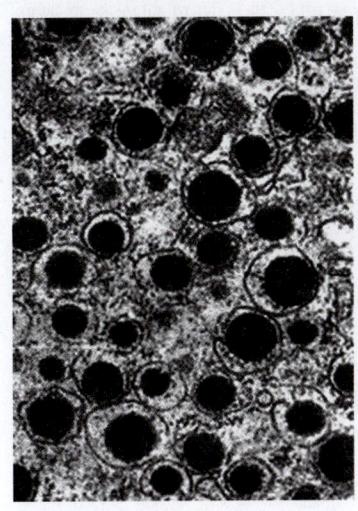 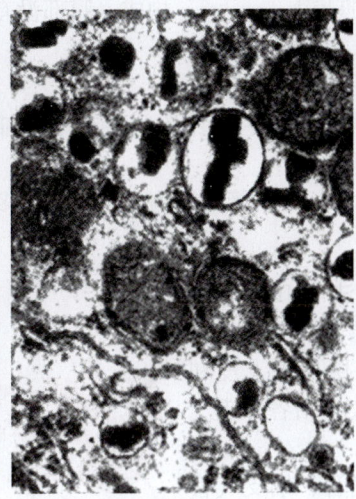 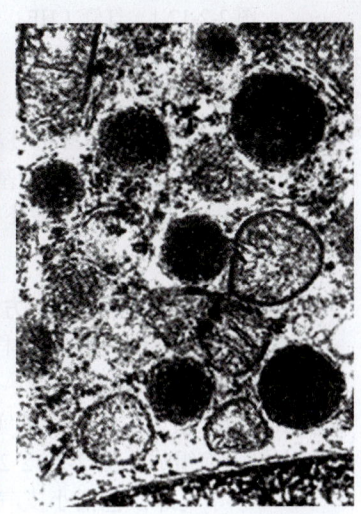

图2-2-11-6 A细胞（电镜图）　　图2-2-11-7 B细胞（电镜图）　　图2-2-11-8 D细胞（电镜图）

（李晓明）

第十二章 呼吸系统

【实验目的】

1. 掌握气管和肺的光镜结构及肺内各支气管结构的变化规律。
2. 掌握Ⅱ型肺泡细胞及气血屏障的电镜结构。

【观察切片】

（一）气管

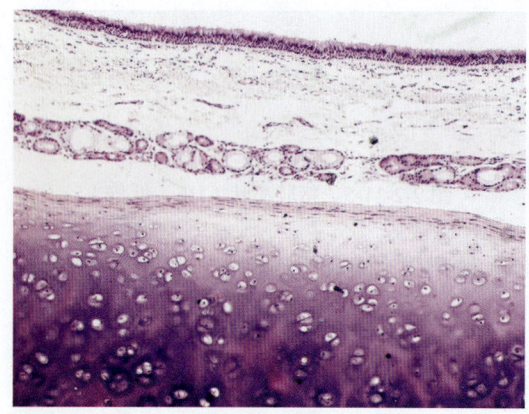

图 2-2-12-1 气管（HE，低倍）

片号 81#；材料 气管（横断）；方法 HE。

观察

1. 肉眼 标本中的凹面为气管的黏膜面，染成深蓝色的结构是透明软骨。在标本一侧不含软骨部分为气管膜部。

2. 低倍 可见气管三层结构（图 2-2-12-1）。

（1）黏膜：由上皮和固有层组成
（2）黏膜下层：与固有层无明显分界，由疏松结缔组织构成，其中可见许多气管腺。
（3）外膜：由疏松结缔组织和透明软骨构成。膜部没有透明软骨，可见到许多平滑肌及气管腺。

3. 高倍 黏膜。

（1）上皮：假复层纤毛柱状上皮，柱状细胞间夹有杯状细胞。柱状细胞游离面可见纤毛。上皮下染成粉色的带状结构为基膜。

（2）固有层：位于上皮下方，由结缔组织构成。可见许多混合性的气管腺。

（二）肺

片号 82#；材料 肺；方法 HE。

肉眼 标本为一小块海绵样组织。

1. 低倍 肺表面可见由一层扁平上皮和少量结缔组织组成的浆膜。肺实质由各级支气管和大量肺泡组成（图 2-2-12-2）。

（1）导气部：包括小支气管、细支气管和终末细支气管。

1）小支气管：管腔最大，管壁较厚。

A. 黏膜：上皮为假复层纤毛柱状上皮，柱状细胞之间的杯状细胞较少。固有层可见平滑肌。

B. 黏膜下层：为疏松结缔组织，含有气管腺。

C. 外膜：透明软骨呈碎片状。在小支气管的两侧分别可见支气管动脉和静脉。

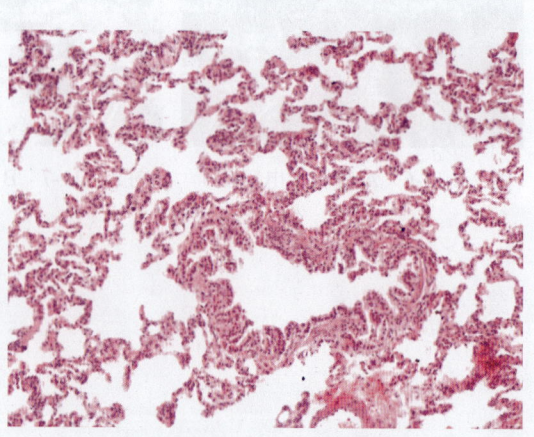

图 2-2-12-2 肺（HE，低倍）

2）细支气管：在标本的三个角处可见细支气管的横断面，管腔较小，管壁较薄。

　　A. 黏膜：上皮为假复层纤毛柱状上皮或单层柱状纤毛上皮，杯状细胞很少或消失。固有层平滑肌相对增多。

　　B. 黏膜下层：气管腺逐渐减少至消失。

　　C. 外膜：软骨碎片也逐渐减少至消失。

3）终末细支气管：标本中可见许多支气管，管腔较小，呈星状，管壁上皮为单层柱状纤毛上皮，柱状细胞之间没有杯状细胞，气管腺和软骨碎片完全消失，平滑肌形成完整的环行。

（2）呼吸部：包括呼吸性细支气管、肺泡管、肺泡囊和肺泡。

1）呼吸性细支气管：支气管管壁不完整，有肺泡的开口，管壁为单层立方上皮，深层有少量平滑肌。

2）肺泡管：在肺泡隔的末端有染成粉红色结节状膨大的是肺泡管。

3）肺泡囊：肺泡管的末端，数个肺泡的共同开口。

4）肺泡：标本中所见的囊状结构都是肺泡。相邻肺泡之间的结构为肺泡隔。

2. 高倍

肺泡：肺泡壁由一层扁平的细胞构成。肺泡隔内有丰富的毛细血管。有时在肺泡腔或肺泡隔内可见到一种体积较大，圆形的细胞，为肺巨噬细胞。

【电镜照片】

1. Ⅱ型肺泡细胞　细胞游离面可见少量微绒毛，胞质内可见板层小体（图2-2-12-3）。

2. 气血屏障　注意观察肺泡上皮、基膜及毛细血管内皮的结构，并指出肺泡腔及毛细血管腔的位置（图2-2-12-4）。

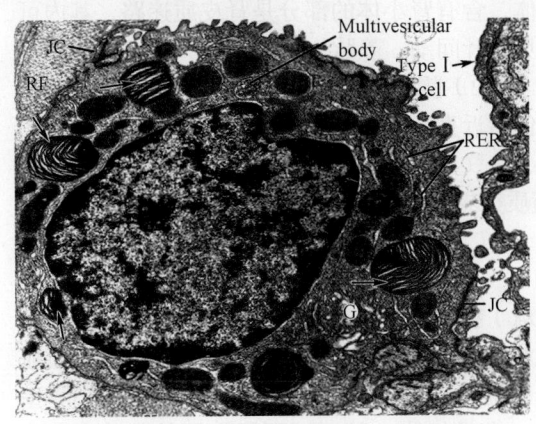

图 2-2-12-3　Ⅱ型肺泡细胞（电镜图）

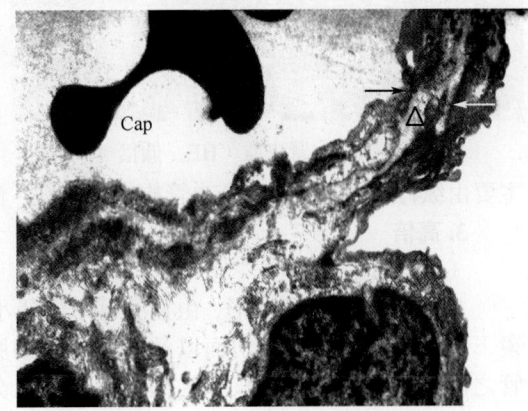

图 2-2-12-4　气血屏障（电镜图）

（李晓明）

第十三章 泌尿系统

【实验目的】

1. 掌握肾的结构特点及滤过屏障的电镜结构。
2. 了解膀胱、输尿管的光镜结构。

【观察切片】

（一）肾

片号 84#；**材料** 肾脏；**方法** HE。

1. 肉眼 此标本是肾纵切面的一部分，表层染色深的部分为皮质，深层色淡部分为髓质。

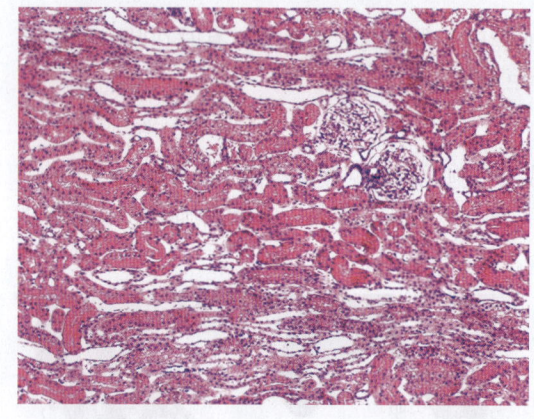

图 2-2-13-1 肾皮质（HE，低倍）

2. 低倍

（1）被膜：包在肾表面的一层致密结缔组织薄膜。

（2）皮质：位于肾实质的外周部分，含有肾小体，包括皮质迷路和髓放线（图2-2-13-1）。

1）皮质迷路：由肾小体、近曲小管、远曲小管构成。皮质内的许多圆球形结构为肾小体，含有肾小体的部分是肾皮质迷路，其内可见小叶间动、静脉。

2）髓放线：由平行排列的小管聚集而成，包括近直小管、远直小管和集合管。

（3）髓质：不含有肾小体的部分为髓质，主要由纵行的肾小管和集合小管构成。在皮、髓质交界处的较大血管为弓形动、静脉。

3. 高倍

（1）皮质迷路

1）肾小体：呈圆球形，由血管球（或肾小球）和肾小囊构成。血管球位于肾小体中央，镜下可见大量毛细血管切面以及一些蓝色细胞核，位于血管壁上的核为内皮细胞核，而血管之间的球内系膜细胞核和足细胞核不易区分。血管球外面由一层扁平细胞构成肾小囊壁层，包在血管球毛细血管表面的为肾小囊脏层，即足细胞。脏、壁两层之间的腔隙为肾小囊腔。

2）近端小管曲部：位于肾小体附近，数目较多，可见各种断面，管腔小而不规则，管壁细胞为锥体形，细胞界限不清，核圆位于基底部，胞质嗜酸性。

3）远端小管曲部：也位于肾小体附近，管腔较大，规则，细胞立方形，细胞界限清楚，核圆位于中央，胞质染色浅。

（2）髓放线

1）近端小管直部和远端小管直部：位于髓放线及髓质内，结构特点分别与近端小管曲部和远端小管曲部相似。

2）集合管：分布于髓放线或髓质内，管腔较大，管壁由单层立方或柱状上皮构成，细胞界限清楚，胞质透明，核圆形位于中央。

3）致密斑：在肾小体血管极附近，可见远端小管近肾小体侧的上皮细胞变高呈柱状，排列紧密，核呈椭圆形且排列紧密，即为致密斑。

（3）髓质：包括近端小管直部、远端小管直部、细段和集合管。细段管腔小，管壁由一层扁平上皮构成，细胞核突向管腔（图2-2-13-2）。

（二）膀胱

片号 86#；**材料** 膀胱；**方法** HE。

1. 肉眼 染色较深的一面为膀胱壁的黏膜面。

2. 低倍 管壁分三层，即黏膜、肌层和外膜（图2-2-13-3）。

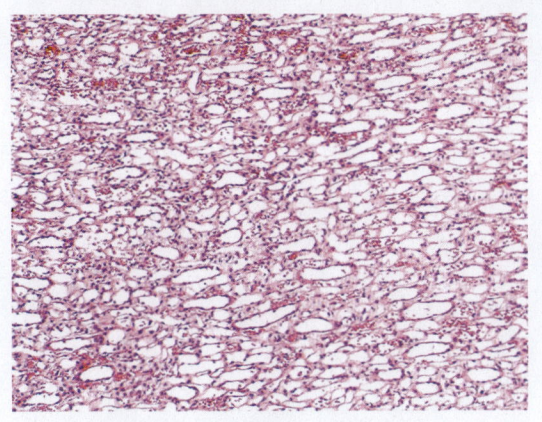

图 2-2-13-2 肾髓质（HE，低倍）

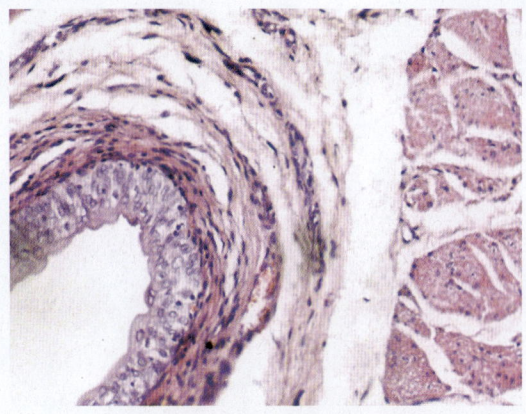

图 2-2-13-3 膀胱（HE，低倍）

3. 高倍

（1）黏膜：上皮为变移上皮，下方为结缔组织构成的固有层。

（2）肌层：较厚，由三层平滑肌构成。

（3）外膜：大部分为浆膜，小部分仅为结缔组织。

（三）输尿管

片号 87#；**材料** 输尿管；**方法** HE。

1. 肉眼 腔小壁厚，腔面不平整。

2. 低倍 管壁分三层，含平滑肌的部分为肌层，其内侧为黏膜，外侧为外膜（图2-2-13-4）。

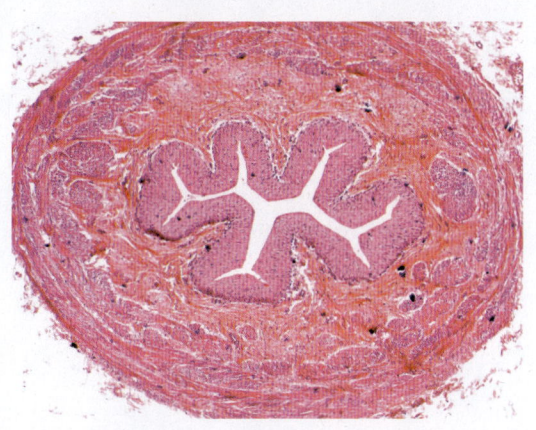

图 2-2-13-4 输尿管（HE，低倍）

3. 高倍

（1）黏膜：上皮为变移上皮，下方为结缔组织构成的固有层。

（2）肌层：为平滑肌。

（3）外膜：由结缔组织构成的纤维膜。

【电镜照片】

1. 肾小体毛细血管及滤过膜（图2-2-13-5）注意观察下列结构及它们的位置关系。

（1）毛细血管内皮；

（2）基膜；

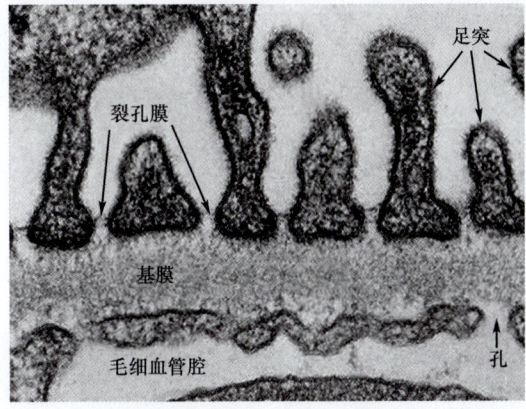

图 2-2-13-5 滤过膜（电镜图）

（3）足细胞突起及裂孔膜。

2. 近端小管上皮细胞 上皮细胞游离面有许多微绒毛，微绒毛基部细胞膜内陷形成小管或小泡，细胞基部细胞膜内陷形成内褶，褶间胞质内有许多纵行排列的线粒体。

3. 远端小管上皮细胞 上皮细胞游离面微绒毛少而短，基部有发达的质膜内褶，褶间胞质内线粒体多而长。

（张　萍）

第十四章　生殖系统

【实验目的】

1. 掌握生精小管的光镜结构。
2. 了解前列腺和输精管的光镜结构。
3. 掌握卵巢的光镜结构及卵泡发育过程中的结构变化。
4. 掌握子宫壁的光镜结构。
5. 了解活动期和静止期乳腺的结构特点。

【观察切片】

（一）睾丸与附睾

片号　88#；**材料**　睾丸和附睾；**方法**　HE。

观察

肉眼　标本中央较大而致密的为睾丸，一侧小而疏松的为附睾。

1. 睾丸

（1）低倍

1）白膜和纵隔：睾丸的外面有一层致密结缔组织的白膜，白膜在睾丸后缘增厚，内有不规则的腔隙，此处为睾丸纵隔。

2）实质：内部实质内可见大量生精小管的断面，生精小管的管径较粗，管壁较厚，由数层细胞组成；靠近纵隔，管径很小，只有单层上皮构成的为直精小管。生精小管之间有胞体较大的嗜酸性细胞为睾丸间质细胞（图2-2-14-1）。

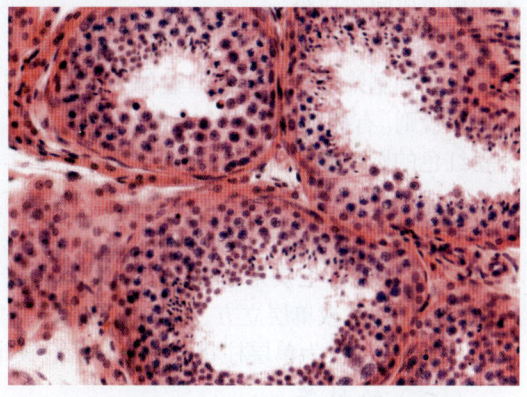

图 2-2-14-1　睾丸（HE，低倍）

（2）高倍

1）生精小管：管壁的细胞成分有两种，即各期生精细胞和支持细胞。生精细胞多层，有明显的基膜，贴近基膜处有类肌细胞，呈扁梭形。

A. 生精细胞：从基膜至腔面，细胞按发育程序依次排列。

a. 精原细胞：紧靠基膜，胞体小而圆，核圆染色深。

b. 初级精母细胞：在精原细胞的内侧，2～3层，胞体大而圆，核大，常呈有丝分裂状态，似花球状。

c. 次级精母细胞：在初级精母细胞的管腔侧，形态与初级精母细胞相似，但略小，因其停留时间短，所以在切片不易见到。

d. 精子细胞：位于近管腔处，细胞体积小，胞质少，核染色较深。

e. 精子：靠近管腔，形似蝌蚪，头部小，呈梨形，染色很深。由于尾部细长，常被切断，故一般不易见到。

B. 支持细胞：单层排列，位于各级生精细胞之间，基部紧贴基膜，顶部伸达管腔，体积很大，细胞轮廓不清。核呈不规则形，位于细胞基部，染色浅，核仁明显。细胞核常作为支持细胞的识别依据。

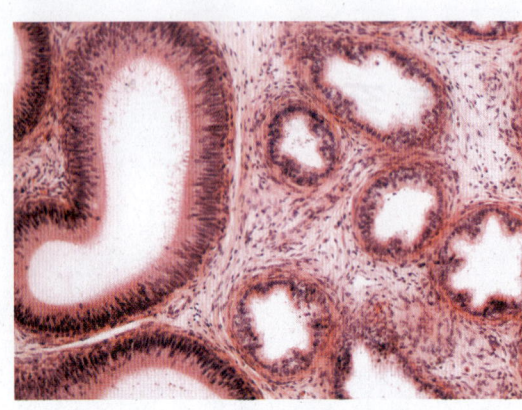

图 2-2-14-2　附睾（HE，低倍）

2）睾丸间质细胞：多成群存在于管腔面，数目较多，细胞体积很小，胞质嗜酸性，核圆形，染色深。

2. 附睾

（1）低倍：附睾外包一薄层结缔组织被膜，内含输出小管和附睾管，前者管腔不规整，后者管腔整齐（图 2-2-14-2）。

（2）高倍

1）输出小管：由单层高柱状纤毛细胞和低柱状无纤毛细胞相间排列而成，故腔面高低不平。

2）附睾管：为假复层柱状上皮，细胞游离面有纤毛。腔面规则。腔内常有许多精子。

（二）前列腺

片号　90＃；**材料**　前列腺；**方法**　HE。

1. 低倍

（1）被膜：腺体表面有结缔组织被膜，其中富含平滑肌，被膜的结缔组织和平滑肌伸入实质形成间质成分。

（2）腺泡：腺泡大小不等，管腔较大，可见上皮和结缔组织呈许多皱襞伸入腔内，使腔面不规则。有些腺泡腔内含有前列腺凝固体，为粉红色的圆形物质，呈同心圆排列（图 2-2-14-3）。

2. 高倍

（1）腺泡：上皮形态不一，可为假复层

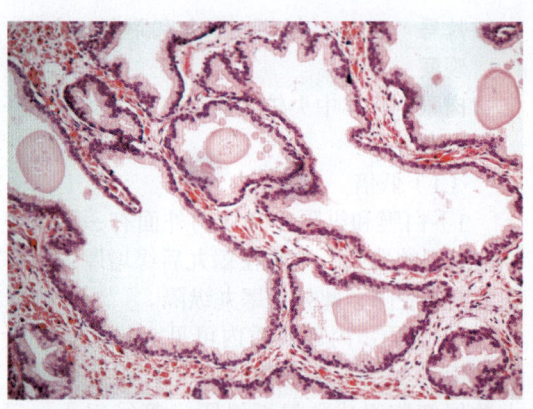

图 2-2-14-3　前列腺（HE，低倍）

柱状、单层柱状或单层立方，腺泡间结缔组织发达，内有许多散在、走向不一的平滑肌纤维。

（2）导管：为单层柱状上皮，与腺泡较难区别。

（三）输精管

片号　89＃；**材料**　输精管；**方法**　HE。

观察

1. 肉眼　为一圆形断面，管壁厚，中央有一窄腔。

2. 低倍　管壁分三层（图 2-2-14-4）。

（1）黏膜：常形成皱襞突入腔内，上皮为假复层柱状上皮。

（2）肌层：很厚，为平滑肌。

（3）外膜：为疏松结缔组织。

（四）卵巢

片号　91＃；**材料**　卵巢；**方法**　HE。

观察

1. 肉眼　标本为纵断面，呈卵圆形，周边为皮质，其中可见大小不等的圆泡状结构即各

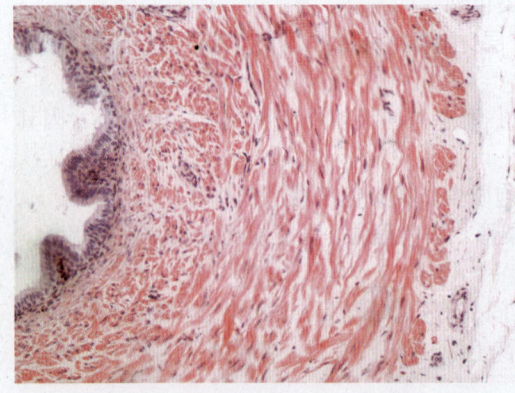

图 2-2-14-4　输精管（HE，低倍）

级卵泡。中央较疏松的部分为髓质。

2. 低倍 卵巢表面覆盖有单层扁平或立方上皮，其下方由致密结缔组织构成白膜。

（1）皮质：在卵巢的周边部，可见发育不同阶段的各级卵泡和结缔组织等（图2-2-14-5）。

1）原始卵泡：位于白膜下方，数量多，体积小，中央有一较大的初级卵母细胞，核大而圆，核仁清楚。周围有一层扁平的卵泡细胞。

2）初级卵泡：体积比原始卵泡大，中央为初级卵母细胞，表面有均质状、折光性强、嗜酸性的透明带。周围的卵泡细胞已变为单层立方、单层柱状，进而变成复层。

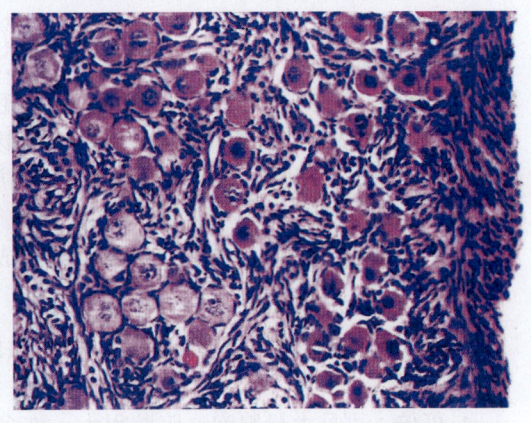

图2-2-14-5 卵巢（HE，低倍）

3）次级卵泡：出现下列一系列结构。

A. 卵泡腔：初级卵母细胞周围的卵泡细胞层增厚，细胞间出现一些大小不一的腔隙，小腔逐渐合成一个较大的腔，腔内有卵泡液。

B. 卵丘：由初级卵母细胞与周围的一些卵泡细胞组成，形成一个凸入卵泡腔的隆起，称为卵丘。紧贴卵细胞表面的一层放射性排列的柱状卵泡细胞为放射冠。

C. 颗粒层：构成卵泡壁的卵泡细胞排列密集呈颗粒状，为颗粒层。

D. 卵泡膜：由卵泡外周的结缔组织细胞组成，分内、外两层。

4）成熟卵泡：突向卵巢表面，卵泡腔很大，颗粒层相应变薄。切片上很少见到。

5）闭锁卵泡：可发生在各期发育的卵泡，原始卵泡与初级卵泡闭锁时的共同特征是卵母细胞发生核固缩，形态不规则，卵泡细胞变小而且分散，最后失去细胞结构，退化消失。次级卵泡闭锁时，卵母细胞和卵泡细胞退化消失，透明带塌陷、消失。膜细胞肥大，分散在结缔组织中，为间质腺。

6）黄体：多边形黄体细胞排列成团或索。颗粒黄体细胞数量多，体积大，染色浅，位于黄体中央。膜黄体细胞数量少，体积小，胞质和核染色深，主要位于黄体周边。两种黄体细胞均含脂滴，镜下呈空泡或细网状。

7）白体：浅红色，均质状，形状不规则的纤维块即为黄体退化后形成的白体。

（2）髓质：由疏松结缔组织构成，其中含有血管、淋巴管和神经。

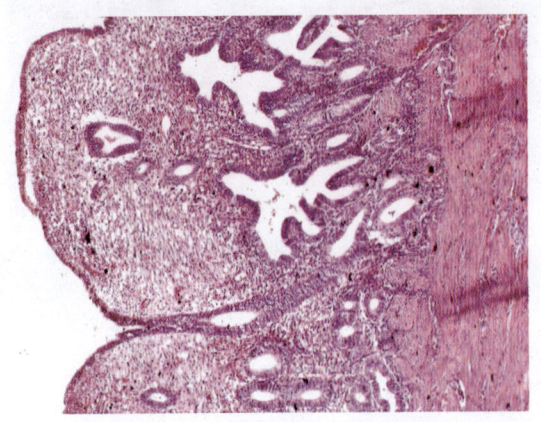

图2-2-14-6 增生期子宫（HE，低倍）

（五）子宫（增生期）

片号 93#；**材料** 人增生期子宫；**方法** HE。

观察

1. 肉眼 找到子宫腔，由内向外在镜下观察管壁结构。

2. 低倍 子宫内膜由上皮和固有层构成。固有层较厚，浅层为功能层，可见子宫腺的不同断面；深层较薄，为基底层。余下大部分呈粉红色的为肌层，因取材表浅，有的见不到外膜（图2-2-14-6）。

3. 高倍

（1）内膜

1）上皮：单层柱状上皮，少数细胞有纤毛。

2）固有层：由结缔组织构成，内含大量梭形的基质细胞。子宫腺的上皮为单层柱状，染色较深，腺腔窄且规则，其内未见分泌物。螺旋动脉位于子宫内膜的深部。

（2）肌层：由很厚的成束的平滑肌组成。肌纤维分层排列，血管很多。

（3）浆膜：较薄，由结缔组织和间皮构成。

（六）活动期乳腺

片号 94#；**材料** 活动期乳腺；**方法** HE。

观察

1. 低倍 可见大量腺泡，腺腔很大，许多腺泡腔内有较多分泌物（乳汁），染成粉色。少量结缔组织将乳腺分成小叶，小叶间结缔组织内可见血管、神经和小叶间导管（图 2-2-14-7）。

2. 高倍

（1）腺泡：腺上皮为单层柱状时，腔内不含或含有少量分泌物；腺上皮为单层扁平或立方时，腔内有较多分泌物。

（2）导管：小导管与腺泡不易区分，大导管位于结缔组织内，上皮为单层柱状或复层柱状上皮。

（七）静止期乳腺

片号 94#；**材料** 静止期乳腺；**方法** HE。

观察

1. 低倍 可见大量的结缔组织和脂肪细胞，其中可见少量大小不等的腺泡和导管断面（图 2-2-14-8）。

2. 高倍 腺泡上皮为单层立方或低柱状。小导管与腺泡不易区别。

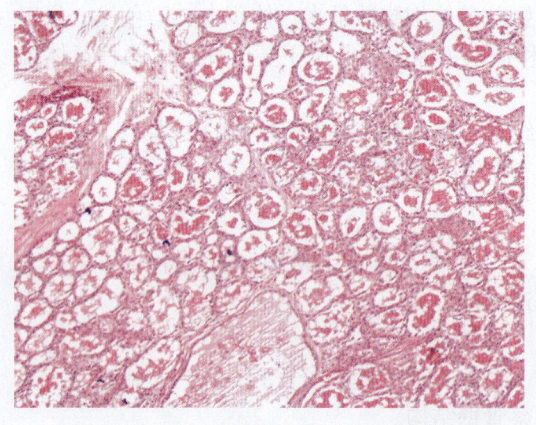

图 2-2-14-7 活动期乳腺（HE，低倍）

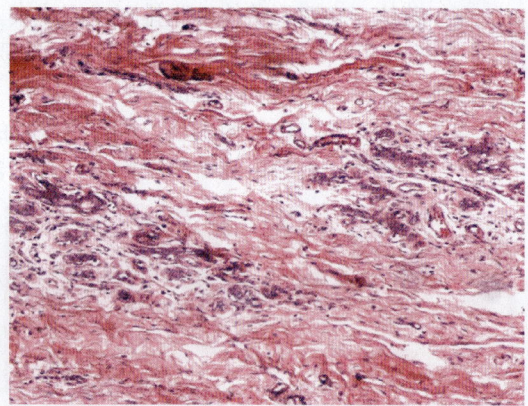

图 2-2-14-8 静止期乳腺（HE，低倍）

（刘 霞）

第十五章 中枢、皮肤、感觉器官

【实验目的】

1. 了解大脑和小脑的组织结构。
2. 掌握皮肤各层结构形态及特征。
3. 掌握毛发、皮脂腺和汗腺的结构特征。
4. 掌握眼球壁各层及屈光装置的光镜结构。
5. 掌握螺旋器的光镜结构。
6. 了解眼睑的光镜结构。
7. 了解巩膜、脉络膜、晶状体和玻璃体的结构。

【观察切片】

（一）大脑

片号 35#；**材料** 大脑；**方法** HE。

观察

1. 肉眼 表面染色深的部分为皮质，深部为髓质。

2. 低倍

（1）皮质：由神经元和神经胶质细胞（只能看见细胞核）构成。根据神经元的大小、形态及分布疏密，可将皮质由浅入深分为六层（图2-2-15-1）：

1）分子层：位于皮质最表面，细胞少，镜下看不清细胞的形态。

2）外颗粒层：含许多星形细胞和少量小锥体细胞。

3）外锥体细胞层：主要由中小型锥体细胞构成，与外颗粒层界限不清。

4）内颗粒层：由大量粒细胞与少量锥体细胞组成。

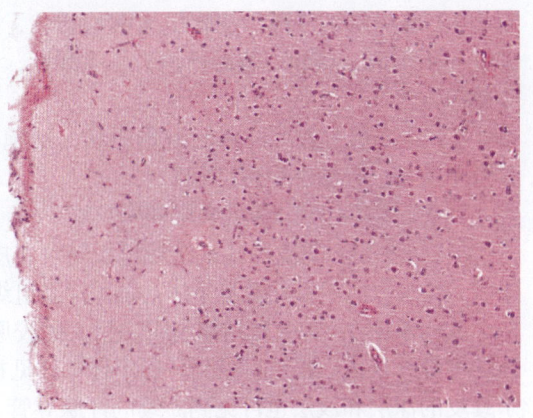

图 2-2-15-1 大脑（HE，低倍）

5）内锥体细胞层：主要为分散的大锥体细胞。

6）多形细胞层：神经细胞较小，形态不一主要为梭形细胞。

（2）髓质：呈浅粉色，由神经纤维和神经胶质细胞构成。

（二）小脑

片号 33#；**材料** 小脑；**方法** HE。

观察

1. 肉眼 表面染色较浅的部分为小脑皮质，深层为髓质，其切面呈树枝状。

2. 低倍

（1）皮质：由表面至深层可分为三层（图2-2-15-2）：

1）分子层：染色浅，位于皮质最表面，少量细胞散在其中。

2）浦肯野细胞层：位于分子层与颗粒层之间，排成一列。细胞体积大，梨形。核大，圆

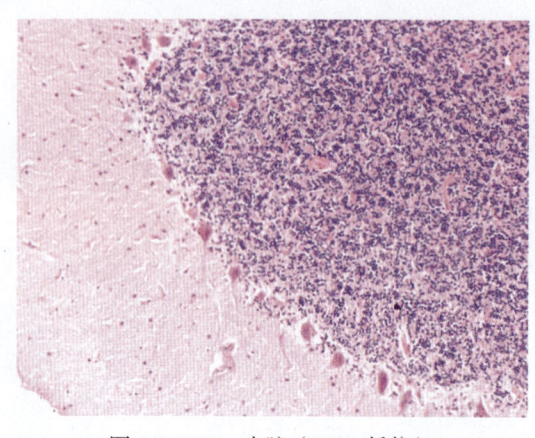

图 2-2-15-2　小脑（HE，低倍）

形，核仁明显。在细胞顶端可见树突根部及其分支。轴突不能见到。

3）颗粒层：主要由神经纤维构成，染成粉色，其中有神经胶质细胞。

（2）髓质：主要由神经纤维构成，染成粉色，其中有神经胶质细胞。

（三）无毛皮

片号　50#；**材料**　人掌皮；**方法**　HE。

观察

1. 肉眼　最表面深色部分为表皮，其下为真皮和皮下组织。

2. 低倍

（1）表皮：为角化的复层扁平上皮，基底部凹凸不平，与真皮分界清楚。由基底到表面可分为五层（图 2-2-15-3）：

1）基底层：位于基膜上的一层矮柱状细胞。胞质嗜碱性较强，核较大，呈圆形，染色浅。

2）棘层：位于基底层浅面，为数层多边形细胞。细胞较大，嗜碱性。

3）颗粒层：由 2-3 层梭形的上皮细胞构成，胞质内充满强嗜碱性颗粒。

4）透明层：较薄，细胞呈透明均质状，细胞界限不清，核和细胞器已消失。嗜酸性，染成深红色。

5）角质层：较厚，细胞呈均质状，细胞界限不清楚，嗜酸性呈粉红色。

（2）真皮：可分为乳头层和网织层。

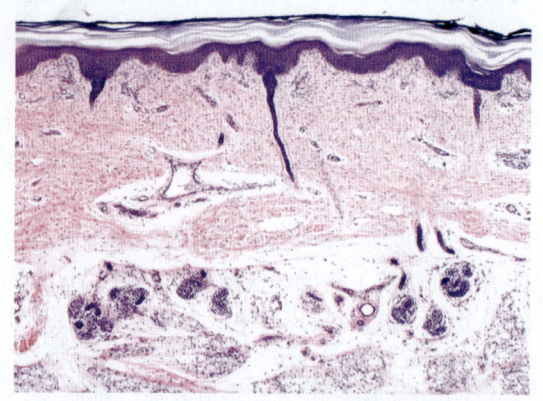

图 2-2-15-3　无毛皮（HE，低倍）

1）乳头层：真皮的疏松结缔组织随着表皮基底膜的凹凸不平而隆起于表皮的底面，呈乳头状，乳头内偶尔可见触觉小体（详见神经组织）。此层细胞较多，胶原纤维和弹性纤维细密。

2）网织层：为致密结缔组织。粗大的胶原纤维束交织成密网，可见较大的血管和不同断面的神经纤维束。深层可见到环层小体（详见神经组织）和汗腺导管及其成团分布的分泌部，于真皮的深层和浅层也可见到断续的汗腺导管。

（3）皮下组织：与真皮分界不明显，富含脂肪细胞、血管和神经。

3. 高倍

（1）表皮：基底细胞分界不清，核排列紧密；棘层细胞周围有许多棘状突起，相邻细胞的棘状突起相连；颗粒层细胞质中含有大小不等、形状不一的嗜碱性透明角质颗粒；透明层和角质层细胞核和细胞器均已退化消失。

（2）汗腺

1）分泌部：腺腔小，由单层矮柱状细胞围成，腺细胞染色较浅，核圆，位于细胞近基部。腺细胞与基膜间有肌上皮细胞。

2）导管：由两层深染的立方细胞围成。

（四）有毛皮

片号　51#；**材料**　人头皮；**方法**　HE。

观察

1. 肉眼 表皮较薄，真皮中可见毛根。
2. 低倍

（1）表皮：为角化的复层扁平上皮。同无毛皮相比：棘层较薄，透明层和颗粒层不明显，角质层薄。

（2）真皮：乳头层不明显。

（3）皮肤附属器（图 2-2-15-4）

1）毛发

A. 毛干：露出表皮之上的部分，大部分已脱落。

B. 毛根：埋在皮肤内的部分。

C. 毛囊：为毛根外包囊的组织，分两层：

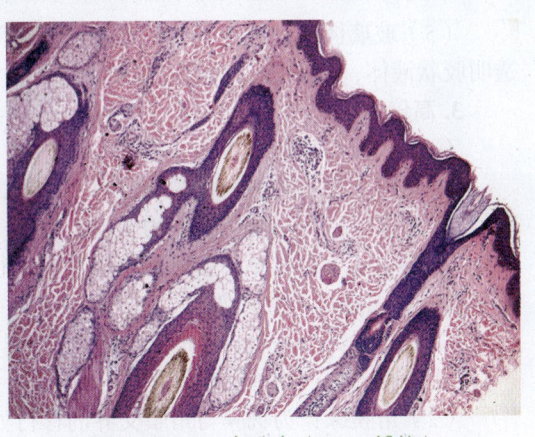

图 2-2-15-4 有毛皮（HE，低倍）

内层与表皮深层连续为上皮根鞘；外层由结缔组织构成，为结缔组织鞘。

2）皮脂腺：位于毛囊的一侧，分泌部呈泡状，染色浅，导管短，与毛囊相连。

3）立毛肌：皮脂腺的下方斜行的平滑肌束，一端附于毛囊结缔组织鞘，另一端终止于真皮乳头层。

4）汗腺：同无毛皮中所见。

3. 高倍 观察皮脂腺的结构：

（1）分泌部：周边细胞小，越向中心细胞越大，呈多边形，胞质染色越浅。

（2）导管部：由两层上皮构成。

（五）眼球前半部

片号 52＃；材料 人眼球；方法 HE。

观察

1. 肉眼 辨认角膜、巩膜、虹膜、睫状体和晶状体。确认前房、后房和瞳孔的位置。

2. 低倍 （图 2-2-15-5）

（1）纤维膜：从前向后依次分为：

1）角膜：位于眼球前方，略向前突出，染成粉色，表面有上皮。

2）巩膜：与角膜连续，由致密结缔组织构成。角膜边缘处有球结膜附于巩膜表面。球结膜的上皮基底面不平坦，下方为疏松结缔组织。

（2）血管膜：自前向后依次分为：

1）虹膜：根部与睫状体相连，由富于血管和色素细胞的疏松结缔组织构成。

图 2-2-15-5 眼球前半部（HE，低倍）

2）睫状体：自虹膜根部向后延续，切面为三角形。

3）脉络膜：位于睫状体之后，为富含血管和色素细胞的疏松结缔组织。

（3）视网膜：此片可见视网膜的边缘部分。衬于脉络膜的内面，由多层细胞构成（详见眼球后部）。

（4）晶状体：为虹膜之后的椭圆形体，染成深红色。外面透明均质的薄膜为晶状体囊，前方的晶状体上皮为单层立方上皮；晶状体主要由许多与表面平行排列的晶状体纤维构成，中心部的纤维无细胞核，称晶状体核。晶状体与睫状体之间有断续的纤维结构，称睫状小带。

(5) 玻璃体：充满在晶状体与视网膜之间的腔内，外包透明的薄膜，称玻璃体膜，内含透明胶状液体，其中的胶状液体因制片时流失。

3. 高倍

(1) 角膜：从前向后分5层：

1) 角膜上皮：为未角化的复层扁平上皮，表面平滑。基底部平坦无乳头结构。

2) 前界层：为一层透明的均质膜。

3) 角膜基质：较厚，胶原纤维与表面平行，纤维中间可见少量扁平的成纤维细胞。（角膜基质内有无血管？意义如何？）。

4) 后界层：为一层较薄的透明膜。

5) 角膜内皮：为单层扁平上皮。

(2) 角膜缘：为巩膜与角膜交界的移行处。

1) 巩膜距：巩膜静脉窦内侧，巩膜组织略向前方突出的部分。

2) 小梁网：前方与角膜后界膜相连续，后方附于巩膜距。小梁网切面成网状。

3) 巩膜静脉窦：位于小梁网外侧。切面上成圆形或椭圆形小腔，腔壁附有扁平的内皮细胞。

(3) 虹膜：自前向后依次为：

1) 前缘层：由一层不连续的扁平的纤维细胞和色素细胞构成，在前房角处与角膜内皮相连。

2) 虹膜基质：为疏松结缔组织，富于血管和色素细胞。

3) 虹膜上皮：由两层上皮细胞构成。表层为立方形色素上皮，深层特化为肌样上皮细胞，靠近瞳孔缘的肌样上皮细胞为环形，为瞳孔括约肌，其余部分的肌细胞成放射状排列，为瞳孔开大肌（两种肌的走行、神经支配和作用如何？）。

(4) 睫状体：自外向内分三层：

1) 睫状肌层：为纵行、放射状及环形的平滑肌。

2) 基质层：为富含血管的疏松结缔组织。

3) 睫状上皮层：由两层细胞构成，深层富于色素，为色素层；表层细胞无色素，为非色素上皮层（非色素上皮的功能如何？）。

（六）眼球后半部

片号 53#；材料 人眼球后半部；方法 HE。

观察

1. 肉眼 眼球后壁的外方可见视神经。

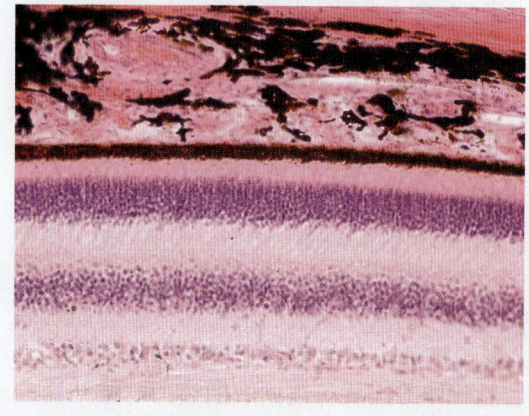

图2-2-15-6 眼球后半部（HE，高倍）

2. 低倍 从外向内依次区分眼球壁的三层结构。

(1) 巩膜：为致密结缔组织，细胞较少。

(2) 脉络膜：为疏松结缔组织，富含血管和色素细胞。

(3) 视网膜：可见多层细胞。

3. 高倍

(1) 视网膜细胞主要分为四层，自外向内依次分为（图2-2-15-6）：

1) 色素上皮层：位于视网膜的最外层，与脉络膜紧贴，细胞内充满色素颗粒，标本内该层呈黑色，色素层在制片过程中常与其他各层脱离。

2）视细胞层：位于色素上皮内侧，视锥、视杆细胞的胞体排列紧密，由它们的细胞核聚成一条宽带。其向外的突起伸向色素上皮层，组成一条染成粉红色的带；向内的突起与双极细胞的树突共同组成一条粉染的带状结构。

3）双极细胞层：由双极神经元构成，其胞体及支持细胞的细胞核紧密排列呈紫蓝色宽带，其向内的突起与节细胞的树突共同构成染色很浅的带。

4）节细胞层：由多极神经元构成，胞体较大，细胞核排列稀疏，其轴突沿眼球壁内层向眼球后极汇合成视神经。

（2）中央凹：在眼球后极视网膜有一凹陷称中央凹，此处视网膜最薄，只有色素上皮细胞和视锥细胞两层，其他各层细胞均斜向两侧。

（3）视神经乳头：位于黄斑鼻侧3mm处，染色浅，由视神经纤维组成，无视细胞，无感光作用。

（七）眼睑

片号 54＃；**材料** 人眼睑；**方法** HE。

观察

低倍 自皮肤面由外向内依次分为：（图2-2-15-7）

（1）皮肤：结构与有毛皮相同。眼睑结构特点：毛为睫毛，汗腺腺腔大，称睫腺，又称moll腺，此处的皮脂腺又称zeiss腺。

（2）皮下组织：薄层疏松结缔组织。

（3）肌层：既有平滑肌又有骨骼肌。

（4）睑板：由致密结缔组织构成。睑板腺为睑板内皮脂腺，可见浅色腺泡及染色较深的导管断面。

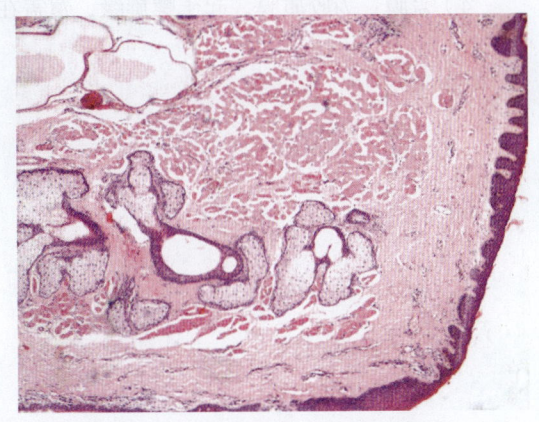

图2-2-15-7 眼睑（HE，低倍）

（5）睑结膜：由复层柱状上皮和固有层构成。该上皮在睑缘处与皮肤移行，上皮下方有薄层疏松结缔组织。

（八）内耳

片号 55＃；**材料** 豚鼠内耳；**方法** HE。

观察

1. 肉眼 在切面上找到耳蜗，可见中央的蜗轴（粉红色）和蜗轴两侧骨蜗管的圆形横断面。

2. 低倍

（1）蜗轴：由骨组织构成，除骨细胞、骨板外可见蜗神经和螺旋神经节，其形状不一，大小不等，节内神经细胞密集，染色较深。

（2）骨蜗管：位于蜗轴两侧，断面呈圆形、椭圆形、周围的壁均为骨质。一个骨蜗管的断面可分三部分：上部分为前庭阶，下部为鼓室阶，中部为膜蜗管。膜蜗管的断面呈三角形，其上壁为前庭膜，外侧壁为血管纹，下壁为骨性螺旋板和基底膜（图2-2-15-8）。

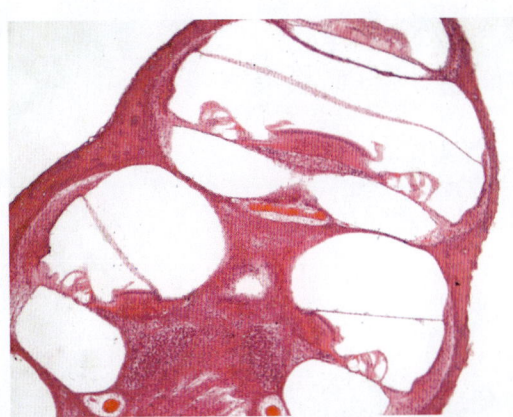

图2-2-15-8 内耳螺旋器（HE，低倍）

3. 高倍

（1）膜蜗管

1）前庭膜：很薄，两侧覆盖单层扁平上皮，中间夹少量结缔组织。

2）血管纹：为复层柱状上皮，上皮内可见有毛细血管，其外方为螺旋韧带。

3）基底膜：从骨性螺旋板至螺旋韧带间的薄膜，基底膜上方的上皮特化为螺旋器。

（2）螺旋器

1）柱细胞：内、外柱细胞并列于基膜上，基部宽大；上部细而长，彼此分开；顶部相互嵌合，围成三角形内隧道。细胞核位于基部。

2）指细胞：位于内、外柱细胞的两侧，切片上内指细胞一个，位于内柱细胞内侧，外指细胞3～4个，位于外柱细胞外侧。细胞呈长柱形，轮廓不清，基部位于基膜上，上端有指状突起。

3）毛细胞：内毛细胞位于内指细胞的上方，外毛位于外指细胞的上方，毛细胞顶端可见静纤毛，核圆、居基部。

4）盖膜：为胶质膜，起于螺旋缘，覆盖在螺旋器的上方。

（刘　霞）

第十六章 胚胎总论

胚 胎 学

人体胚胎的发育过程是一个连续而复杂的演变过程。仅凭理论讲述难以使同学们理解透彻,胚胎学实习是了解胚胎演变的重要手段。人的胚胎材料细小而难得,实习课中,以观察模型为主,辅以实物标本、图解、照片及电影等。帮助同学了解每个发育阶段中胚胎的外形及内部结构的演变过程。并把发育过程有机地联系起来,对胚胎的发育建立起动态及立体概念。掌握正常发育的同时,并要求了解畸形。

【实验目的】

1. 掌握卵裂、胚泡形成及植入过程。
2. 掌握三胚层的形成、分化及可能出现的畸形。
3. 掌握胎膜和蜕膜的形成及演变。
4. 掌握胎盘的结构和功能。
5. 了解胚胎外形的变化。
6. 了解孪生和连体畸形的形成

【观察模型】

1. 受精、卵裂、胚泡形成的模型
2. 胚泡植入子宫的模型
3. 三胚层形成及早期分化的模型
4. 胚体外形演变模型
5. 胎膜和胎盘模型

一、受精、卵裂和胚泡形成

【观察模型】

受精、卵裂

1. 受精卵 模型中大的为受精卵,3个小的细胞为极体(图2-2-16-1)。

2. 卵裂 此组模型显示受精卵的卵裂过程(图2-2-16-2)。

(1)受精卵开始卵裂为两个卵裂球,称2细胞期。

(2)受精卵继续分裂,由于分裂速度不同,形成3个卵裂球。

(3)桑椹胚:第3天,卵裂球增至12~16个,称桑椹胚。(桑椹胚的卵裂球与初期卵裂球相比大小、数目有何不同?)

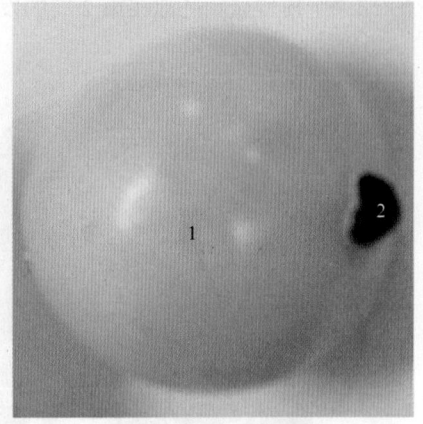

图 2-2-16-1 受精卵
1.受精卵;2.极体

【观察模型】

胚泡的形成

胚泡 卵裂球数目增多至100多个时,细胞出现分化并重新排列,中央出现一腔隙,称胚泡腔；周围细胞排列成单层，称滋养层；在滋养层的一侧有一团细胞紧贴其内，称内细胞群；与内细胞群相连的滋养层细胞，称极端滋养层，此时的胚为胚泡（图2-2-16-3）。

图2-2-16-2　卵裂

图2-2-16-3　胚泡
1. 滋养层；2. 内细胞群；3. 胚泡腔；4. 极端滋养层

二、植入及二胚层形成

【观察模型】

植入

该组模型显示胚泡植入子宫内膜的连续过程（图2-2-16-4）。

1. 胚泡的极端滋养层侵蚀子宫内膜，胚泡由此缺口逐渐埋入子宫内膜功能层，同时植入处的滋养层开始增殖并分化为细胞滋养层和合体滋养层。

2. 胚泡完全植入后，子宫内膜上皮增生，修复缺口，使子宫内膜愈合。胚泡植入后的子宫内膜的功能层称为蜕膜，并随着胚胎的发育而不断扩大。

【观察模型】

二胚层胚盘及相关结构的形成

该组模型显示胚泡在第2周的发育（图2-2-16-5）。

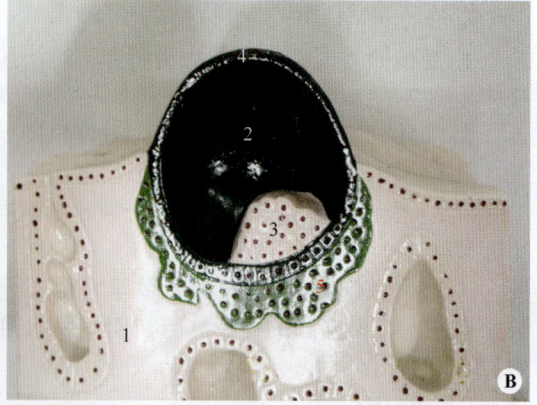

图2-2-16-4　植入
1. 蜕膜；2. 胚泡腔；3. 内细胞群；4. 细胞滋养层；5. 合体滋养层；6. 下胚层；7. 上胚层；8. 羊膜；9. 羊膜腔；10. 卵黄囊

1. 随着胚泡的植入，内细胞群朝向胚泡腔的细胞分化为一层立方形细胞，即下胚层；同时在下胚层细胞的上方出现一层柱状细胞，即上胚层；与细胞滋养层相贴的为羊膜，羊膜的周缘与上胚层相连，羊膜与上胚层之间的腔为羊膜腔。

2. 在细胞滋养层内面形成一层扁平细胞构成的膜，为胚外体腔膜；其与下胚层相连接，形成初级卵黄囊。

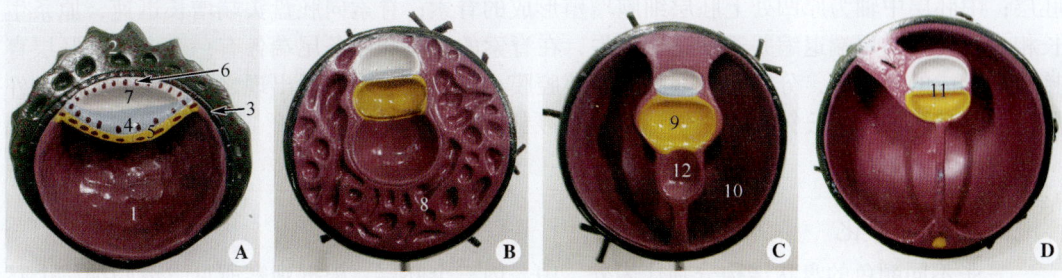

图 2-2-16-5　二胚层胚盘形成

1、12. 初级卵黄囊；2. 合体滋养层；3. 细胞滋养层；4. 上胚层；5. 下胚层；6. 羊膜；7. 羊膜腔；8. 胚外中胚层；9. 次级卵黄囊；10. 胚外体腔；11. 胚盘。

3. 下胚层周缘细胞沿胚外体腔膜向下生长，形成次级卵黄囊；初级卵黄囊逐渐退化；同时，在细胞滋养层与羊膜腔、卵黄囊之间出现松散的细胞，为胚外中胚层。

4. 胚外中胚层细胞之间的腔隙发生融合，形成胚外体腔；胚外体腔的出现将胚外中胚层分为胚外体壁中胚层和胚外脏壁中胚层；胚外体壁中胚层与滋养层融合，形成绒毛膜。

5. 卵黄囊顶壁的下胚层与羊膜腔顶壁的上胚层紧密相贴，形成二胚层胚盘，为人体发育的原基；连于胚盘尾端与细胞滋养层之间的未参与形成胚外体腔的胚外中胚层称为体蒂。

三、三胚层的形成及分化

【观察模型】

三胚层形成

这是一套模型，显示第三周人胚的胚外部分与胚体部分的演变。这里着重观察三胚层胚盘的形成及变化（图 2-2-16-6）。

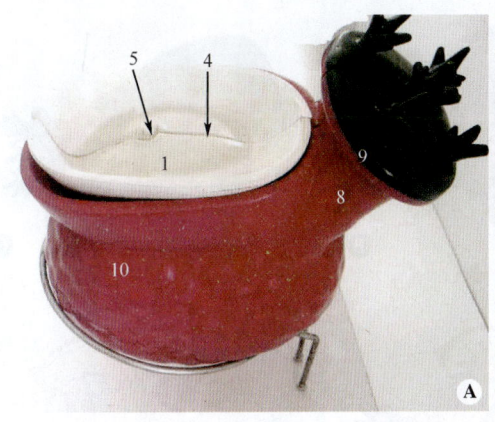
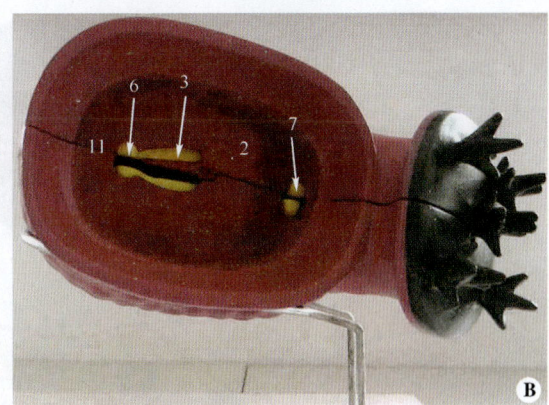

图 2-2-16-6　三胚层形成

1. 上胚层；2. 中胚层；3. 内胚层；4. 原沟；5. 原凹；6. 口咽膜；7. 泄殖腔膜；8. 体蒂；9. 绒毛膜；10. 胚外中胚层；11. 生心区。

1. 拿掉部分羊膜，观察暴露羊膜腔底壁的胚盘，三周初胚盘已有圆盘形变为头大、尾小的鞋底形；胚盘尾侧借体蒂与绒毛膜相连，绒毛膜突出形成绒毛；上胚层在胚盘尾端可见原条细胞增殖并向深部迁移形成的原沟以及原结中央凹陷形成的原凹；羊膜腔与卵黄囊表面被覆胚外中胚层；卵黄囊表面可见由胚外中胚层细胞增殖分化形成的血岛。

2. 去掉上胚层，可见由原沟底部的部分上胚层细胞进入下胚层，逐渐置换下胚层并形成一层新的细胞称为内胚层；由上胚层迁出的另一部分细胞则在上下胚层之间迁移扩展形成中胚层；中胚层中轴为原凹处上胚层细胞增殖形成的脊索；脊索向胚盘头端增长迅速，原条生长相对缓慢并向尾端退缩并逐渐退化消失，在脊索的头端和原条尾端各有一个内、外胚层直接相贴形成的薄膜区，分别为口咽膜和泄殖腔膜；内胚层和中胚层出现之后，上胚层改称外胚层；此时的胚盘由三个胚层构成，称为三胚层胚盘。

【观察模型】

三胚层的分化

三张不同颜色的盘状结构分别代表外、中、内三个胚层。根据观察所见，请归纳三个胚层各可以分化为哪些组织与器官（图2-2-16-7）。

（1）外胚层：脊索诱导其背侧的外胚层细胞增厚形成神经板；神经板中央凹陷称为神经沟；沟两侧的部分隆起为神经褶；神经褶在中间愈合形成神经管；神经管头端和尾端分别留有前神经孔及后神经孔（图2-2-16-7A、C）；神经管闭合后头端分化为脑；神经管其余部分较细，为脊髓的原基。

（2）中胚层：脊索两侧的中胚层分化为轴旁中胚层、间介中胚层和侧中胚层（图16-7A、C）。在胚体背侧中段透过体表可见由轴旁中胚层演变形成的体节（图2-2-16-7B）；间介中胚层是轴旁中胚层与侧中胚层之间的狭长区域，是形成泌尿与生殖器官的原基；侧中胚层之间出现胚内体腔，将侧中胚层分为体壁中胚层和脏壁中胚层；体壁中胚层是形成浆膜壁层及体壁的骨骼与肌肉的原基；脏壁中胚层是形成浆膜脏层及内脏平滑肌与结缔组织的原基；胚内体腔依次分化为心包腔、胸膜腔和腹膜腔。

在中胚层分化过程中，除一部分保持上皮结构外，大部分将形成间充质，间充质将分化形成结缔组织、肌组织和心血管系统等（图2-2-16-7D）。

（3）内胚层：随着胚体的卷折，卵黄囊顶壁的内胚层卷入胚体内形成原始消化管，其后端突入体蒂内的盲囊为尿囊；原始消化管头端部分为前肠；尾端部分为后肠；位于前后肠之间与卵黄囊相连的部分为中肠（图2-2-16-7E、F）；原始消化管为消化、呼吸系统上皮的原基。

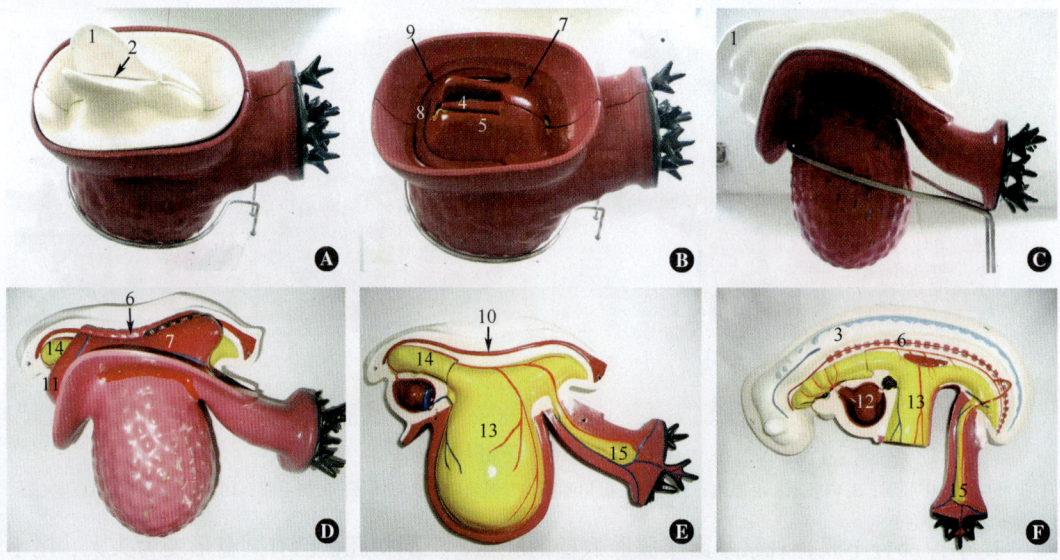

图2-2-16-7 三胚层分化

1. 神经褶；2. 神经沟；3. 神经管；4. 脊索；5. 轴旁中胚层；6. 体节；7. 间介中胚层；8. 脏壁中胚层；9. 胚内体腔；10. 间充质；11. 生心区；12. 心；13. 卵黄囊；14. 原始消化管；15. 尿囊

四、胚体外形的形成

【观察模型】

早期胚盘为扁平的盘状结构（图 2-2-16-5D），三周末胚盘的形状由圆盘状变为头侧略大尾侧较小的鞋底形（图 2-2-16-6A），第四周末变为圆柱状的胚体（图 2-2-16-8），胚体头端两侧出现成对的腮弓，腹侧可见额鼻突，心肝隆起明显，上、下肢芽形成。

【观察标本】

1. 观察各月正常胎儿浸渍标本，注意胎儿外形、大小及外部所见各器官的演变。
2. 观察双胎以及联胎、寄生胎和无脑儿；脊髓脊柱裂等常见畸形的浸渍标本或照片。

五、胎膜与胎盘

【观察模型】

此模型显示胎膜与子宫蜕膜的关系，子宫壁的一侧内有一个胎儿在发育（图 2-2-16-9）。

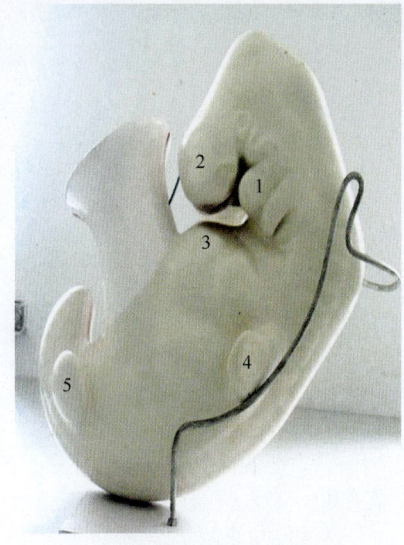
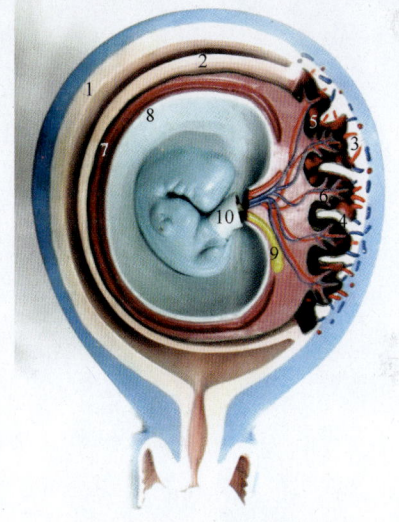

图 2-2-16-8　胚体外形建立
1. 腮弓；2. 额鼻突；3. 心隆突；4. 上肢芽；
5. 下肢芽

图 2-2-16-9　子宫、胎膜和胎盘
1. 壁蜕膜；2. 包蜕膜；3. 基蜕膜；4. 胎盘隔；
5. 绒毛间隙；6. 丛密绒毛膜；7. 平滑绒毛膜；
8. 羊膜；9. 卵黄蒂；10. 脐带

1. 在子宫壁上区分基蜕膜，包蜕膜和壁蜕膜三部分。
2. 区分丛密绒毛膜和平滑绒毛膜。
3. 胎儿的胎膜包括哪几种结构？
4. 在模型上找到胎盘。胎盘是怎样形成的？胎盘的结构如何？

【观察标本】

1. **足月胎盘**　圆盘状，中心厚，边缘稍薄，直径 15～20cm，重约 500g。

（1）母体面：表面凸凹不平，有不规则浅沟（其内部相应结构是什么？），浅沟将母体面分为 15～20 个略突出的小叶。

(2）胎儿面：表面光滑、平整、透明，中央有脐带附着，透过表面的羊膜，可见深部脐带血管，血管从脐带根部向边缘放射状走行。

2. 胎膜完整的胎儿浸渍标本 可见：①透明的羊膜及羊水；②丛密绒毛膜；③脐带；④胎儿（注意胎儿脐带和胎盘的关系）。

（刘　霞）

第十七章 颜面发生

【实验目的】

1. 了解颜面、腭发生的始基。
2. 掌握腮器的组成，颜面发生与口、鼻分隔过程的演变。
3. 熟悉颜面部常见先天畸形。

【观察模型】

（一）颜面发生

1. 正常发生模型 这组模型显示第 4～8 周人胚颜面形成过程。选择如下几个时期重点观察：

（1）4周末人胚：在头部原始口腔周围，可见五个隆起即一个额鼻突、左右上颌突及左右下颌突（图 2-2-17-1）。

（2）6周人胚：除上述隆起外，在每个鼻窝两侧各形成一个内侧鼻突和一个外侧鼻突。鼻窝下缘与原始口腔以沟相通（图 2-2-17-2）。

（3）8周人胚：相应的隆起不断地接近、最后合并，形成上颌、下颌、人中、鼻尖、鼻梁、颊部等，8周人胚面部初具人形（图 2-2-17-3）。结合全套模型，说明颜面各部分的由来及演变。

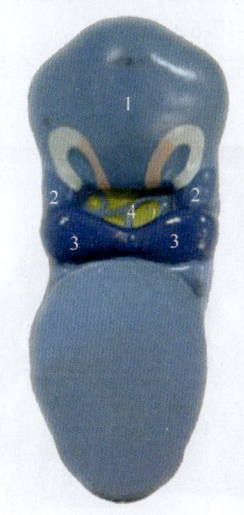 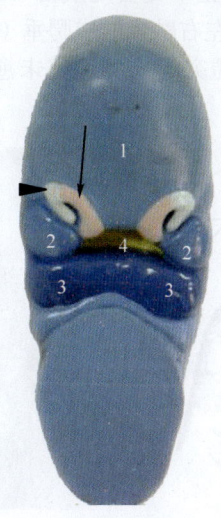 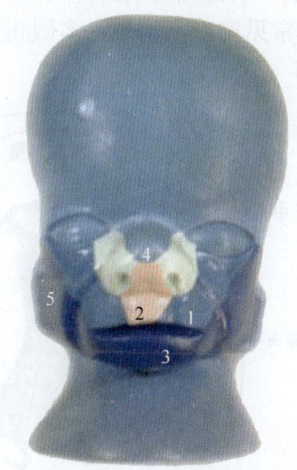

图 2-2-17-1　颜面发生模型（胚胎第 4 周）
1.额鼻突；2.上颌突；3.下颌突；4.原始口腔

图 2-2-17-2　颜面发生模型（胚胎第 6 周）
↓内侧鼻突；▲外侧鼻突；1.额鼻突；2.上颌突；3.下颌突；4.原始口腔

图 2-2-17-3　颜面发生模型（胚胎第 8 周）
1.上颌；2.人中；3.下颌；4.鼻尖；5.耳郭

2. 先天性畸形

（1）唇裂：在发生过程中，一侧或双侧的上颌突与同侧的内侧鼻突未愈合而留下的裂沟为唇裂。单侧唇裂多见，双侧唇裂偶见（图 2-2-17-4）。

（2）面斜裂：上颌突与同侧的外侧鼻突未愈合之故。裂沟位于口角至眼内眦之间（图2-2-17-5）。

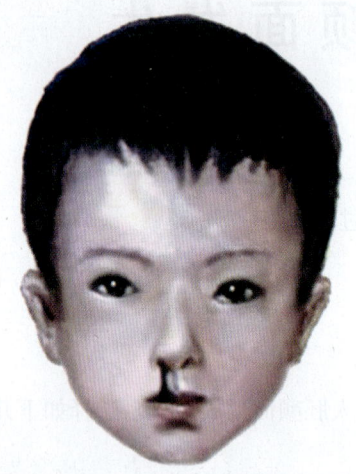

图 2-2-17-4　唇裂

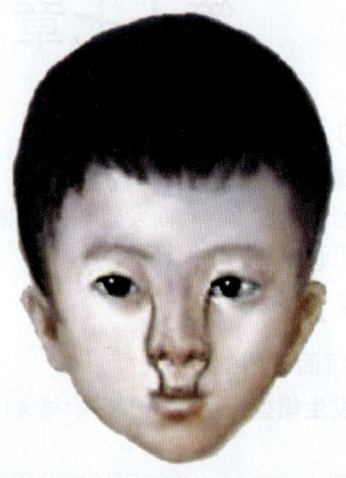

图 2-2-17-5　面斜裂

（二）腭的发生

1. 正常发生模型　第 6～7 周，左右内侧鼻突融合后，向原始口腔内长出一个短小的正中腭突，演化为腭前部的一小部分，左右上颌突向原始口腔内长出的一对扁平的外侧腭突，外侧腭突前缘与正中腭突愈合，两者正中交会处残留一小孔即切齿孔。以后腭前部间充质骨化为硬腭，后部则为软腭，软腭后缘左右融合形成腭垂（图 2-2-17-6）。

2. 常见畸形　腭裂：多因正中腭突与外侧腭突未愈合或左右外侧腭突未愈合所致（图2-2-17-7）。

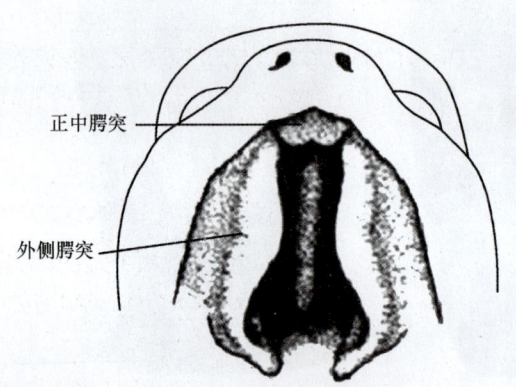

图 2-2-17-6　腭发生模式图

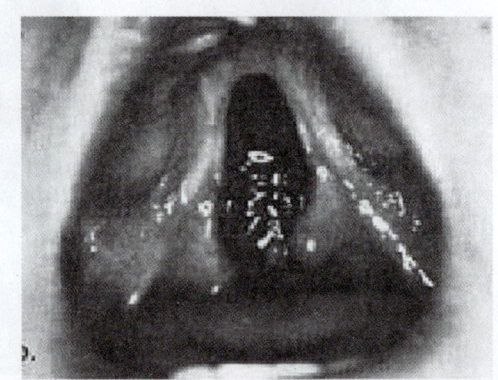

图 2-2-17-7　腭裂

（田　娟）

第十八章 消化系统和呼吸系统发生

【实验目的】
1. 掌握咽和咽囊的发生、演变及可能出现的畸形。
2. 了解消化管和消化腺的发生及先天性畸形。
3. 了解呼吸系统的发生。

【观察内容】

(一) 咽与咽囊的发生与演变

1. 观察正常发生模型

(1) 由于胚盘发生头褶、尾褶及侧褶,内胚层已卷入原始消化管,分为前肠、中肠和后肠,中肠腹侧连于卵黄囊,前肠的头端膨大呈扁囊状,称原始咽。原始咽的头端宽大借口咽膜与原始口腔相接,尾端狭细与食管相连通。咽的两侧壁膨出5对咽囊,分别与其外侧的鳃沟相对应。

(2) 在原始咽腹侧壁正中,可见侧舌隆起,奇结节和联合突(试说明这些结构的演变)。在底壁正中线相当于第2、3对鳃弓的平面上,可见甲状腺原基(甲状腺原基是如何演变成甲状腺的?)。参照模型,掌握中耳、鼓膜、咽鼓管、胸腺、甲状腺的始基,发生部位及演变过程。

2. 先天性畸形 甲状舌管囊肿 甲状舌管退化不完全,残余部分产生了囊肿。

(二) 消化管与消化腺的发生

1. 观察正常发生模型

(1) 人胚第3~4周时,胚盘向腹侧卷折形成一圆柱状胚体,内胚层及卵黄囊顶端部分被卷入胚体内,形成原始消化管(图2-2-18-1)。

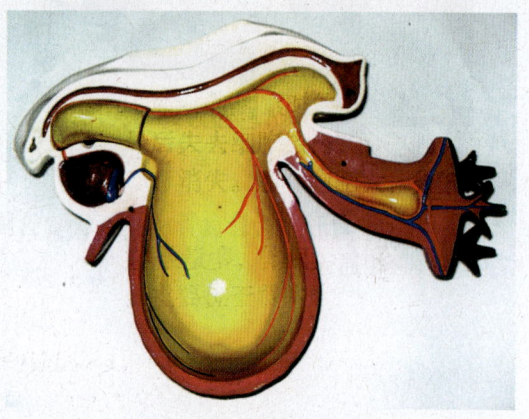

图2-2-18-1 原肠的形成

(2) 5周人胚胚体后半部:切除腹前壁,暴露腹腔,观察消化管的形成与演变。模型可见胃呈梭形膨大,以腹、背系膜与体壁相连,胃的背侧壁形成胃大弯,腹侧壁形成胃小弯。肠管向腹侧弯曲,形成一矢状面的"U"形肠袢,在模型上指出肠袢头支、肠袢尾支,肠袢顶端连有卵黄蒂,尾支上有一囊状膨大,为盲肠突。

(3) 8周人胚胚体后半部:在模型上指出肠系膜上动脉、盲肠突、肠袢头支、肠袢尾支,参照模型说出肠袢逆时针旋转了多少度,为什么?肠袢头支与肠袢尾支各演变成哪些器官(图2-2-18-2)?

(4) 4mm人胚的内胚层管道:在前肠可见肝憩室,肝憩室末端分为头、尾两支,头支形成肝脏,尾支形成胆囊,肝憩室的近端分化为胆总管。从肝憩室的根部发出腹

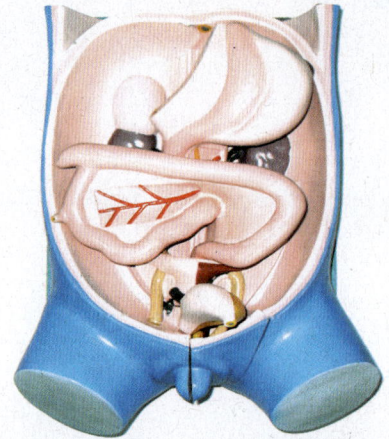

图2-2-18-2 中肠的演变

胰芽，十二指肠的背侧发出背胰芽，第6周至第6周半，背胰和腹胰合并。

2. 先天性畸形

（1）脐瘘：卵黄蒂未退化，回肠与脐之间以管道相通。

（2）先天性脐疝：由于脐腔未闭锁，脐部残留一孔与腹腔相通。腹内压增高时，肠管从脐部膨出（图2-2-18-3）。

（3）回肠憩室：可见回肠壁上有一盲囊，为卵黄蒂退化不全引起的。

（三）呼吸系统的发生

1. 观察正常发生模型　在原始咽尾端底部的内胚层向腹侧凹陷形成一纵行的喉气管沟，此沟形成盲囊，即喉气管憩室。喉气管憩室头端与咽相通的部分发育为喉，憩室中段发育为气管，憩室末端膨大分为左右两支，即肺芽，左右肺芽分别形成左右支气管及左右肺（图2-2-18-4）。

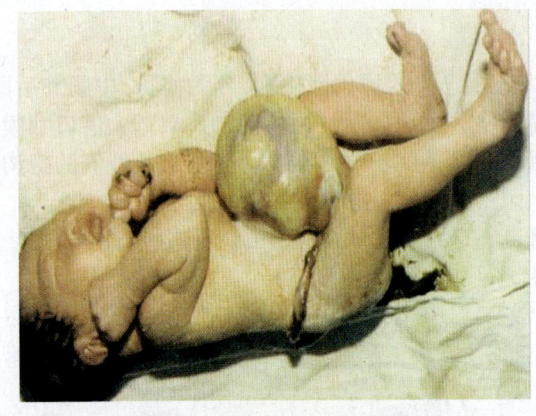 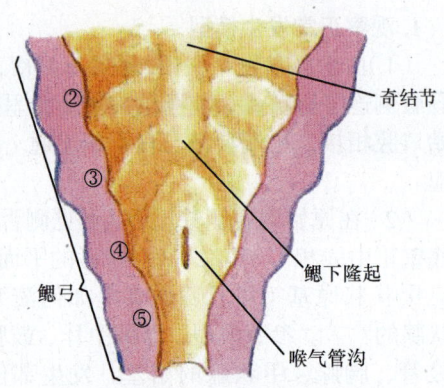

图2-2-18-3　先天性脐疝　　　　　图2-2-18-4　喉与气管的发生

2. 先天性畸形　气管食管瘘：气管食管隔发育不良，气管与食管之间分隔不完全，两者之间有瘘管相通连。

（宋小峰）

第十九章 泌尿系统和生殖系统的发生

【实验目的】
1. 了解前肾、中肾的发生。
2. 掌握后肾、输尿管、膀胱的发生及先天性畸形。
3. 了解尿生殖窦的形成与演变。
4. 了解生殖腺、生殖管道及外生殖器的发生。

【观察模型】

（一）泌尿系统发生

1. 观察正常发生模型（图2-2-19-1、图2-2-19-2、图2-2-19-3）

（1）5周人胚胚体后半部：除胃、肠系膜外，还可见一对发育着的中肾。横断面上可见中肾管、中肾小管、肾小囊及背主动脉分支形成的血管球。中肾管尾端入泄殖腔。输尿管芽已分化为输尿管和肾的一部分。

（2）7周人胚胚体后半部：泄殖腔头部已被尿直肠隔分成两部分，中肾管与输尿管均进入腹侧的尿生殖窦，其背侧称为什么？

（3）9周人胚胚体后半部：①尿直肠隔已把泄殖腔和泄殖腔膜彻底分为背侧的直肠和肛膜，腹侧的尿生殖窦和尿生殖窦膜。②膀胱形成（图2-2-19-4）。膀胱由哪几个部分构成？③尿生殖窦的中段和末段怎样演变？

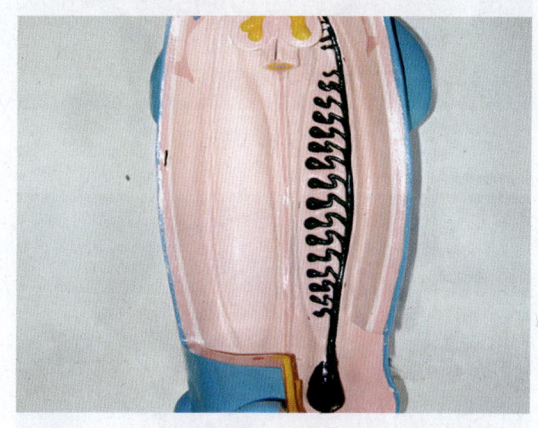

图2-2-19-1 前肾发生

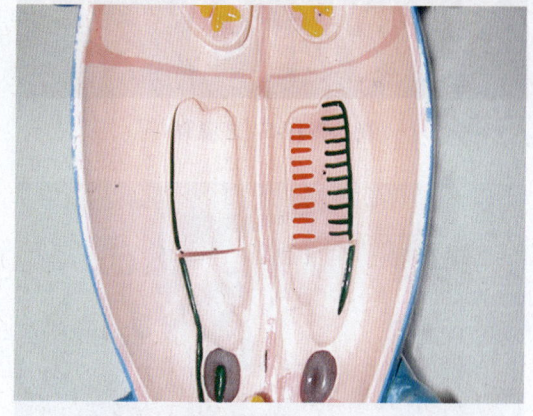

图2-2-19-2 中肾发生

2. 先天性畸形

（1）多囊肾：集合小管与远端小管未能接通。在肾的组织中出现大小不等的囊泡（图2-2-19-5）。

（2）马蹄肾：左右肾的下端连接在一起，呈"U"字形（图2-2-19-6）。

（3）异位肾：后肾停留在骨盆腔，未能升达正常的位置。

（二）生殖腺及生殖管道的发生

1. 观察正常发生模型（图2-2-19-7、图2-2-19-8、图2-2-19-9、图2-2-19-10）

（1）5周人胚胚体后半部（同上）：在中肾内侧可见一对梭形隆起，（是什么结构，来源于哪个胚层）。在中肾管外侧可见一对中肾旁管（它的另一个名称是什么？）。原始生殖细胞起源于何处？怎样进入生殖腺嵴？

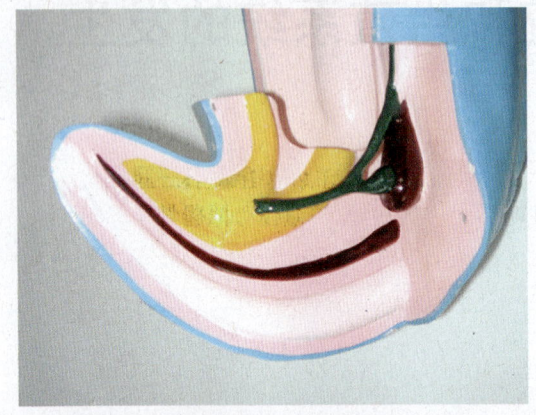

图 2-2-19-3　后肾发生

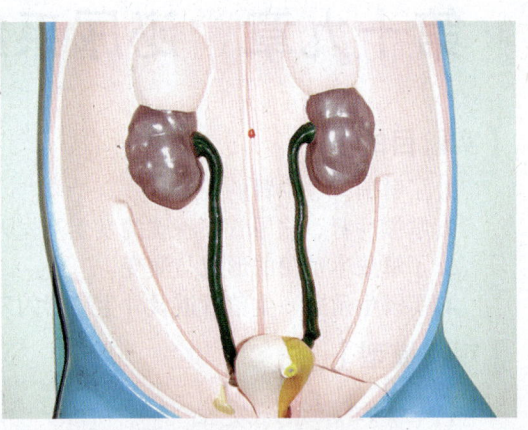

图 2-2-19-4　膀胱发生

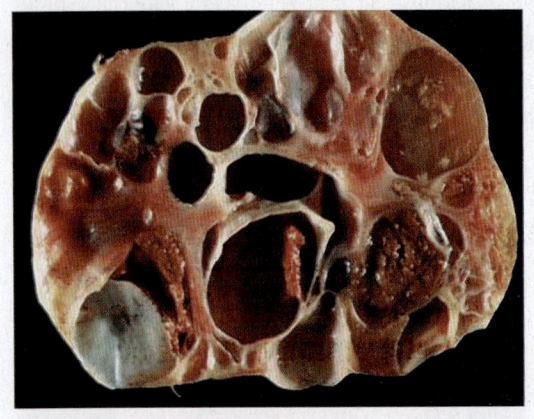

图 2-2-19-5　多囊肾

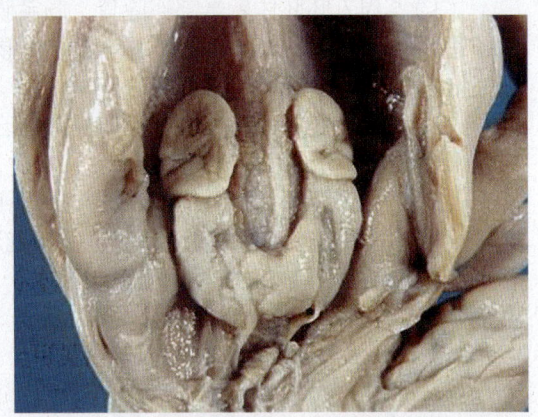

图 2-2-19-6　马蹄肾

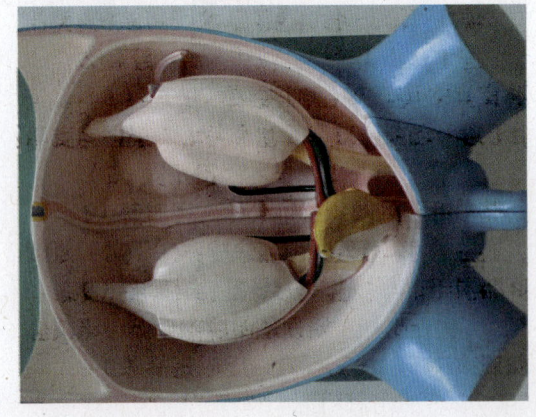

图 2-2-19-7　生殖系统发生Ⅰ

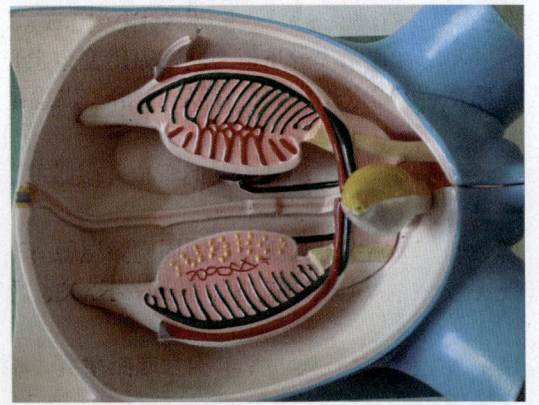

图 2-2-19-8　生殖系统发生Ⅱ

（2）9周人胚胚体后半部（同上）：生殖腺嵴明显增大，注意观察中肾管和中肾旁管的起止，走行有何不同？睾丸、中肾管和男性生殖管道之间有什么关系？中肾旁管和女性生殖管道有什么关系？阴道起源于何处？

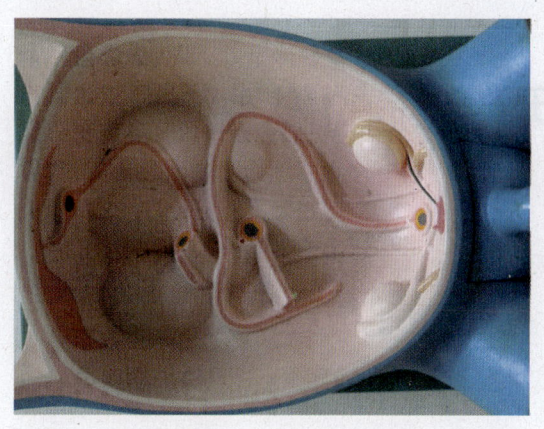
图 2-2-19-9　生殖系统发生Ⅲ

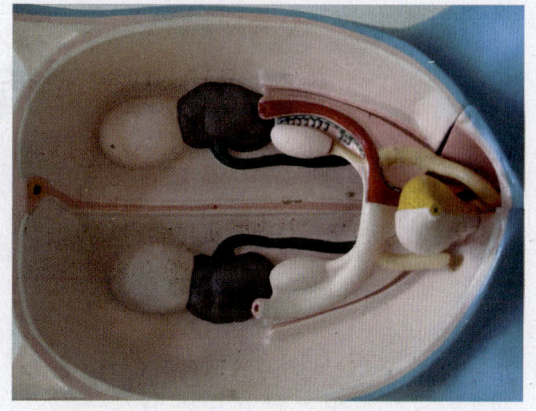
图 2-2-19-10　生殖系统发生Ⅳ

2. 先天性畸形

（1）先天性腹股沟疝：鞘突腔与腹腔之间的通道没有闭合。

（2）隐睾：睾丸未下降到阴囊，停留在腹股沟管等处。

（3）双子宫：由于中肾旁管下段没有合并所致。双角子宫与双子宫有何不同？

（4）阴道闭锁：或因窦结节未形成阴道板，或因阴道板未形成管腔，有的为处女膜未穿通。

（三）外生殖器的发生

1. 观察正常发生模型

（1）未分化期（9 周前）：了解男性和女性外生殖器发生的原基。注意生殖结节、尿生殖褶、阴唇隆起、阴唇隆起的来源和位置。

（2）9 周人胚胚体后半部：总结男性外生殖器的分化。参照模型说出阴茎、阴囊的演变过程。

（3）9 周人胚胚体后半部：女性外生殖器的分化。大阴唇与小阴唇的来源有何不同？

2. 先天性畸形　尿道下裂是男性外生殖器常见畸形，根据模型，分析其成因。

（李晓明）

第二十章 循环系统的发生

【实验目的】

1. 掌握心脏的发生以及心脏和大血管的先天性畸形。
2. 掌握胎儿血循环的特点。

【观察模型】

（一）原始心血管系统的建立

1. 血岛的发生

观察1号模型：显示人胚第15～16天，卵黄囊壁的胚外中胚层内出现血岛。（图2-2-20-1）。

2. 原始心血管系统的发生和演变　观察人胚模型2～3号。

2号模型：左右心管已合并为一条，位于前肠腹面的围心腔（红色）内。第一对弓动脉与前肠背面的背主动脉相连。背主动脉发出分支到卵黄囊和尿囊，分别称卵黄动脉和尿囊动脉。卵黄静脉与心脏相连。尿囊静脉沿着体壁中胚层与羊膜胚外中胚层交界处由尾向头延伸进入原始横膈中。（图2-2-20-2）。

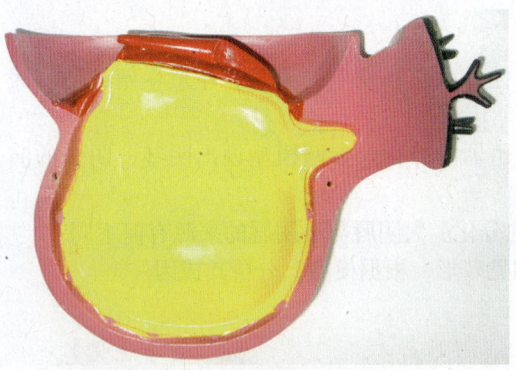

图2-2-20-1　1号模型　矢状面观

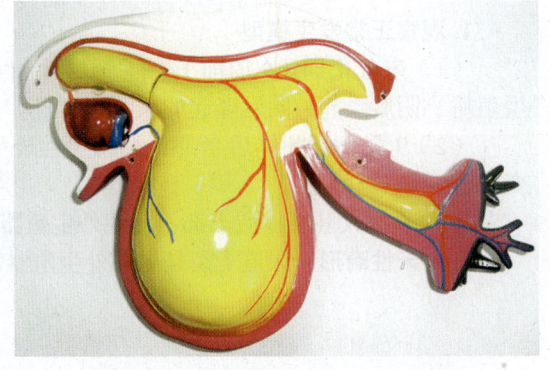

图2-2-20-2　2号模型　矢状面观

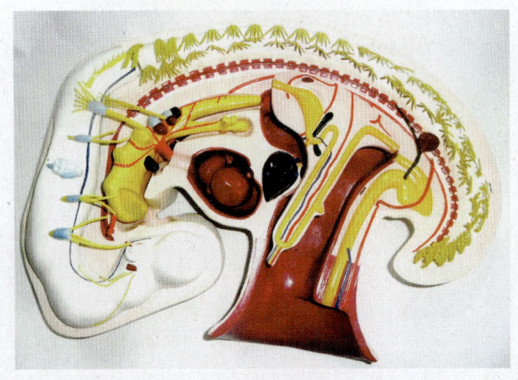

图2-2-20-3　3号模型　矢状面观

3号模型：在前肠腹侧，可见动脉干与动脉囊相连。动脉囊发出6对弓动脉，在前肠背侧连于左右背主动脉，左右背主动脉在咽的尾端合并。原起于背主动脉的卵黄动脉最后形成分布在前肠的腹腔动脉、分布在中肠的肠系膜上动脉和分布在后肠的肠系膜下动脉，卵黄囊静脉汇入肝憩室中，将发育为门静脉（图2-2-20-3）。

（二）心脏的外形演变

观察心脏发生模型4～6号。

胚胎第21天，1对心管合并为1个。同时心管上形成3个膨大，从头端依次为心球、心室和心房，心球头段变细称动脉干，与动脉囊相连，心房尾端与静脉窦相连。由于心球与心室快速生长,并从腹侧向尾端生长,在心球与心室之间形成"U"形的球室袢,心球尾段演变成右心室,原来的心室则演变为左心室。而心房则从背侧向头端生长移向心室、心球和动脉干的背侧。这样形成了心管的"S"形弯曲。同时,心房因腹侧动脉干和背侧食道的限制而向左右两侧膨出,与心房相连的静脉窦也向左右两侧膨出,形成静脉窦的左右角。约胚胎第 35 天,心脏初具成体心脏的外形(图 2-2-20-4 ~ 图 2-2-20-6)。

(三)心脏内部分隔

观察正常发生模型(7 号~ 14 号模型,图 2-2-20-7 ~ 图 2-2-20-14)

1. 房室管分隔 可见房室管的腹侧壁和背侧壁正中线上各形成一个心内膜垫,将房室管分为左右房室孔。

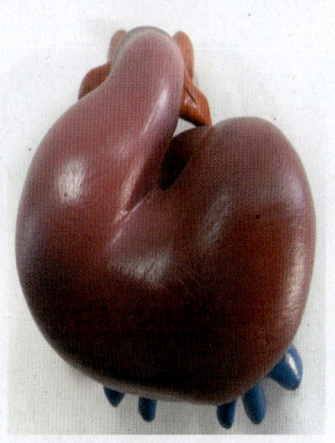

图 2-2-20-4 4 号模型 腹面观

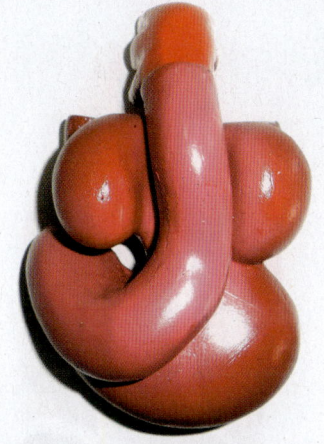

图 2-2-20-5 5 号模型 腹面观

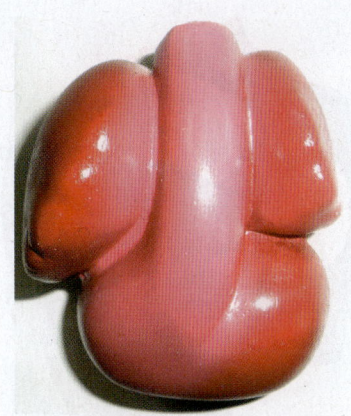

图 2-2-20-6 6 号模型 腹面观

图 2-2-20-7 7 号模型

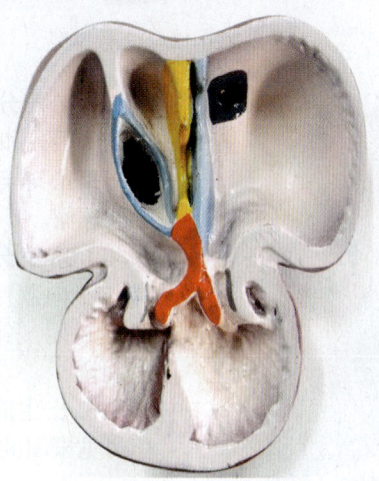

图 2-2-20-8 8 号模型

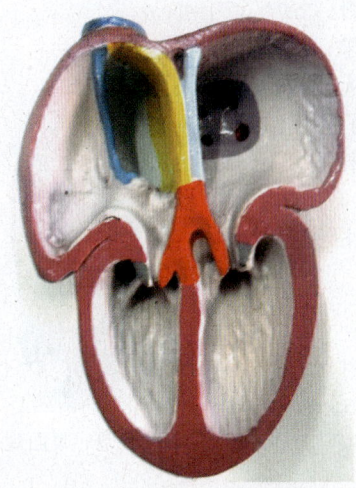
图 2-2-20-9　9号模型

图 2-2-20-10　10号模型

图 2-2-20-11　11号模型

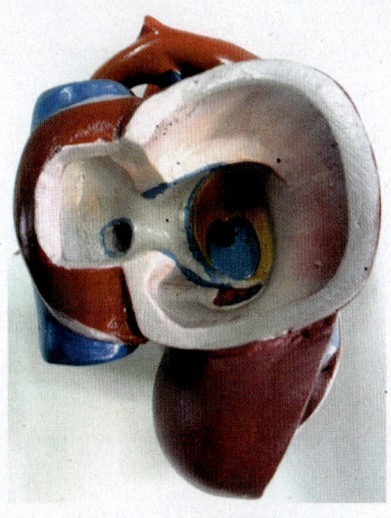
图 2-2-20-12　12号模型

图 2-2-20-13　13号模型

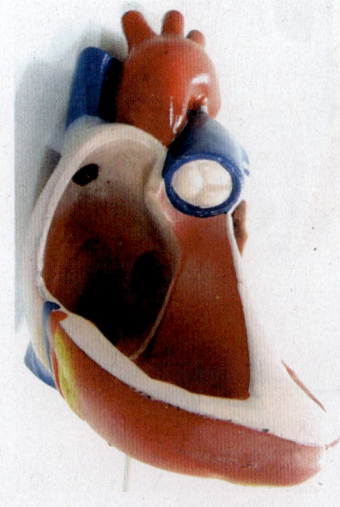
图 2-2-20-14　14号模型（房间隔缺损）

2. 心房分隔　可见第一房间隔、第二房间隔、第一房间孔、第二房间孔和卵圆孔。

3. 心球与动脉干的分隔　可见两个相互对应螺旋走行的动脉球嵴。

4. 心室分隔　肌性室间隔向心内膜垫方向生长，游离缘与心内膜垫之间留有室间孔。第7周末，该孔由膜性室间隔封闭。第8周人胚心脏可见二尖瓣，三尖瓣及完整的室间隔。

5. 出生前的心脏　外形及内部结构与成体心脏大体相似，但可见未闭的卵圆孔。

（四）常见畸形

1. 房间隔缺损　常发生在卵圆孔部位，胎儿出生后，房间隔上留有一孔道、使左、右心房相通（图2-2-20-14）。

2. 室间隔缺损　常见为膜性室间隔缺损（图2-2-20-15）。

3. 法洛氏四联症 （图 2-2-20-16）。
4. 动脉导管未闭 （图 2-2-20-17）。

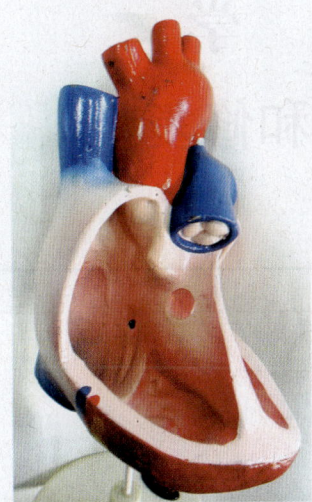 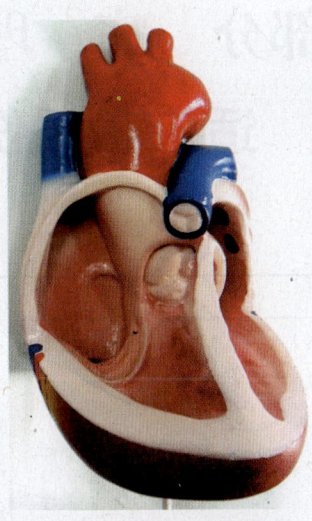 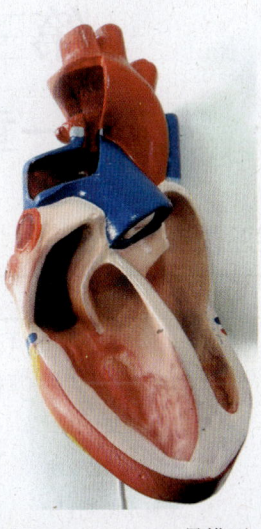

图 2-2-20-15　15 号模型（室间隔缺损）　　图 2-2-20-16　16 号模型（法洛氏四联症）　　图 2-2-20-17　17 号模型（动脉导管未闭）

（张　莉）

第三部分 病 理 学
第一章 适应、损伤和修复

【实验内容】

大体标本	组织切片
1. 肾压迫性萎缩（肾盂积水）	1. 肝脂肪变性
2. 心脏肥大（高血压病心脏）	2. 肾水样变性
3. 肝脂肪变性	3. 脾中央动脉透明变性
4. 心肌脂肪变性	4. 结缔组织透明变性
5. 肝水样变性	5. 肝细胞坏死
6. 脾凝固性坏死	6. 肾凝固性坏死
7. 足湿性坏疽	7. 肉芽组织
8. 肾干酪样坏死（肾结核）	8. 病理性色素沉积（皮内痣）

【目的要求】

1. 掌握萎缩、肥大、增生、化生的概念，熟悉萎缩、肥大、化生的形态特征。
2. 掌握常见变性的概念、好发部位、形态特征。
3. 掌握坏死的基本病变、类型及其形态特征。
4. 熟悉各种变性、坏死的相互关系及其后果。

一、大体标本

（一）肾压迫性萎缩（肾盂积水）（pressure atrophy of kidney）

【观察内容】 图 2-3-1-1，肾脏体积明显增大，但肾实质变薄，皮髓质分界不清，肾盂肾盏极度扩张呈囊状。

【作业与思考题】 该肾体积明显增大，为何还称为萎缩？

（二）心脏肥大（hypertrophy of heart）

【观察内容】 图 2-3-1-2，该标本为高血压病患者的心脏。心脏体积明显增大，重量增加，左心室壁增厚（正常左心室壁厚约 9~12mm）达 2cm，乳头肌、肉柱增粗，但心腔无明显扩张，为向心性肥大。

（三）肝脂肪变性（fatty degeneration of liver）

【观察内容】 图 2-3-1-3，肝脏体积略增大，被膜光滑、紧张，边缘变钝，表面及切面呈黄色，手触摸有油腻感。

图 2-3-1-1 肾压迫性萎缩
肾实质变薄，肾盂肾盏囊性扩张

图 2-3-1-2　心脏肥大　左心室壁明显增厚

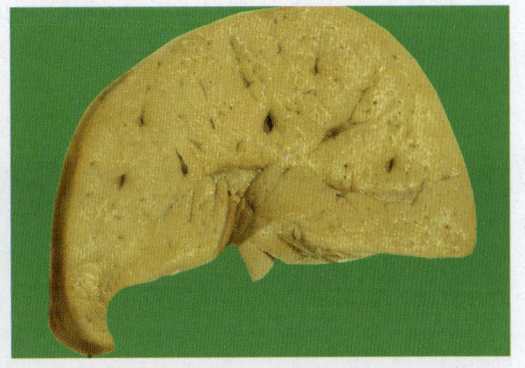
图 2-3-1-3　肝脂肪变性
肝脏体积略增大，表面及切面呈黄色

（四）心肌脂肪变性（fatty degeneration of myocardium）

〖观察内容〗　图 2-3-1-4，此标本为小儿左心的一部分，用苏丹Ⅲ染色，心内膜及心肌的脂肪被染成橘红色。在心肌脂肪变性时，变性的心肌和正常的心肌相间存在，状似虎的斑纹，故称"虎斑心"。但此标本的病变较弥漫，心肌和心内膜被染成片状的橘红色。（注意：心外膜的橘红色区域为正常的脂肪组织）。

（五）肝水样变性（hydropic degeneration of liver）

〖观察内容〗　图 2-3-1-5，肝脏体积增大，被膜紧张，切面隆起，固有管道相对回缩，切缘外翻，肝脏失去正常光泽，颜色暗淡犹如水煮过状。

图 2-3-1-4　心肌脂肪变性
心内膜下的心肌和乳头肌染成橘红色（苏丹Ⅲ染色）

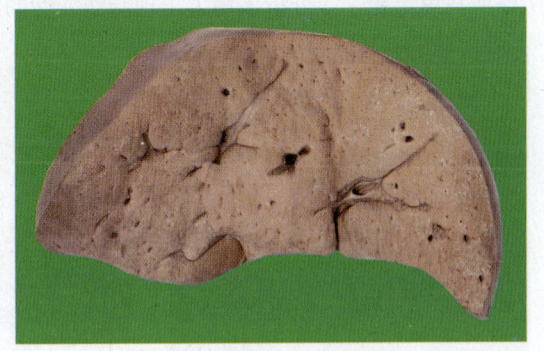
图 2-3-1-5　肝水样变性
肝脏失去正常光泽，颜色暗淡犹如水煮过状

（六）脾凝固性坏死（coagulative necrosis of spleen）

〖观察内容〗　图 2-3-1-6，切面可见灰白色坏死灶，坏死区域质地干燥、坚实，向被膜面隆起。切面及被膜面坏死灶周围可见红褐色充血出血带。切面的密集灰白色小结节为肿瘤组织。

（七）足湿性坏疽（foot moist gangrene）

【观察内容】 图2-3-1-7，左足大部分组织坏死，坏死表面呈污秽之黑色，表面湿润、肿胀。坏死区域和正常组织界限不清。

【作业与思考题】 坏疽组织为什么常是黑色？干性坏疽和湿性坏疽有什么区别？

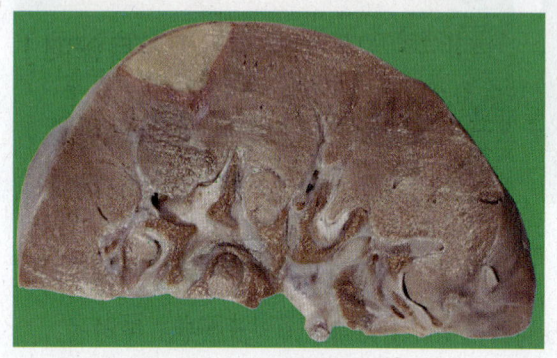

图2-3-1-6 脾凝固性坏死
坏死区域质地干燥、坚实，向被膜面隆起

图2-3-1-7 足湿性坏疽
左足大部分组织坏死，坏死区呈黑色

（八）肾干酪样坏死（肾结核）（caseous necrosis of kidney）

【观察内容】 图2-3-1-8，肾大部分组织被坏死物取代。坏死物为淡白色（新鲜时为淡黄色）豆腐渣样，部分区域可见空洞形成。

二、组织切片

（一）肝脂肪变性（fatty degeneration of liver）

【观察内容】 图2-3-1-9，肝细胞浆内出现大小不等、数量不一的圆形空泡（为脂肪滴所在位置），肝小叶的中央带和中间带改变较明显。病变严重时空泡增大，肝细胞核被挤压向肝细胞一侧。

【作业与思考题】 分析该病人出现脂肪变性的原因。

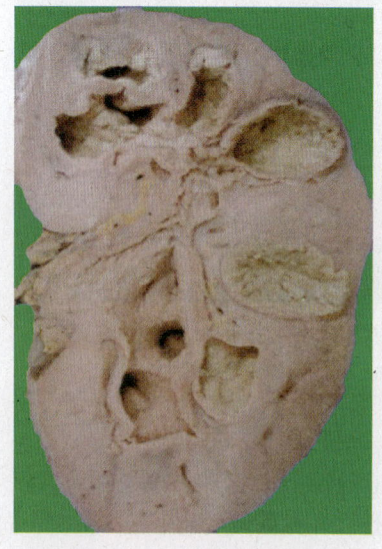

图2-3-1-8 肾干酪样坏死
肾大部分组织被干酪样坏死物取代

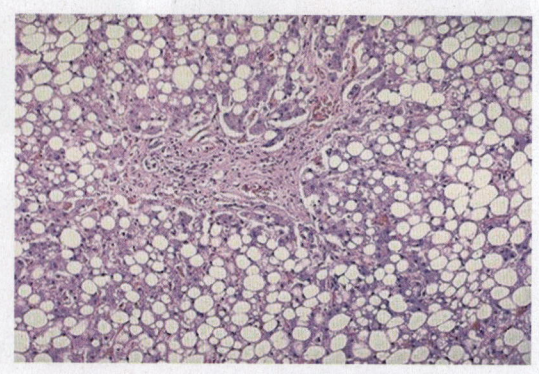

图2-3-1-9 肝脂肪变性
肝细胞内出现大小不等、数量不一的脂肪空泡

（二）肾水样变性（hydropic degeneration of kidney）

【观察内容】 图 2-3-1-10，近曲小管上皮细胞肿胀变大变圆，突入管腔，致管腔变狭小，呈星芒状。肾小球和其他曲管无变化。选一近曲小管仔细观察，上皮细胞体积增大，边界不清，细胞质内充满淡红色细颗粒状物质。

（三）脾中央动脉透明变性（hyaline degeneration of splenic central arteriolels）

【观察内容】 图 2-3-1-11，脾白髓区的中央动脉管壁增厚，管腔变窄，有的近于闭塞。增厚的管壁呈均匀一致的红染。

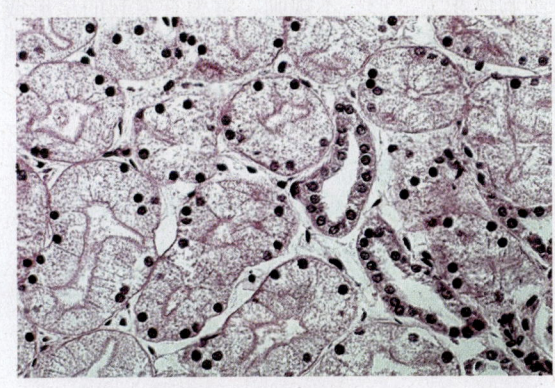

图 2-3-1-10 肾水样变性

近曲小管上皮细胞体积增大，细胞质内充满淡红色细颗粒状物质

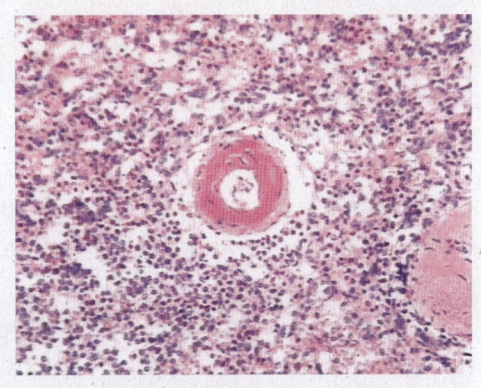

图 2-3-1-11 脾中央动脉透明变性

动脉管壁增厚，管腔变窄，呈均匀一致的红染

（四）结缔组织透明变性（hyaline degeneration of connective tissue）

【观察内容】 图 2-3-1-12，镜下由结缔组织和脂肪组织构成，结缔组织呈一致无结构的红染，可见少量纤维细胞成分。

（五）肝细胞坏死（liver cell necrosis）

【观察内容】 图 2-3-1-13，镜下可见散在灶状肝细胞坏死区及脂肪变性。坏死区肝细胞浆红染，细胞核体积变小，染色变深，为核浓缩。并可见核碎裂及核溶解。

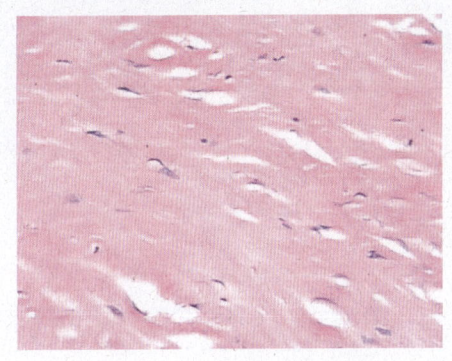

图 2-3-1-12 结缔组织透明变性

结缔组织呈一致无结构的红染

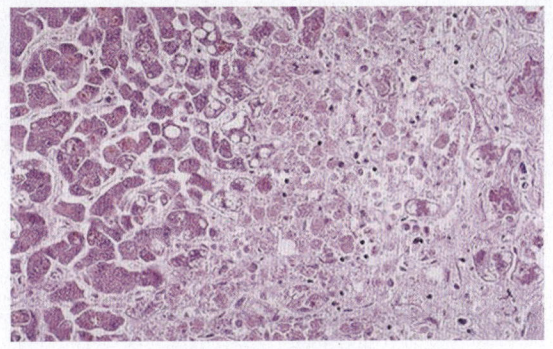

图 2-3-1-13 肝细胞坏死

灶状肝细胞坏死

（六）肾凝固性坏死（coagulative necrosis of kidney）

【观察内容】 图 2-3-1-14，镜下见坏死区肾小球、肾小管均已坏死，主要表现为细胞

核的溶解消失，但肾小球、肾小管轮廓尚可辨认。

（七）肉芽组织（granulation tissue）

〖观察内容〗 图 2-3-1-15，肉芽组织主要由成纤维细胞、新生毛细血管及大量炎细胞组成。表浅部新生毛细血管的方向大致与肉芽的表面垂直；间质疏松水肿，有较多炎细胞浸润，多为中性粒细胞，此外可见淋巴细胞、巨噬细胞及浆细胞；纤维母细胞体积大，形态不规则，常为有突起的星形或梭形，细胞质丰富略呈嗜碱性，细胞核圆形、卵圆形，染色质稀疏，染色淡，核仁明显。

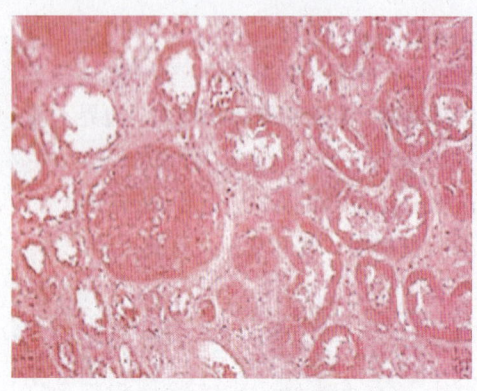

图 2-3-1-14 肾凝固性坏死

肾小球、肾小管均已坏死，但肾小球、肾小管轮廓尚可辨认

（八）病理性色素沉积（皮内痣，intradermal nevus）

〖观察内容〗 图 2-3-1-16，真皮层内痣细胞成团或灶状分布。细胞为圆形、椭圆形，大小不一，小者似淋巴细胞，大者细胞质丰富似上皮细胞，部分痣细胞内有多少不等的色素。

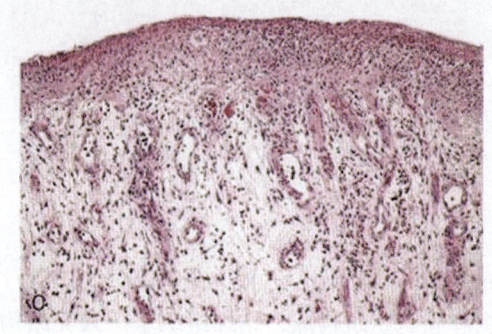

图 2-3-1-15 肉芽组织

由成纤维细胞、新生毛细血管及大量炎细胞组成

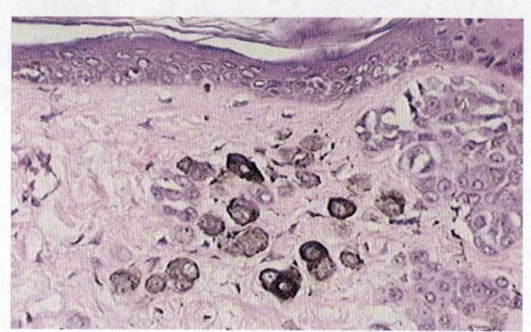

图 2-3-1-16 病理性色素沉积

真皮层内痣细胞成团或灶状分布，痣细胞内有多少不等的色素

（杨春雨）

第二章 局部血液循环障碍

【实验内容】

大体标本	组织切片
1. 慢性肺淤血	1. 慢性肺淤血
2. 慢性肝淤血	2. 慢性肝淤血
3. 静脉内血栓	3. 混合血栓（白色为主）
4. 脾贫血性梗死	4. 肾贫血性梗死
	5. 肺出血性梗死

【目的要求】

1. 掌握血栓的形态特征、类型，了解血栓形成原因，熟悉血栓的类型结局及对机体的影响。
2. 了解栓塞的概念及种类，栓塞对机体的影响。
3. 掌握肺和肝慢性淤血的形态特点。
4. 掌握梗死的形态特点。

一、大体标本

（一）慢性肺淤血（chronic congestion of the lung）

〖观察内容〗 图 2-3-2-1，受累肺叶充实饱满，胸膜紧张、光滑，边缘变钝。肺切面呈一致性暗红色，质地变实，失去肺正常的疏松状态。

（二）慢性肝淤血（chronic congestion of the liver）

〖观察内容〗 图 2-3-2-2，肝表面光滑，被膜紧张，体积稍大。表面及切面可见弥漫分布的红色（经福尔马林固定后可呈棕褐色）与黄色相间的斑纹，形似槟榔，故又称槟榔肝。

图 2-3-2-1 慢性肺淤血
肺切面呈一致性暗红色，质地变实

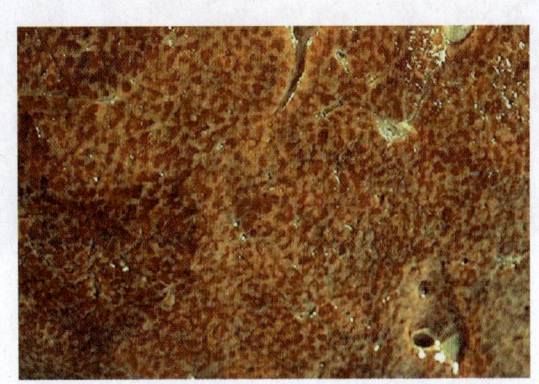

图 2-3-2-2 慢性肝淤血
切面可见弥漫分布的红色与黄色相间的斑纹

（三）静脉混合血栓（mixed thrombus of the vein）

【观察内容】 图 2-3-2-3，静脉内被固形物堵塞。从剖开的血管内可见其为褐色圆柱状，表面干燥无光泽，与血管紧密相连不易剥离。

（四）脾贫血性梗死（anemic infarct of the spleen）

【观察内容】 图 2-3-2-4，脾的被膜面和切面可见梗死灶。被膜面的梗死灶向下凹陷，切面梗死灶呈楔形，尖朝向脾门，底部朝向脾的被膜。梗死灶灰白、致密，与周围组织界限清楚。

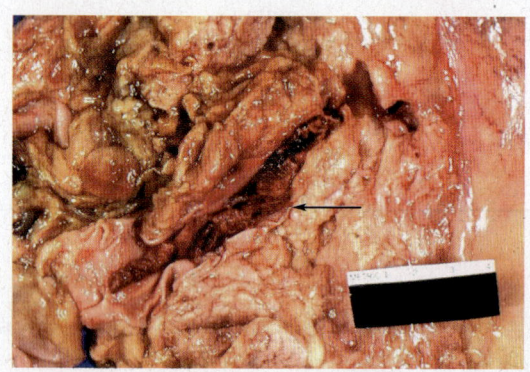

图 2-3-2-3 静脉混合血栓
血管内可见褐色圆柱状血栓（箭头所示）

图 2-3-2-4 脾贫血性梗死
切面梗死灶呈楔形，尖朝向脾门，底部朝向脾的被膜

二、组织切片

（一）慢性肺淤血（chronic congestion of the lung）

【观察内容】 图 2-3-2-5，肺泡壁毛细血管扩张充血，纤维结缔组织增生致使肺泡壁增厚。肺泡腔可见较多巨噬细胞和心力衰竭细胞，后者细胞质内含多量棕色颗粒。部分肺泡腔内可见红细胞（出血）及淡粉色的蛋白水肿液。

（二）慢性肝淤血（chronic congestion of the liver）

【观察内容】 图 2-3-2-6，肝小叶的中央带和中间带充血、出血，相邻肝小叶的充血出血区相互连接。充血、出血区域的肝细胞萎缩消失，肝小叶周边带的肝细胞脂肪变性。

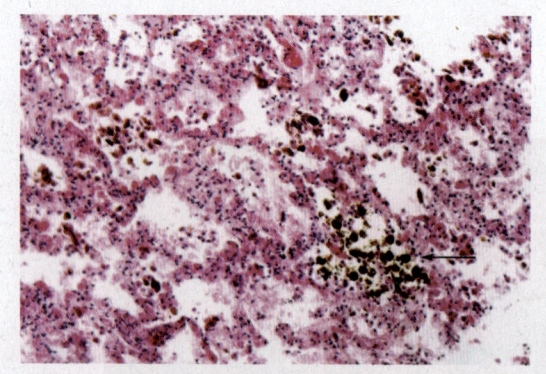

图 2-3-2-5 慢性肺淤血
心力衰竭细胞（箭头所示）

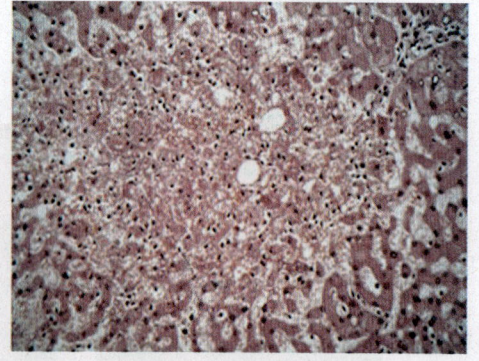

图 2-3-2-6 慢性肝淤血
肝小叶内充血、出血与脂肪变性相间

（三）混合血栓（mixed thrombus of the vein）

【观察内容】 图 2-3-2-7，闭塞静脉内可见粉染带状、条索状或块状的血小板梁，有分

枝相互连接，其间有粉染丝状纤维素网，网眼内可见大量红细胞及少量白细胞。血栓周边可见肉芽组织长入。

（四）肾贫血性梗死（anemic infarct of the kidney）

〖观察内容〗 图2-3-2-8，梗死区为淡粉色，无细胞核结构，但仍可见肾组织结构轮廓。梗死区周围可见充血出血带。

（五）肺出血性梗死（hemorrhagic infarct of lung）

〖观察内容〗 图2-3-2-9，梗死区内肺组织均已坏死并有出血，肺泡壁之轮廓尚可辨认，但细胞核已溶解消失。肺泡腔内充满血液，红细胞开始崩解。梗死区周围肺泡壁毛细血管扩张充血，肺泡腔内可见大量红细胞及巨噬细胞。

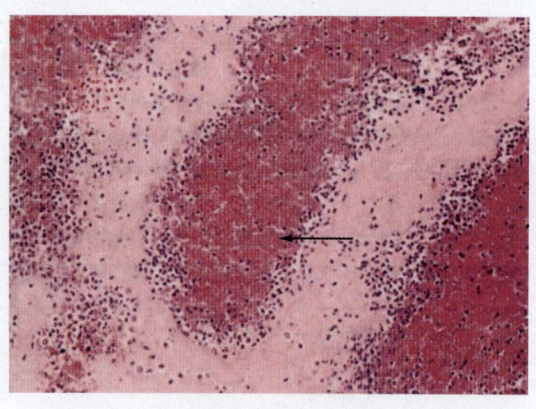

图2-3-2-7 混合血栓
大量红细胞（箭头所示）

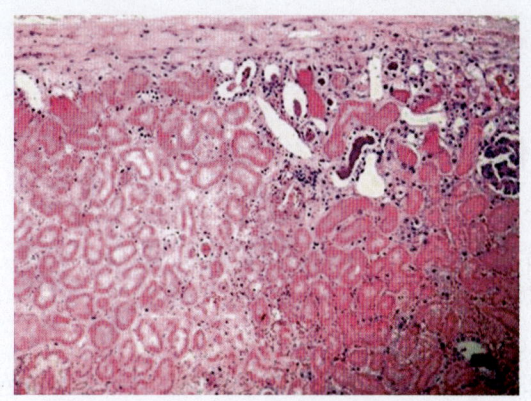

图2-3-2-8 肾贫血性梗死
梗死区为淡粉色，无细胞核结构，但仍可见肾组织结构轮廓

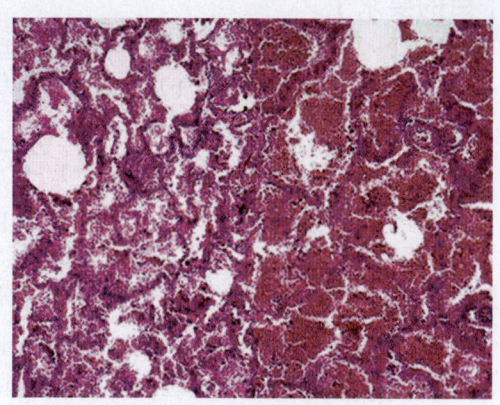

图2-3-2-9 肺出血性梗死
右侧为梗死区，左侧为肺淤血

（魏国华）

第三章 炎 症

【实验内容】

大体标本	组织切片
1. 纤维素性心包炎	1. 炎细胞
2. 白喉假膜	2. 纤维素性心包炎
3. 肺脓肿	3. 纤维素性结肠炎
4. 蜂窝织炎性阑尾炎	4. 肺脓肿
	5. 蜂窝织炎性阑尾炎
	6. 鼻息肉

【目的要求】

1. 掌握炎症的基本病变、病理类型及各类型炎症的病变特点。
2. 熟悉炎症的发生、发展及其局部表现与全身反应。

一、大体标本

（一）纤维素性心包炎（fibrinous pericarditis）

〖观察内容〗 图 2-3-3-1，心包失去正常光泽，表面完全被渗出物覆盖，血管看不清。渗出物为黄白色，有些渗出物呈绒毛状，故称绒毛心。

（二）白喉假膜（pseudomembrane of diphtheria）

〖观察内容〗 图 2-3-3-2，舌根部、咽部、气管及支气管的黏膜表面覆盖着一层灰白色膜状物。舌根部和咽部的假膜与下层结缔组织连接紧密，不易剥离。气管和支气管内的假膜与下层组织连接疏松，容易剥离脱落。

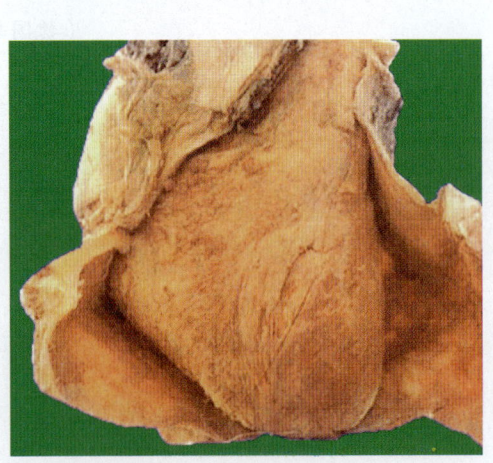

图 2-3-3-1 纤维素性心包炎
心包表面黄白色的纤维素性渗出物呈绒毛状

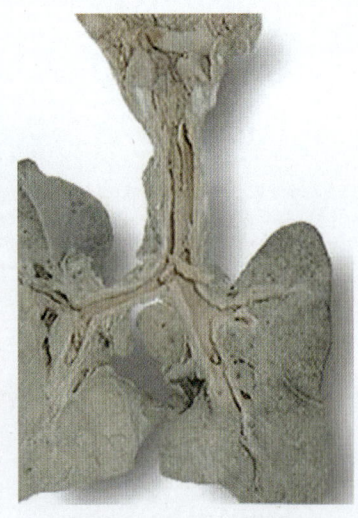

图 2-3-3-2 白喉假膜
黏膜表面覆盖着一层灰白色膜状物，气管内的假膜已剥脱

（三）肺脓肿（abscess of lung）

〖观察内容〗 图 2-3-3-3，上叶中部可见一脓腔，其内可见黄白色脓性渗出物。脓肿周围有纤维结缔组织形成的脓肿壁包绕。

（四）蜂窝织炎性阑尾炎（phlegmonous appendicitis）

〖观察内容〗 图 2-3-3-4，阑尾肿胀增粗，阑尾腔扩张，表面血管扩张充血，可见灰白色脓性渗出物。

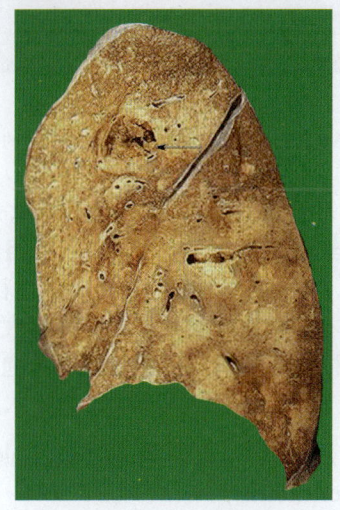

图 2-3-3-3　肺脓肿
脓腔内可见黄白色脓性渗出物（箭头所示）

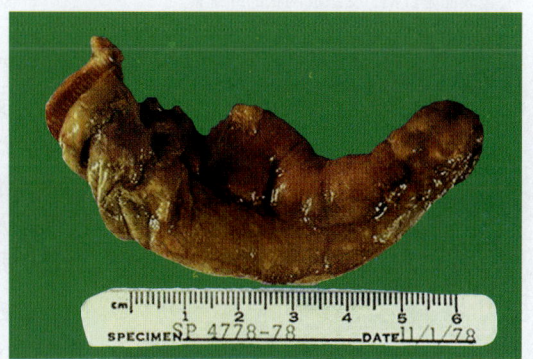

图 2-3-3-4　蜂窝织炎性阑尾炎
阑尾增粗，表面可见灰白色脓性渗出

二、组织切片

（一）炎细胞（inflammatory cells）

〖观察内容〗 图 2-3-3-5。

1. 中性粒细胞 细胞核分叶状，多为 2～5 个核叶，胞质丰富。

2. 巨噬细胞 细胞体积大，核圆形、卵圆形、肾形，胞质丰富。

3. 淋巴细胞 细胞体积小，核圆形深染，胞质很少。

4. 浆细胞 细胞圆形，核深染偏向一侧，胞质丰富，略嗜碱性。

5. 嗜酸性粒细胞 细胞核分叶状，多为两个核叶，胞质丰富，内含均匀粗大的嗜酸性颗粒。

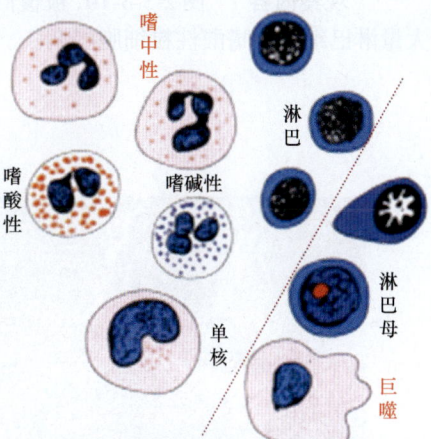

图 2-3-3-5　常见的几种炎细胞

（二）纤维素性心包炎（fibrinous pericarditis）

〖观察内容〗 图 2-3-3-6，心包表面为纤维素渗出，纤维素为粉染颗粒状无结构物质，呈网状分布。

（三）纤维素性结肠炎（黏膜之假膜性炎）（Fibrinous colitis）

〖观察内容〗 图 2-3-3-7，切片取自结肠，黏膜坏死，有处表面有脱落的膜样物。坏死的黏膜表层组织与纤维素、白细胞形成膜样物——假膜。黏膜下层可见血管扩张充血，间质水肿，淋巴细胞，嗜酸性粒细胞浸润。

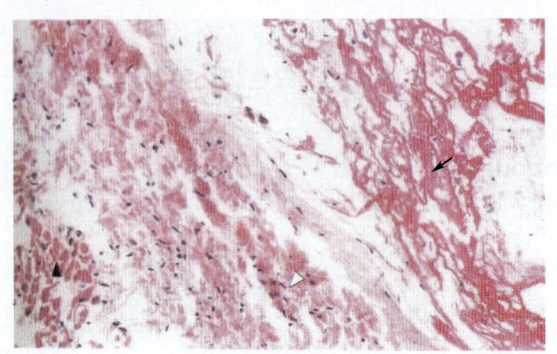

图 2-3-3-6　纤维素性心包炎
心包表面是红染、交织成网状的纤维素

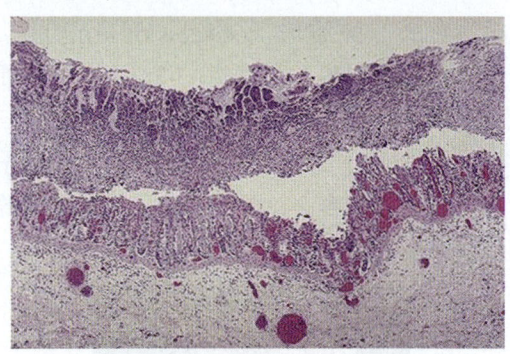

图 2-3-3-7　纤维素性结肠炎
肠黏膜表面为坏死组织和炎性渗出物构成的假膜

（四）肺脓肿（abscess of lung）

【观察内容】　图 2-3-3-8，肺组织内可见脓肿灶，脓肿中心为变性坏死的中性粒细胞。周围肺泡内有多量纤维素渗出，并有大量中性粒细胞及脓细胞浸润，周边肺组织肺泡壁毛细血管扩张充血，肺泡腔内有大量粉染水肿液。

（五）蜂窝织炎性阑尾炎（phlegmonous appendicitis）

【观察内容】　图 2-3-3-9，阑尾壁各层均有大量中性粒细胞浸润，并见脓细胞，小血管扩张充血，阑尾系膜也有此改变。

（六）鼻息肉（nasal polyp）

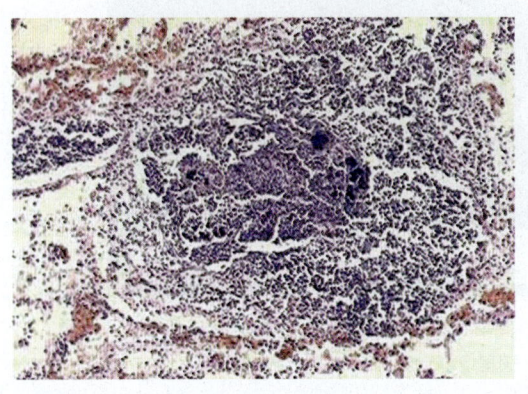

图 2-3-3-8　肺脓肿
脓肿中心为大量变性坏死的中性粒细胞

【观察内容】　图 2-3-3-10，被覆假复层纤毛柱状上皮，部分区域鳞状上皮化生，间质水肿，大量淋巴细胞、嗜酸性粒细胞浸润。

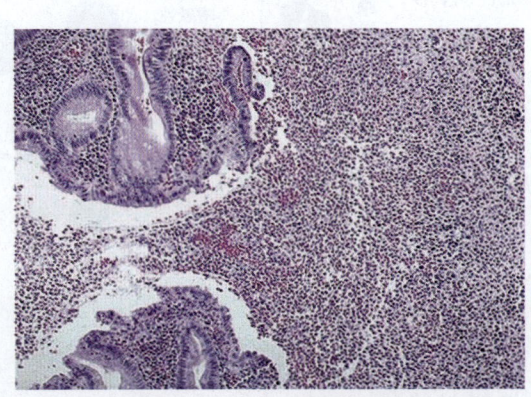

图 2-3-3-9　蜂窝织炎性阑尾炎
阑尾壁各层均有大量中性粒细胞浸润

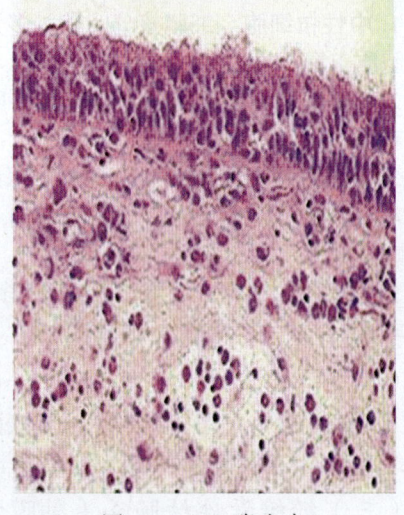

图 2-3-3-10　鼻息肉
表面被覆假复层纤毛柱状上皮，间质大量淋巴细胞、嗜酸性粒细胞浸润

（魏国华）

第四章 肿 瘤

【实验内容】

大体标本	组织切片
1. 乳头状瘤	1. 乳头状瘤
2. 鳞状细胞癌	2. 鳞状上皮细胞癌
3. 肠息肉状腺瘤	3. 大肠息肉状腺瘤
4. 肠腺癌	4. 腺癌
5. 黏液性囊腺瘤	5. 黏液腺癌
6. 浆液性囊腺癌	6. 黏液性囊腺瘤
7. 转移瘤	7. 乳腺纤维腺瘤
8. 纤维瘤	8. 多形性腺瘤
9. 脂肪瘤	9. 淋巴结转移癌
10. 子宫平滑肌瘤	10. 纤维瘤
11. 肝海绵状血管瘤	11. 纤维肉瘤
12. 纤维肉瘤	12. 脂肪瘤
13. 骨肉瘤	13. 平滑肌瘤
14. 畸胎瘤	14. 毛细血管瘤
	15. 骨肉瘤
	16. 恶性纤维组织细胞瘤

【目的要求】

1. 通过对肿瘤标本和切片的观察,从肿瘤的细胞与组织的分化、生长方式、生长速度、有无转移以及对机体的危害等各个方面比较良性肿瘤和恶性肿瘤的异同及各自的特点。
2. 掌握肿瘤组织结构与细胞形态的异型性。
3. 掌握常见肿瘤的分类、命名原则。
4. 掌握常见性肿瘤的特点。

一、大 体 标 本

(一)乳头状瘤(papilloma)

〖观察内容〗 图2-3-4-1,肿瘤近于圆形,由许多手指样或乳头状突起构成,外观呈绒毛状。

(二)鳞状细胞癌(squamous cell carcinoma)

〖观察内容〗 图2-3-4-2,阴茎龟头处可见菜花形肿物,灰白色,质地粗糙干燥,并向深层呈浸润性生长,阴茎海绵体等正常组织被癌组织破坏。

(三)肠息肉状腺瘤(papilloid adenoma of intestinal wall)

〖观察内容〗 图2-3-4-3,肠黏膜表面有多个息肉状肿物突入肠腔,息肉有蒂与底部肠黏膜相连，界限清楚。

图 2-3-4-1 乳头状瘤
肿瘤由许多乳头状突起构成

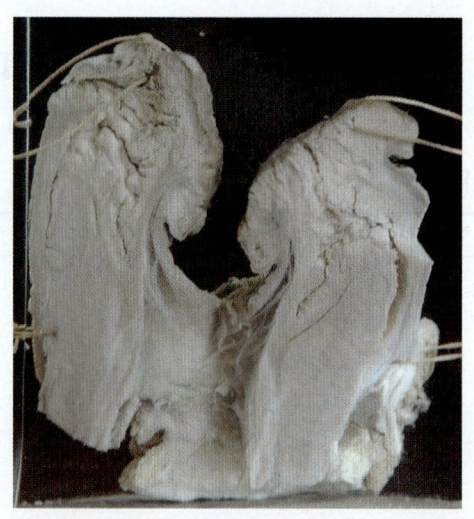

图 2-3-4-2 鳞状细胞癌
肿物向深层呈浸润性生长破坏阴茎海绵体

（四）肠腺癌（intestinal adenocarcinoma）

〖观察内容〗 图 2-3-4-4，肿物突入肠腔内，呈菜花状，表面出血坏死，癌组织浸润肠壁向深层生长。

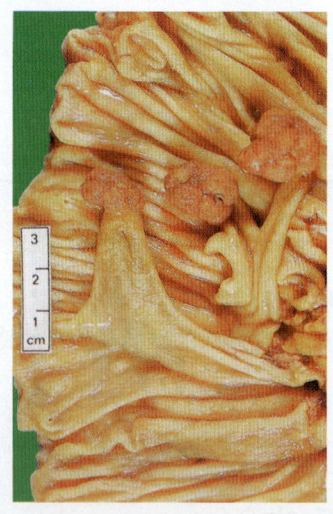

图 2-3-4-3 肠息肉状腺瘤
肠黏膜表面有多个息肉状肿物突入肠腔

图 2-3-4-4 肠腺癌
肿物呈不规则菜花状

（五）黏液性囊腺瘤（mucinous cystadenoma）

〖观察内容〗 图 2-3-4-5，囊性肿物，切面为多房，囊腔大小不等，囊壁较薄，内表面光滑，囊腔内充满黏液。

（六）浆液性囊腺癌（serous cystadenocarcinoma）

〖观察内容〗 图 2-3-4-6，囊性肿物，体积较大，囊腔内为分支复杂的乳头状物，灰白色，质地干燥粗糙。

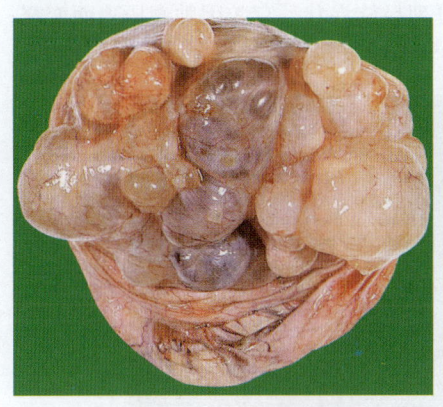 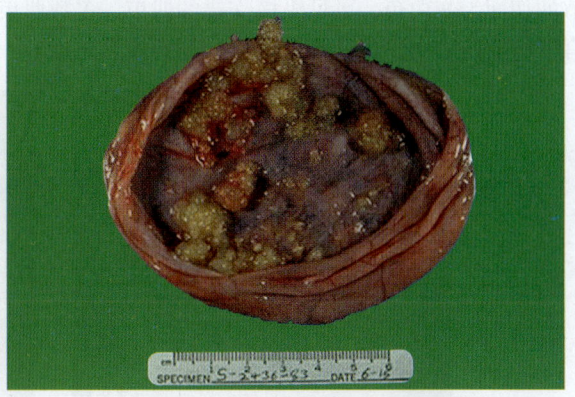

图 2-3-4-5　黏液性囊腺瘤
囊性肿物，多房，内为黏液

图 2-3-4-6　浆液性乳头状囊腺癌
囊性肿物，内为分支复杂的乳头状物

（七）转移瘤（metastatic tumor）

〖观察内容〗　图 2-3-4-7，肺外周可见多个大小较均匀，境界较清楚的结节状病灶，为肺的癌转移结节。

（八）纤维瘤（fibroma）

〖观察内容〗　图 2-3-4-8，体积较大的圆形结节状肿物，有完整的纤维包膜，质地较硬。切面灰白色，有光泽，可见纵横走行灰白色纤维束，呈编织状外观。

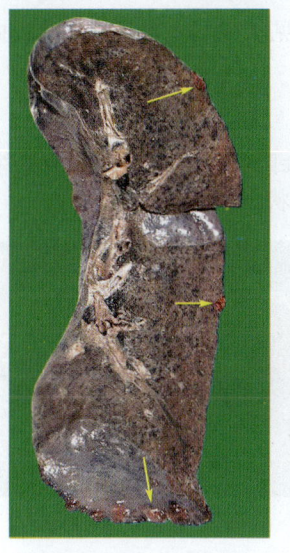 

图 2-3-4-7　转移瘤
肺外周可见多发大小较一致的癌转移结节

图 2-3-4-8　纤维瘤
结节状肿物，切面呈编织状

（九）脂肪瘤（lipoma）

〖观察内容〗　图 2-3-4-9，发生在皮下组织的分叶状或结节肿物。表面有灰白色纤维包膜，质地较软，淡黄色。

（十）子宫平滑肌瘤（leiomyoma of uterus）

〖观察内容〗　图 2-3-4-10，子宫壁内有数个大小不等的圆形瘤结节，境界清楚。瘤结节的切面为灰白色，可见纵横交错的肌束，多数肌束排列呈旋涡状。宫腔因肿瘤压迫而变窄。有的肿瘤向腔内膨出，瘤组织表面衬覆子宫内膜。

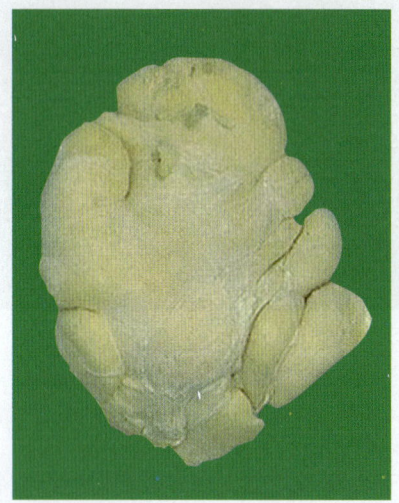 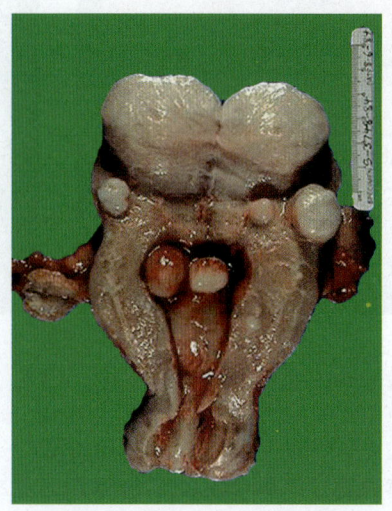

图 2-3-4-9　脂肪瘤　　　　　　　　　图 2-3-4-10　子宫平滑肌瘤
肿瘤为分叶状，有包膜　　　　　　子宫壁内有数个大小不等的圆形瘤结节，
　　　　　　　　　　　　　　　　　　　　境界清楚

（十一）肝海绵状血管瘤（spongioagioma of liver）

〖观察内容〗　图 2-3-4-11，瘤组织呈紫红色，切面见扩张的血窦呈海绵状，血窦壁薄，瘤组织与周围组织分界尚清。

（十二）纤维肉瘤（fibrosarcoma）

〖观察内容〗　图 2-3-4-12，位于皮下的巨大的纤维肉瘤。瘤组织呈不规则结节状，无明显包膜。切面呈粉红色或灰白色，质地均匀细腻如鱼肉状。

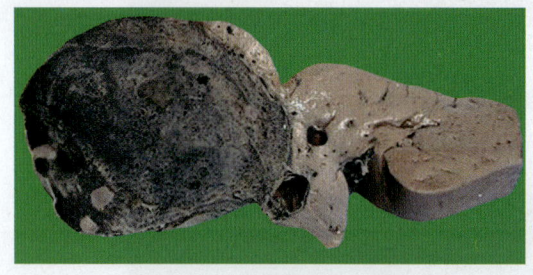 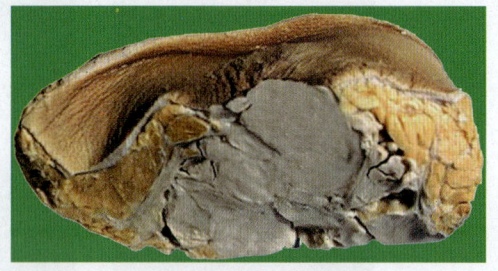

图 2-3-4-11　肝海绵状血管瘤　　　　　图 2-3-4-12　纤维肉瘤
肿瘤内含大量扩张的血窦　　　　肿瘤位于皮下，局部表皮破坏，切面质地细腻如鱼肉

（十三）骨肉瘤（osteosarcoma）

〖观察内容〗　图 2-3-4-13，肿瘤呈浸润性生长，原有的骨组织和附近的软组织已大部分被瘤组织所代替。瘤组织呈灰白色，其中不规则浅黄色粗糙区为新生的骨组织。质地坚硬如象牙。

（十四）畸胎瘤（teratoma）

〖观察内容〗　图 2-3-4-14，囊性肿物，为单房，囊腔内有污秽的皮脂样物和毛发。

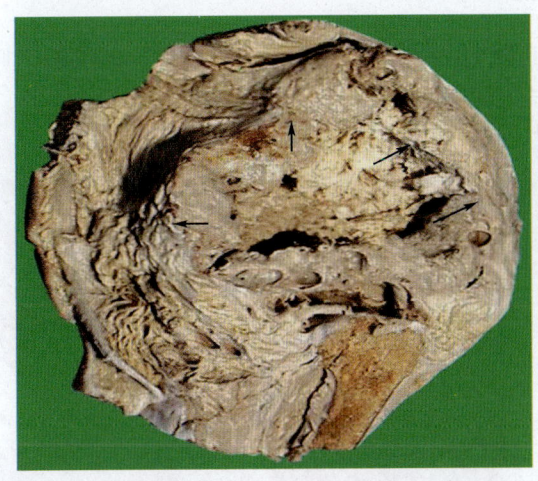

图 2-3-4-13　骨肉瘤
肿瘤呈浸润性生长并破坏正常骨组织

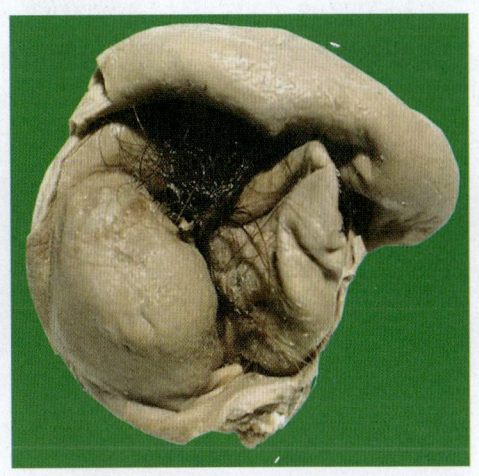

图 2-3-4-14　畸胎瘤
肿瘤内可见毛发

二、组织切片

（一）乳头状瘤（papilloma）

〖观察内容〗　图 2-3-4-15，鳞状上皮乳头状增生，由表及里分别为鳞状上皮角化层、颗粒细胞层、棘细胞层及基底细胞层。间质随上皮长入乳头内，其中可见疏松结缔组织、毛细血管和少量淋巴细胞。

（二）鳞状上皮细胞癌（squamous cell carcinoma）

〖观察内容〗　图 2-3-4-16，切片中有大小不等、形态不一的癌细胞团，即癌巢，周围绕以间质结缔组织。癌巢中心可见层状角化物，即角化珠或癌珠，相当于正常鳞状上皮的角化层。周边的细胞与棘细胞相似，可见细胞间桥。癌巢周围的癌细胞较小，立方状，深染，与基底层细胞相似。间质中可见淋巴细胞和浆细胞浸润。

（三）大肠息肉状腺瘤（papilloid adenoma of intestinal wall）

〖观察内容〗　图 2-3-4-17，瘤细胞排列成大小不等、形态不整的腺体，排列紊乱，瘤细胞为高柱状，多数为杯状细胞，细胞分化较好，细胞核位于基底，细胞质充满黏液，细胞形态、大小较为一致。间质中有少量中性粒细胞、嗜酸粒细胞、巨噬细胞及淋巴细胞等。

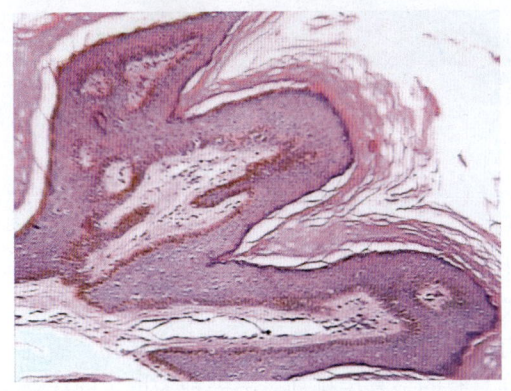

图 2-3-4-15　乳头状瘤
鳞状上皮乳头状增生

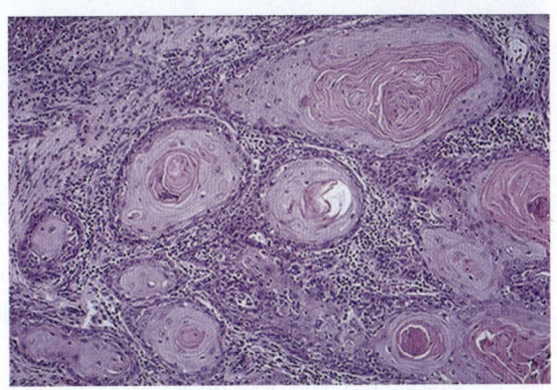

图 2-3-4-16　鳞状上皮细胞癌
鳞状上皮细胞癌癌巢内可见角化珠

（四）腺癌（adenocarcinoma）

【观察内容】 图 2-3-4-18，癌细胞排列成大小不等、形态不整的腺管样。癌细胞呈明显异型性，多数癌细胞柱状或立方状，细胞核大深染。腺管上皮细胞呈多层，且参差不齐，极向紊乱，并可见较多核分裂和病理性核分裂。间质为纤维结缔组织，内有炎细胞浸润。

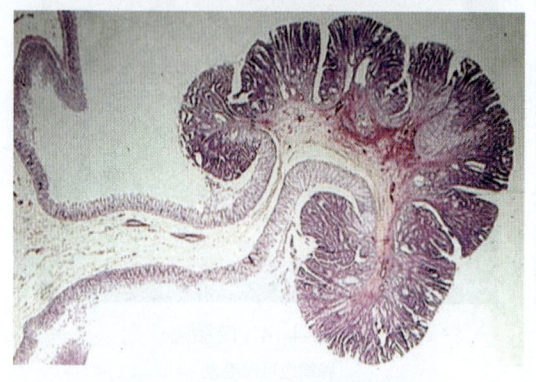

图 2-3-4-17　大肠息肉状腺瘤
肿瘤内腺体增生，但瘤细胞分化较好

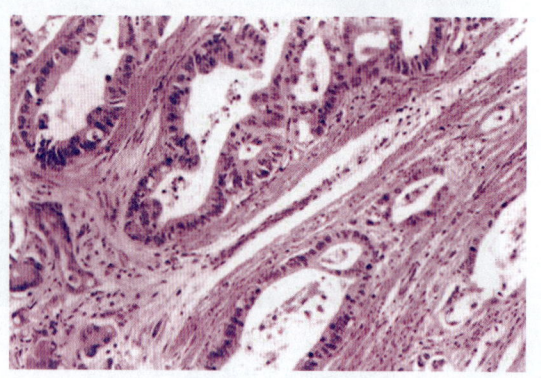

图 2-3-4-18　腺癌
腺体大小、形状不一，细胞异型明显

（五）黏液腺癌（mucinous adenocarcinoma）

【观察内容】 图 2-3-4-19，本型腺癌以出现大量细胞外黏液为其特点，黏液湖中可见漂浮的腺癌组织。

（六）黏液性囊腺瘤（mucinous cystadenoma）

【观察内容】 图 2-3-4-20，一侧粉染为囊壁，其壁上附有分枝状乳头。瘤组织由囊壁和向囊腔内生长的乳头构成。囊壁为纤维结缔组织。腺体上皮有的呈乳头状向内生长，腺腔大小不等，其内有粉染黏液样物质，腺腔上皮呈高柱状，大小不等，分化较好，核位于基底部，胞质透明，间质为纤维结缔组织并见少量炎细胞。

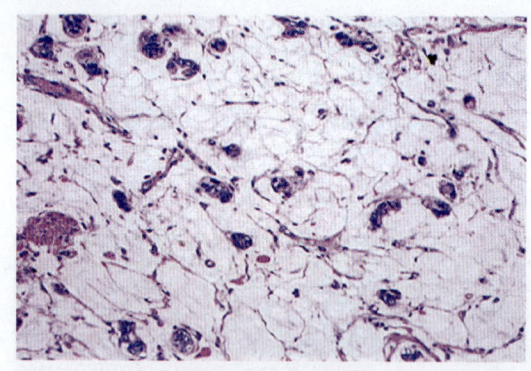

图 2-3-4-19　黏液腺癌
黏液湖内可见异型腺癌细胞

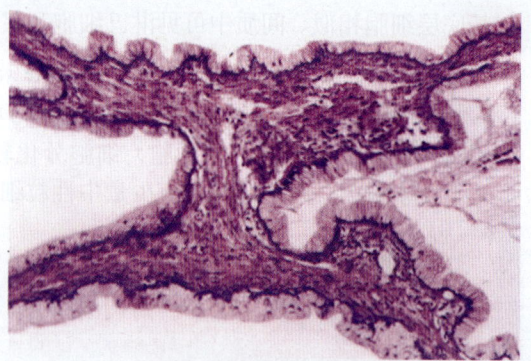

图 2-3-4-20　黏液性囊腺瘤
肿瘤由黏液样上皮组成，分化较好

（七）乳腺纤维腺瘤（fibroadenoma of breast）

【观察内容】 图 2-3-4-21，瘤组织由两种成分构成。一种为增生的乳腺上皮，形成大小不等，形态不一的腺腔，腺腔有的呈裂隙状，有的呈囊状，其内有少许粉染分泌物。瘤细胞分化好，与正常的腺上皮相似，有的呈单层排列，有的呈复层排列。另一种为增生的纤维组织，存于腺体周围，有处纤维组织向腺腔方向生长，因而使腔呈裂隙状，其中有少量淋巴细胞浸润，有处可见包膜。

（八）多形性腺瘤（pleomorphic adenoma）

【观察内容】 图 2-3-4-22，瘤组织构成为多形性，瘤细胞有的形成腺管，有时排列成为条状和片状。腺上皮呈立方形或多边形，胞质不丰富，细胞边界不清，核较大，但大小较一致。偶见鳞状上皮巢。并可见黏液样及软骨样组织。肿瘤一侧可见纤维组织构成的包膜。

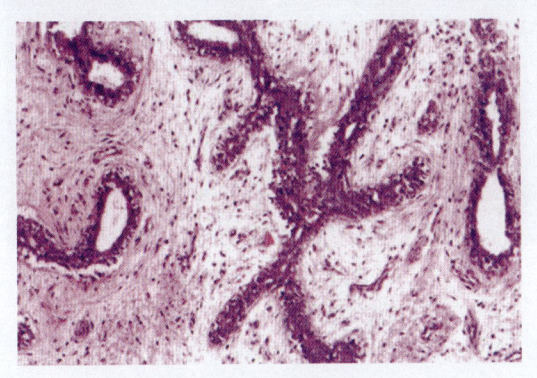

图 2-3-4-21　纤维腺瘤
纤维组织增生，因而使腔腺呈裂隙状

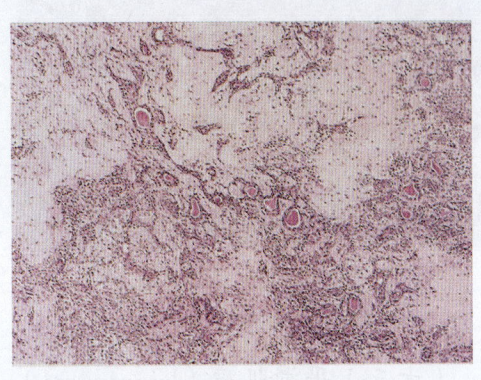

图 2-3-4-22　多形性腺瘤
肿瘤内可见上皮巢、黏液样及软骨样成分，呈多形性

（九）淋巴结转移癌（metastatic carcinoma in lymphnode）

【观察内容】 图 2-3-4-22，镜下见正常淋巴组织结构已被破坏，代之以大量的癌细胞，癌细胞排列成腺腔样结构，癌细胞呈柱状或立方形。异型性明显，大小不等，形态不一，核大色深，病理核分裂象较多见。周围有少量纤维结缔组织包绕。

（十）纤维瘤（fibroma）

【观察内容】 图 2-3-4-24，瘤组织由纵横交错之纤维及梭形细胞组成。细胞包括纤维细胞样瘤细胞，（细胞呈梭形，核为细梭形），及成纤维细胞样细胞（细胞呈椭圆形或胖梭形，核亦稍大，呈椭圆形）。细胞分化较好，细胞核大小较一致。纤维束粗细不等散布于细胞间。

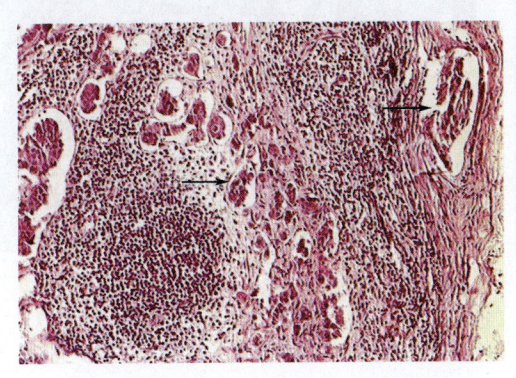

图 2-3-4-23　淋巴结转移癌
淋巴结正常结构破坏，其内可见异型癌细胞巢

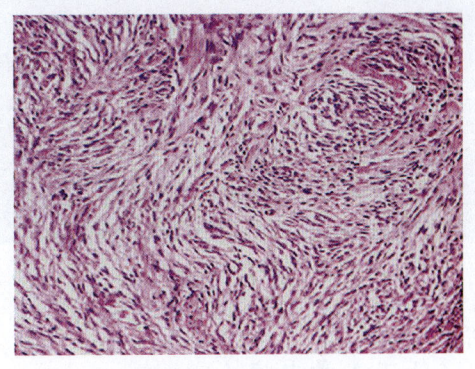

图 2-3-4-24　纤维瘤
肿瘤细胞纵横交错，分化较好

（十一）纤维肉瘤（fibrosarcoma）

【观察内容】 图 2-3-4-25，瘤细胞弥漫分布，瘤细胞呈鱼骨刺状排列，细胞多为梭形，核椭圆形、圆形或不整形，核大小不一致，核分裂象增多，尤其病理性核分裂象颇多。间质含少量胶原纤维和较多血管。

（十二）脂肪瘤（lipoma）

【观察内容】 图 2-3-4-26，瘤组织由大量的脂肪构成，周围有完整的纤维组织包膜，瘤组织间亦可见纤维组织间隔和毛细血管。

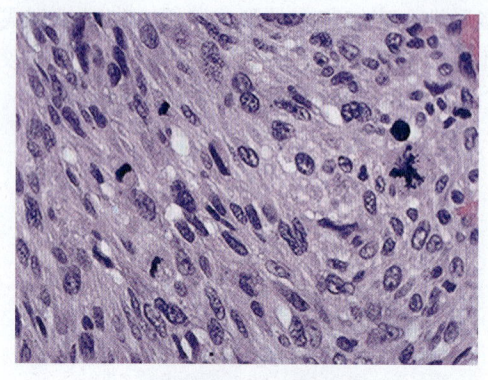

图 2-3-4-25　纤维肉瘤
肿瘤细胞排列紊乱，异型明显

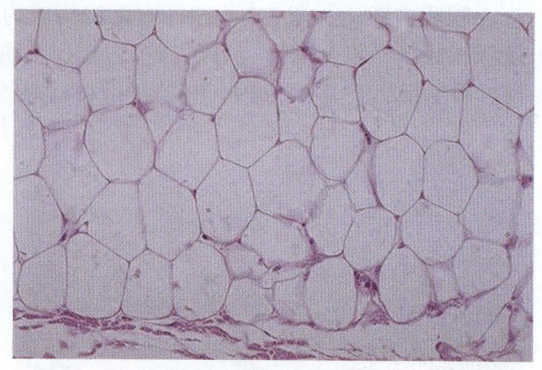

图 2-3-4-26　脂肪瘤
肿瘤细胞分化好，可见纤维被膜

（十三）平滑肌瘤（leiomyoma）

〖观察内容〗　图 2-3-4-27，瘤组织由形态一致的长梭形瘤细胞构成，较正常平滑肌细胞略大。排列成纵横交错状，有时呈栅栏状排列。瘤细胞呈长杆状，胞质红染，核亦长杆状，两端略钝圆。间质为多少不等疏松纤维及血管组织。

（十四）毛细血管瘤（capillary hemangioma）

〖观察内容〗　图 2-3-4-28，瘤组织由大小不等，形态不规整的毛细血管构成。毛细血管由单层血管内皮细胞组成。腔小壁薄，有的尚无管腔形成，而由增生肥大的血管内皮细胞构成，部分血管腔内可见到红细胞，间质疏松。

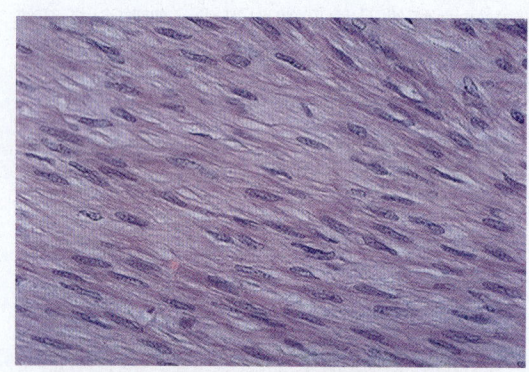

图 2-3-4-27　平滑肌瘤
肿瘤细胞分化好，有处呈栅栏样排列

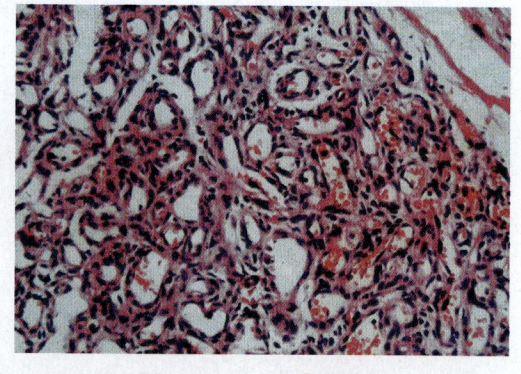

图 2-3-4-28　毛细血管瘤
毛细血管增生，排列不规则

（十五）骨肉瘤（osteosarcoma）

〖观察内容〗　图 2-3-4-29，镜下肿瘤组织主要由肉瘤性骨母细胞和肿瘤性骨样组织或骨质构成。肉瘤性骨母细胞：具有高度细胞异型性和多形性。细胞大小、形态不一，呈圆、梭或多角形。单核或多核，核大，染色极深，染色质分布不均。核分裂象多见。可见细胞体积很大的瘤巨细胞。

肿瘤性骨样组织及肿瘤性骨质：

1. 肿瘤性骨样组织　粉红色，呈条索状，片块状或网状，贯穿于瘤组织之间。

2. 肿瘤性骨质　在肿瘤性骨样组织的基础上，大量蓝色钙盐沉着，使原有的结构形成形态不规则，大小不一，排列紊乱之骨小梁。骨小梁及边缘之肉瘤性骨母组织构成了肿瘤性骨质。

肿瘤性骨质的出现是诊断本瘤的诊断要点。

（十六）恶性纤维组织细胞瘤

〖观察内容〗 图2-3-4-30，肿瘤性成纤维细胞呈束状、车辐状排列，见单核、多核瘤巨细胞，泡沫细胞，各种炎性细胞。

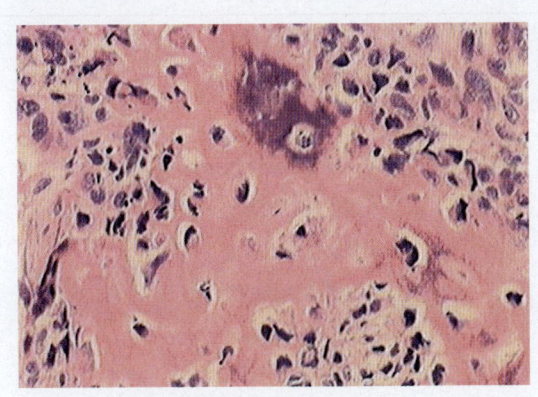

图 2-3-4-29　骨肉瘤

肿瘤细胞异型明显，周围是肿瘤性骨质及肿瘤性骨样组织

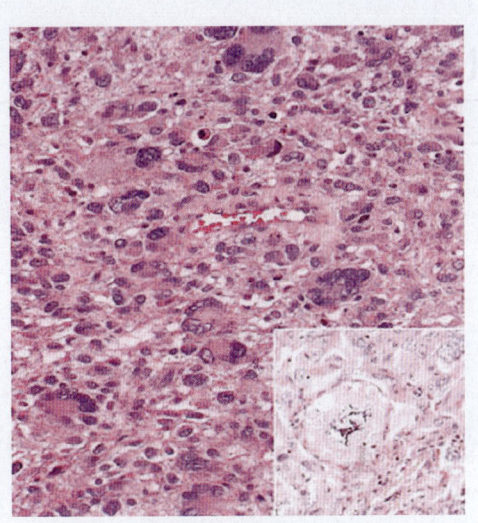

图 2-3-4-30　恶性纤维组织细胞瘤

肿瘤细胞排列紊乱，异型显著

（杨春雨）

第五章　心血管系统疾病

【实验内容】

大体标本	组织切片
1. 主动脉粥样硬化	1. 主动脉粥样硬化
2. 冠状动脉粥样硬化	2. 冠状动脉粥样硬化
3. 心肌梗死	3. 心肌梗死
4. 高血压性心脏病	4. 原发性细动脉硬化肾
5. 原发性颗粒性固缩肾	5. 风湿性心肌炎
6. 高血压病脑出血	6. 风湿性心内膜炎
7. 腹主动脉瘤	7. 急性感染性心内膜炎
8. 风湿性心内膜炎	8. 肥厚性心肌病
9. 二尖瓣狭窄	9. 克山病
10. 亚急性感染性心内膜炎	10. 病毒性心肌炎
11. 扩张性心肌病	
12. 肥厚性心肌病	
13. 克山病	
14. 心包炎	

【实验目的】

1. 掌握风湿病、动脉粥样硬化、心肌梗死、高血压、心瓣膜病的基本病变、临床与病理联系；感染性心内膜炎心瓣膜上赘生物的特点、动脉粥样硬化、心肌梗死、高血压病主要脏器的大体病变及肾脏的病理改变。

2. 熟悉感染性心内膜炎的病理变化。

一、大体标本

（一）主动脉粥样硬化（aortic atherosclerosis）

〖观察内容〗　胸主动脉和腹主动脉的内膜面可见散在的浅黄色条纹，微微隆起于内膜表面（脂纹和脂斑，属于早期病变）（图2-3-5-1）；动脉分支开口周围处的粥样硬化病变明显。粥样斑块，内膜上散在大小不等明显隆起的灰黄色斑块，切面见斑块表面覆以纤维帽，深层有多量黄色粥糜样物即粥样斑块（又称粥瘤）。

（二）冠状动脉粥样硬化（coronary atherosclerosis）

〖观察内容〗　冠状动脉粥样硬化最多见于左前降支，其次为右冠状动脉等。在动脉横切面上的内膜面见灰黄色粥样斑块，呈半月形隆起，使冠状动脉腔呈偏心性狭窄，病变往往在靠近心肌的一侧较重（图2-3-5-2）。

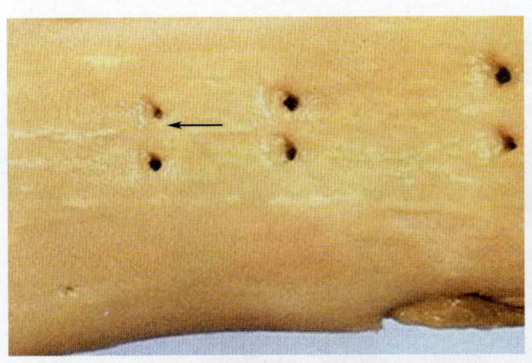

图 2-3-5-1 动脉粥样硬化
可见黄色条纹（黑箭示）

图 2-3-5-2 冠状动脉粥样硬化
冠状动脉狭窄（箭示）

（三）心肌梗死（myocardial infarction）

【观察内容】 梗死部位在左室前壁近心尖处及室间隔的前 2/3。梗死区心壁明显变薄，梗死灶形状不规则。由于伴有出血而呈暗红或紫褐色（较新鲜标本，质软，灰黄色无光泽。如为较陈旧的病变，由于纤维化而呈灰白色）。（图 2-3-5-3）

（四）高血压性心脏病（hypertensive heart disease）

【观察内容】 心脏体积增大，质量增加，可达 400g（正常约为 250～350g）以上。左心室肌层明显增厚为本病突出性病变，部分标本左心室肌壁厚达 1.5～2.5cm（正常小于 1.2cm），乳头肌及肉柱增粗变圆，但心腔不扩张，甚至略缩小，称为向心性肥大。说明心脏尚处于代偿阶段（图 2-3-5-4）。

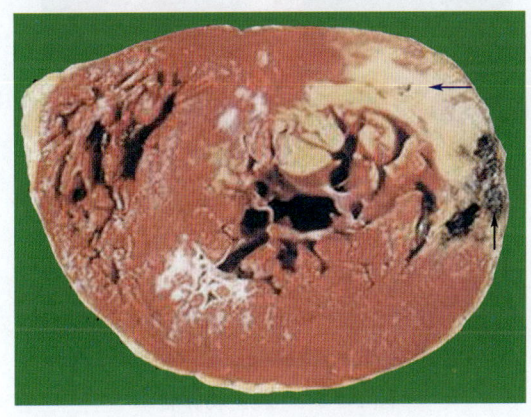

图 2-3-5-3 心肌梗死
可见梗死（黑箭示）和出血（蓝箭示）

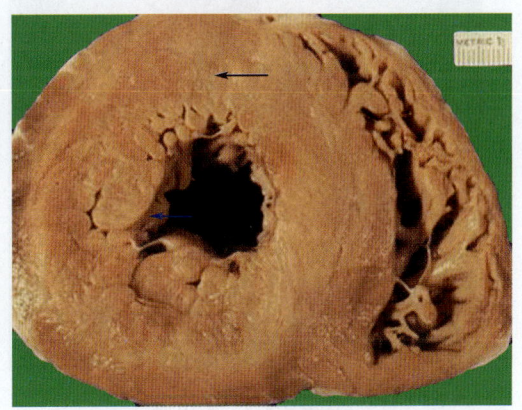

图 2-3-5-4 高血压性心脏病
左心室明显增厚（黑箭示），肉柱增粗变圆（蓝箭示）

（五）原发性颗粒性固缩肾（primary granular atrophy of the kidney）

【观察内容】 双侧肾脏体积对称性明显缩小，质量减轻，单侧肾脏约 50～100g（正常成人单侧肾质量约 150g），质地变硬，表面见均匀弥漫的细颗粒状突起；切面皮质变薄，小于或等于 0.2cm（正常厚 0.3～0.6cm），皮髓质分界不清，皮髓质交界处的肾小动脉壁增厚变硬，呈哆开状。肾盂黏膜光滑，周围脂肪组织增多（图 2-3-5-5）。

（六）脑出血（cerebral hemorrhage）

【观察内容】 在大脑的冠状切面可见一个大的出血灶，破入侧脑室内。出血区域的脑组织被完全破坏，形成囊腔，其内充满坏死的脑组织和凝血块（图 2-3-5-6）。

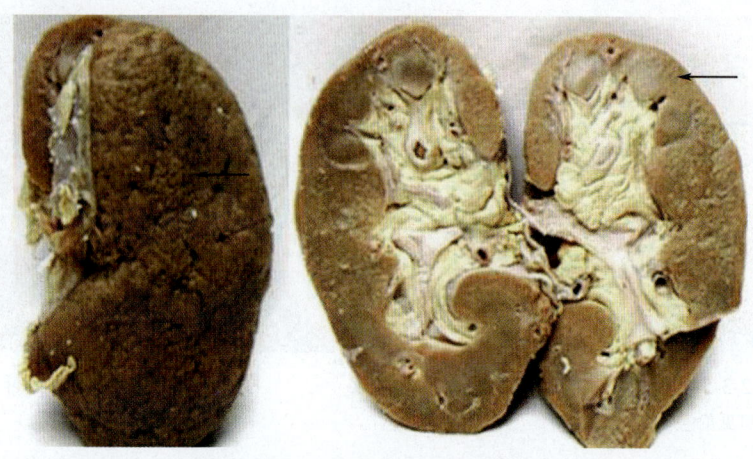

图 2-3-5-5　原发性颗粒性固缩肾
表面呈均匀的颗粒状（蓝箭示），切面皮质变薄（黑箭示）

（七）腹主动脉瘤（aneurysm of aorta abdominalis）

【观察内容】　腹主动脉可见一较大动脉瘤，破裂后可导致腹膜后大出血引起死亡（图 2-3-5-7）

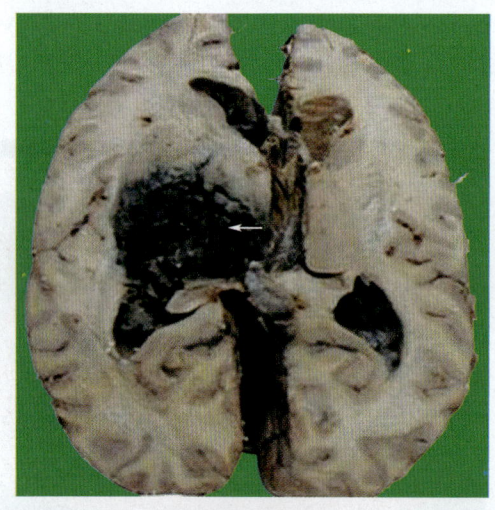

图 2-3-5-6　脑出血
脑室内可见出血（箭示）

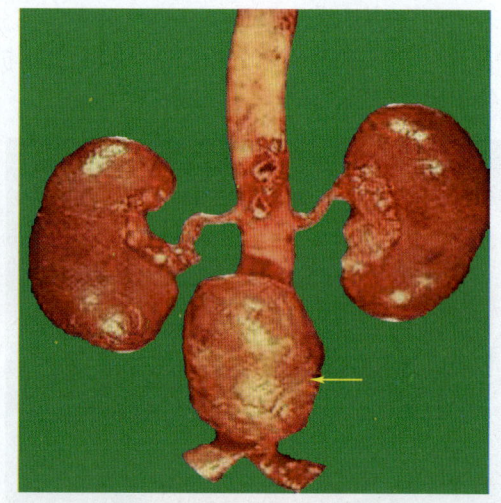

图 2-3-5-7　腹主动脉瘤
有一较大动脉瘤（箭示）

（八）急性风湿性心内膜炎（acute rheumatic endocarditis）

【观察内容】　在二尖瓣的闭锁缘上可见到单行排列的粟粒大小的疣状赘生物。如串珠状，灰白色半透明，与瓣膜附着牢固，不易脱落。（图 2-3-5-8）。

（九）二尖瓣狭窄（mitral stenosis）

【观察内容】　慢性风湿性心瓣膜病，心脏的二尖瓣膜纤维化增厚，变形变硬，无光泽，无弹性，瓣膜彼此粘连。二尖瓣口径变小，即为二尖瓣狭窄。从左房往下看，则见高度狭窄的二尖瓣呈鱼口状。（图 2-3-5-9）。

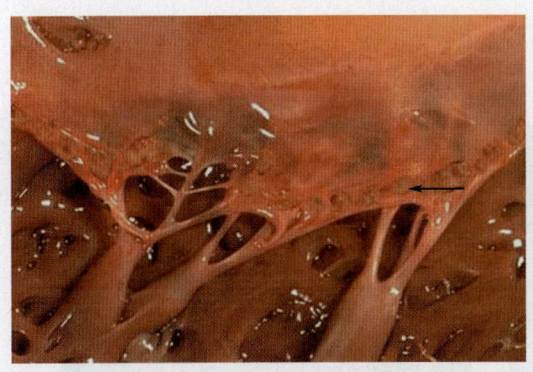
图 2-3-5-8 急性风湿性心内膜炎
瓣膜可见到单行排列的、灰白色半透明、粟粒大小的疣状赘生物（箭示）

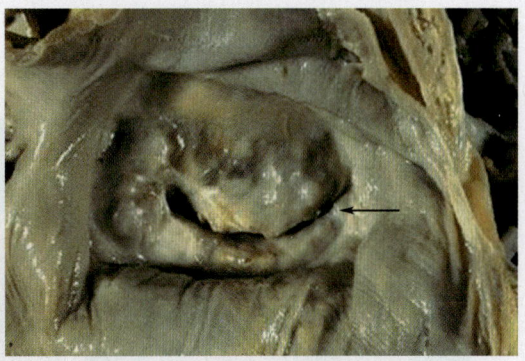
图 2-3-5-9 慢性风湿性心瓣膜病
瓣膜增厚，瓣膜口狭窄（箭示）

（十）亚急性感染性心内膜炎（subacute infective endocarditis）

〖观察内容〗 主动脉瓣上有黄褐色或灰棕色的赘生物，呈息肉状、菜花状、鸡冠状或扁平状，大小不等，质脆、易脱落，赘生物附着在瓣膜对向血流的一面。可见瓣膜有变形、增厚、缺损或有溃疡形成以及相应的心壁肥厚或心腔扩张（图 2-3-5-10）。

（十一）扩张性心肌病（dilated cardiomyopathy）

〖观察内容〗 心脏呈中度至重度肥大，质量增加，成年病人心脏重 500g 左右，心室和心房均明显扩张，心室壁一般中度增厚，两心室内膜可增厚。晚期，由于心腔高度扩张，瓣膜环随之扩张，常导致二尖瓣和三尖瓣相对性关闭不全（图 2-3-5-11）。

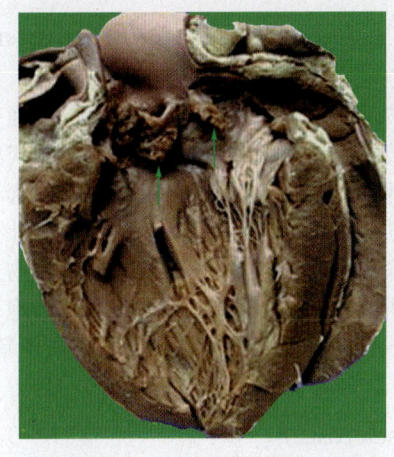
图 2-3-5-10 亚急性感染性心内膜炎
瓣膜上可见黄褐色赘生物（箭示）

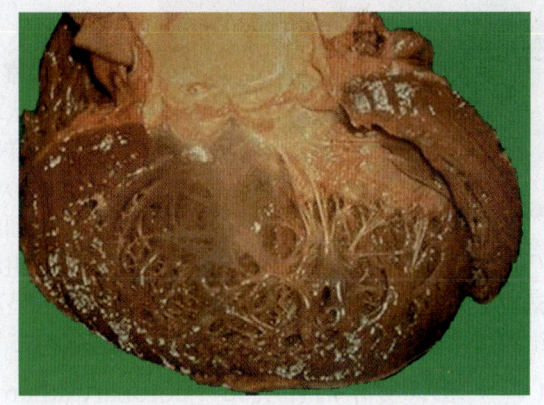
图 2-3-5-11 扩张性心肌病
心室和心房均明显扩张

（十二）肥厚性心肌病（hypertrophic cardiomyopathy）

〖观察内容〗 心脏体积增大，重量增加。左心室明显增厚，尤以室间隔增厚显著。（图 2-3-5-12）。

（十三）克山病（Keshan disease）

〖观察内容〗 心脏体积增大，质量增加，外观上近于球形，心腔扩张，左室扩张较右室显著，心壁变薄，乳头肌及肉柱变扁平（图 2-3-5-13）。

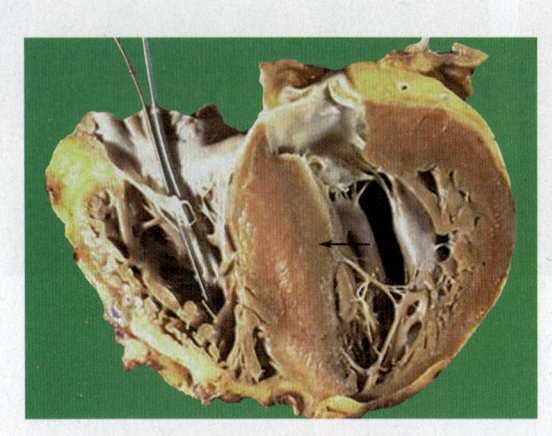

图 2-3-5-12　肥厚性心肌病
室间隔增厚显著（箭示）

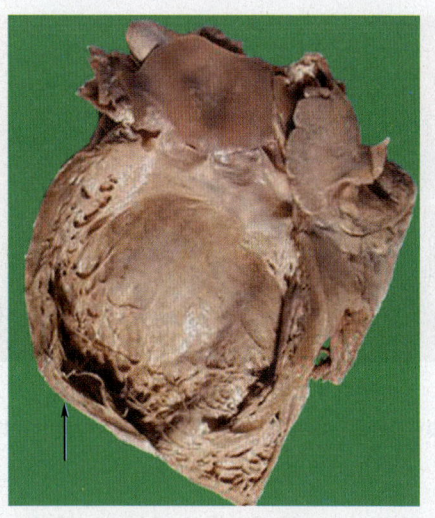

图 2-3-5-13　克山病
左室扩张显著，心壁变薄（箭示）

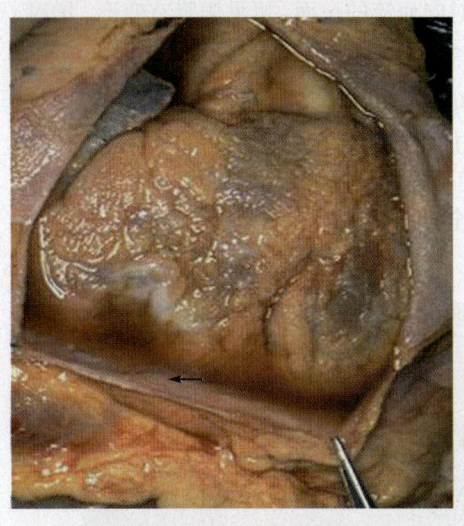

图 2-3-5-14　浆液纤维素性心包炎

（十四）浆液纤维素性心包炎（serofibrinous pericarditis）

〖观察内容〗　心包积液，心包腔内可见多量浆液渗出（红箭示）（图 2-3-5-14）。

二、组织切片

（一）主动脉粥样硬化（atherosclerosis of aorta）

〖观察内容〗　该斑块位于内膜层，表面为红染的均质状玻璃样变性的纤维帽，其深层为淡染无结构的粥样坏死物质，伴有出血。坏死物内含有针状或近菱形的胆固醇结晶空隙及不规则钙化灶；坏死的边缘和底部有肉芽组织生长，并在粥样物边缘内膜纤维组织间可见多量吞噬脂质的泡沫细胞，胞质丰富淡染，散在或成堆分布。病变严重者中膜可呈不同程度萎缩。外膜可见毛细血管新生、结缔组织增生及淋巴细胞、浆细胞浸润（图 2-3-5-15）。

（二）冠状动脉粥样硬化（coronary atherosclerosis）

〖观察内容〗　表层为纤维组织增生及玻璃样变所形成的纤维帽，其下见淡伊红色无结构之粥样斑块，可见胆固醇结晶（针状空隙），中膜平滑肌轻度萎缩。腔内有血栓形成（图 2-3-5-16）。

（三）心肌梗死（myocardial infarction）

〖观察内容〗　心肌组织内可见到不同的梗死灶，其分布参差不齐。梗死的心肌细胞肿胀、断裂，肌浆呈嗜酸性变（深粉染至红染），肌原纤维纵纹及其横纹结构均消失，胞核浓缩或消失，细胞轮廓清晰（属凝固性坏死），间质显著水肿、出血并有一些中性粒细胞浸润（图 2-3-5-17A）。几周后，胶原蛋白进行性沉积，肉芽组织增生并机化形成瘢痕（图 2-3-5-17B）。

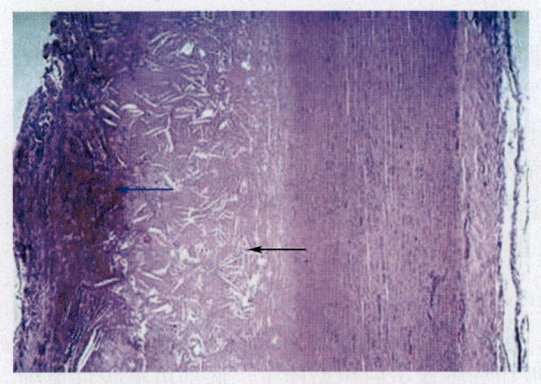
图 2-3-5-15 主动脉粥样硬化
可见出血（蓝箭示）及针状胆固醇结晶（黑箭示）

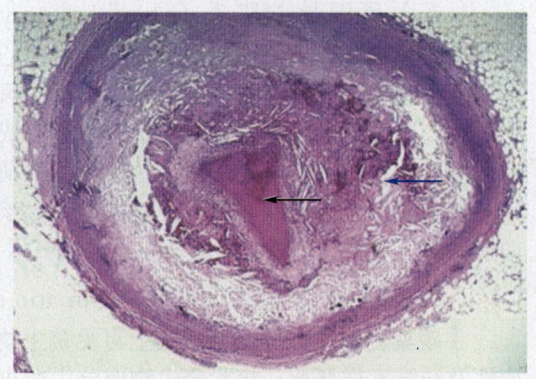
图 2-3-5-16 冠状动脉粥样硬化
粥样硬化（蓝箭示）的动脉内可见血栓（黑箭示）

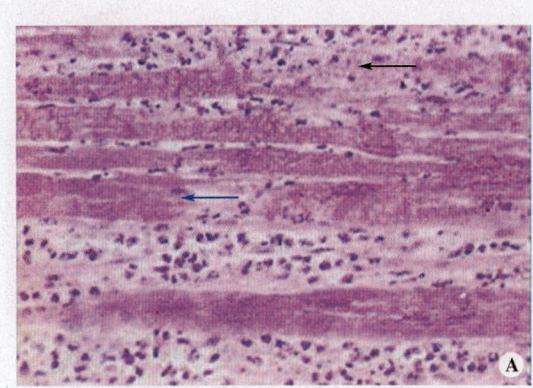
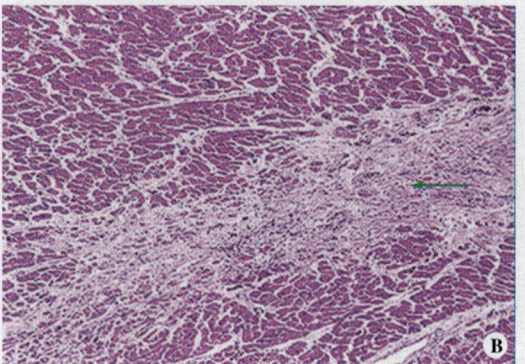
图 2-3-5-17 心肌梗死
A.梗死的心肌细胞肌浆呈嗜酸性变（蓝箭示）；间质中性粒细胞浸润（黑箭示）；B.机化形成瘢痕（绿箭示）

（四）原发性细动脉硬化肾（primary granular atrophy of the kidney）

〖观察内容〗 肾小球萎缩、纤维化、玻璃样变性，其所属的肾小管发生萎缩或消失（图 2-3-5-18A）。部分肾小球代偿性肥大，肾小管管腔代偿性扩张。间质纤维组织增生和淋巴细胞浸润。入球小动脉壁发生透明变性，其肌层的平滑肌细胞核减少或消失，管壁正常结构消失，被红染均质无结构的玻璃样物质取代，使其管壁增厚，管腔狭窄（图 2-3-5-18B）。

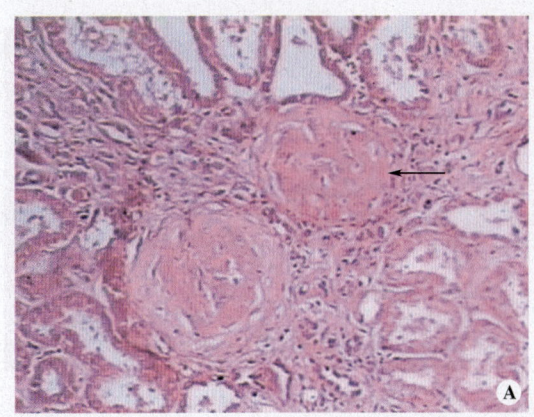
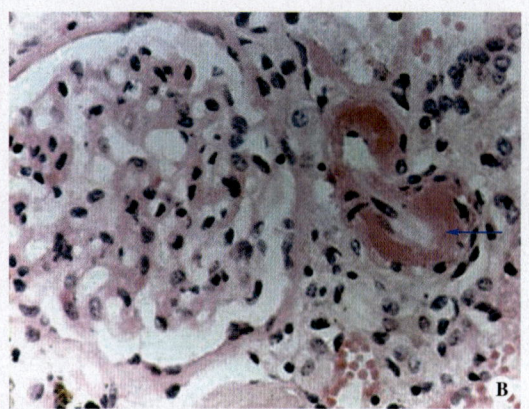
图 2-3-5-18 原发性细动脉硬化肾
A.可见纤维化玻变的肾小球（黑箭示）；B.玻变的细动脉（蓝箭示）

（五）风湿性心肌炎（rheumatic myocarditis）

【观察内容】 心肌间质充血、水肿，心肌纤维排列疏松。在心肌间质小血管周围可见由成簇细胞构成的梭形或椭圆形病灶，此即风湿小体。风湿小体中央为少量红染无结构絮状物质（胶原纤维的纤维素样坏死）；附近有成团的风湿细胞及少量淋巴细胞、浆细胞浸润；风湿细胞体积较大，呈梭形或多边形，胞界清而不整齐，胞质丰富均质，略嗜碱色；核大，单核或多核，呈圆形或卵圆形，核膜清晰，核染色质集中于中央并呈细丝状向核膜扩散，因而横切面呈枭眼状，长形核的纵切面呈毛虫状（图2-3-5-19）。

（六）风湿性心内膜炎（rheumatic endocarditis）

【观察内容】 肿胀的瓣膜上可见赘生物，牢固不易脱落。瓣膜胶原纤维肿胀，黏液样变性及纤维素样坏死；疣状赘生物成分为血小板和纤维素（白色血栓），底部可见少许炎细胞（图2-3-5-20）。

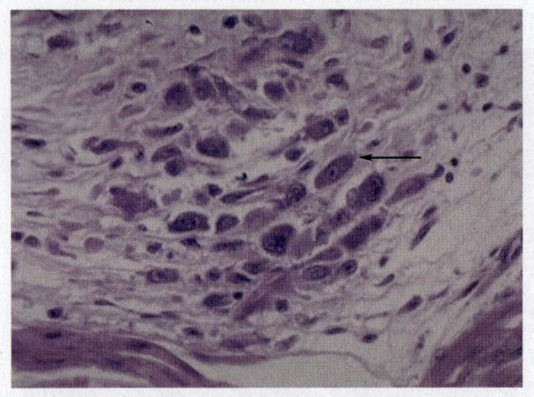

图2-3-5-19 风湿性心肌炎
可见风湿小体内风湿细胞（箭示）

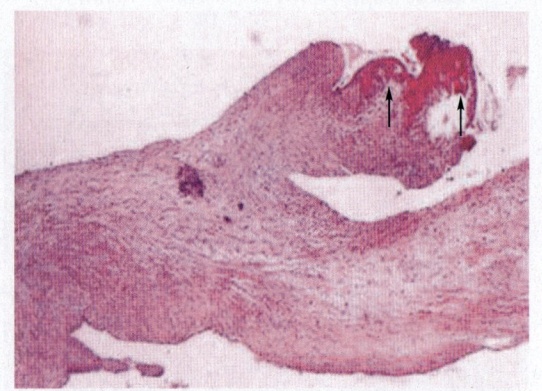

图2-3-5-20 风湿性心内膜炎
疣状赘生物成分为血小板和纤维素（箭示）

（七）急性感染性心内膜炎（acute infective endocarditis）

【观察内容】 病变的心内膜局部组织坏死，有大量中性粒细胞等炎细胞浸润，疣状赘生物主要由脓性渗出物、血栓（粉色）、坏死组织和大量细菌菌落（蓝色）混合而成（图2-3-5-21）。赘生物质脆易脱落。

（八）肥厚性心肌病（hypertrophic cardiomyopathy）

【观察内容】 心肌细胞显著肥大，排列紊乱。间质可见多少不等的纤维化（图2-3-5-22）。

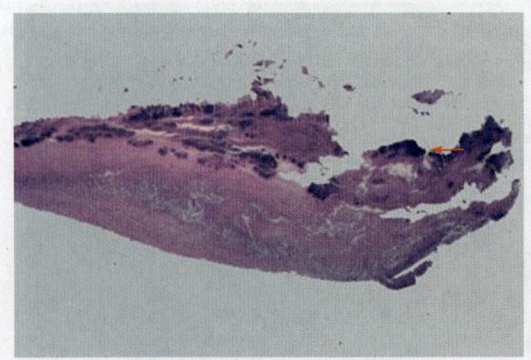

图2-3-5-21 急性感染性心内膜炎
蓝色为细菌菌落（箭头示）

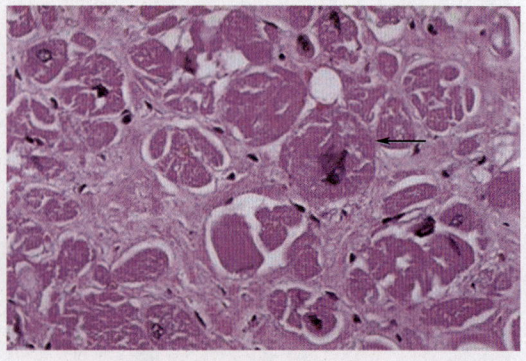

图2-3-5-22 肥厚性心肌病
肥大的心肌细胞（箭头示）

（九）克山病（keshan disease）

〖观察内容〗 主要表现为心肌细胞的变性和坏死。心肌病变可见新旧病灶并存，但以形成陈旧性瘢痕为主。主要病变表现为大量纤维组织增生所形成的陈旧性瘢痕灶（图2-3-5-23）。

（十）病毒性心肌炎（viral myocarditis）

〖观察内容〗 心肌细胞间质水肿，其间可见淋巴细胞和单核细胞浸润（图2-3-5-24）。

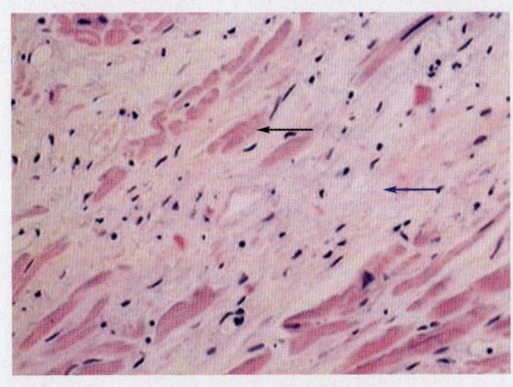

图2-3-5-23 克山病
心肌细胞（黑箭示）之间大量纤维组织增生（蓝箭示）

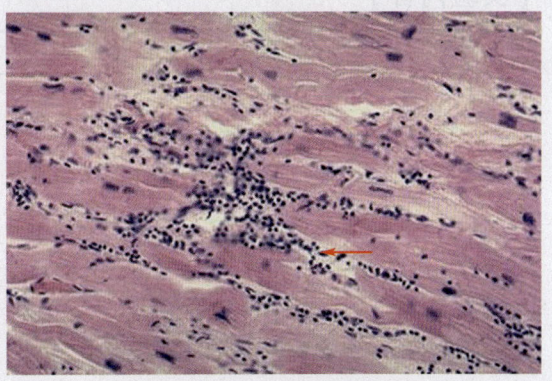

图2-3-5-24 病毒性心肌炎
心肌间质内大量炎细胞浸润（箭示）

（陈学军）

第六章 呼吸系统疾病

【实验内容】

大体标本	组织切片
1. 肺气肿	1. 慢性支气管炎
2. 间质性肺气肿	2. 肺气肿
3. 慢性肺源性心脏病	3. 支气管扩张症
4. 支气管扩张症	4. 大叶性肺炎
5. 大叶性肺炎	5. 小叶性肺炎
6. 小叶性肺炎	6. 病毒性肺炎
7. 硅肺	7. 硅肺
8. 肺癌	8. 石棉肺
	9. 肺癌

【实验目的】

1. 掌握慢性支气管炎、肺气肿、慢性肺源性心脏病的病理变化及临床病理联系；大叶性肺炎、小叶性肺炎、间质性肺炎的病理变化及临床病理联系；硅肺及细支气管肺泡癌的病理变化；肺气肿、慢性肺源性心脏病、大叶性肺炎、小叶性肺炎、间质性肺炎、硅肺和肺癌的大体病变特点。

2. 熟悉慢性支气管炎、肺气肿、慢性肺源性心脏病的病理变化；

一、大体标本

（一）肺气肿（pulmonary emphysema）

【观察内容】 肺组织显著膨胀，体积增大，色灰白，边缘钝圆，组织柔软失去弹性。切面肺组织呈海绵状或蜂窝状，可见肺大泡形成。肺表面及切面可见黑色斑点散在，此乃炭末沉着（图2-3-6-1）。

（二）间质性肺气肿（interstitial emphysema）

【观察内容】 气体进入肺间质所致，呈串珠状或裂隙状分布于肺叶间隔、胸膜下（图2-3-6-2）。

（三）慢性肺源性心脏病（chronic cor pulmonale）

【观察内容】 心脏体积增大，外观呈球形，心尖钝圆，右心室壁明显增厚（肺动脉瓣下2cm处右心室前壁肌层厚度超过5mm），右心腔明显扩张，尤以肺动脉圆锥明显，乳头肌和肉柱显著增粗，各瓣膜无明显异常（图2-3-6-3）。

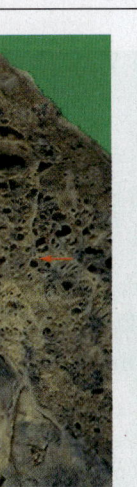
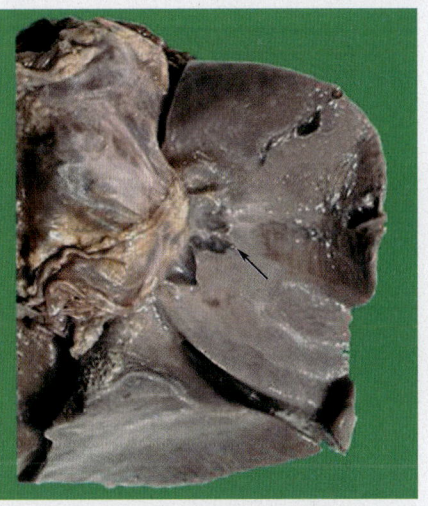

图 2-3-6-1 肺气肿
切面可见组织疏松呈蜂窝状（箭示）

图 2-3-6-2 间质性肺气肿
肺间质裂隙状变化（箭示）

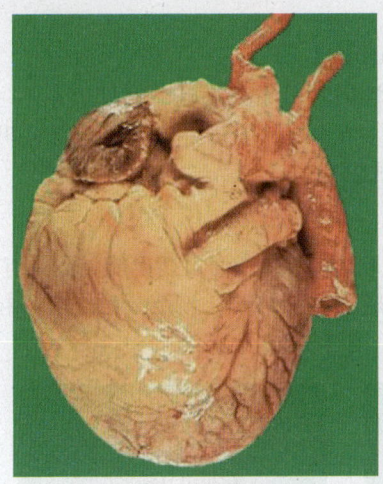
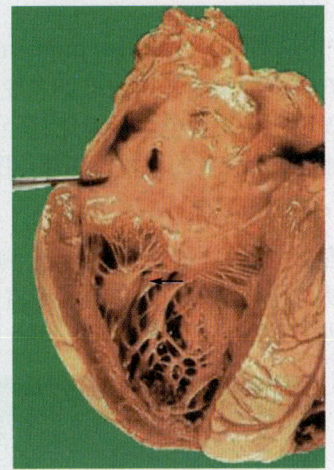

图 2-3-6-3 慢性肺源性心脏病
心尖钝圆，右心室扩张增厚（箭头示）

（四）支气管扩张症（bronchiectasis）

〖观察内容〗 肺内的支气管呈圆柱状、囊状或梭形扩张。有的为节段性扩张，有的呈延续性扩张（扩张的支气管、细支气管可直达于胸膜下），其管径比正常时大 2～3 倍。扩张支气管的黏膜常继发化脓性炎症，管腔内常见黄绿色脓性渗出物。周围肺组织受压萎缩、纤维化或肺气肿（图 2-3-6-4）。

（五）大叶性肺炎（lobar pneumonia）

〖观察内容〗 红色肝样变期，肺叶肿胀，质量增加，颜色暗红，质地实变如肝。切面实性，呈粗糙颗粒状（图 2-3-6-5A）。

灰色肝样变期，肺叶肿大，质量增加，灰白色。切面干燥、颗粒状、质实如肝，相应的胸膜有渗出的纤维素附着（图 2-3-6-5B）。

图 2-3-6-4 支气管扩张症
扩张的支气管（箭示）

图 2-3-6-5　大叶性肺炎
A. 病变肺叶质实如肝，灰红色。B. 肺下叶实变，呈灰白色（箭示）

（六）小叶性肺炎（lobular pneumonia）

〖观察内容〗　肺表面及切面可见多发性散在分布的病灶，病灶大小不一，边缘不十分清楚，形状不规则，呈灰黄色。小病灶直径多在 0.5～1cm 左右（相当于小叶范围），个别区域病灶互相融合成为较大的不整形病灶（图 2-3-6-6）。

（七）硅肺（silicosis）

〖观察内容〗　肺因纤维化而显实变。胸膜增厚。肺表面及切面能见到具有特征性的病变，呈灰白色，质硬，约粟粒大，散在的境界清楚之硅肺结节，该结节触之有砂粒感。硅结节相互融合形成较硬较大的结节弥漫散布于全肺（图 2-3-6-7）。

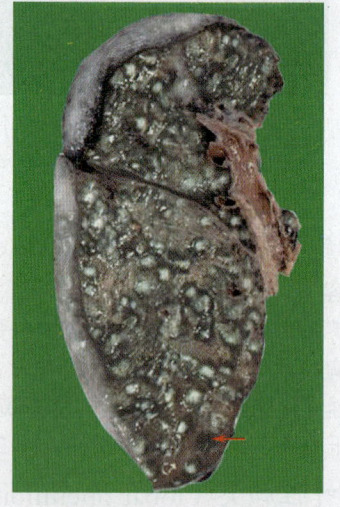

图 2-3-6-6　小叶性肺炎
可见肺小叶大小实变病灶（箭示）

图 2-3-6-7　硅肺
肺内散在的硅结节（箭示）

（八）肺癌（carcinoma of lung）

〖观察内容〗　中央型：肺门处肿物呈现灰白色，形状不规则或呈分叶状。向外周肺组织呈树根状浸润，气管腔内可见（图 2-3-6-8A）。周围型：肺尖部近胸膜处见单个结节或球形肿块，与支气管的关系不明显，肿瘤直径约 4～5cm。灰白色、边界较清楚，但无包膜（图 2-3-6-8B）。

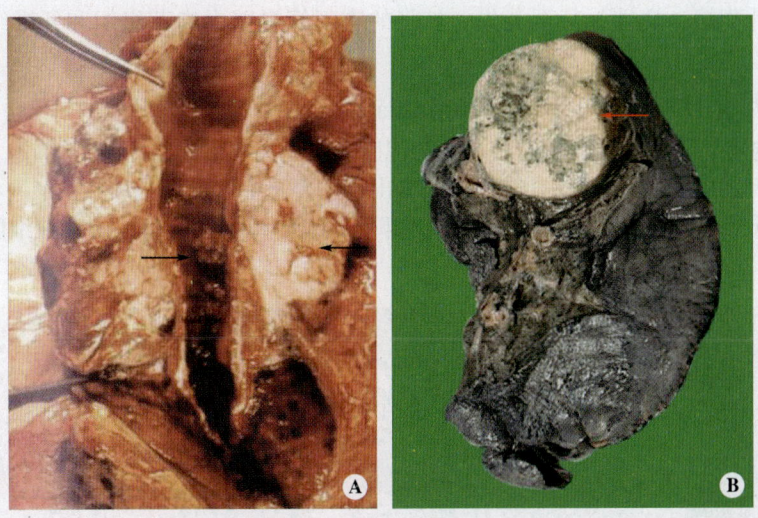

图 2-3-6-8　肺癌
A. 中央型肺癌，可见肿瘤所在及浸润（黑箭）；B. 周围型肺癌（红箭）

二、组织切片

（一）慢性支气管炎（chronic bronchitis）

【观察内容】　病变主要在支气管壁，部分支气管腔内可见脱落的黏膜上皮和坏死物。支气管黏膜呈现慢性炎症，支气管黏膜上皮脱落或增生，再生的上皮杯状细胞增多，可见鳞状上皮化生（图 2-3-6-9）。

（二）肺气肿（pulmonary emphysema）

【观察内容】　肺泡腔弥漫性不均匀显著扩张、充气，肺泡壁变窄，呈贫血状态。部分区域肺泡扩张，肺泡间隔断裂，相邻扩张的肺泡腔融合成较大的囊腔；肺间质内纤维组织轻度增生，于血管周围还可见到炭末沉着（图 2-3-6-10）。肺泡间隔变窄，肺泡间孔扩张、断裂。肺泡壁毛细血管受压变窄，数目明显减少。小支气管和细支气管可见慢性炎细胞浸润。

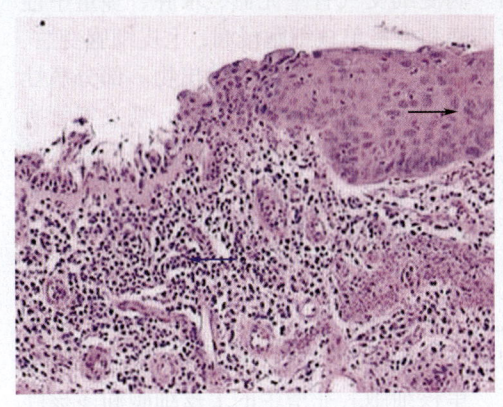

图 2-3-6-9　慢性支气管炎
鳞状上皮化生（黑箭示），淋巴细胞浸润（蓝箭示）

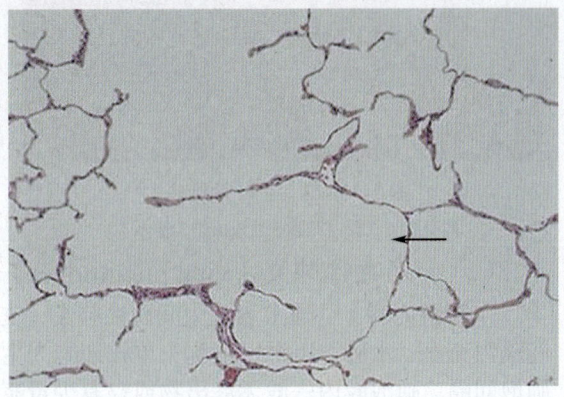

图 2-3-6-10　肺气肿
扩张的肺泡（箭示）

（三）支气管扩张症（bronchiectasis）

【观察内容】 支气管黏膜明显增生肥厚，管壁充血，大量慢性炎细胞浸润，纤维组织增生。支气管腔扩张成囊状。支气管黏膜上皮变性坏死脱落或增生和化生，管壁平滑肌、弹力纤维、软骨萎缩、变性，甚至消失。扩张的支气管囊壁由肉芽组织和纤维组织组成（图 2-3-6-11）。

（四）大叶性肺炎（lobar pneumonia）灰色肝样变期

【观察内容】 肺组织结构存在，所有肺泡腔内均见炎性渗出物，无正常肺泡。肺泡壁变窄，其内毛细血管受压，呈贫血状态。肺泡腔内渗出物主要是中性粒细胞和红染细网状的纤维素。相邻肺泡中纤维素丝经肺泡间孔互相连接。部分肺泡内纤维素溶解，中性粒细胞变性，有单核细胞渗出（图 2-3-6-12）。

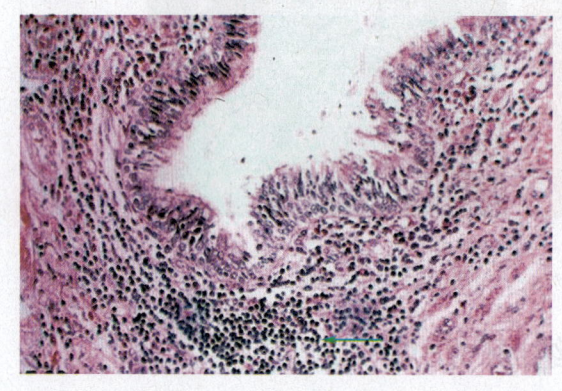

图 2-3-6-11 支气管扩张症
管壁大量慢性炎细胞浸润，纤维组织增生（箭示）

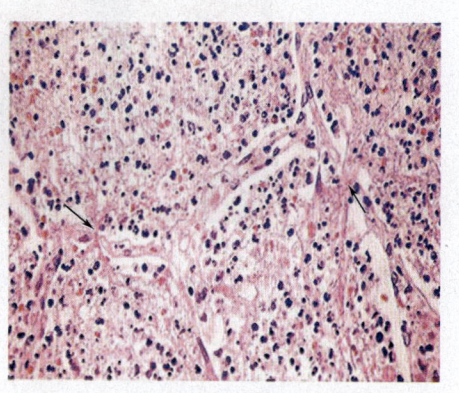

图 2-3-6-12 大叶性肺炎（灰色肝样变期）
纤维素通过肺泡间孔相连接（箭示）

（五）小叶性肺炎（lobular pneumonia）

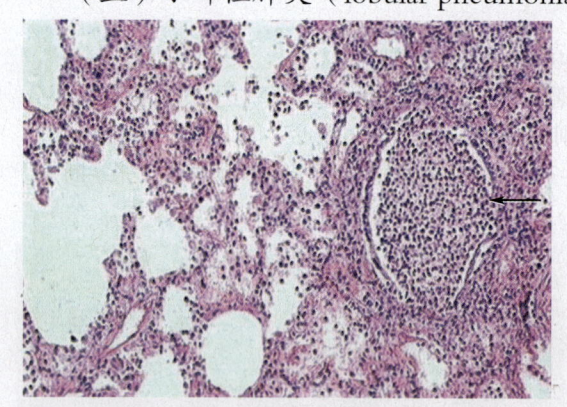

图 2-3-6-13 小叶性肺炎
病变细支气管内充满脓性渗出物（箭示）

【观察内容】 肺组织内，可见弥漫散在的灶性渗出性病变，病灶间的肺组织充血，并可见代偿性肺充气过度。病变中心细支气管腔内有炎性渗出物，管壁充血，炎细胞浸润，其周围的肺泡腔内可见炎性水肿和渗出物。病变细支气管壁充血、水肿、多量中性粒细胞和少量单核细胞浸润，上皮细胞变性、坏死脱落，腔内充满脓性渗出物。部分病灶已超过细支气管所属小叶范围。细支气管所属肺泡腔内有中性粒细胞、单核细胞或少量浆液、纤维素、红细胞渗出。肺泡壁毛细血管明显扩张充血（图 2-3-6-13）。

（六）病毒性肺炎（viral pneumonia）

【观察内容】 通常表现为间质性肺炎，支气管、细支气管壁及周围，小叶间隔、肺泡间隔内充血、水肿，以淋巴细胞、单核细胞为主的炎性细胞浸润，使这些区域增宽，特别是肺泡间隔。肺泡腔内一般无渗出物或仅有少量浆液、单核细胞。在增生的上皮细胞和多核巨细胞内（胞质和或胞核内）可检见病毒包涵体，具有诊断意义。包涵体大小形状不一，一般呈圆形，均质，嗜酸或嗜碱性，周围常有清晰的透明晕。巨细胞病毒性肺炎核内包涵体（图 2-3-6-14）。

（七）硅肺（silicosis）

〖观察内容〗 肺组织中可见多个大小不等、红染的圆形病灶，大部分肺间质已广泛性纤维化，其间为萎缩或扩张的肺泡。有较多棕黑色的炭末沉着。圆形病灶为硅结节，主要由呈同心圆状或旋涡状排列的、红染玻璃样变的胶原纤维组成，有的结节彼此融合。部分结节中央有小血管，结节中央有时可见到残留的小血管内膜增厚、纤维化，结节边缘可见较多成纤维细胞、巨噬细胞。间质纤维化明显（图 2-3-6-15）。

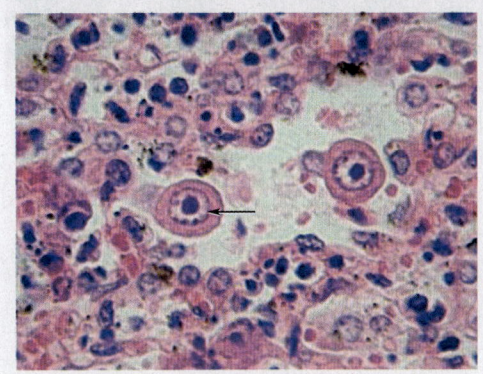

图 2-3-6-14　巨细胞病毒性肺炎（包涵体）
巨细胞核内可见病毒包涵体（箭示）

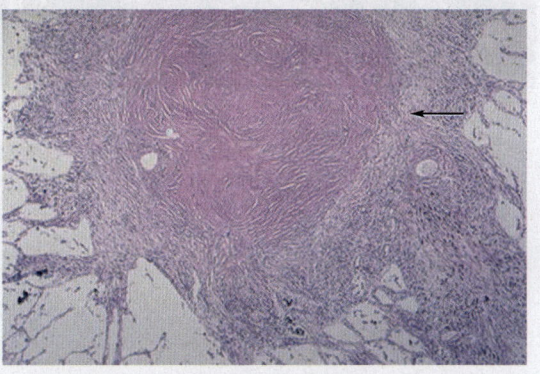

图 2-3-6-15　硅肺
可见圆形粉染漩涡状排列胶原玻变的规硅结节（箭示）

（八）石棉肺（asbestosis）

〖观察内容〗 在肺内增生的纤维组织中可见多数石棉小体，表面有铁蛋白沉积的石棉纤维，大小不等，黄褐色，分节状，两端膨大，中央为棒状，呈哑铃形（图 2-3-6-16）。

（九）肺癌（carcinoma of lung）

〖观察内容〗 小细胞癌，癌细胞排列成片、巢状，或弥漫性排列；癌细胞小，呈圆形、短梭形或淋巴细胞样；部分瘤细胞一端较圆钝，另一端较尖，胞质少，核深染，呈燕麦状，可见核分裂象；有些细胞呈梭形

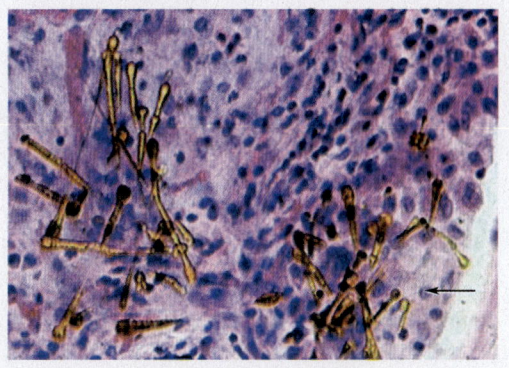

图 2-3-6-16　石棉肺
可见多个石棉小体（箭示）

或多角形，胞质甚少，形似裸核，有时癌细胞围绕小血管排列成假菊形团或管状结构。间质由较多致密的纤维组织及少量血管构成（图 2-3-6-17A）。

细支气管肺泡癌（bronchioloalveolar carcinoma）：肺泡结构多完整，但肺泡壁增厚、纤维化。肺泡腔内衬覆柱状癌细胞，单层或复层排列，部分区域形成突入肺泡腔的乳头状结构，因癌细胞衬覆肺泡腔排列，形成特殊形态的腺癌结构（图 2-3-6-17B）。

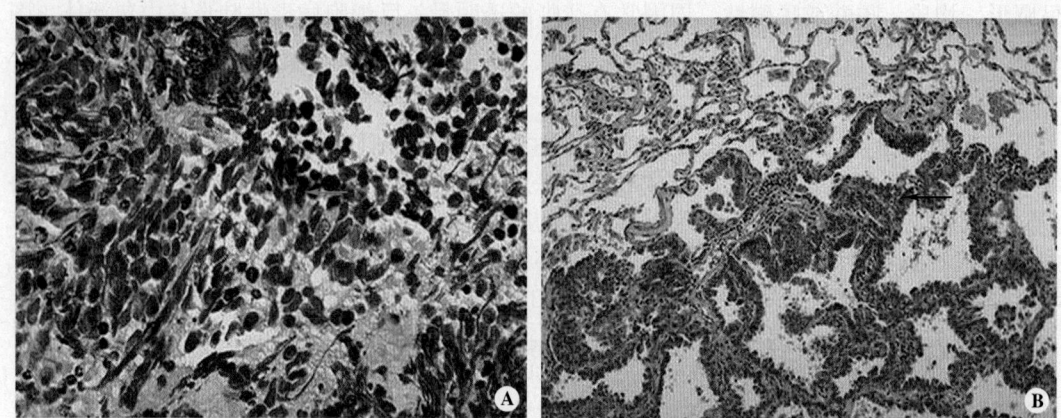

图 2-3-6-17　肺癌

癌细胞所在（箭示）A. 小细胞癌；B. 细支气管肺泡癌

（薛占瑞）

第七章 消化系统疾病

【实验内容】

大体标本	组织切片
1. 消化性溃疡病	1. 慢性萎缩性胃炎
2. 局限性肠炎	2. 胃溃疡
3. 溃疡性结肠炎	3. 急性普通型肝炎
4. 急性重型肝炎	4. 急性重型肝炎
5. 慢性胆囊炎	5. 门脉性肝硬化
6. 门脉性肝硬化	6. 坏死后性肝硬化
7. 坏死后性肝硬化	7. 克罗恩病
8. 食管癌	8. 溃疡性结肠炎
9. 胃癌	9. 胃癌
10. 大肠癌	10. 肝细胞癌
11. 原发性肝癌	11. 胃肠道间质瘤

【实验目的】

1. 掌握胃溃疡病变的四层组织结构；病毒性肝炎的基本病理变化；门脉性肝硬化的病理变化及临床病理联系；胃炎、胃溃疡、胃癌、食管癌、肝癌的大体病变特点。
2. 熟悉胃炎、大肠印戒细胞癌、食管癌、胃癌、肝癌的病理变化。

一、大 体 标 本

（一）消化性溃疡病（peptic ulcer disease）

〖观察内容〗 胃溃疡，胃小弯近幽门处黏膜面见一卵圆形溃疡，直径多在 2cm 以内，边缘整齐，状如刀切。溃疡较深，底部平坦而洁净，表面有少量灰黄色渗出物。溃疡周围胃黏膜粗糙，皱襞呈放射状向溃疡集中（图 2-3-7-1）。严重者可穿孔。

（二）局限性肠炎（regional enteritis）又称 Crohn 病

〖观察内容〗 小肠肠管节段性受累。受累处肠壁水肿、变厚、变硬，肠黏膜高度水肿而呈块状增厚，如鹅卵石状或息肉状。黏膜面有裂隙状溃疡、溃疡狭长而深入肠壁形成穿通性裂隙（图 2-3-7-2）。

图 2-3-7-1 胃溃疡
黏膜面见一卵圆形溃疡，边缘整齐（箭示）

（三）溃疡性结肠炎（ulcerative colitis）

〖观察内容〗 病灶呈均匀和连续分布，黏膜充血、水肿、出血，进而形成表浅溃疡，融合后形成广泛而不规则大片溃疡，可见假息肉（图 2-3-7-3）。

图 2-3-7-2　Crohn 病
肠黏膜高度水肿而呈块状增厚，如鹅卵石状（箭示）

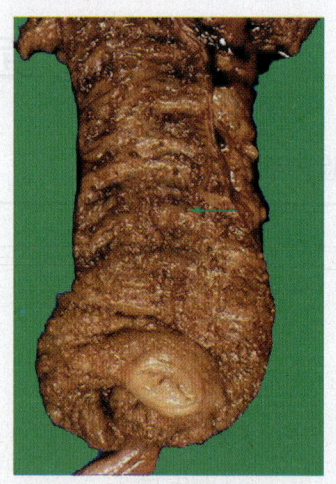

图 2-3-7-3　溃疡性结肠炎
肠黏膜表面可见大量增生的假息肉，呈颗粒状（箭示）

（四）急性重型肝炎（acute severe viral hepatitis）

【观察内容】　肝脏体积显著缩小，尤以左叶为甚，质量减轻，一般减至 600～800g（正常 1500g 左右）。质地柔软，被膜皱缩，用手可以卷曲，表面及切面呈黄色或红褐色，有的区域呈红黄相间的斑纹状，故又称急性红色肝萎缩或急性黄色肝萎缩（图 2-3-7-4）。

（五）慢性胆囊炎（chronic cholecystitis）

【观察内容】　胆囊壁纤维化增厚，腔内有的有结石。黏膜皱襞平坦，可有渗出物（图 2-3-7-5）。

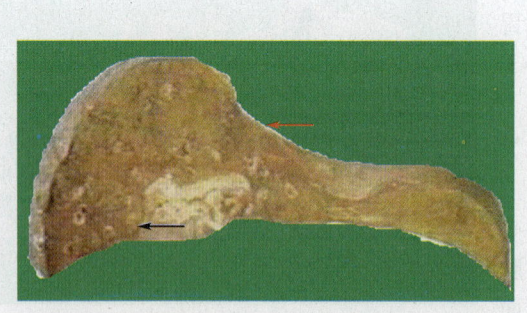

图 2-3-7-4　急性重型肝炎
黄绿色区域为淤胆所致（红箭示），黄褐色为出血（黑箭示）

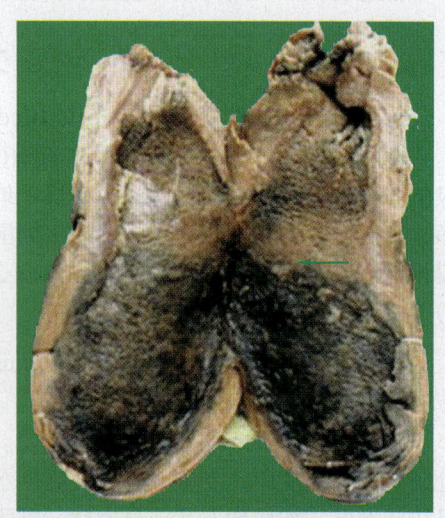

图 2-3-7-5　慢性胆囊炎
胆囊内有渗出物（箭示）

（六）门脉性肝硬化（portal cirrhosis）

【观察内容】　肝脏体积缩小，边缘锐利，被膜增厚，质量减轻，质地较硬韧，表面和切面呈小结节状，结节大小比较一致，直径小于0.5cm，最大不超过1.0cm；切面：肝被膜明显增厚，可见无数圆形或类圆形的岛屿状结节，一般呈灰白色，结节周围有灰白色纤维组织包绕，纤维间隔较窄，宽窄比较一致（图2-3-7-6）。

（七）坏死后性肝硬化（post necrotic cirrhosis）

〖观察内容〗 肝脏体积缩小、变硬，明显变形；以左叶病变尤显著，甚至完全萎缩。肝脏的表面和剖面均呈现结节性病变。结节较大，且大小不等。大结节型者，其直径多在1cm以上，最大者可达5cm。大小结节混合型者，除大结节外尚可见直径在1cm以下的小结节。呈黄绿色或黄褐色。结节周围的纤维间隔较厚，且薄厚不均（图2-3-7-7）。

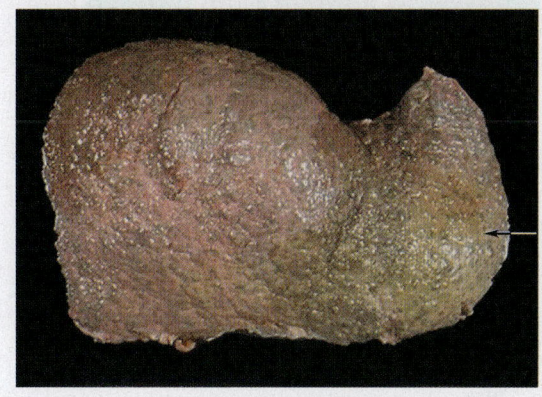

图 2-3-7-6 门脉性肝硬化

表面呈小结节状，结节大小比较一致（箭示）

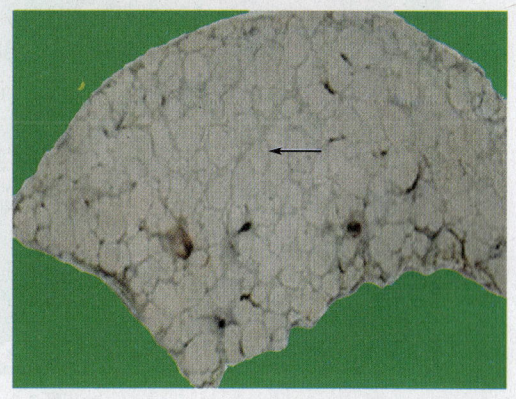

图 2-3-7-7 坏死后性肝硬化

结节较大，且大小不等（箭示），结节周围明显纤维间隔

（八）食管癌（carcinoma of esophagus）（中晚期）

〖观察内容〗 图2-3-7-8。

蕈伞型 肿瘤为卵圆形扁平肿块，如蘑菇状突入食管腔内。

溃疡型 肿瘤溃疡形成，溃疡外形不整，边缘隆起，底部凹凸不平，深达肌层（图2-3-7-8A）。

缩窄型 癌组织沿食管壁内浸润生长，常累及食管全周，形成明显的环形狭窄，黏膜皱襞消失；近端食管腔显著扩张；病变处食管壁增厚变硬，癌组织与周围组织分界不清（图2-3-7-8B）。

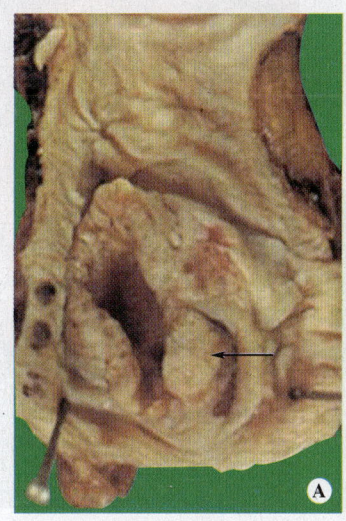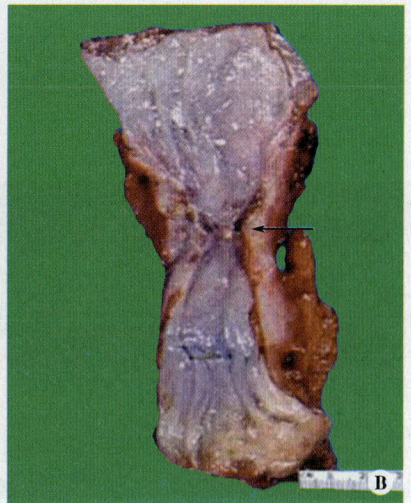

图 2-3-7-8 食管癌

肿瘤所在部位（箭示）

（九）胃癌（gastric carcinoma）（进展期）

【观察内容】 图 2-3-7-9。

溃疡型胃癌 在小弯近幽门处的胃壁上有一大小约 6cm×5cm² 的溃疡，溃疡边缘隆起，不规则，形如火山口状，底部凹凸不平，有坏死、出血，癌周围胃黏膜皱襞粗糙、断裂、消失。

息肉型或蕈伞型胃癌 癌组织向胃黏膜表面生长，呈息肉状或蕈伞状，突入胃腔内（图 2-3-7-9）。

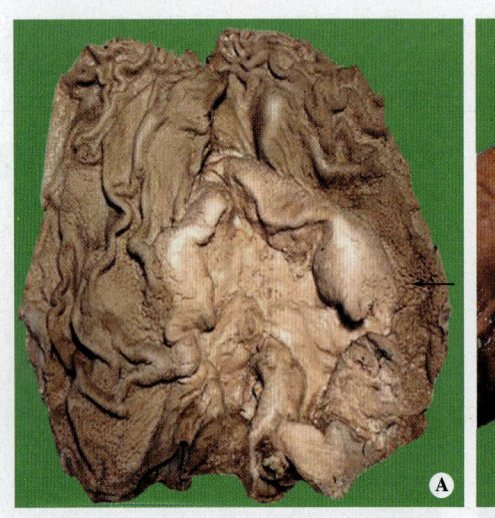 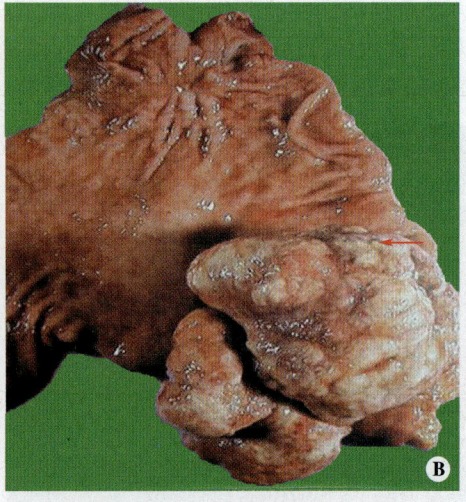

图 2-3-7-9 胃癌
A. 溃疡型，可见边缘不整的溃疡；B. 隆起型，肿物呈蕈伞状

浸润型胃癌 胃壁弥漫性增厚，黏膜面粗糙、皱襞消失，但无明显的结节性肿物突入胃腔。胃壁的剖面上见黏膜层的灰白色肿物穿越肌层侵及浆膜层，在肿瘤穿越肌层处呈现灰白色纹理，有"革囊胃"之称（图 2-3-7-10）。

（十）大肠癌（carcinoma of the large intestine）

【观察内容】 图 2-3-7-11。

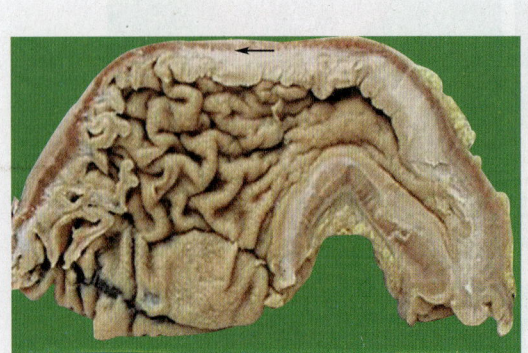 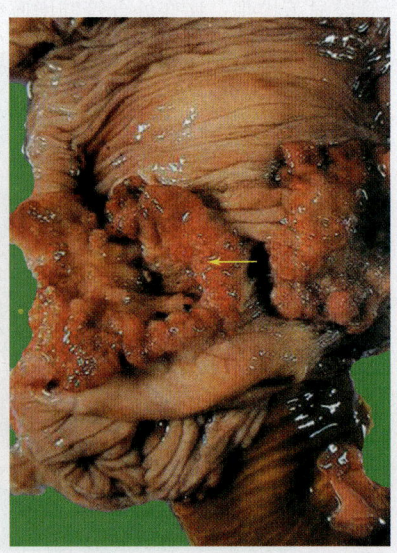

图 2-3-7-10 胃癌（浸润型）
灰白色癌组织浸润胃壁肌层（箭示）

图 2-3-7-11 大肠癌
肿瘤形成火山口状溃疡（箭示）

隆起型 肿瘤向腔内外生性生长，有蒂或无蒂，呈蕈伞或菜花样。
溃疡型 肿瘤表面形成溃疡，如火山口状，常伴坏死出血（图2-3-7-11）。

（十一）原发性肝癌（primary carcinoma of liver）

〖观察内容〗 图2-3-7-12。

巨块型 肝脏显著增大，肝瘤突出于表面。切面可见一个圆形巨大实体肿瘤。肿瘤位于肝右叶，直径大于10cm。肿瘤边界较清楚（但无包膜），瘤组织质软、脆，其中央常有出血、坏死。

二、组织切片

（一）慢性萎缩性胃炎（chronic atrophic gastritis）

〖观察内容〗 病变区胃黏膜萎缩变薄，黏膜固有腺萎缩消失，即腺体数目减少，腺体变小并可见囊性扩张。胃黏膜上皮有明显的肠上皮化生；固有层腺体萎缩及肠上皮化生，伴有不同程度的淋巴细胞和浆细胞浸润，有淋巴滤泡形成（图2-3-7-13）。

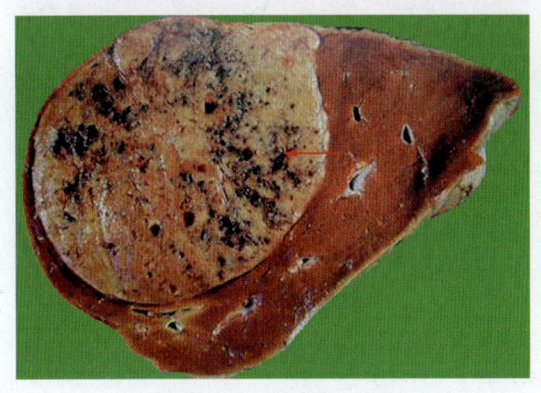

图2-3-7-12 原发性肝癌
巨块型，瘤体较大，合并出血（红箭示）

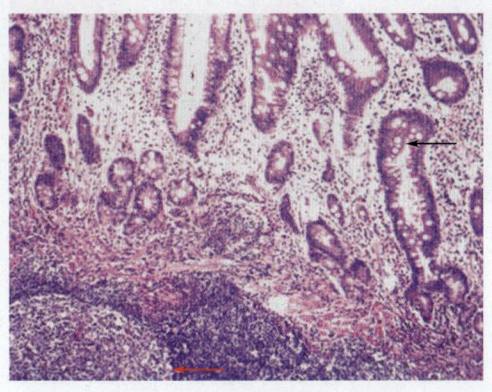

图2-3-7-13 慢性萎缩性胃炎
胃粘膜上皮有明显的肠上皮化生（黑箭示）和淋巴滤泡形成（红箭示）

（二）胃溃疡病（gastric ulcer）

〖观察内容〗 切片中央凹陷处即为溃疡所在部位。溃疡深达肌层，其两侧见胃壁各层结构；溃疡底部从内至外由四层结构组成渗出层、坏死层、肉芽组织层、瘢痕层。渗出层，溃疡底部表面为少量炎性渗出物（浆液、纤维素及少量中性粒细胞组成）；坏死层，渗出层深部为红染颗粒状无结构坏死组织；肉芽组织层，坏死组织下方为新生的毛细血管及成纤维细胞，伴有明显的炎细胞浸润构成的肉芽组织；瘢痕层，深部为大量纤维瘢痕组织，瘢痕内常见小动脉内膜增厚，管腔狭窄，形成增殖性动脉内膜炎，还可见呈小球状增生的神经纤维。瘢痕可深达肌层或浆膜。溃疡边缘结缔组织增生，将肌层拉向表面，与黏膜肌相邻近（图2-3-7-14）。

（三）急性普通型肝炎（acute general viral hepatitis）

〖观察内容〗 肝小叶结构仍保存，但肝索排列较紊乱，肝窦受压变窄，肝细胞索网状纤维支架保持完整而不塌陷。广泛的肝细胞变性，以胞质疏松化和气球样变多见，坏死轻微，肝小叶内可见散在的点状坏死（炎细胞浸润区）。汇管区可

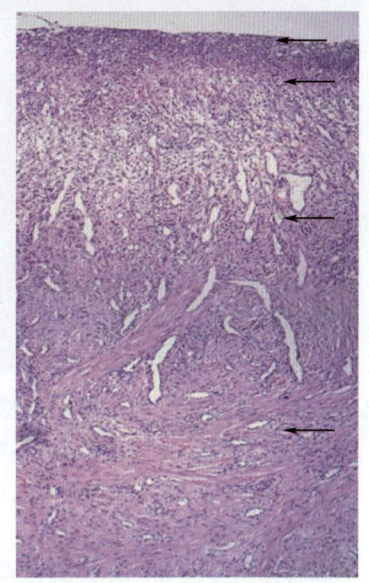

图2-3-7-14 胃溃疡
由上至下渗出层、坏死层、肉芽组织层、瘢痕层（箭示）

见少量炎细胞浸润。肝细胞广泛发生细胞水肿，肝细胞肿大，胞质疏松透亮，有的肝细胞明显肿胀呈圆形（气球样变）；部分肝细胞胞质浓缩，嗜酸性染色增强，呈小灶状散在于肝组织内，称为嗜酸性变。肝小叶内散在小灶性坏死（呈点状坏死）；肝细胞消失区有少量淋巴细胞或中性粒细胞浸润。汇管区有少量淋巴细胞、单核细胞浸润（图 2-3-7-15）。

（四）急性重型肝炎（acute severe viral hepatitis）

【观察内容】 肝细胞大块或亚大块坏死；肝索解离，肝细胞溶解，仅小叶周边部残留少数变性的肝细胞；肝窦扩张充血并出血，枯否细胞增生肥大。小叶及汇管区可见炎细胞浸润（图 2-3-7-16）。

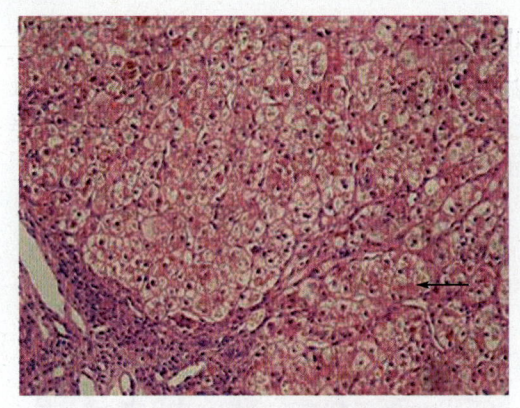

图 2-3-7-15　急性普通型肝炎
广泛的肝细胞水肿（箭示）

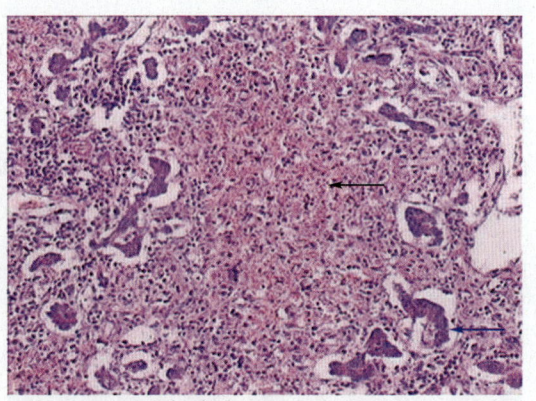

图 2-3-7-16　急性重型肝炎
大片肝细胞坏死，血窦充血出血（黑箭示）；残留少量肝细胞（蓝箭示）

（五）门脉性肝硬化（portal cirrhosis）

【观察内容】 正常肝小叶结构被破坏，由广泛增生的纤维组织将肝小叶分割包绕成大小不等，圆形或椭圆形的肝细胞团（即假小叶）；假小叶周边围绕增生的纤维组织（即纤维间隔），纤维间隔内有淋巴细胞、浆细胞浸润，小胆管有"集中"或增生现象。假小叶结构特点，肝细胞索排列紊乱，多不呈放射状排列。中央静脉可缺如、偏位或有两个以上中央静脉，有时可见到汇管区结构；假小叶可由结节状增生的肝细胞团组成：肝细胞体积增大，胞质丰富，略呈嗜碱性，核大而深染，并有双核。假小叶内还可出现不同程度的肝细胞脂肪变性、坏死，以及胆汁淤滞、胆色素沉着。假小叶周围纤维组织增生形成的纤维间隔较窄，其中有少量淋巴细胞、单核细胞浸润和小胆管增生（图 2-3-7-17）。

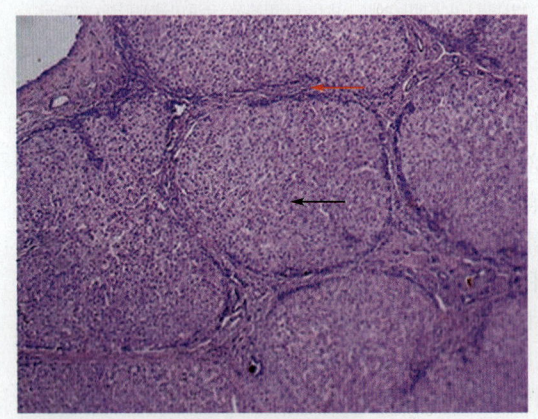

图 2-3-7-17　门脉性肝硬化
假小叶（黑箭示）大小较一致，间隔较窄切均匀（红箭示）

（六）坏死后性肝硬化（post necrotic cirrhosis）

【观察内容】 正常肝小叶结构消失，代之以大小不等的假小叶。假小叶内肝细胞常有不同程度的变性和坏死及胆色素沉着。假小叶间的纤维间隔较宽且厚薄不均，有较多的炎细胞浸润和增生的小胆管及假胆管（图 2-3-7-18）。肝细胞变性坏死、小胆管及假胆管增生均较门脉性肝硬化明显。

（七）Crohn 病（Crohn's disease）

〖观察内容〗 裂隙状溃疡（箭示），初期较小，后呈裂隙状，相邻肠壁各层可见大量淋巴细胞、浆细胞等浸润（图 2-3-7-19）。

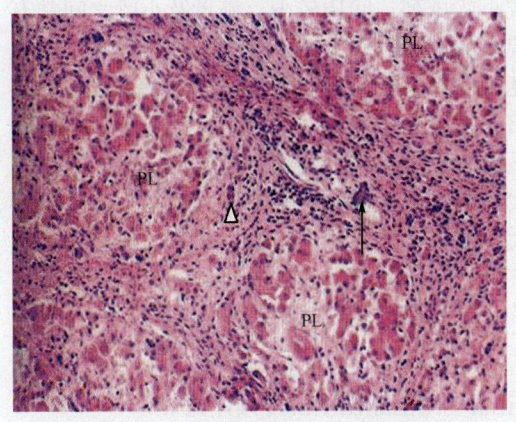

图 2-3-7-18 坏死后性肝硬化

假小叶（PL）大小不一，纤维间隔较宽且厚薄不均，小胆管（黑箭示）及假胆管增生明显（三角）

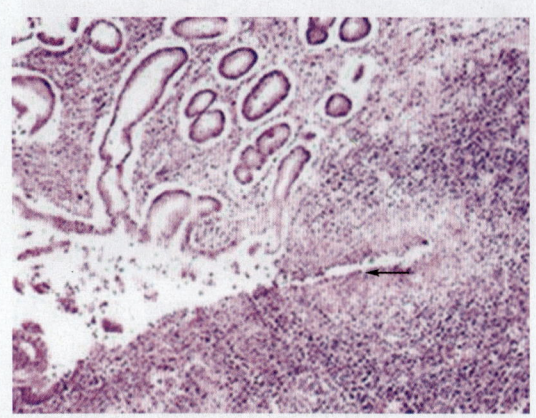

图 2-3-7-19 Crohn 病

（八）溃疡性结肠炎（ulcerative colitis）

〖观察内容〗 隐窝上皮变性、坏死，中性粒细胞侵及腺腔内形成隐窝脓肿，固有膜中大量炎细胞浸润。病变发展，黏膜出现广泛糜烂和溃疡。病程长者则损伤和修复交替进行，黏膜萎缩、肉芽组织增生、纤维化及瘢痕形成（图 2-3-7-20）。

（九）胃癌（gastric carcinoma）

〖观察内容〗 **胃黏液腺癌**（图 2-3-7-21）胃黏膜可见颜色深染的腺癌组织，部分癌组织侵入肌层及浆膜层，有黏液湖形成。腺癌组织由大小不等、形状不规则的腺腔组成；癌细胞层次增多，结构紊乱，腺体大小形态不一，核大深染，核分裂象多见。

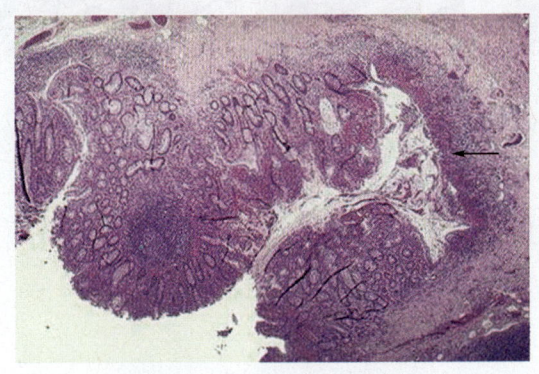

图 2-3-7-20 溃疡性结肠炎

隐窝上皮变性、坏死，中性粒细胞侵及腺腔内形成隐窝脓肿（箭示）

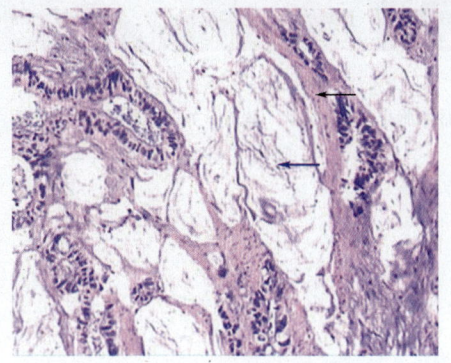

图 2-3-7-21 胃黏液腺癌

胃壁平滑肌（黑箭示）间可见黏液湖（蓝箭示）

胃印戒细胞癌（图 2-3-7-22）病变处正常胃组织结构已被肿瘤组织浸润、破坏。癌组织散在或聚集成团弥漫浸润于胃壁的全层。胃壁的平滑肌层已被癌组织冲散。有时可见黏液池。癌细胞呈圆形，胞质内充满黏液，将胞核挤向一侧，呈印戒状。

（十）肝细胞癌（hepatocellular carcinoma）

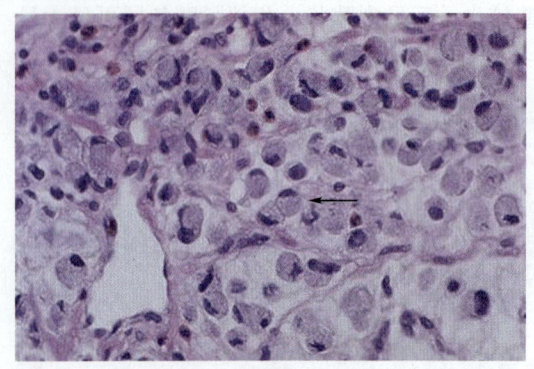

图 2-3-7-22　胃印戒细胞癌
可见呈戒指形的癌细胞（箭示）

【观察内容】　正常肝脏结构大部分已被肿瘤组织浸润、破坏。癌细胞呈团块状、巢状或小梁排列；间质较少，癌巢及小梁之间常有较多的血窦，腔大而不规则。肿瘤内有不同程度的出血坏死。癌灶旁正常肝组织呈压迫性萎缩，并伴有肝硬化。癌细胞似肝细胞，但有明显的异型性。多数癌细胞体积大，呈多边形，大小不一致，胞质丰富，略呈嗜碱性，核圆形，大小不等，核大深染，核仁明显，可见病理性核分裂；分化差者癌细胞异型性明显，常有巨核及多核瘤巨细胞（图 2-3-7-23）。

（十一）胃肠道间质肿瘤（gastrointestinal stromal tumors，GISTs）

【观察内容】　一类起源于胃肠道间叶组织的肿瘤，占消化道间叶肿瘤的大部分。GISTs 主要是由梭形细胞和上皮样细胞构成，两种细胞可同时出现于不同的肿瘤中，但形态学变化范围大。依据两种细胞的多少可分为梭形细胞型、上皮样细胞型以及梭形和上皮细胞混合型。肿瘤细胞的排列也呈多样化，以束状和片状排列居多（图 2-3-7-24）。

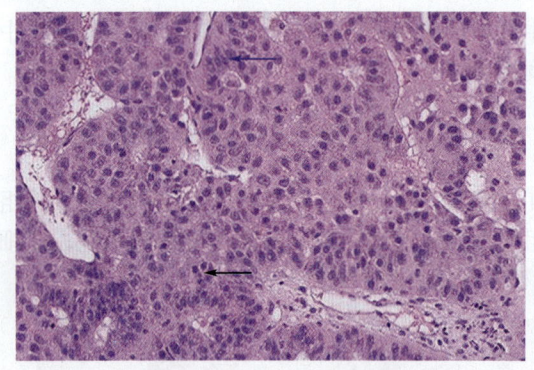

图 2-3-7-23　肝细胞癌
癌细胞排列成团块状（蓝箭示），具有明显的异型性，可见
病理性核分裂象（黑箭示）

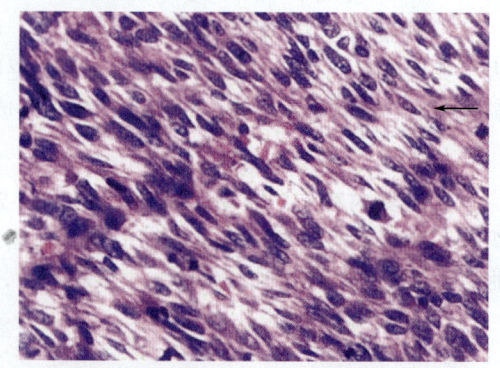

图 2-3-7-24　胃肠道间质瘤
梭形肿瘤细胞呈束状排列（箭示）

（薛占瑞）

第八章 淋巴造血系统疾病

【实验内容】

大体标本	组织切片
1. 霍奇金淋巴瘤之淋巴结	1. 结节性淋巴细胞为主型霍奇金淋巴瘤
	2. 混合细胞型霍奇金淋巴瘤
	3. 结节硬化型霍奇金淋巴瘤
	4. 滤泡性淋巴瘤
	5. 弥漫大 B 细胞淋巴瘤

【目的要求】

掌握霍奇金淋巴瘤的病理特点，了解非霍奇金淋巴瘤的病理特点。

一、大体标本

淋巴结霍奇金淋巴瘤（lymph node of Hodgkin lymphoma）

【观察内容】 图 2-3-8-1，淋巴结体积明显增大，切面灰红色，均匀一致，湿润呈鱼肉状。

二、组织切片

（一）结节性淋巴细胞为主型的霍奇金淋巴瘤（nodular lymphocyte predominant Hodgkin lymphoma）

【观察内容】 图 2-3-8-2，镜下表现主要以结节灶状生长，有残留生发中心结构。瘤细胞核表现为空泡状，多叶核，核仁小，称为 popcorn 细胞。异型 L & H 细胞多见，诊断性 R-S 细胞少见，背景淋巴细胞增生。

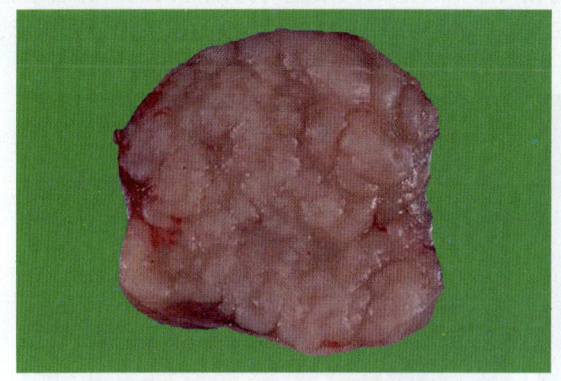

图 2-3-8-1 淋巴结肿大，切面鱼肉状

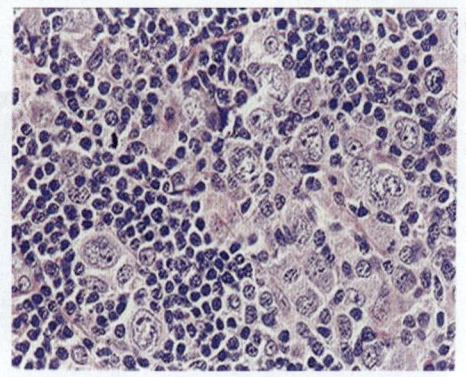

图 2-3-8-2 爆米花样细胞

（二）混合细胞型霍奇金淋巴瘤（mixed cellularity Hodgkin lymphoma）

【观察内容】 图 2-3-8-3，淋巴结正常结构完全破坏，瘤细胞弥漫浸润，低倍镜下瘤细胞成分多样，大小较为一致，高倍镜下肿瘤细胞有明显异型，可见典型的双核及多核 R-S 细胞。R-S

· 173 ·

细胞体积较大，椭圆形或不规则形，胞质丰富，双色性或略嗜酸性；核大，可双核或多核，染色质沿核膜聚集成堆，核膜厚，有一大的嗜酸性核仁，周围有一透明晕。双核的R-S细胞两核并列，形状似镜中之影，即称镜影细胞。还可见单核细胞、浆细胞及多少不等的淋巴细胞。间质血管丰富。

（三）结节硬化型霍奇金淋巴瘤（nodular sclerosis Hodgkin lymphoma）

【观察内容】 图2-3-8-4，镜下此型特点为淋巴结瘤组织内有陷窝细胞和增生的纤维组织条索。淋巴结内纤维组织增生，由增厚的包膜向内伸展，形成粗细不等的胶原纤维条索，将淋巴结分隔成许多大小不等的结节。其中有多数陷窝细胞和多少不等的典型的R-S细胞。此外，还可见较多淋巴细胞、组织细胞、嗜酸性粒细胞、浆细胞和中性粒细胞浸润，部分可有坏死。

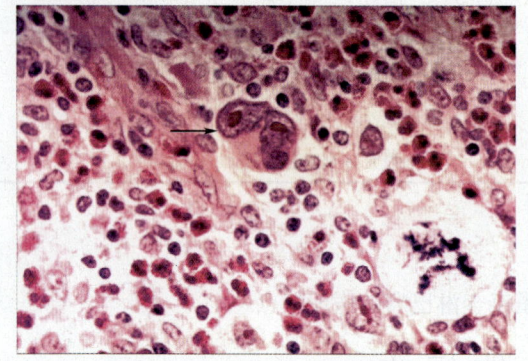

图2-3-8-3 箭头为镜影细胞

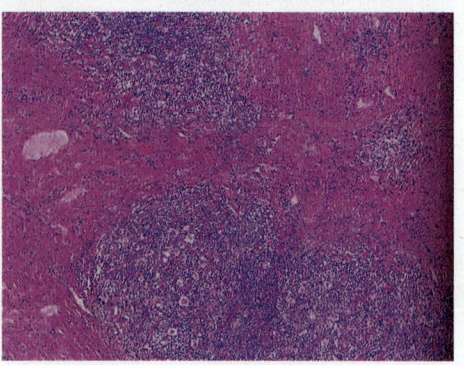

图2-3-8-4 纤维组织增生将淋巴结分割为许多大小不等的结节

（四）滤泡性淋巴瘤（follicular lymphoma）

【观察内容】 图2-3-8-5，淋巴结结构消失，肿瘤在低倍镜下排列成结节状或滤泡状结构。肿瘤性滤泡主要由中心细胞和中心母细胞以不同比例混合而成。中心细胞的体积比正常淋巴细胞稍大，胞质少，核不规则，可见明显的核裂，染色质粗糙致密。中心母细胞的体积更大，可以是正常淋巴细胞的3～4倍，胞质中等，核圆形或分叶状，核分裂多见，染色质呈空泡状，有多个核仁，类似于正常生发中心的分裂活跃细胞。

（五）弥漫性大B细胞淋巴瘤（diffuse large B-cell lymphoma）

【观察内容】 图2-3-8-6，镜下表现为相对单一形态的大细胞的弥漫性浸润。肿瘤细胞的直径为正常淋巴细胞的4～5倍，细胞形态多样，胞质中等，常嗜碱性，细胞核圆形或卵圆形，有核裂，可见单个或多个核仁。

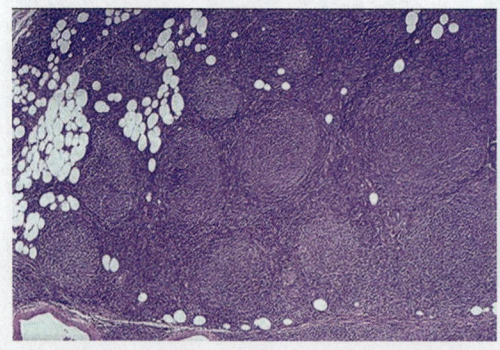

图2-3-8-5 淋巴结结构消失，在低倍镜下可见结节状或滤泡状结构

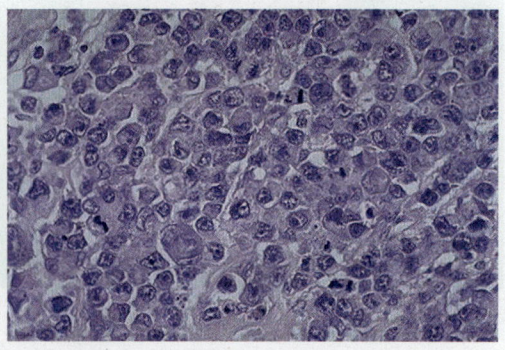

图3-3-8-6 相对单一形态的大细胞

（杨春雨）

第九章 泌尿系统疾病

【实验内容】

大体标本	组织切片
1. 急性弥漫性增生性肾小球肾炎	1. 急性弥漫性增生性肾小球肾炎
2. 硬化性肾小球肾炎	2. 新月体性肾小球肾炎
3. 急性肾盂肾炎	3. 膜性肾小球肾炎
4. 慢性肾盂肾炎	4. 膜性增生性肾小球肾炎
5. 肾细胞癌	5. IgA 肾病
6. 肾母细胞瘤	6. 轻微病变性肾小球肾炎
7. 膀胱尿路上皮癌	7. 硬化性肾小球肾炎
	8. 急性肾盂肾炎
	9. 慢性肾盂肾炎
	10. 肾细胞癌
	11. 肾母细胞瘤
	12. 膀胱尿路上皮癌

【实验目的】

1. 掌握急性弥漫性增生性肾小球肾炎、新月体性肾小球肾炎及慢性肾小球肾炎的病变特点和临床病理联系；急、慢性肾盂肾炎的病理变化及其区别。

2. 熟悉其他各型肾小球肾炎、IgA 肾病的基本病变及临床病理联系。

一、大体标本

（一）急性弥漫性增生性肾小球肾炎（acute diffuse proliferative glomerulonephritis）

〖观察内容〗 图 2-3-9-1，肾脏体积轻到中度增大，质量增加，被膜紧张，肾表面光滑，灰白或淡红色（新鲜时应呈红色，称为"大红肾"），有时可见弥漫分布的小出血点（称蚤咬肾）。切面可见肾皮质增宽，纹理模糊，但与髓质分界清楚，有时可见到粟粒大小出血点。

（二）硬化性肾小球肾炎（sclerosing glomerulonephritis）

〖观察内容〗 图 2-3-9-2，两侧肾脏体积对称性明显缩小，质量减轻，被膜出现皱褶，颜色变深，质地坚实、变硬。表面呈弥漫性凹凸不平的细颗粒状，颗粒大小比较一致，形成继发性颗粒性固缩肾。切面可见肾皮质因萎缩而变薄，纹理模糊不清，肾皮质髓质分界不清楚。小动脉管壁增厚、变硬，血管断面呈哆开状，肾盂周围脂肪组织增多。

（三）急性肾盂肾炎（acute pyelonephritis）

〖观察内容〗 图 2-3-9-3，病变分布不规则，可累及一侧或两侧肾，肾体积增大，质量增加，被膜紧张，质地较软。表面散在多数大小不等的脓肿，呈黄色或黄白色，周围有紫红色充血带环绕。严重病例数个小化脓灶可融合成大小不等的较大脓肿,不规则地分布在肾组织各部,病灶之间肾组织基本正常。切面髓质内可见黄色条纹向皮质伸展。有些条纹融合形成小脓肿。肾盂黏膜充血、水肿,可有散在的小出血点,有时黏膜表面并有脓性渗出物覆盖。肾盂黏膜粗糙,肾盂腔内可有脓性渗出液。

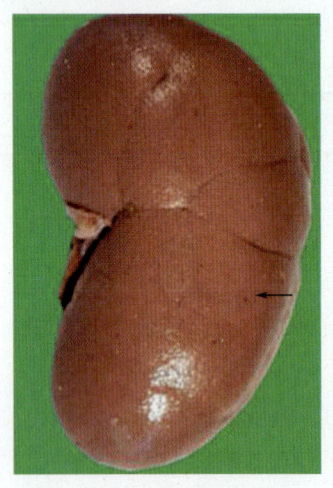

图 2-3-9-1　急性弥漫性增生性
肾小球肾炎
肾脏充血肿胀,表面散在出血点(箭示)

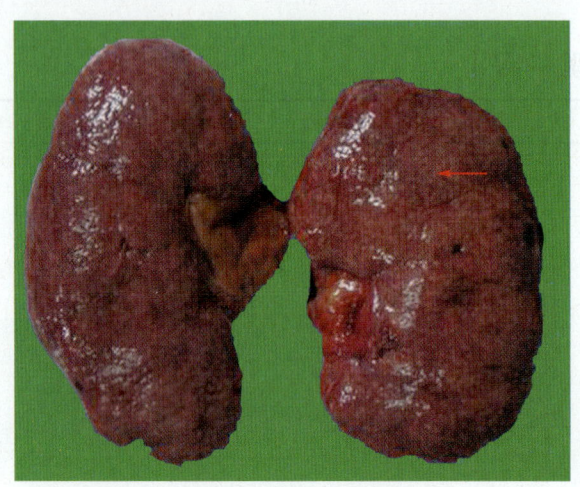

图 2-3-9-2　硬化性肾小球肾炎
体积缩小,表面呈弥漫性凹凸不平的细颗粒状(箭示)

(四)慢性肾盂肾炎(chronic pyelonephritis)

【观察内容】　图 2-3-9-4,病变可累及一侧或两侧肾。即使两侧肾皆受累,其损伤程度也不相同,病变分布不均匀,呈不规则的灶性或片状。肉眼可见两侧肾脏不对称,大小不等,肾脏表面凹凸不平,体积缩小,质量减轻,包膜增厚,质地变硬。表面高低不平,有粗大而不规则的凹陷性瘢痕。切面可见皮髓界限较模糊、肾乳头萎缩,肾盂肾盏因瘢痕收缩而变形,肾盂黏膜增厚、粗糙。肾盂周围脂肪组织增生。

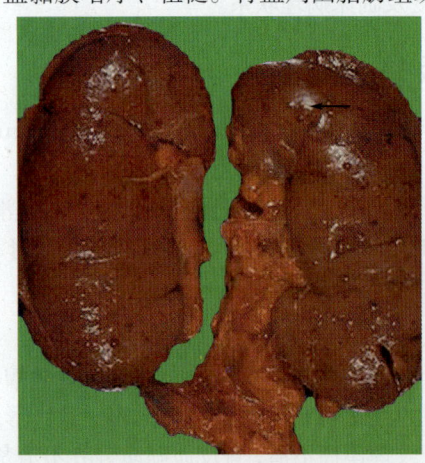

图 2-3-9-3　急性肾盂肾炎
表面散在多数大小不等的小脓肿(箭示)

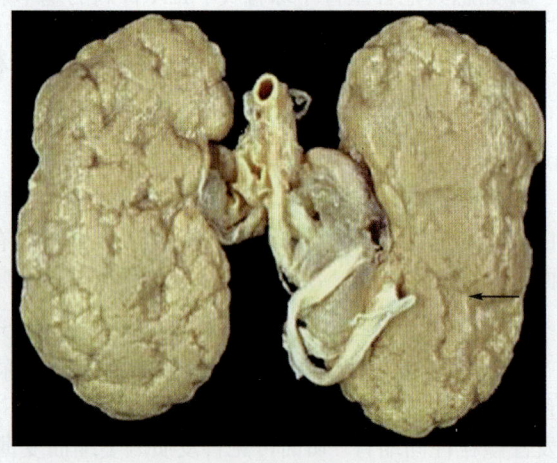

图 2-3-9-4　慢性肾盂肾炎
肾脏表面凹凸不平,体积缩小,有粗大而不规则的凹陷性瘢痕(箭示)

(五)肾细胞癌(renal cell carcinoma)

【观察内容】　图 2-3-9-5,肾细胞癌可发生在肾的任何部位,多见于肾的两极,尤以上极更为多见。肉眼见肾体积增大，质量增加，包膜紧张，于肾的上极可见一个圆形或类圆形肿物，直径约3～15cm；与邻近的肾组织分界明显，有假包膜形成。切面癌组织呈灰白色，常因伴有出血、坏死、软化和钙化而呈红、黄、灰、白相间的多种色彩。肿瘤逐渐发展可侵入肾盏、肾盂，引起阻塞，并可突破肾盂侵入输尿管。肾癌的另一个特点是常侵入肾静脉，并可在静脉腔内生长形成条索状向下腔静脉延伸甚至可达右心。

（六）肾母细胞瘤（nephroblastoma，wilm's tumour）

〖观察内容〗 图2-3-9-6，通常为单侧，5%～10%为双侧，肿瘤多巨大呈球形，肿瘤质地和颜色多样化是本瘤特点。部分呈灰白色，质硬；部分呈黏液样，质软；部分呈鱼肉状，似肉瘤；部分可见透明软骨样组织并常有钙化、出血和液化性坏死区，有时形成囊腔。肿瘤较小时，仍可在其一侧看到原来的肾组织，但如肿瘤体积巨大，则肾脏可全部破坏、消失。

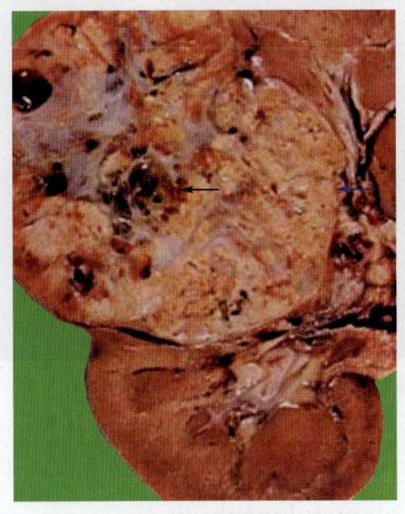 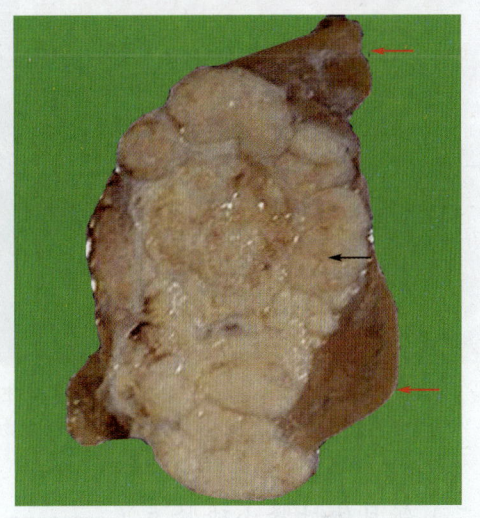

图2-3-9-5 肾细胞癌
可见一个圆形或类圆形肿物（蓝箭示），分界明显。切面癌组织呈灰白色，常因伴有出血、坏死等（黑箭示）

图2-3-9-6 肾母细胞瘤
可见一较大瘤体（黑箭示），仅剩少部分肾组织（红箭示）

（七）膀胱尿路上皮癌（urothelial cell carcinoma of the bladder）

〖观察内容〗 图2-3-9-7，膀胱移行细胞癌多发生于膀胱侧壁和三角区近输尿管开口处，可单发或多发，大小不等，可从数毫米至数厘米，分化好者，体积较小，乳头明显，有的呈息肉状、有蒂或窄基在膀胱黏膜表面形成乳头状突起。并向壁内呈不同程度的浸润。有些肿瘤不形成突起，表现为膀胱黏膜局部增厚呈扁平斑块状。肿瘤表面可有溃疡形成、坏死、出血和伴发感染。

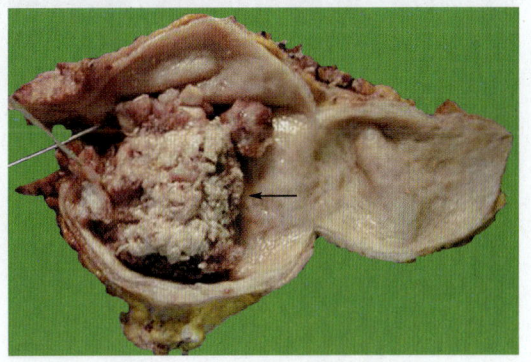

图2-3-9-7 膀胱尿路上皮癌
膀胱内可见菜花状肿物（箭示）

二、组织切片

（一）急性弥漫性增生性肾小球肾炎（acute diffuse proliferative glomerulonephritis）

【观察内容】 病变弥漫广泛，多数肾小球受累，肾小球体积增大，肾间质充血，炎细胞浸润。肾小球体积增大，肾小球内细胞数目增多，主要为增生的毛细血管内皮细胞及系膜细胞，伴少量中性粒细胞及巨噬细胞浸润；肾小球毛细血管腔变窄或闭塞，毛细血管内红细胞减少或消失。可发生节段性血管壁纤维素样坏死。肾球囊变窄，肾小囊内可见渗出的中性粒细胞及淡红色蛋白性的液体，纤维蛋白，亦可见红细胞等。肾小管上皮细胞水肿、脂肪变性或玻璃样变性，部分肾小管上皮细胞坏死，细胞核消失，管腔内可见透明管型、细胞管型或颗粒管型。肾间质血管高度扩张充血、水肿和少量炎细胞浸润（图2-3-9-8A）。

免疫荧光：可见免疫球蛋白IgG和补体C_3呈粗颗粒状沉积于肾小球毛细血管壁（图2-3-9-8B）。

电镜下，基底膜外侧有高密度、大团块电子致密物沉积。

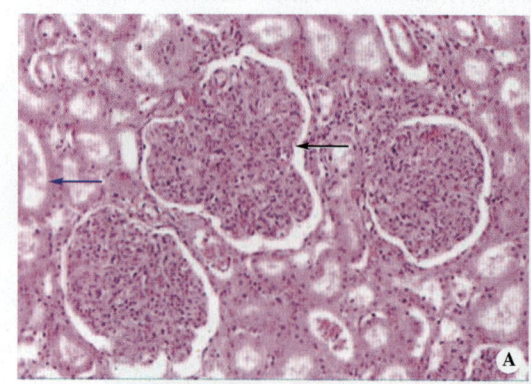 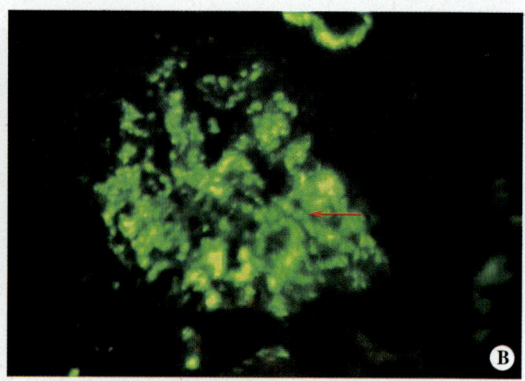

图2-3-9-8　急性弥漫性增生性肾小球肾炎
肾小球体积增大（黑箭示），小管内可见蛋白絮状物（蓝箭示）；可见颗粒状免疫荧光（红箭示）

（二）新月体性肾小球肾炎（crescentic glomerulonephritis）

【观察内容】 病变弥漫广泛，以肾小球为重，多数肾小球内可见肾球囊壁层上皮细胞增生形成月牙形或环形分布的新月体或环形体。新月体主要由肾小球囊壁层上皮细胞增生和渗出的单核细胞组成。增生的上皮细胞间可见红细胞，中性粒细胞和纤维素性渗出物。

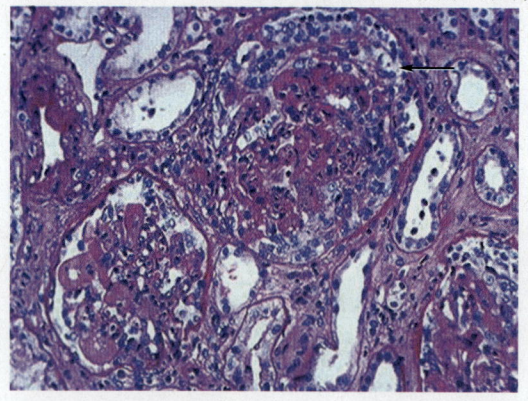

图2-3-9-9　新月体性肾小球肾炎肾小球囊内
见细胞性新月体，PAS染色（黑箭示）

细胞性新月体：早期新月体主要由细胞组成，增生的细胞主要为肾球囊壁层上皮细胞和少量脏层上皮细胞及单核细胞或巨噬细胞，其中并有多少不等的白细胞，称之为细胞性新月体。**纤维细胞性新月体**：新月体内增生的上皮细胞之间逐渐出现新生的纤维细胞并逐渐增生，形成纤维细胞性新月体。**纤维性新月体**：最后新月体内的上皮细胞和渗出物完全由纤维组织替代便成为纤维性新月体。**肾小管**：肾小管上皮细胞水肿、脂肪变性或萎缩或消失，管腔内可见管型。肾间质：血管扩张、充血，灶性炎细胞浸润（2-3-9-9）。

（三）膜性肾小球肾炎（membranous glomerulonephritis）

【观察内容】 弥漫性基底膜增厚为特征。上皮下免疫复合物（用Masson染色呈红色），免疫复合物之间新生的基底膜样物质形成钉状突起（镀银染色呈黑色）（图2-3-9-10A）。

免疫荧光可见 IgG 和 C3 沿毛细血管壁呈颗粒状荧光（图 2-3-9-10B）。

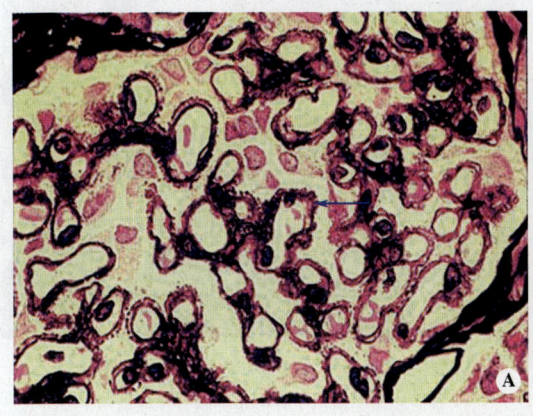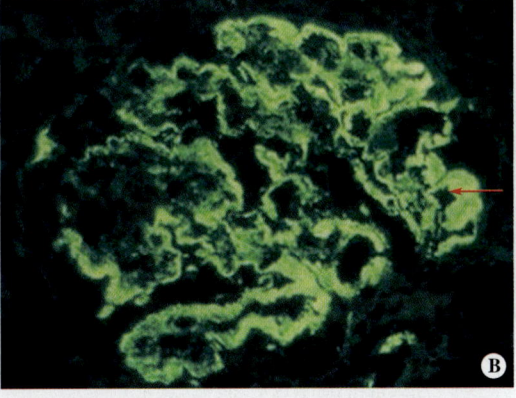

图 2-3-9-10　膜性肾小球肾炎
A. 新生的基底膜样物质形成钉状突起，（银染蓝箭示）；B. 免疫荧光呈颗粒状荧光（红箭示）

（四）膜性增生性肾小球肾炎（membranoproliferative glomerulonephritis）

【观察内容】　多数肾小球受累，肾小球体积增大，细胞数目增多。主要为肾小球系膜细胞增生和系膜基质增多，系膜区增宽，使毛细血管丛呈分叶状；伴基膜增厚。增生的系膜组织侵入毛细血管基膜与内皮细胞之间，使毛细血管壁增厚，镀银或 PAS 染色基底膜呈双层（图 2-3-9-11A）。

电镜下可见Ⅱ型电子致密物沿基底膜致密层呈带状分布（图 2-3-9-11B）。

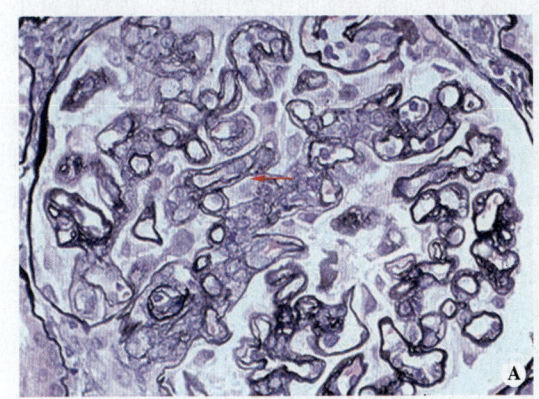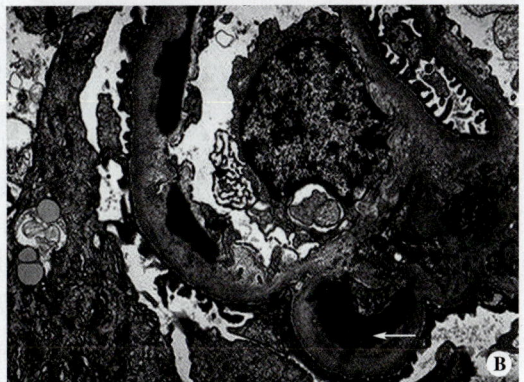

图 2-3-9-11　膜性增生性肾小球肾炎（银染）
镀银或 PAS 染色基底膜呈双层（PASM，红箭示）；电镜下可见电子致密物（白箭示）

（五）IgA 肾病（IgA nephropathy）

也称 Berger's disease，是世界范围内的常见病，是肾功能衰竭的主要原因之一。组织学检查病变程度参差不齐，但免疫组织化学发现系膜区大量 IgA 沉积为其特征。

【观察内容】　免疫荧光可见系膜区 IgA 团块状沉积（图 2-3-9-12，箭示）。

（六）轻微病变性肾小球肾炎（minimal change glomerulonephritis）

【观察内容】　光镜下肾小球无明显变化；电镜下肾小球上皮细胞足突融合（图 2-3-9-13）。

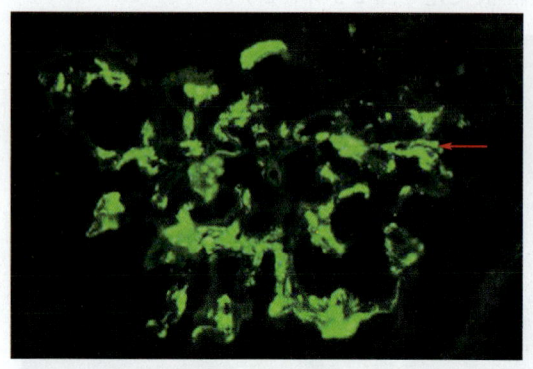

图 2-3-9-12 IgA 肾病
IgA 沉积于系膜区（免疫荧光染色）

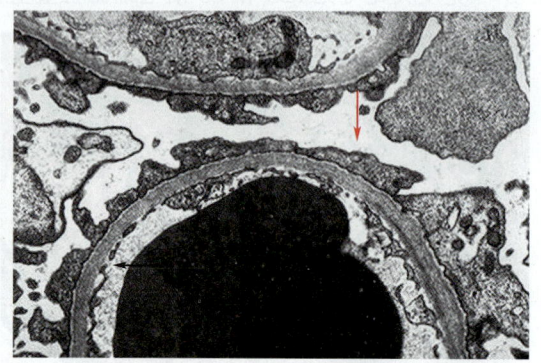

图 2-3-9-13 轻微病变性肾小球肾炎
基底膜（黑箭示）外侧足突融合（红箭示）

（七）硬化性肾小球肾炎（sclerosing glomerulonephritis）

【观察内容】 根据残留的肾小球和肾小管辨认肾组织。病变弥漫广泛，大部分肾单位受累。肾小球数目减少，由于肾间质纤维组织增生，牵拉病变肾小球，在一个低倍视野中常见到多个或数十个肾小球，即"肾小球集中"现象，部分肾单位代偿性肥大。肾小球及肾小管：部分肾小球体积缩小、纤维化、玻璃样变，不见毛细血管丛结构，最终变为红染、均质、无结构的玻璃样小体。其周围所属的肾小管也萎缩甚至消失，萎缩区域被纤维结缔组织增生取代。因病变肾小球体积缩小，肾小管萎缩、消失，间质纤维组织增生，出现玻璃样变，肾小球相对集中、靠拢。病变区之间残存的肾小球代偿性肥大，其所属的肾小管代偿性扩张，上皮细胞呈高柱状。扩张明显者上皮细胞变扁平，管腔内可见蛋白管型和颗粒管型。肾间质：间质纤维结缔组织增生及慢性炎症细胞浸润，肾小动脉管腔狭窄，管壁增厚，玻璃样变性（图 2-3-9-14）。

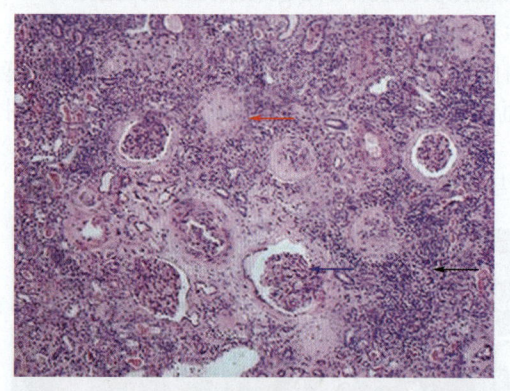

图 2-3-9-14 硬化性肾小球肾炎
部分肾小球玻变，小管消失（红箭示）；部分肾小球代偿肥大（蓝箭示）；间质纤维组织增生，淋巴细胞浸润（黑箭示）

（八）急性肾盂肾炎（acute pyelonephritis）

【观察内容】 肾组织中可见片状分布的炎症病灶。主要病变为肾间质的化脓性炎和肾小管坏死。呈灶状分布的炎性脓肿样病灶内肾小球、肾小管均已坏死，被大量中性粒细胞所代替，其间可见坏死组织碎片。部分病灶可形成较大脓肿，并与周围肾组织分界清晰。部分肾小管腔内积有大量炎细胞和坏死组织的碎片。肾间质血管扩张，充血，有大量中性粒细胞浸润（图 2-3-9-15）。

（九）慢性肾盂肾炎（chronic pyelonephritis）

【观察内容】 不规则的病变区夹杂于相对正常的肾组织之间。间质大量淋巴细胞和巨噬细胞浸润，淋巴滤泡形成，间质纤维化。部分肾小管萎缩坏死消失；部分肾单位代偿性肥大，肾小管扩张，胶样管型。末期，肾单位整体荒废，肾小球萎缩、纤维化、玻璃样变。小动脉硬化。活动期可见中性白细胞浸润及脓肿（图 2-3-9-16）。

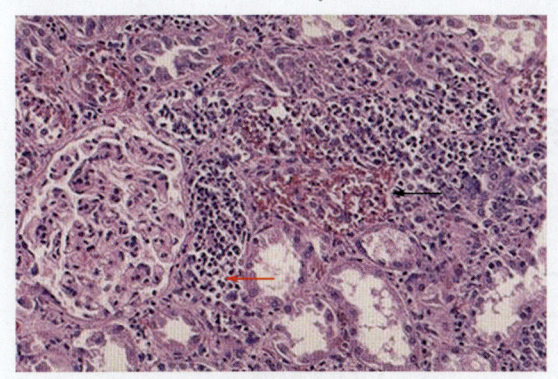

图 2-3-9-15　急性肾盂肾炎

部分肾小管坏死，被大量中性粒细胞所代替（红箭示），间质充血（黑箭示）

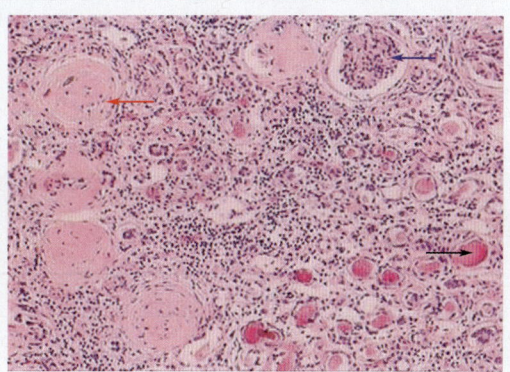

图 2-3-9-16　慢性肾盂肾炎

部分肾小球玻变，小管消失（红箭示）；部分肾小球代偿肥大（蓝箭示）；可见胶样管型（黑箭示）

（十）肾细胞癌（renal cell carcinoma）透明细胞型

【观察内容】　癌细胞排列多种多样，可呈巢状，条索状，腺管样或实体团块状。肿瘤间质较少，血管丰富。癌细胞排列呈条索状、片巢状、腺管状；癌细胞体积大，边界清楚，圆形或多边形，胞质丰富，透明，细胞核小，多呈圆形而深染（图 2-3-9-17，箭示）。

（十一）肾母细胞瘤（nephroblastoma, Wilms' tumour）

【观察内容】　组织学特征是具有幼稚的肾小球样和肾小管样结构。前者如分化较好，在大小和结构上都和正常肾小球相似，甚至有类似肾球囊腔的结构；如分化差，则仅见圆形的，大小不等的未分化细胞团。肾小管样结构可为 1~3 层细胞衬覆的管腔，甚至有基膜样结构（图 2-3-9-18）。

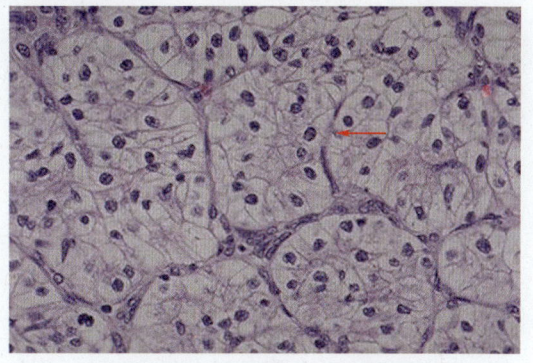

图 2-3-9-17　肾细胞癌透明细胞型

癌细胞排列呈腺管状（红箭示）

（十二）膀胱尿路上皮癌（urothelial cell carcinoma of the bladder）

【观察内容】　癌组织乳头状增生，细胞层次明显增多；乳头状结构的轴心为纤细的纤维血管，表面被覆明显异型性的癌细胞（图 2-3-9-19）。

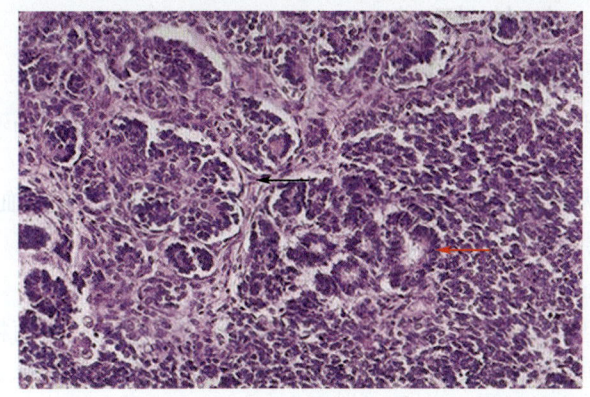

图 2-3-9-18　肾母细胞瘤

可见肾小球样结构（黑箭示）和肾小管样结构（红箭示）

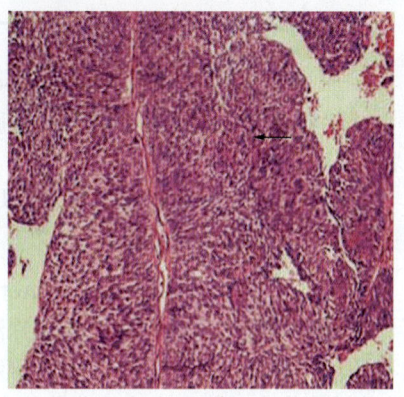

图 2-3-9-19　膀胱尿路上皮癌

癌组织呈乳头状结构，细胞层次增多（箭示）

（薛占瑞）

第十章 生殖系统和乳腺疾病

【实验内容】

大体标本	组织切片
1. 子宫颈癌	1. 慢性子宫颈炎
2. 子宫内膜癌	2. 子宫颈原位癌
3. 子宫平滑肌瘤	3. 子宫颈鳞状细胞癌
4. 葡萄胎	4. 子宫内膜增生症
5. 侵蚀性葡萄胎	5. 子宫腺肌病
6. 绒毛膜癌	6. 葡萄胎
7. 卵巢浆液性囊腺瘤	7. 侵蚀性葡萄胎
8. 卵巢黏液性囊腺瘤	8. 绒毛膜癌
9. 卵巢浆液性囊腺癌	9. 卵巢黏液性囊腺瘤
10. 卵巢畸胎瘤	10. 卵巢浆液性囊腺癌
11. 前列腺增生症	11. 卵巢黏液性囊腺癌
12. 前列腺癌	12. 卵巢畸胎瘤
13. 乳腺癌	13. 前列腺增生症
	14. 前列腺癌
	15. 乳腺癌

【实验目的】

1. 掌握子宫颈癌、绒毛膜上皮癌、乳腺癌的病变特点。

2. 熟悉子宫颈癌、绒毛膜上皮癌、乳腺癌的蔓延和转移途径；熟悉并区别葡萄胎、恶性葡萄胎、绒毛膜上皮癌的病变特点。

一、大体标本

（一）子宫颈癌（carcinoma of cervix）

〖观察内容〗 在子宫颈前、后唇近子宫颈外口处可见灰白色肿物，肿物表面呈凹凸不平状。

外生菜花型 肿块呈结节状、乳头状或菜花状，突起于宫颈表面，灰白色，质脆，有出血、感染、坏死等（图2-3-10-1）。

（二）子宫内膜癌（endometrial adenocarcinoma）

〖观察内容〗 子宫体癌分为弥漫型和局限型。弥漫型表现为内膜弥漫性增厚，表面粗糙不平，灰白色质脆，常有出血、坏死或溃疡形成，并不同程度浸润子宫壁。局限型多位于子宫底或子宫角，常呈息肉或菜花状突向宫腔（图2-3-10-2）。

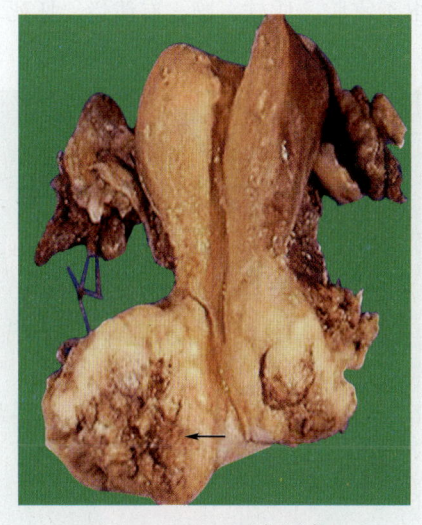

图 2-3-10-1　子宫颈癌
灰白色的癌组织内可见坏死等（箭示）

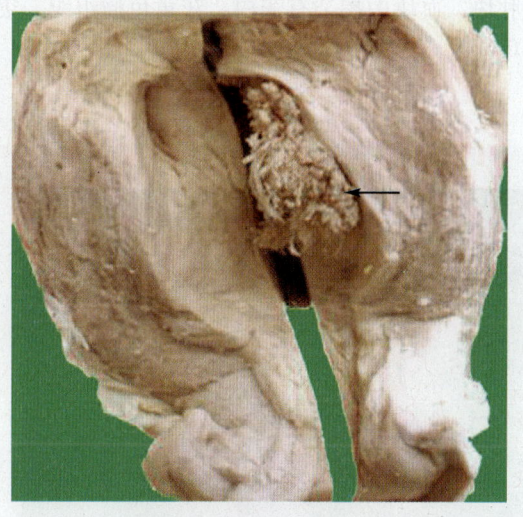

图 2-3-10-2　子宫体癌
子宫内可见菜花样肿物（箭示）

（三）子宫平滑肌瘤（leiomyoma of uterus）

【观察内容】　多数发生于子宫肌层，可单发或多发。肿瘤表面光滑，界清，无包膜。切面灰白，质韧，编织或漩涡状（图 2-3-10-3）。

（四）葡萄胎：亦称水泡状胎块（hydatidiform mole）

【观察内容】　子宫腔扩张，腔内充满大小不等的透明或半透明状水泡，水泡直径 0.1～2cm，壁薄，水泡间有纤细的纤维条索相连，状似葡萄（图 2-3-10-4）。有完全性葡萄胎和部分性葡萄胎（保留部分正常绒毛）。

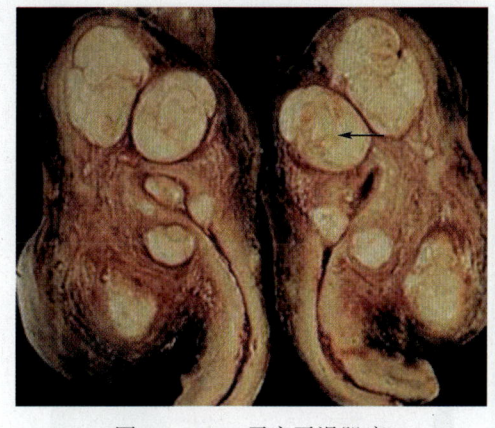

图 2-3-10-3　子宫平滑肌瘤
宫腔变窄，可见多个瘤结节（箭示）

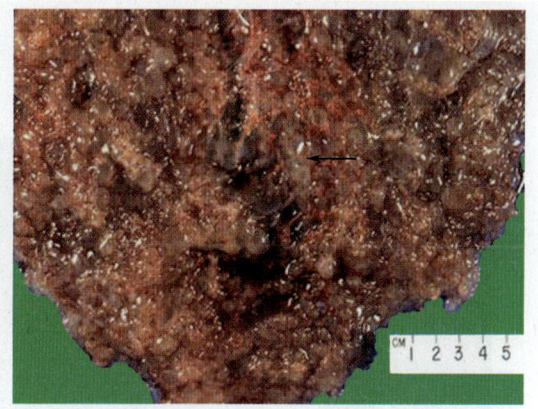

图 2-3-10-4　葡萄胎
可见大小不等的透明或半透明状水泡（箭示）

（五）侵蚀性葡萄胎（invasive hydatidiform mole）

【观察内容】　子宫腔内可见多少不等的水泡状物，子宫肌壁内可见大小不等的水泡状组织侵入的病灶（绿箭），伴出血、坏死；有的穿过子宫壁（红箭）（图 2-3-10-5）。

（六）绒毛膜癌（choriocarcinoma）

【观察内容】　子宫体积不规则增大，表面或切面可见紫红色结节。子宫肌壁内可见血肿样肿块，血块中掺杂有灰白、灰黄色瘤组织，突出于宫腔，质软、脆，有溃烂、坏死（图 2-3-10-6）。

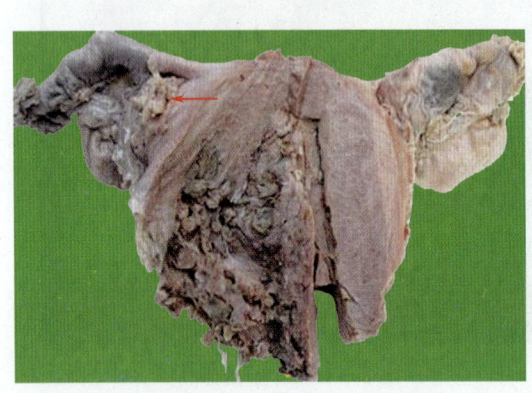

图 2-3-10-5　侵蚀性葡萄胎
一侧子宫壁内可见水泡状组织浸润

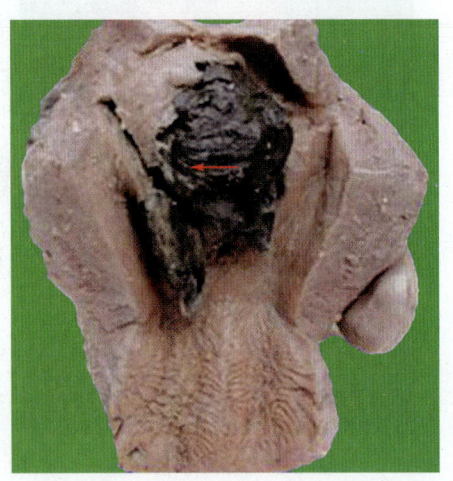

图 2-3-10-6　绒毛膜癌
可见癌组织呈紫黑色的血肿样肿块

（七）卵巢浆液性囊腺瘤（serous cystadenoma of the ovary）

〖观察内容〗　肿块呈囊性，多为单房，也可为多房，囊表面光滑，壁薄，囊内壁可有可无乳头，囊内含清亮浆液（图 2-3-10-7）。

（八）卵巢黏液性囊腺瘤（mucinous cystadenoma of the ovary）

〖观察内容〗　肿块呈囊性，常为多房，也可为单房，表面及内壁光滑，壁较薄，一般无乳头，囊内含白色半透明黏稠液体（图 2-3-10-8）。

图 2-3-10-7　卵巢浆液性囊腺瘤
可见多个囊腔（箭示）

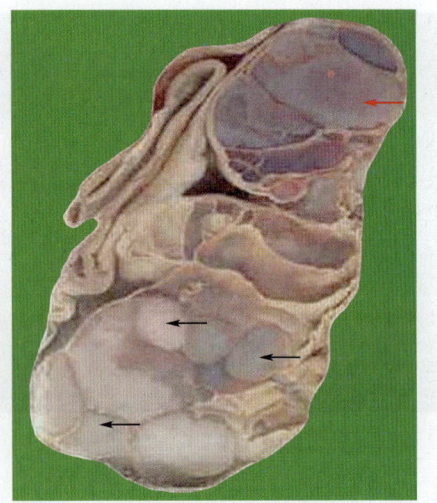

图 2-3-10-8　卵巢黏液性囊腺瘤
瘤体为多房性（箭示），内含胶冻状物（红箭示）

（九）卵巢浆液性囊腺癌（serous cystadenocarcinoma of the ovary）

〖观察内容〗　肿块呈囊性，一般多房，部分或大部分见囊内乳头状突起。肿瘤大小不一，大者直径可超过 15cm，小者在 5cm 以下。常呈出血和坏死，质地软脆的乳头状物常充满囊腔。（图 2-3-10-9）。

（十）卵巢成熟性畸胎瘤（mature teratoma of the ovary）

〖观察内容〗 肿瘤为圆形或椭圆形囊性肿物，表面光滑。切面见囊内充有皮脂样物及毛发，囊壁上有一个硬结，结节内可含骨组织、软骨、牙齿及其他成熟组织等（图 2-3-10-10）。

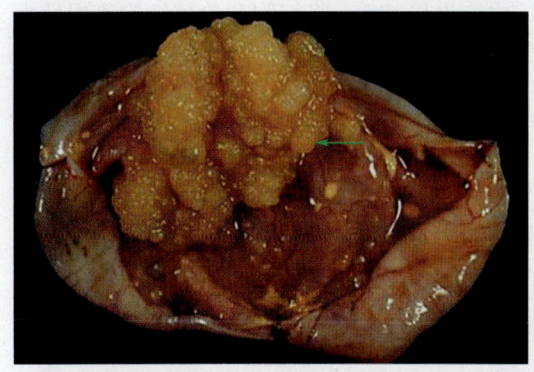

图 2-3-10-9 卵巢浆液性囊腺癌
瘤体内可见乳头状物常充满囊腔（箭示）

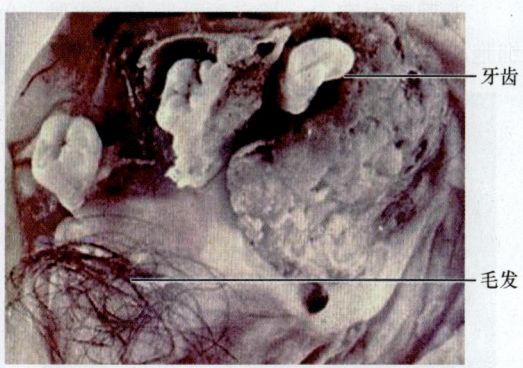

图 2-3-10-10 卵巢成熟性畸胎瘤

（十一）前列腺增生症（hyperplasia of prostate）

〖观察内容〗 前列腺体积增大，表面光滑，呈结节状，质韧。切面结节分界清楚，呈蜂窝或海绵状，新鲜标本挤压时有乳白色液体溢出。有些结节呈苍白色，均质，蜂窝状结节不明显（图 2-3-10-11）。

（十二）前列腺癌（prostatic cancer）

〖观察内容〗 约 70% 发生于前列腺的周围区。切面结节状，质韧硬，和周围组织界限不清（图 2-3-10-12）。

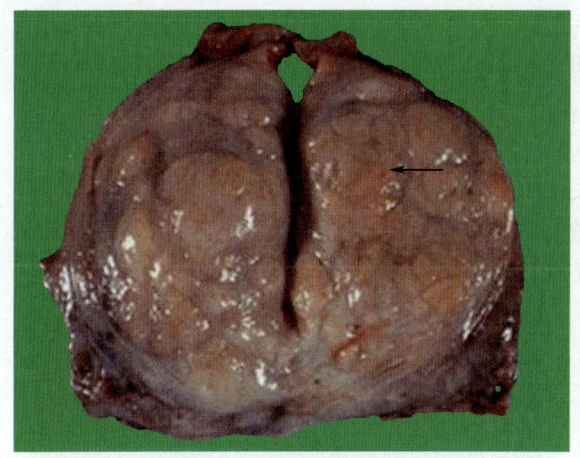

图 2-3-10-11 前列腺增生症
切面可见多个结节（箭示）

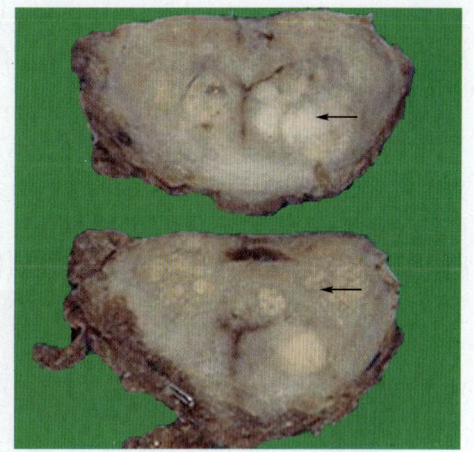

图 2-3-10-12 前列腺癌
可见多个灰白色癌结节（箭示）

（十三）乳腺癌（carcinoma of the breast）

〖观察内容〗 乳腺癌多发生在乳腺的外上象限。单侧多见，肿块浅表时，直径虽小也能触及，但位置较深时，肿块大约在 2cm 以上才能触及。标本为切除的乳腺组织，乳头下陷。肿块较大，球形，分界清楚，质软；切面呈灰白色（图 2-3-10-13）。

二、组织切片

（一）慢性子宫颈炎（chronic cervicitis）

【观察内容】 子宫颈黏膜充血水肿，间质内有淋巴细胞、浆细胞和单核细胞等慢性炎细胞浸润。子宫颈腺上皮可伴有增生及鳞状上皮化生（图2-3-10-14）。

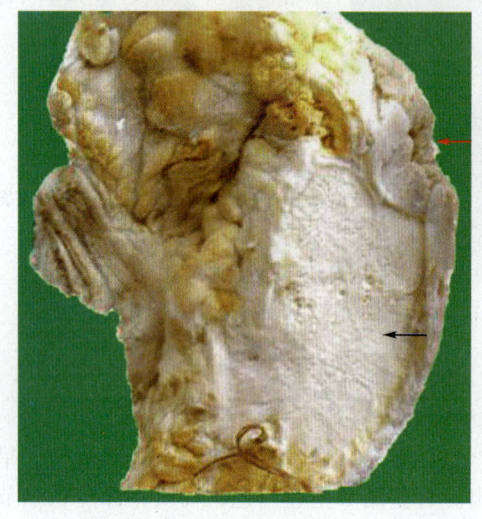

图2-3-10-13 乳腺癌
灰白色为瘤体（黑箭示），可见乳头下陷（红箭示）

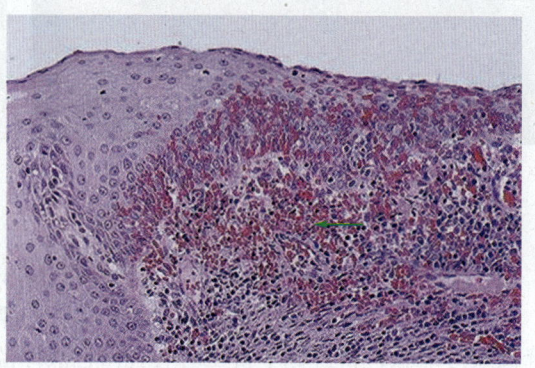

图2-3-10-14 慢性子宫颈炎
子宫颈黏膜充血水肿（黑箭示）

（二）子宫颈原位癌（CIN Ⅲ级）（carcinoma in situ of the cervix）

【观察内容】 部分子宫颈上皮全层为癌细胞取代，排列紊乱、层次不清，极性消失，但基膜尚完整，间质无浸润。癌细胞有明显异型性，大小不等，形态不一，核大深染，核大小、形状不一，染色质增粗，核分裂象易见。有的可见原位癌累及腺体的现象（图2-3-10-15↑）。

（三）子宫颈鳞状细胞癌（squamous cell carcinoma of cervix）

【观察内容】 可见癌细胞形成大小及形状不等的癌巢，癌巢周围被纤维结缔组织分隔，其中有淋巴细胞浸润。癌巢中的癌细胞为多角形，大小不一，核大，多形，核深染，核仁明显，可见病理性核分裂象。分化较好的鳞癌。癌巢周边癌细胞的排列与正常鳞状上皮的基底层细胞相似，有时也可见到癌细胞间的细胞间桥和中心部出现角化（癌珠）（图2-3-10-16）。

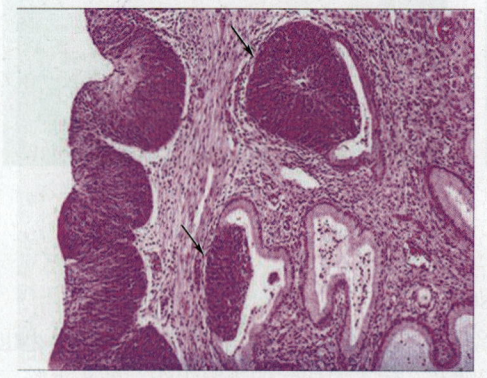

图2-3-10-15 子宫颈原位癌
原位癌累及腺体（箭示）

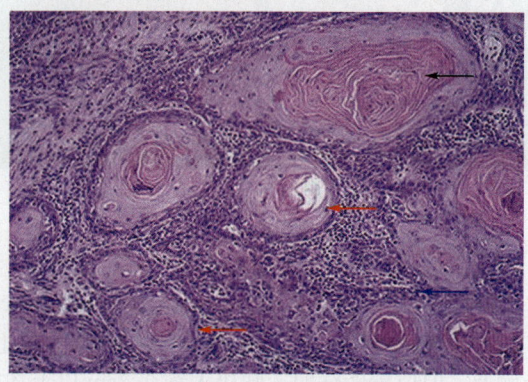

图2-3-10-16 子宫颈鳞状细胞癌
可见大小不等的癌巢（红箭示），有的有癌珠（黑箭示），
间质淋巴细胞浸润（蓝箭示）

（四）子宫内膜增生症（endometrial hyperplasia）

〖观察内容〗 单纯性增生，以往称为轻度增生或囊性增生，腺体数量增多，某些腺体扩张成小囊。衬覆腺体的上皮一般为单层或假复层，细胞呈柱状，无异型性，细胞形态和排列与增生期子宫内膜相似（图2-3-10-17）。

（五）子宫腺肌病（adenomyosis）

〖观察内容〗 子宫肌层内可见子宫内膜腺体和间质（图2-3-10-18）。

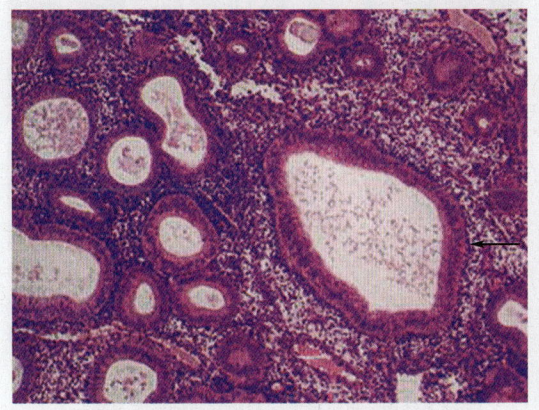
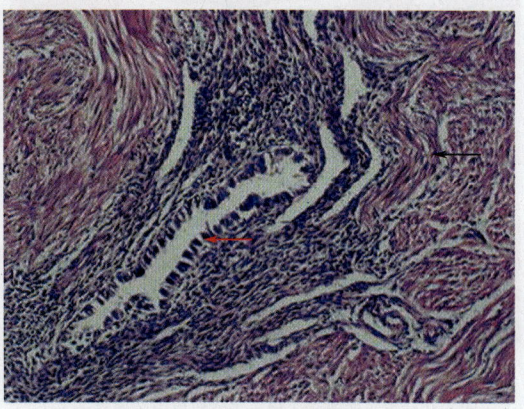

图2-3-10-17 子宫内膜增生症
腺体数量增多，有的腺体扩张成小囊（箭示）

图2-3-10-18 子宫腺肌病
子宫壁肌层内（黑箭示）可见内膜腺体（红箭示）

（六）葡萄胎（hydatidiform mole）

〖观察内容〗 胎盘绒毛肿大，绒毛间质高度水肿，并形成水泡（图2-3-10-19A）。绒毛间质高度水肿，间质内血管减少或消失。绒毛表面细胞滋养层细胞和合体细胞增生活跃，有的形成团块。合体细胞胞质红染，核大深染不规则，细胞边界不清，细胞滋养层细胞质淡染，核圆形或椭圆形，细胞呈镶嵌状排列（图2-3-10-19B）。

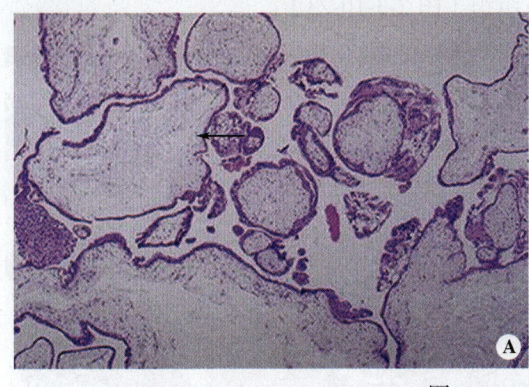
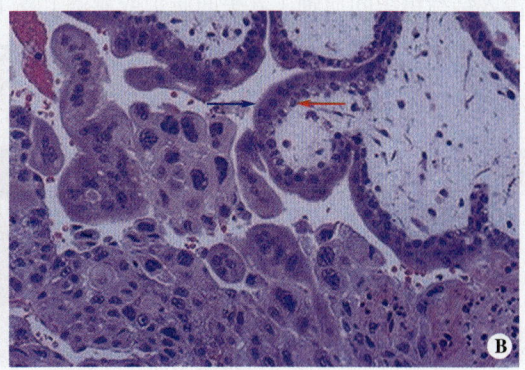

图2-3-10-19 葡萄胎
A.绒毛间质高度水肿（黑箭示）；B.绒毛表面细胞滋养层细胞（红箭示）和合体细胞增生活跃（蓝箭示）

（七）侵蚀性葡萄胎（invasive mole）

〖观察内容〗 水泡状绒毛侵入子宫肌层内。滋养层细胞增生程度和异型性比葡萄胎明显（图2-3-10-20）。

（八）绒毛膜癌（choriocarcinoma）

〖观察内容〗 癌组织由两种细胞组成，不见绒毛，子宫肌层内有成团的肿瘤细胞浸润。

瘤细胞常排列成团块状或条索状，其间无血管和其他间质存在。肿瘤团块内及周围常伴出血和坏死。滋养层细胞有两种形态，一种与细胞滋养层细胞（↑）相似，呈多角形，细胞界限清楚，胞质丰富而淡染，核大而圆，核膜增厚，核染色质呈粗块状，巨核、怪核、核分裂多见；另一种与合体滋养层细胞（↑）相似，体积大，形态不规则，胞质丰富而红染，嗜双色，含多个核，核呈长椭圆形，深染。（图2-3-10-21）。

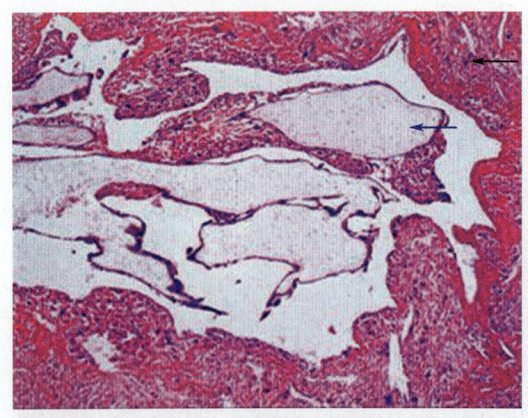 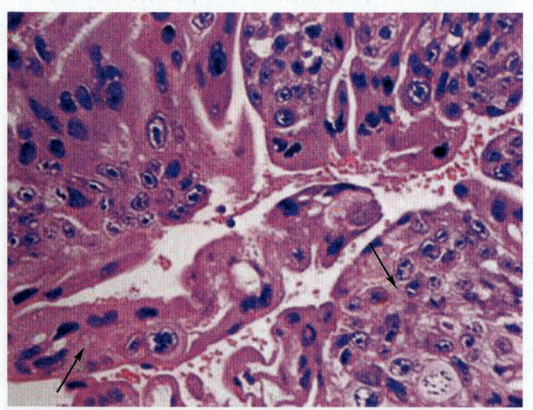

图 2-3-10-20　侵蚀性葡萄胎　　　　　　　　　图 2-3-10-21　绒毛膜癌
水泡状绒毛（蓝箭示）侵入子宫肌层内（黑箭示）　　无绒毛结构，可见滋养层细胞有两种形态（箭示）

（九）卵巢黏液性囊腺瘤（mucinous cystadenoma of the ovary）

【观察内容】　囊腔被覆单层高柱状上皮，核在基底部，核的上部充满黏液，无纤毛（图2-3-10-22）。

（十）卵巢浆液性囊腺癌（serous cystadenocarcinoma of the ovary）

【观察内容】　上皮细胞高度增生，乳头增多，乳头间质减少，被覆上皮明显间变。上皮复层化，细胞层次不等；细胞呈多形性；胞核异型，染色质增多，可见核分裂。上皮细胞侵入结缔组织间质轴（乳头间质）或囊壁上皮下组织（图2-3-10-23）。

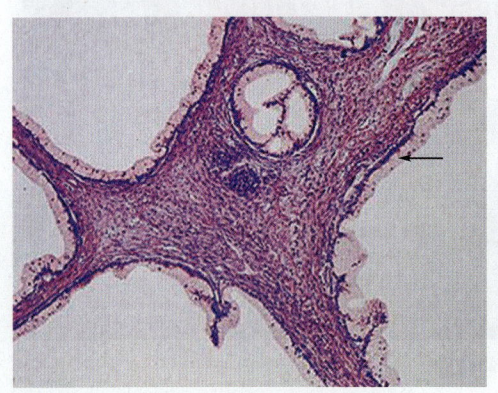 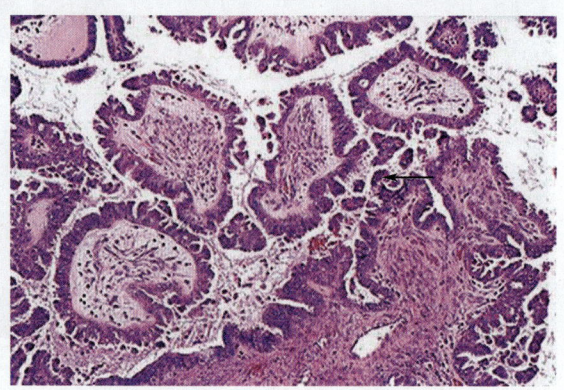

图 2-3-10-22　卵巢黏液性囊腺瘤　　　　　　　　图 2-3-10-23　卵巢浆液性囊腺癌
单层高柱状上皮,核在基底部,核的上部充满黏液（箭示）　　上皮细胞高度增生，乳头增多（箭示）

（十一）卵巢黏液性囊腺癌（mucinous cystadenocarcinoma of the ovary）

【观察内容】　黏液性囊腺癌上皮细胞明显异型，形成复杂的腺体和乳头结构，可有出芽、搭桥及实性巢状区，如能确认有间质浸润，则可诊断为癌。如间质浸润不能确定，上皮细胞超过3层亦应诊为癌（图2-3-10-24）。

（十二）成熟畸胎瘤（mature teratoma）

【观察内容】 肿瘤由三个胚层的各种成熟组织构成。常见皮肤、毛囊、汗腺、脂肪、肌肉、骨、软骨、呼吸道上皮、消化道上皮、甲状腺和脑组织等（图 2-3-10-25A，B）。

（十三）前列腺增生症（hyperplasia of prostate）

【观察内容】 前列腺腺体、平滑肌和纤维组织呈不同程度增生。增生的腺体和腺泡相互聚集或在增生的间质中散在排列。腺体的上皮由两层细胞构成，内层细胞呈柱状，外层细胞呈立方或扁平形，周围有完整的基膜包绕。上皮细胞增生活跃呈乳头状突入腺腔或扩张成囊；腺腔中可见红染同心圆状淀粉样小体（↑）；间质中可有淋巴细胞浸润（图 2-3-10-26）。

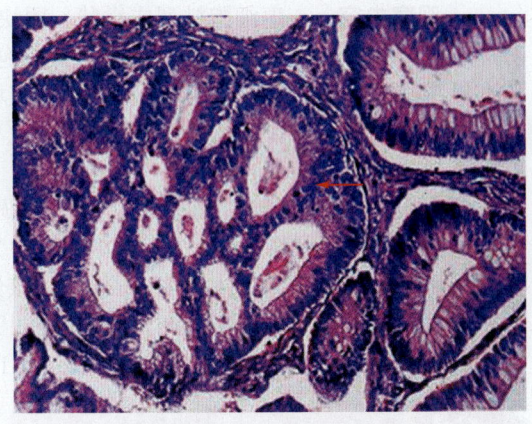

图 2-3-10-24 卵巢黏液性囊腺癌
黏液性囊腺癌上皮细胞明显异型（箭示）

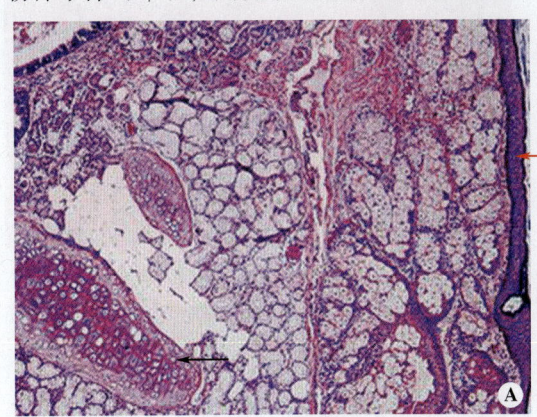
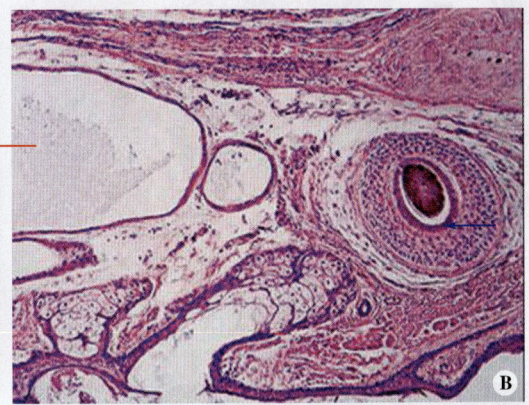

图 2-3-10-25 成熟畸胎瘤
A. 可见毛囊（蓝箭示）、软骨（黑箭示）；B. 皮肤（红箭示）

（十四）前列腺癌（prostatic carcinoma）

【观察内容】 多为分化较好的腺癌，肿瘤腺泡较规则，排列拥挤，可见背靠背现象。高分化前列腺癌：癌细胞排列成大小不等的腺样结构，似前列腺增生腺体，但癌细胞体积较小，核仁明显，上皮细胞往往呈多层排列或形成乳头状结构，并常可见癌组织向间质浸润（图 2-3-10-27）。

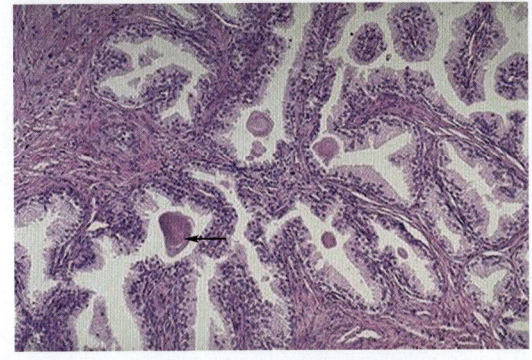
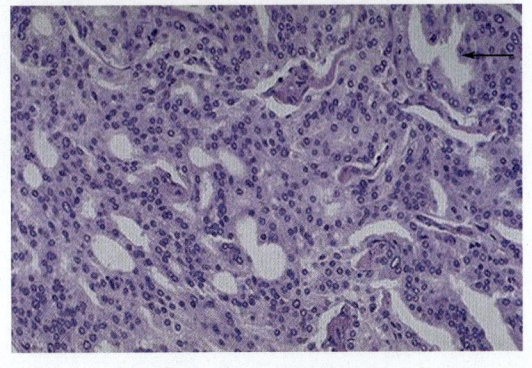

图 2-3-10-26 前列腺增生症
增生的腺腔中可见红染同心圆状淀粉样小体（箭示）

图 2-3-10-27 前列腺癌
癌细胞排列成大小不等的腺样结构（箭示）

（十五）乳腺癌（carcinoma of the breast）

【观察内容】 癌细胞排列成巢状、团块状或小条索状，伴有少量腺样结构。可保留部分原有的导管原位癌结构或完全缺如。癌细胞多形性、核异型性明显，核分裂象多见。癌细胞在纤维间质中浸润生长。常见局部肿瘤细胞坏死。

导管原位癌，导管内癌细胞排列紧密，大小不等，胞质丰富、嗜酸，中央有大片坏死（图2-3-10-28）。

乳腺浸润性导管癌，癌细胞中等大小，呈圆形或多角形，含有大小均等、小而深染的胞核，分裂象少见。排列呈腺泡状或呈不规则形，并为不等量的纤维组织所分隔（图2-3-10-29）。

乳腺典型髓样癌，间质少，实质成分多，核分裂象多见，可见淋巴细胞浸润（图2-3-10-30）。

浸润性小叶癌，癌细胞呈单行串珠状浸润于纤维间质之间，或环状排列在正常导管周围。癌细胞小，大小一致，核分裂象少见（图2-3-10-31）。

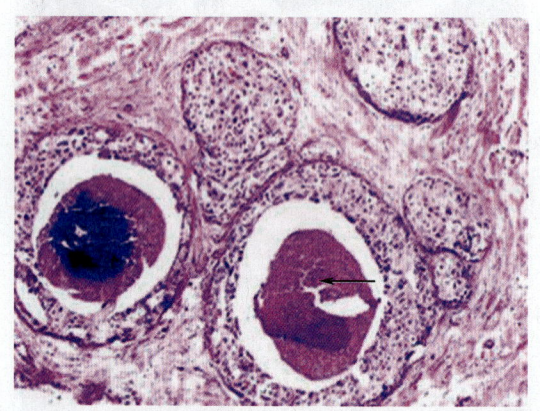

图2-3-10-28 导管原位癌
导管内癌细胞中央有大片坏死（箭示）

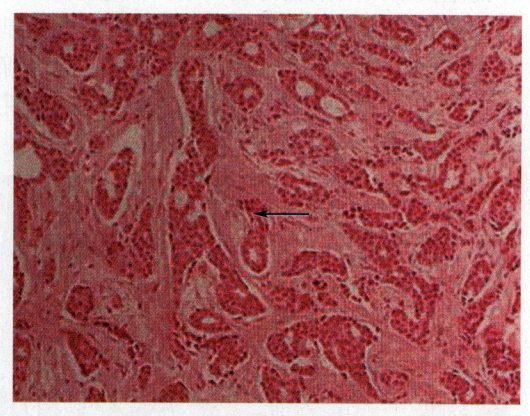

图2-3-10-29 乳腺浸润性导管癌
癌细胞排列呈腺泡状或呈不规则形的癌巢，并为不等量的纤维组织所分隔（箭示）

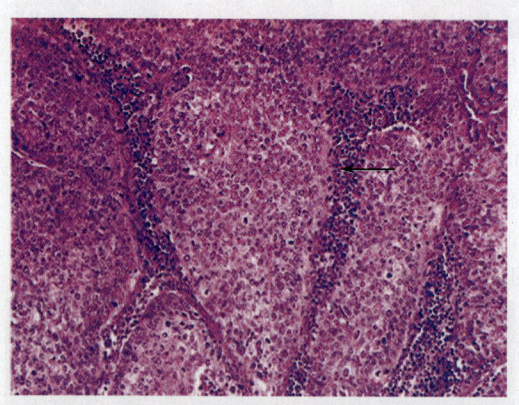

图2-3-10-30 乳腺典型髓样癌
癌细胞异型性明显，间质内可见大量淋巴细胞浸润（箭示）

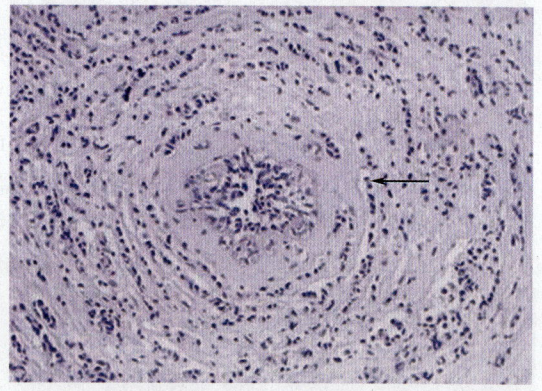

图2-3-10-31 浸润性小叶癌
肿瘤细胞小，大小一致，核分裂象少见（箭示）

（薛占瑞）

第十一章　内分泌系统疾病

【实验内容】

大体标本	组织切片
1. 弥漫性毒性甲状腺肿	1. 结节性甲状腺肿
2. 结节性甲状腺肿	2. 胶样甲状腺肿
3. 甲状腺腺瘤	3. 毒性甲状腺肿
4. 甲状腺癌	4. 甲状腺腺瘤
5. 慢性甲状腺炎	5. 甲状腺癌
6. 肾上腺皮质腺瘤	6. 慢性甲状腺炎
	7. 肾上腺皮质腺瘤
	8. 糖尿病胰岛病变

【实验目的】

1. 掌握非毒性甲状腺肿的分期及各期主要的病变特点；区别弥漫性毒性甲状腺肿、弥漫性胶样甲状腺肿、结节性甲状腺肿的组织学特点。
2. 熟悉并区别甲状腺癌与甲状腺腺瘤的肉眼特征及组织学特点。

一、大 体 标 本

（一）弥漫性毒性甲状腺肿（diffuse toxic goiter）

〖观察内容〗 甲状腺呈对称性弥漫性肿大，但不会达到巨大的程度。一般为正常的2～4倍。表面光滑，质实而软，切面灰红，呈分叶状，胶质含量少，状如牛肉，无结节形成（图2-3-11-1）。

（二）结节性甲状腺肿（nodular goiter）

〖观察内容〗 一般多源于弥漫性甲状腺肿，由于甲状腺内不同部分的滤泡上皮增生与复旧变化不一致，逐渐形成不规则结节。因此，甲状腺除肿大外，表面可形成大小不等的结节，大者直径可达数厘米，结节境界清楚，无明显包膜。切面可见有的境界清楚（但无完整包膜）；有的结节灰红质实；有的褐色半透明，可有出血、坏死和囊性变（图2-3-11-2）。

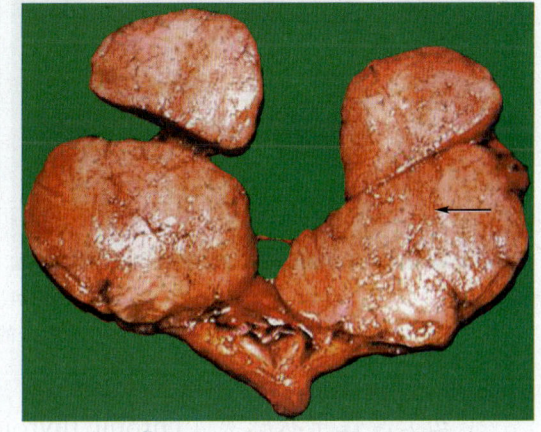

图 2-3-11-1　弥漫性毒性甲状腺肿
切面灰红，胶质含量少，状如牛肉，无结节形成（箭示）

（三）甲状腺腺瘤（thyroid adenoma）

〖观察内容〗 甲状腺切面可见一圆形肿块，边界清楚。常为单发，有完整包膜，肿块直径从数毫米到3～5cm，有时可达10cm。切面灰白色，实性，质地均匀，包膜完整，境界清楚,其周围组织受压而变致密)。有的腺瘤切面可见有囊腔。可并发出血、囊性变、钙化或纤维化(图 2-3-11-3)。

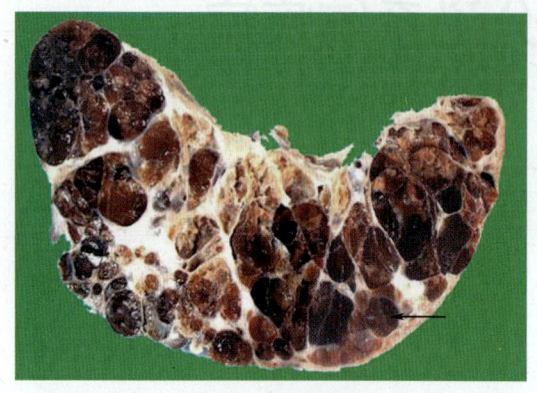

图 2-3-11-2　结节性甲状腺肿
切面可见境界清楚(但无完整包膜);褐色半透明结节(箭示)

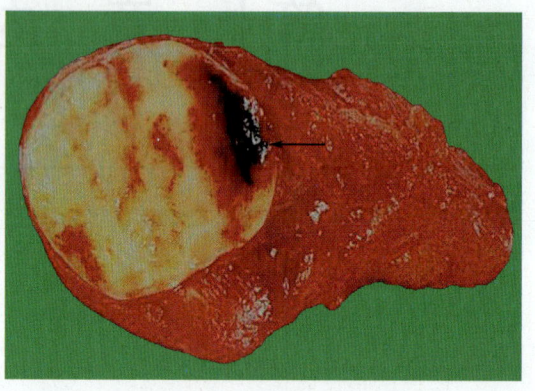

图 2-3-11-3　甲状腺腺瘤
切面可见一圆形肿块,边界清楚,内有出血(箭示)

(四)甲状腺癌(thyroid carcinoma)

【观察内容】　肉眼上甲状腺组织内见灰白色肿块。肿块分界不清,无包膜,质较硬,可继发出血、坏死、钙化等。

乳头状癌　是甲状腺癌中最常见的类型,约占 60%,肉眼观一般为 2~3 cm 的圆形肿块,无包膜,质较硬,切面灰白色,有囊胚形成,囊腔内可见乳头(图 2-3-11-4A)。

滤泡癌　占甲状腺癌的 10%~15%,肿瘤呈灰白色,稍硬,有的为结节状,有不完整包膜,貌似腺瘤;有的广泛浸润于甲状腺内(图 2-3-11-4B)。

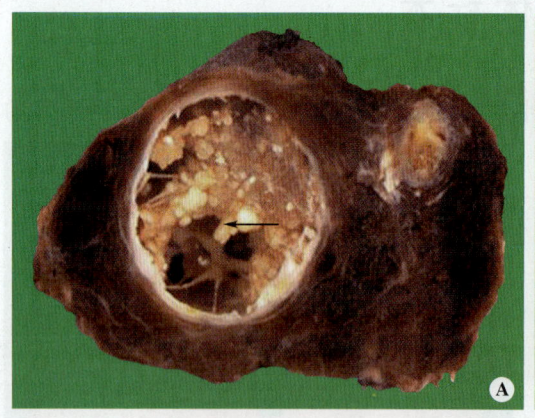

图 2-3-11-4　甲状腺癌
可见乳头状生长的瘤组织(箭示)

(五)慢性甲状腺炎(chronic thyroiditis)

【观察内容】　慢性淋巴细胞性甲状腺炎,甲状腺对称性肿大,呈结节状,质较韧,重量一般 60~200g 左右,被膜轻度增厚,切面灰白或灰黄色(图 2-3-11-5)。

(六)肾上腺皮质腺瘤(adrenocortical adenoma)

【观察内容】　肿瘤一般较小,直径 1~1.5cm,重 5~10g,有包膜,切面实性,金黄色或棕黄色,可见出血或囊性变(图 2-3-11-6)。

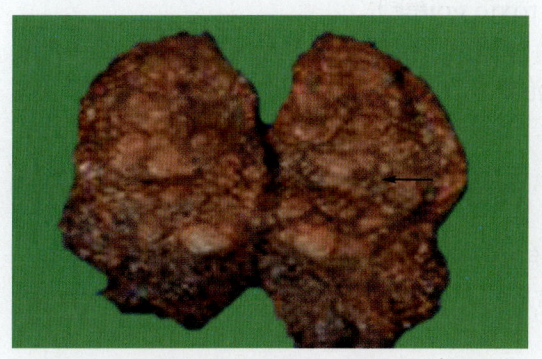

图 2-3-11-5　慢性甲状腺炎
切面可见大小不等的结节（箭示）

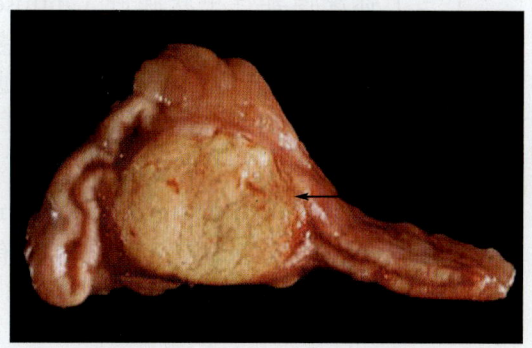

图 2-3-11-6　肾上腺皮质腺瘤
肾上腺内一圆形瘤体，界限清（箭示）

二、组 织 切 片

（一）结节性甲状腺肿（nodular goiter）

【观察内容】　部分为高度扩张的甲状腺滤泡，含大量均质、红染的胶质；部分为增生的小滤泡，胶质含量少。滤泡间质，尤其是小叶间质增生，甚至纤维化、玻璃样变，致小叶结构比正常清晰。可见囊性变区，可有不同程度出血。滤泡上皮细胞多呈矮立方形，扩张明显的滤泡上皮细胞受压变扁平。少数滤泡上皮向腔内呈乳头状生长。结节间结缔组织内可有散在的增生的甲状腺滤泡上皮细胞，有时聚集成团，无滤泡或有极小滤泡形成（图2-3-11-7）。

（二）弥漫性胶样甲状腺肿（diffuse colloid goiter）

【观察内容】　甲状腺滤泡扩大，滤泡腔大小不等，滤泡腔内积满均质红染的胶质。滤泡上皮细胞为低立方或扁平状，偶见上皮细胞形成乳头状突起。可有小滤泡或假乳头形成，间质无明显异常（图2-3-11-8）。

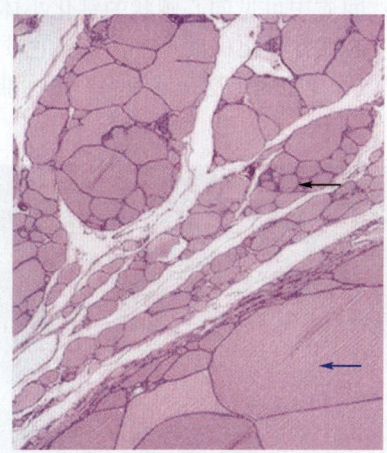

图 2-3-11-7　结节性甲状腺肿
高度扩张的甲状腺滤泡，含大量均质（黑箭示）；部分为增生的小滤泡，胶质含量少（蓝箭示）

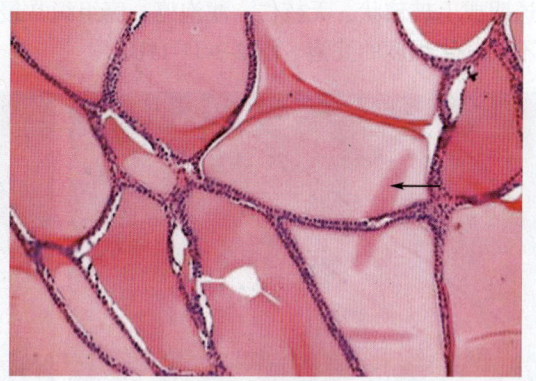

图 2-3-11-8　弥漫性胶样甲状腺肿
甲状腺滤泡扩大，滤泡腔内积满均质红染的胶质（箭示）

（三）弥漫性毒性甲状腺肿（diffuse toxic goiter）

〖观察内容〗 滤泡弥漫增生，数目增多。滤泡上皮细胞呈高柱状，核位于底部，并可增生呈乳头状突向滤泡腔内；还可见到新生滤泡密集在一起，滤泡腔小，胶质极少。滤泡内胶质少而稀薄，吸收空泡较多。间质血管丰富，显著充血，有局灶性淋巴细胞浸润，偶见淋巴滤泡形成（图 2-3-11-9）。

（四）甲状腺腺瘤（thyroid adenoma）

〖观察内容〗 瘤组织与正常甲状腺间有包膜分隔，周围正常甲状腺组织有压迫现象。单纯型：肿瘤组织由大小一致、排列拥挤、内含胶质、与成人正常甲状腺相似的滤泡构成（图 2-3-11-10）。

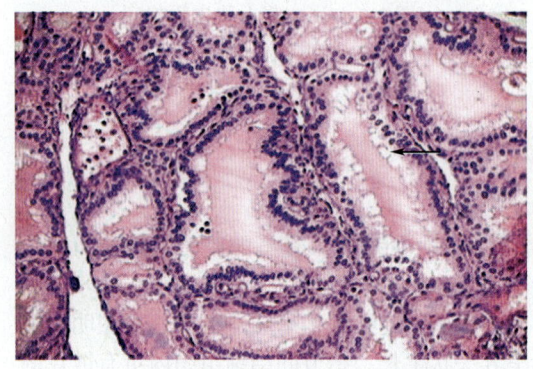

图 2-3-11-9 弥漫性毒性甲状腺肿
滤泡弥漫增生，数目增多。滤泡内胶质少而稀薄，吸收空泡较多（箭示）

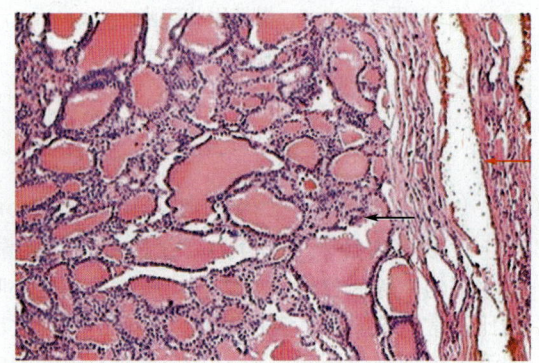

图 2-3-11-10 甲状腺瘤
可见与成人正常甲状腺相似的滤泡（黑箭示）和包膜（红箭示）

（五）甲状腺癌（thyroid carcinoma）

〖观察内容〗 甲状腺乳头状腺癌（papillary adenocarcinoma of thyroid gland），癌组织有多级分支的乳头状结构。乳头中心为纤维血管间质，间质中可见同心圆状的钙化小体（砂粒体）（图 2-3-11-11A）。乳头上皮可呈单层或多层，癌细胞分化程度不一，核染色质少，常呈透明或毛玻璃状，无核仁。滤泡癌、癌组织常侵犯血管及包膜（这是滤泡癌诊断标准），可见不同分化程度的滤泡（图 2-3-11-11B）。

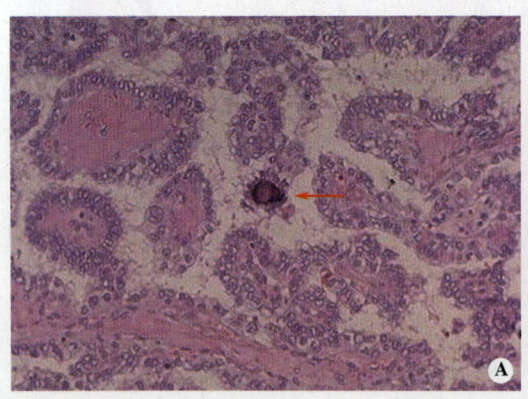
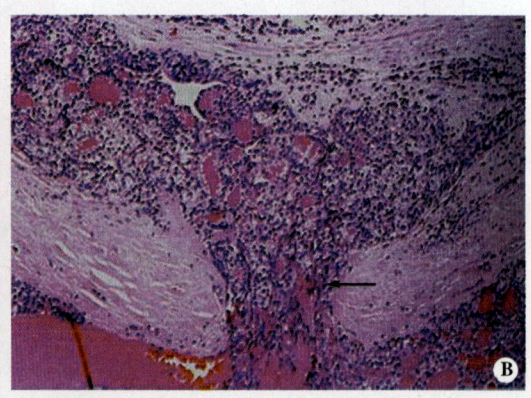

图 2-3-11-11 甲状腺癌
A.甲状腺乳头状癌，间质中可见同心圆状的钙化小体（红箭示）；B.甲状腺滤泡癌，癌组织常侵犯包膜（黑箭示）

（六）慢性淋巴细胞性甲状腺炎（Chronic lymphocytic thyroiditis）

【观察内容】 甲状腺实质组织广泛性破坏、萎缩，大量淋巴细胞及不等量嗜酸性粒细胞浸润，淋巴小结形成，纤维组织增生（图2-3-11-12）。

（七）肾上腺皮质腺瘤（adrenocortical adenoma）

【观察内容】 主要由富含类脂质的透明细胞构成，瘤细胞与正常的皮质细胞相似，核较小，排列成团，由内含毛细血管的少量间质分隔（图2-3-11-13）。

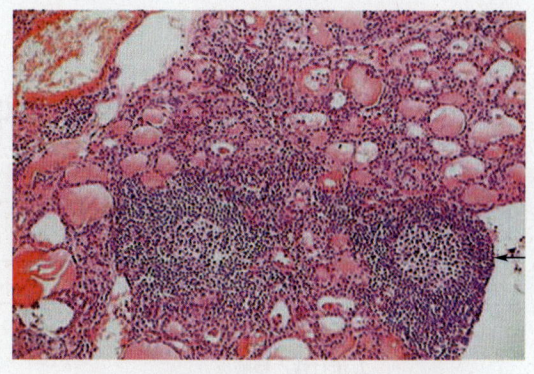

图 2-3-11-12　慢性淋巴细胞性甲状腺炎
大量炎细胞浸润，淋巴小结形成（箭示）

（八）糖尿病（diabetes mellitus）

【观察内容】 糖尿病的胰岛病变，2 型糖尿病早期病变不明显，后期 B 细胞减少，常见胰岛淀粉样变性（图 2-3-11-14）。

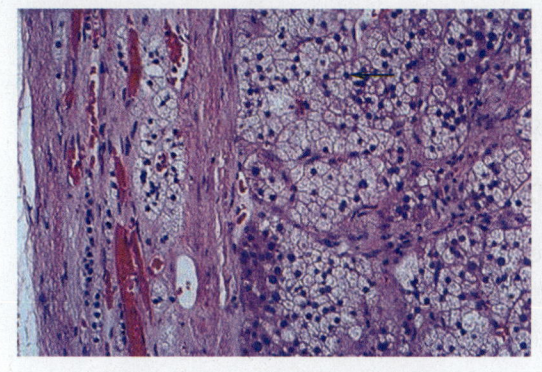

图 2-3-11-13　肾上腺皮质腺瘤
瘤组织由富含类脂质的透明细胞构成（箭示）

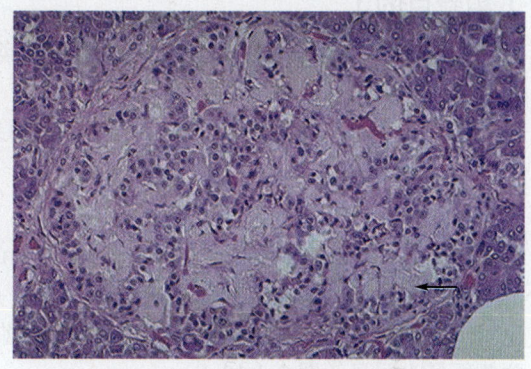

图 2-3-11-14　糖尿病胰岛淀粉样变
可见淀粉样物质沉积（箭示）

（陈学军）

第十二章 神经系统疾病

【实验内容】

大体标本	组织切片
1. 化脓性脑膜炎	1. 化脓性脑膜炎
2. 流行性乙型脑炎	2. 流行性乙型脑炎
3. 星型胶质细胞瘤	3. 星形胶质细胞瘤
4. 室管膜瘤	4. 室管膜瘤
5. 脑膜瘤	5. 脑膜瘤
6. 神经鞘瘤	6. 神经鞘瘤

【实验目的】

1. 掌握流行性脑脊髓膜炎与流行性乙型脑炎的病变特点及临床病理联系;神经鞘瘤、神经纤维瘤、脑膜瘤的病理变化。
2. 熟悉流行性脑脊髓膜炎与流行性乙型脑炎的病因,脑胶质瘤的病理变化。

一、大体标本

（一）化脓性脑膜炎（suppurative meningitis）

〖观察内容〗 脑膜血管高度扩张充血,蛛网膜下腔充满黄色脓性渗出物,为局限性,也可为弥漫性。脓性渗出物分布广泛,覆盖脑沟、脑回,结构模糊不清。但以大脑两顶叶及两侧面最为明显（图2-3-12-1）。

（二）流行性乙型脑炎（epidemic encephalitis B）

〖观察内容〗 软脑膜血管充血,脑水肿明显以致脑回变宽、脑沟变窄。切面有充血水肿,点状出血及粟粒大的软化灶（箭头）。软化灶散在或聚集成群（图2-3-12-2）。

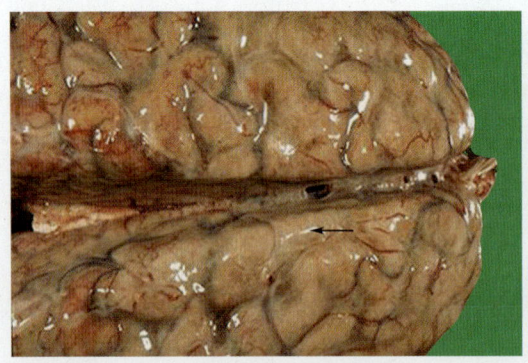

图2-3-12-1 化脓性脑膜炎
脓性渗出物分布广泛,覆盖脑沟、脑回,结构模糊不清（箭示）

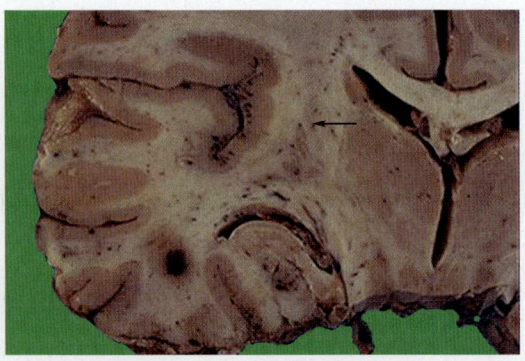

图2-3-12-2 流行性乙型脑炎
粟粒大的软化灶散在或聚集成群（箭示）

（三）星形胶质细胞瘤（astrocytoma）

【观察内容】 大脑皮层结构被肿瘤破坏。瘤组织无包膜，与正常脑组织无截然分界。从数厘米大小的结节至巨大块状，肿瘤切面灰白，质软或硬或呈胶胨状外观，可形成大小不等囊变区。肿瘤所在的脑半球脑组织肿胀，较对侧宽；脑原有结构挤压变形（图2-3-12-3）。

（四）室管膜瘤（ependymoma）

【观察内容】 以第四脑室最为常见。瘤体边界清楚，球形或分叶状，切面灰白色，有时可见出血、钙化和囊性变（2-3-12-4）。

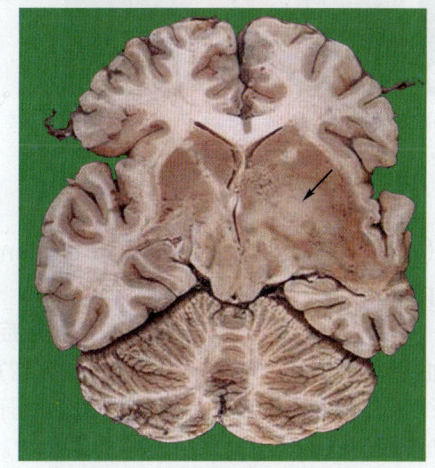

图2-3-12-3 星形胶质细胞瘤
脑内可见一较大瘤体（箭示）

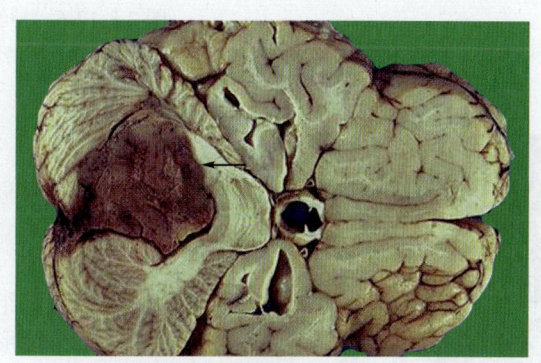

图2-3-12-4 室管膜瘤
瘤体边界清楚，切面灰白色，可见出血（箭示）

（五）脑膜瘤（meningioma）

【观察内容】 常与硬脑膜紧密相连，呈球形或分叶状，有包膜。肿块质实，切面灰白色，颗粒状或条索状，可见白色钙化砂粒，质较硬（图2-3-12-5）。

（六）神经鞘瘤（neurilemmoma）

【观察内容】 肿瘤大小不一，圆形或结节状，包膜菲薄、完整。切面实性，灰白或灰黄色半透明，可有出血和囊性变。颅内的神经鞘瘤主要发生于听神经的前庭即听神经瘤（图2-3-12-6A）。也是椎管内最常见肿瘤。脊神经根可见肿瘤（图2-3-12-6B）。

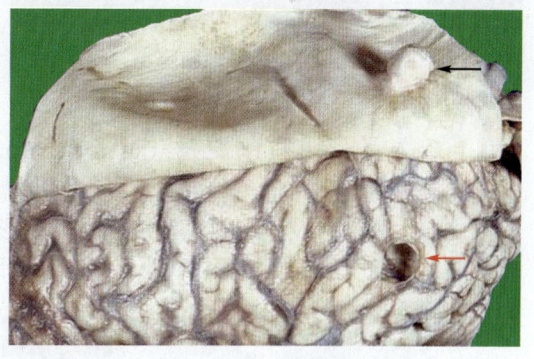

图2-3-12-5 脑膜瘤
可见界限清楚的球形瘤体（黑箭示）及压痕（红箭示）

二、组织切片

（一）化脓性脑膜炎（suppurative meningitis）

【观察内容】 脑膜血管高度扩张、充血，蛛网膜下腔间隙扩大，充满大量的脓性渗出物，脑实质炎症反应不明显。蛛网膜渗出的炎细胞有中性粒细胞及脓细胞、少量巨噬细胞、纤维素等，软脑膜也有炎细胞浸润（图2-3-12-7）。

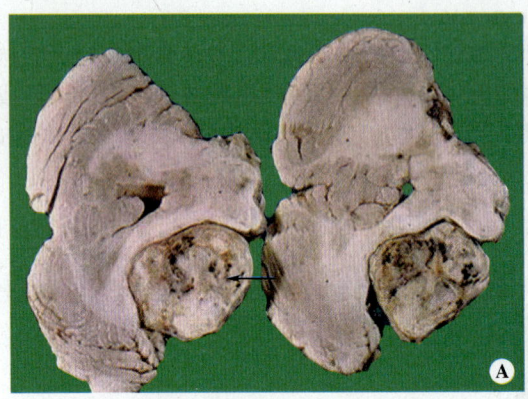
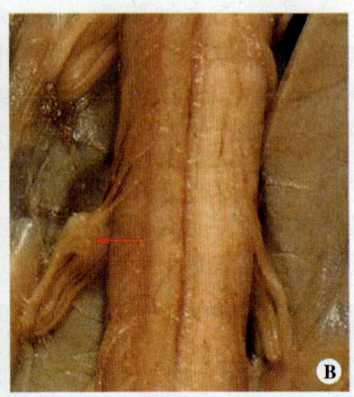

图 2-3-12-6 神经鞘瘤
可见圆形或结节状，包膜完整的肿瘤，有出血（黑箭示）；脊神经根可见小的肿瘤（红箭示）

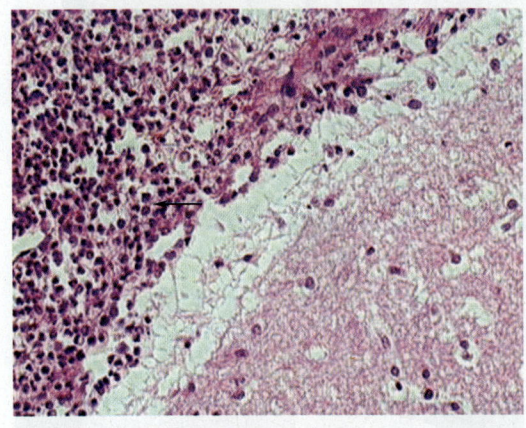

图 2-3-12-7 化脓性脑膜炎
蛛网膜渗出的炎细胞有中性粒细胞及脓细胞（箭示）

（二）流行性乙型脑炎（epidemic encephalitis B）

【观察内容】 脑实质血管变化和炎症反应 血管高度扩张、充血，血管周围间隙增宽，脑组织水肿，淋巴细胞、单核细胞围绕血管周围形成袖套状浸润（图 2-3-12-8A，箭示）。

软化灶形成 灶性神经组织变性，坏死，液化形成镂空筛网状软化灶，呈圆形，界清，散在分布（图 2-3-12-8B，箭示）。

神经细胞卫星现象 神经细胞被少突胶质细胞围绕（图 2-3-12-8C，箭示）。

噬神经细胞现象 神经细胞胞质内可见小胶质细胞侵入（图 2-3-12-8D，箭示）。

（三）星形胶质细胞瘤（astrocytoma）

【观察内容】 瘤细胞形态多样，根据瘤细胞核的多形性，核分裂象，瘤细胞密度，血管内皮增生程度以及瘤组织坏死情况分为星形细胞瘤，间变型星形细胞瘤和胶质母细胞瘤。原浆型星形细胞瘤，瘤细胞体积小，形态较一致，胞突少而短（图 2-3-12-9）。

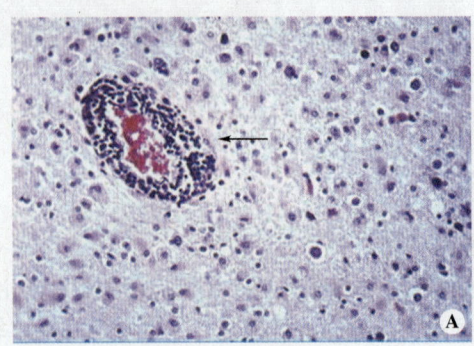
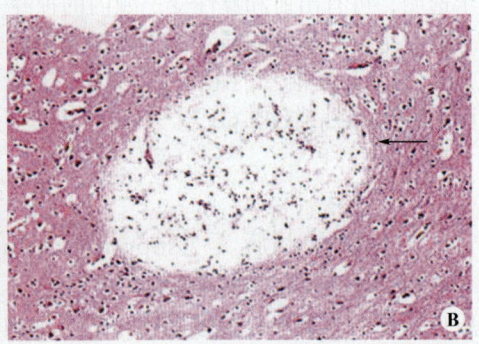

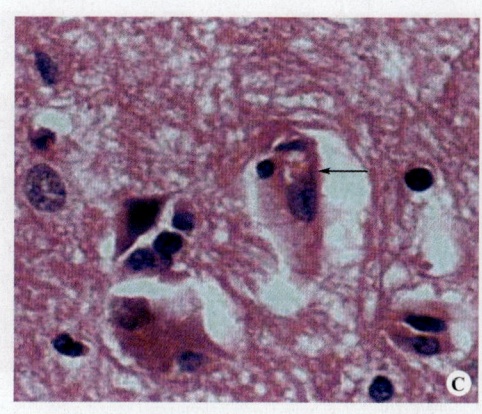
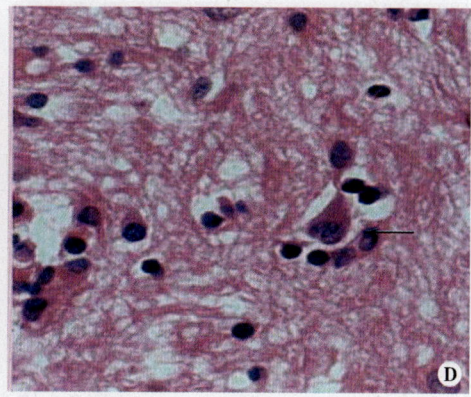

图 2-3-12-8　流行性乙型脑炎
A. 炎细胞袖套状浸润；B. 软化灶；C. 噬神经细胞现象；D. 卫星现象

（四）室管膜瘤（ependymoma）

【观察内容】　瘤细胞大小形态较一致，多呈梭形或胡萝卜形，胞质丰富，核圆形或椭圆形。瘤细胞排列较密集，常见瘤细胞围绕空腔呈腺管状排列，或围绕血管排列（图 2-3-12-10）。

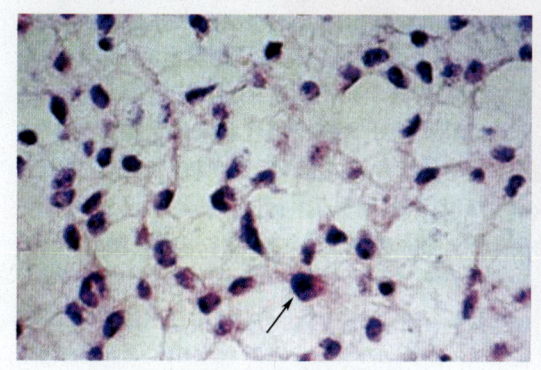
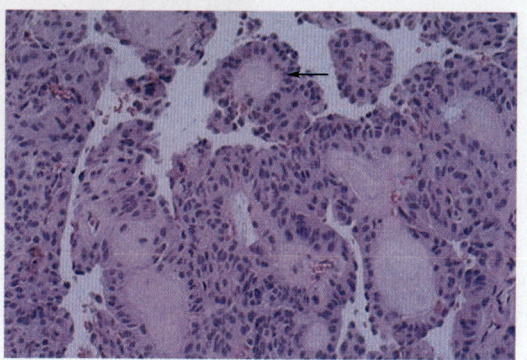

图 2-3-12-9　星形胶质细胞瘤
可见形状很典型的星芒状细胞（箭示），突起短而纤细，形成微囊性网状结构

图 2-3-12-10　室管膜瘤
瘤细胞围绕空腔呈腺管状排列（箭示）

（五）脑膜瘤（meningioma）

【观察内容】　**纤维型脑膜瘤**　瘤细胞呈长梭形，排列成致密的交织束状结构（蓝箭示），其间有网状纤维及胶原纤维，有时核呈栅栏状排列（图 2-3-12-11A）。

砂粒体型脑膜瘤　诊断本型脑膜瘤，砂粒体（黑箭示）必须是大量的，远非含数量不多砂粒体的过渡型所能比（图 2-3-12-11B 箭示）。

（六）神经鞘瘤（neurilemmoma）

【观察内容】　束状型：细胞细长、梭形、境界不清，核长椭圆形，互相紧密平行排列呈栅栏状或不完全的旋涡状，称 Verocay 小体（图 2-3-12-12）。网状型：细胞稀少，排列成稀疏的网状结构，细胞间有较多的液体，常有小囊腔形成。

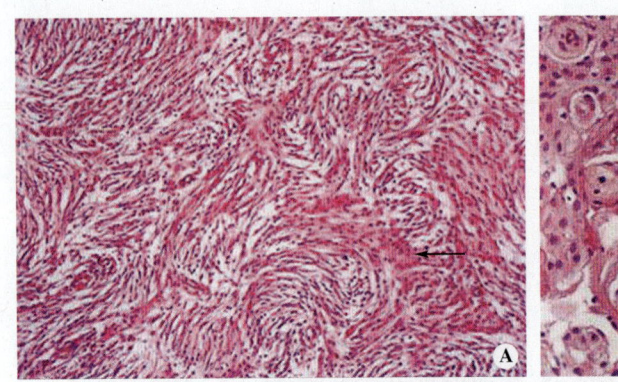 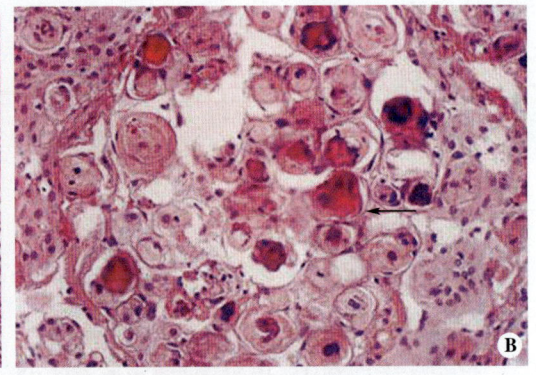

图 2-3-12-11　脑膜瘤

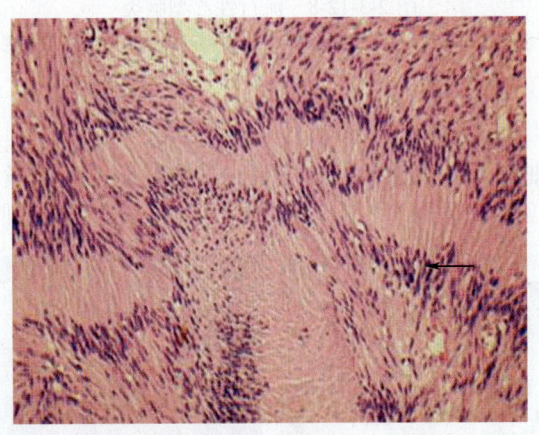

图 2-3-12-12　神经鞘瘤（束状型）
瘤细胞细长、梭形，互相紧密平行排列呈栅栏状（箭示）

（薛占瑞）

第十三章 传 染 病

【实验内容】

大体标本	组织切片
1. 原发性肺结核	1. 肺粟粒性结核
2. 急性肺粟粒性结核病	2. 细菌性痢疾
3. 局灶型肺结核	3. 肠伤寒
4. 浸润型肺结核	4. 念珠菌病
5. 慢性纤维空洞性肺结核	5. 放线菌病
6. 干酪样肺炎	6. 曲霉菌病
7. 结核球	
8. 结核性胸膜炎	
9. 肠结核	
10. 脊椎结核	
11. 慢性脾粟粒性结核病	
12. 肠伤寒	
13. 细菌性痢疾	
14. 念珠菌病	

【实验目的】

1. 掌握原发性肺结核的病变特征及其转归，继发性肺结核的类型及其病变特征；肠伤寒、细菌性痢疾的病变特征及其临床病理联系。

2. 熟悉结核病、肠伤寒、细菌性痢疾的病因和发病机制。

一、大 体 标 本

（一）原发性肺结核（primary pulmonary tuberculosis）

〖观察内容〗 其病变特点为原发复合征，即肺原发病灶（红箭头）、结核性淋巴管炎和肺门淋巴结结核（蓝箭头）。原发灶：肺中部（上叶下部或下叶上部）近肺膜处，直径1～1.5cm，圆形，灰黄色。原发灶内结核杆菌沿淋巴管蔓延引起结核性淋巴管炎（X线片可见）。肺门淋巴结结核：肺门淋巴结肿大，切面灰黄，严重时多个淋巴结肿大甚至相互融合（2-3-13-1）。

（二）急性肺粟粒性结核病（acute pulmonary miliary tuberculosis）

〖观察内容〗 两肺体积增大，质量增加，包膜紧张。由于充血而呈暗红色。肺表面及切面均可见到粟粒大小、灰白色或略带黄色的结节，弥漫而均匀分布于全肺，显露于肺表面，结节的边界清楚，呈圆形，大小基本一致（图2-3-13-2）。

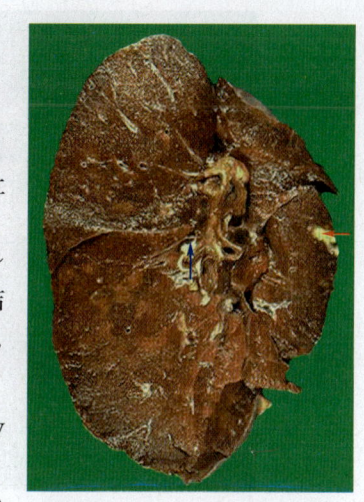

图 2-3-13-1 原发性肺结核
可见原发复合征，原发灶（红箭示），
肺门淋巴结结核（蓝箭示）

(三)局灶型肺结核(focal pulmonary tuberculosis)

【观察内容】 病灶常定位于肺尖下 2～4cm 处,直径在 0.5～1.0cm 左右,单个或多个结节状。界限清楚,有纤维包裹(图 2-3-13-3)。

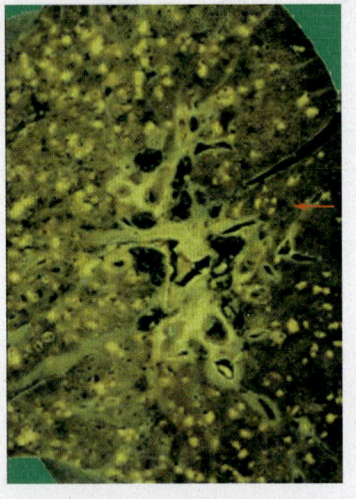

图 2-3-13-2 急性肺粟粒性结核病

切面可见到粟粒大小、灰白色或略带黄色的结节,分布均匀(箭示)

图 2-3-13-3 局灶型肺结核

肺尖处可见多个局限性病灶(箭示)

(四)浸润型肺结核(infiltrative pulmonary tuberculosis)

【观察内容】 病灶常位于肺的锁骨上区或下区,病灶中央部常有较小的干酪样坏死区,呈黄白色;周围有广阔的灰白色的病灶周围炎包绕,致使病灶的边界模糊不清,病变发展病灶逐渐扩大。干酪样坏死物液化经支气管排出后可形成急性空洞(图 2-3-13-4)。

(五)慢性纤维空洞型肺结核(chronic fibrous cavitary pulmonary tuberculosis)

【观察内容】 可见一个或多个厚壁空洞,大小不一,形状不规则,空洞内壁有干酪样坏死物,外层为较厚的增生的纤维结缔组织。空洞附近肺组织有显著的纤维组织增生,胸膜增厚。有时在空洞肺下叶可见新旧病灶交织存在(图 2-3-13-5)。

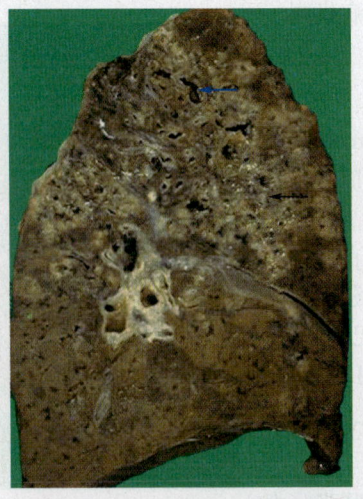

图 2-3-13-4 浸润型肺结核

肺上叶可见多出干酪样坏死灶(黑箭示)及急性空洞(蓝箭示)

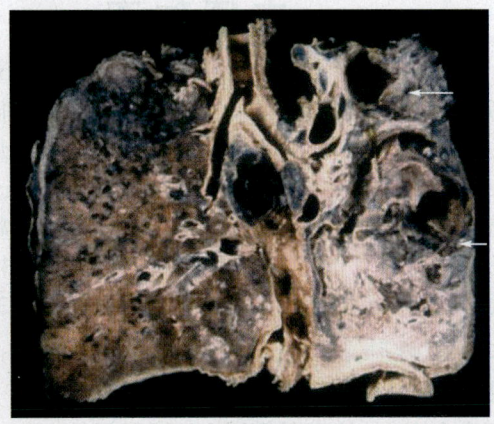

图 2-3-13-5 慢性纤维空洞型肺结核

右肺可见多个厚壁空洞(箭示)

（六）干酪样肺炎（caseous pneumonia）

【观察内容】 肺切面散在分布大小不一、灰黄色的不规则形干酪样坏死灶，根据病变大小，可有小叶性或大叶性干酪样肺炎之分，肉眼形态与细菌性小叶性或大叶性肺炎相似。大叶性干酪样肺炎的病变肺肿大，切面呈黄色干酪样，坏死物液化排出后可形成急性空洞。小叶性干酪样肺炎的病灶弥散分布于一叶肺或一侧叶，大小比较一致，色灰黄（图2-3-13-6）。

（七）结核球、结核瘤（tuberculoma）

【观察内容】 结核球为一种孤立的有纤维包裹、境界分明的球形干酪样坏死病灶，直径约2～5cm。多为一个，有时多个，常位于肺上叶。切面灰白色、质地松软，可见点状钙化（图2-3-13-7）。

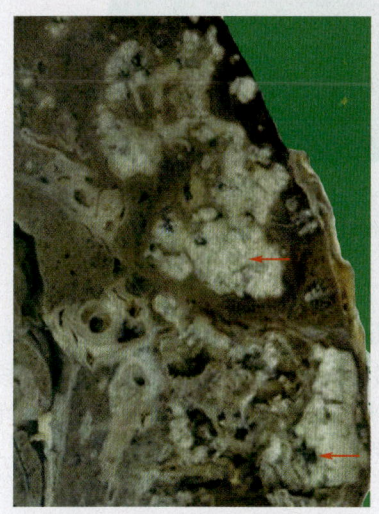

图 2-3-13-6 干酪样肺炎

可见多处灰白色干酪样坏死（箭示）

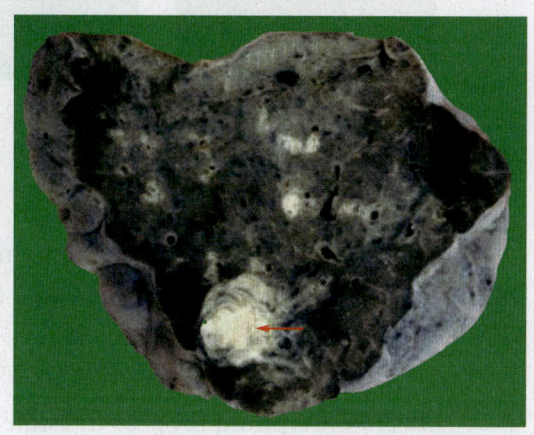

图 2-3-13-7 结核球

可见球形界清的干酪样坏死灶（箭示）

（八）结核性胸膜炎（tuberculosis pleuritis）

【观察内容】 有干性和湿性两种类型，湿性多见。如果渗出物中的纤维素较多，不能完全吸收，则因机化使胸膜增厚粘连（图2-3-13-8）。

（九）肠结核（intestinal tuberculosis）

【观察内容】 溃疡型肠结核，多发生在回盲部，黏膜面可见溃疡，其特点为环形或带状，其长轴与肠的长轴垂直，边缘参差不齐，可深达肌层或浆膜层，底部有干酪样坏死物，愈合后易引起肠道狭窄（图2-3-13-9）。与溃疡对应的浆膜面可见串珠状排列的灰白色或灰黄色小结节。

（十）脊椎结核（tuberculosis of vertebral bodies）

【观察内容】 是骨结核中最常见者，多见于第10胸椎至第2腰椎病变起于椎体松质骨，由小的结核病灶开始，常发生干酪样坏死，破坏椎间盘和邻近椎骨。图中二个椎体内有黄白色干酪样坏死组织（箭示），骨质破坏不能负重而塌陷骨折，造成脊椎骨成角畸形，临床上表现为驼背（图2-3-13-10）。

图 2-3-13-8 结核性胸膜炎（胸膜粘连）

胸膜增厚，腔消失（箭示）

图 2-3-13-9 肠结核（溃疡型）
溃疡边缘不齐，底部有干酪样坏死（箭示）

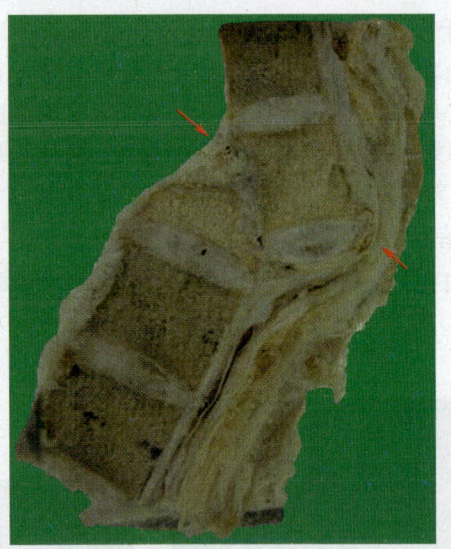
图 2-3-13-10 脊椎结核
可见干酪样坏死组织（箭示）

（十一）慢性脾粟粒性结核病（chronic military tuberculosis of the spleen）

【观察内容】 常为全身慢性粟粒性结核病的一部分，为病程迁延 3 周以上，或结核杆菌在较长时期内每次以少量反复多次不规则进入血液，则形成慢性粟粒性结核病。病变的性质和大小均不一致，同时可见增生、坏死和渗出性病变，病程长，成人多见（图 2-3-13-11）。

（十二）肠伤寒（typhoid fever of intestine）

【观察内容】 髓样肿胀期，肠黏膜表面可见肿大的集合淋巴小结，形成椭圆形或圆形隆起，质软，表面凹凸不平，似脑回状。肿胀的集合淋巴小结长轴与肠管的长轴平行。肠黏膜有充血、水肿、黏液分泌增多。溃疡期，髓样肿胀的集合和孤立淋巴小结坏死脱落形成圆形或椭圆形溃疡（图 2-3-13-12），但其边缘仍肿胀隆起，底部粗糙高低不平，可深达黏膜下层，坏死严重者可深达肌层甚至浆膜层，可引起穿孔。由于集合淋巴小结坏死后所形成的溃疡长轴与肠管长轴平行，故愈合后形成的瘢痕收缩不致引起肠腔狭窄。

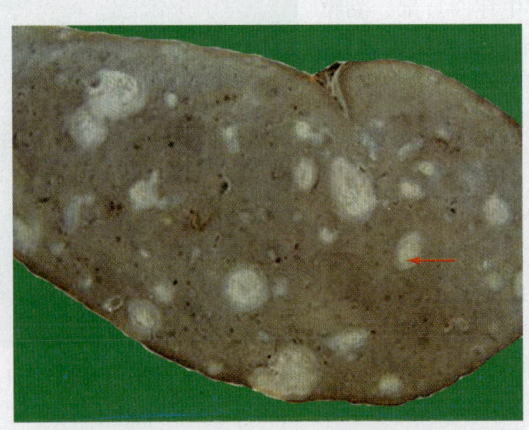
图 2-3-13-11 脾慢性粟粒性结核病
可见性质和大小均不一灰白色致病灶（箭示）

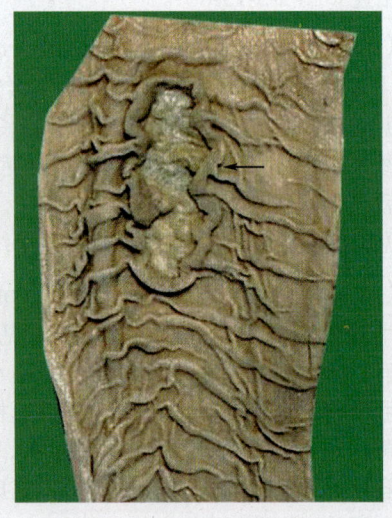
图 2-3-13-12 肠伤寒
可见与肠纵轴平行的溃疡（黑箭示）

（十三）细菌性痢疾（bacillary dysentery）

【观察内容】 病变主要发生于乙状结肠和直肠。可见黏膜表面覆有一层灰白色的糠皮样膜状物，粗糙而无光泽，即假膜，有的地方已融合成片。部分假膜已脱落形成浅表性溃疡，其形状不规则、大小不等，很少穿破黏膜肌层。同时可见肠黏膜有充血、水肿（图2-3-13-13）。

（十四）念珠菌病（candidiasis）

【观察内容】 由念珠菌引起，最常见的致病菌为白色念珠菌。常发生于婴儿及消耗性疾病患者的口腔等。阴道念珠菌病可发生于健康女性。发生于黏膜常形成白色膜状物，在口腔成为鹅口疮（图2-3-13-14）。膜状物脱落后出现糜烂或表浅溃疡。

图 2-3-13-13 细菌性痢疾
肠表面可见灰白色的糠皮样膜状物（箭示）

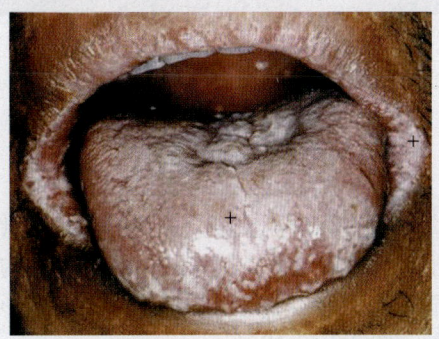

图 2-3-13-14 念珠菌病（舌炎、口角炎）
舌及口角均见白色膜状物（十字）

二、组织切片

（一）肺粟粒性结核（pulmonary miliary tuberculosis）

【观察内容】 肺组织内散在大量结核结节病灶（图2-3-13-15），结节中央有不同程度的干酪样坏死，为红染颗粒状无结构物质。干酪样坏死灶周围见放射状排列的类上皮细胞和一些朗格汉斯巨细胞。朗格汉斯巨细胞胞体巨大而不规则，核多，数个到数十个，常沿胞质的周围呈花环状，半环状排列；类上皮细胞或称上皮样细胞，其胞体呈梭形或多角形，胞质丰富，淡红色，境界不清。核呈圆形或卵圆形，染色质稀疏，甚至呈空泡状，可见1～2个小核仁；再外围是局部聚集的淋巴细胞和少量增生的成纤维细胞。

（二）细菌性痢疾（bacillary dysentery）

【观察内容】 肠黏膜浅表部分变性、坏死或脱落，有的区域在其上面附有一层红染物质，假膜。假膜为丝状、网状的纤维蛋白，其中网罗有中性粒细胞、红细胞和坏死的肠黏膜上皮细胞等构成。肠壁各层均有充血、水肿甚至出血，尤以黏膜下层为重，并可见中性粒细胞为主的炎细胞浸润（图2-3-13-16）。

（三）伤寒（typhoid）

【观察内容】 伤寒杆菌引起的炎症是以巨噬细胞增生为特征的急性增生性炎。增生活跃时巨噬细胞吞噬伤寒杆菌、红细胞和细胞碎片，这种巨噬细胞称为伤寒细胞。伤寒细胞常聚集成团，形成小结节称为伤寒肉芽肿（图2-3-13-17）。

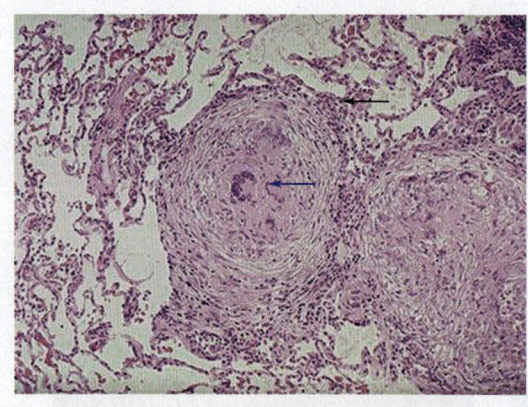
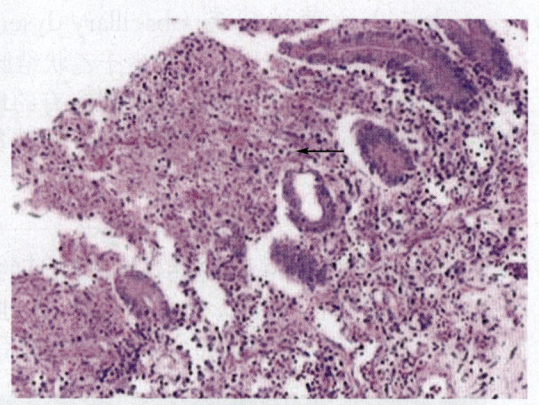

图 2-3-13-15　肺粟粒性结核
可见两个结核结节（黑箭示）和朗格汉斯巨细胞（蓝箭示）；
可见正常肾小球（箭示）和朗格汉斯巨细胞（箭示）

图 2-3-13-16　细菌性痢疾（假膜）
病变处黏膜上皮坏死脱落形成假膜（箭示）

（四）念珠菌病（candidiasis）

〖观察内容〗　由念珠菌引起，最常见的致病菌为白色念珠菌。黏膜念珠菌病常在黏膜面形成白色膜状物，膜状物由假菌丝等构成，脱落后出现糜烂或表浅溃疡。内脏器官的念珠菌病常表现为明显的组织坏死和小脓肿形成。在各种病变中均可找到念珠菌的芽生孢子和假菌丝（图 2-3-13-18）。

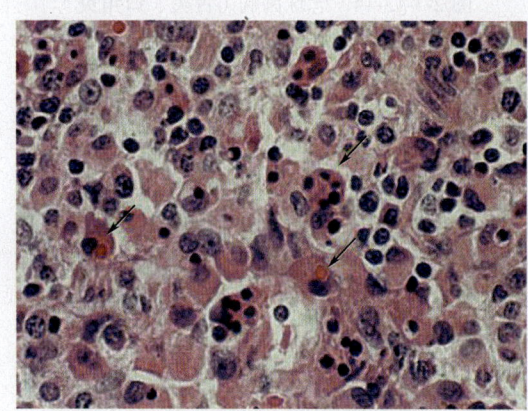
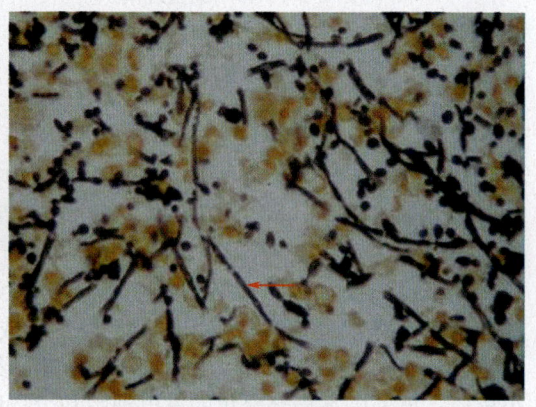

图 2-3-13-17　伤寒肉芽肿
可见多个伤寒细胞（箭示）

图 2-3-13-18　念珠菌病（银染）
可见多个念珠菌的芽生孢子和假菌丝（箭示）

（五）放线菌病（actinomycosis）

〖观察内容〗　放线菌有细胞壁，没有核膜。菌体呈细丝状，与真菌相似，菌丝的粗细与普通杆菌相似，一般直径不超过 1μm。菌丝分支，可断裂为杆状。基本病变：慢性化脓性炎症。放线菌在脓肿壁、窦道壁和脓腔内繁殖，形成菌落。脓液内有细小的黄色颗粒，直径 1～2mm，称为"硫磺颗粒"（图 2-3-13-19）。

（六）曲霉菌病（aspergillosis）

〖观察内容〗　最常引起肺部病变。曲霉菌常侵入血管引起血栓形成，可使组织发生缺血坏死。也可引起小脓肿的形成。此为肺的曲霉菌病（图 2-3-13-20）。

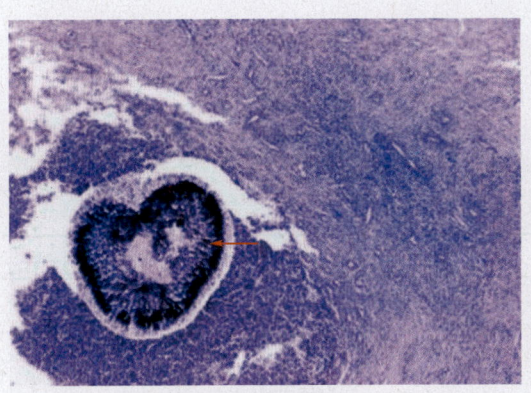

图 2-3-13-19 放线菌病
放线菌在脓肿壁形成菌落，可见菌丝（箭示）

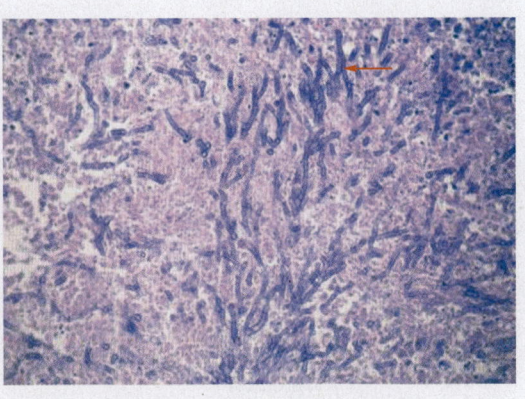

图 2-3-13-20 曲霉菌病
可见菌丝粗细均匀，分支状（箭示）

（薛占瑞）

第十四章 寄生虫病

【实验内容】

大体标本	组织切片
1. 肠阿米巴病	1. 肠阿米巴病
2. 阿米巴肝脓肿	2. 血吸虫病
3. 血吸虫病	3. 丝虫病
4. 丝虫病	

【实验目的】

1. 掌握阿米巴性痢疾的肉眼及镜下病变特点；掌握血吸虫虫卵所引起的病变和血吸虫肝、肠的病变特点及后果。

2. 熟悉丝虫病病变特点。

3. 了解寄生虫病的病因和发病机制。

一、大体标本

（一）肠阿米巴病、阿米巴痢疾（amoebic dysentery）

〖观察内容〗 病变主要累及盲肠、升结肠，其次是乙状结肠和直肠。结肠黏膜面有多数溃疡形成，大小不等、形状不规则，边缘悬空（口小底大的"烧瓶"状溃疡），但溃疡之间的肠黏膜接近正常（图2-3-14-1）。

（二）阿米巴肝脓肿（amoebic abscess of liver）

〖观察内容〗 病灶多位于肝右叶。切面：肝右叶见一大空洞，其内容物大部分已流失，仅残留少量含棕褐色果酱样坏死物；洞壁上附有尚未彻底液化坏死的汇管区结缔组织、血管和胆管等，形如破棉絮（图2-3-14-2）。

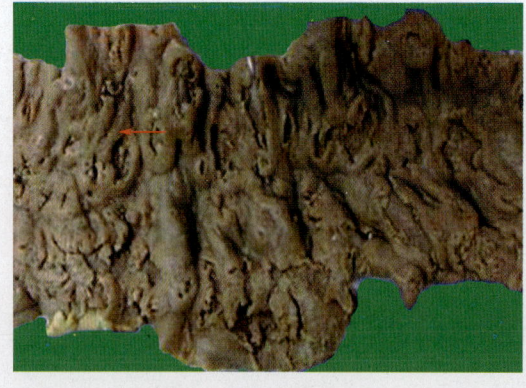

图2-3-14-1 肠阿米巴
黏膜面有多数溃疡形成，大小不等、形状不规则（箭示）

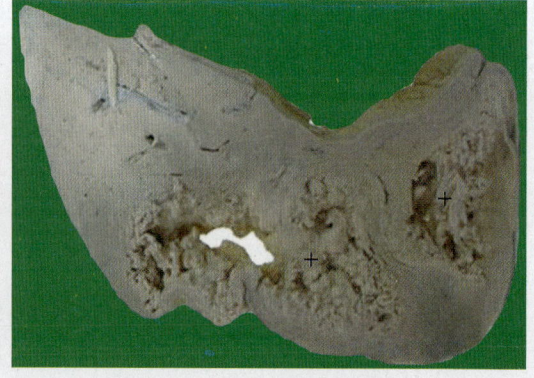

图2-3-14-2 阿米巴肝脓肿
肝内可见内壁破絮状"脓肿"（十字）

（三）血吸虫病（schistosomiasis）

〖观察内容〗 肝血吸虫病，急性期，轻度肿大，表面及切面见许多粟粒至绿豆大小的灰白或灰黄色结节。慢性期，由于纤维组织增生和收缩，导致血吸虫性肝硬化。肝脏体积变小，质地变硬，表面不平；切面汇管区增宽，门静脉分支周围纤维组织增生呈树枝状分布；严重者可形成粗大隆起的结节（图2-3-14-3）。

（四）丝虫病（filariasis）

【观察内容】 是由丝虫寄生于人体淋巴系统所引起的疾病。早期引起淋巴管炎及淋巴结炎，晚期出现淋巴液回流障碍，产生阴囊鞘膜积液、乳糜尿、肢体象皮肿等。丝虫病下肢象皮肿，丝虫病晚期皮肤和皮下组织明显增厚、粗糙、皮纹加深，有如大象皮肤的外观因而称之（图2-3-14-4，箭示）。

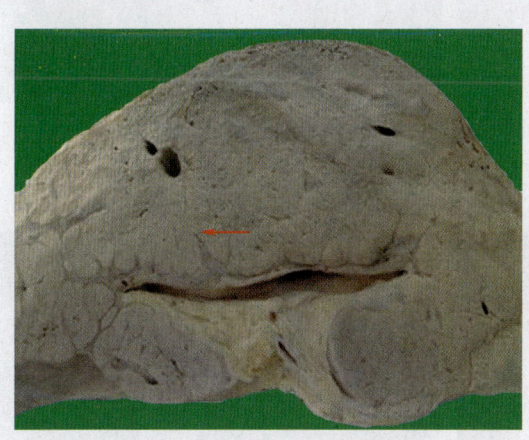
图2-3-14-3 血吸虫病性肝纤维化
切面汇管区增宽，门静脉分支周围纤维组织增生呈树枝状分布（箭示）

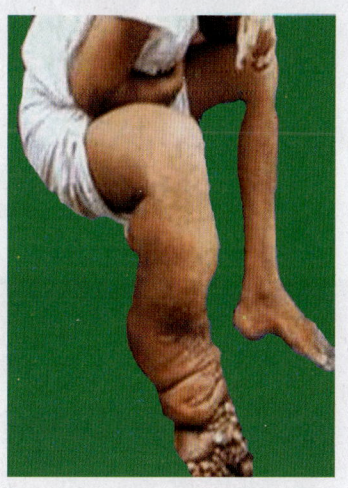
图2-3-14-4 丝虫病下肢象皮肿

二、组织切片

（一）肠阿米巴病（intestinal amoebiasis）

【低倍镜观察】 肠壁黏膜缺损形成有诊断意义的烧瓶状溃疡，深达黏膜下层，溃疡处有较多红染无结构的坏死物。与正常组织交界处的坏死组织中可找到阿米巴滋养体（图2-3-14-5A）。

【高倍镜观察】 滋养体多呈圆形，体积大，直径20～40μm，核小而圆，不太清晰；胞质略呈嗜碱性，其中可见红细胞、淋巴细胞和组织碎片等。在滋养体周围常可见一空隙。坏死组织周围炎症反应轻微，仅有充血、出血及少量淋巴细胞和浆细胞浸润。如继发细菌感染则可有中性粒细胞浸润（图2-3-14-5B）。

（二）血吸虫病（schistosomiasis）

【观察内容】 镜下见肝脏汇管区内有虫卵，外有淋巴细胞和嗜酸性粒细胞浸润，并有异物巨细胞反应及结缔组织增生。外侧为肝组织（图2-3-14-6）。

（三）丝虫病（filariasis）

【观察内容】 镜下可见成虫死亡后引起局部组织凝固性坏死和大量嗜酸性粒细胞浸润，形成"嗜酸性脓肿"，"脓肿"由大量嗜酸性粒细胞、坏死组织、丝虫成虫和微丝蚴组成，再外有纤维组织围绕。慢性期，形成肉芽肿。丝虫性肉芽肿中可见一段染作浅红色之丝虫体断面。虫体内有多量微丝蚴（箭头），外周有多量嗜酸性粒细胞和少量淋巴细胞、浆细胞和大单核细胞浸润，其间散布少量上皮样细胞等（图 2-3-14-7）。

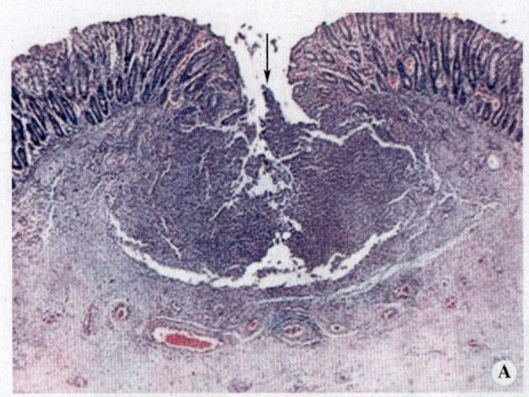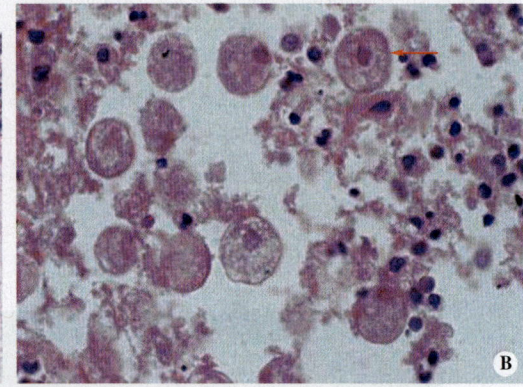

图 2-3-14-5　肠阿米巴病（溃疡和阿米巴滋养体）
A. 可见口小底大的溃疡（黑箭示）；B. 阿米巴滋养体（红箭示）

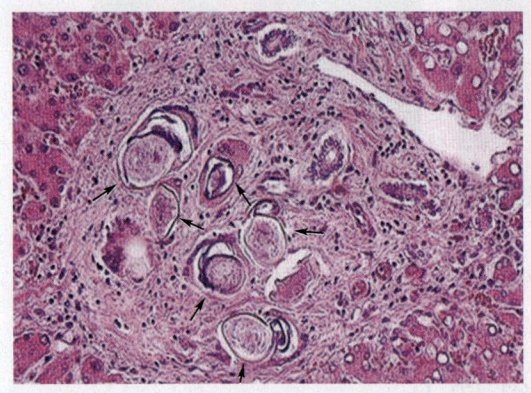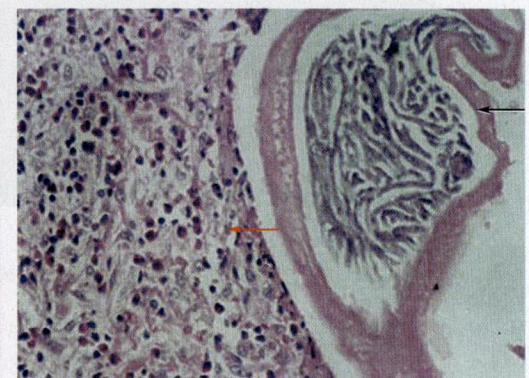

图 2-3-14-6　肝血吸虫病　可见多个虫卵（箭示）　　　图 2-3-14-7　丝虫病（肉芽肿）
　　　　　　　　　　　　　　　　　　　　　　　　　可见大量嗜酸性粒细胞（红箭示）和多量微丝蚴（黑箭示）

（薛占瑞）

第四部分 医学遗传学

第一章 人类外周血淋巴细胞染色体标本的制备

【实验目的】

熟悉人体外周血淋巴细胞培养方法及染色体标本制备的方法。

【实验原理】

1. 培养 观察人类染色体形态结构的最佳时期是有丝分裂中期。在正常人类外周血中的淋巴细胞为分化细胞，通常情况下，都处于 G_0 期或 G_1 期，没有分裂象。植物血球凝集素（phytohemagglutinin，PHA），具有凝集红细胞，促进淋巴细胞（主要是 T 细胞）的幼化和分裂的作用。因此在进行外周血离体培养时，若在培养基中加入 PHA，即可促使淋巴细胞转化为淋巴母细胞，使其重新进入细胞增殖周期而进行有丝分裂。当体外培养到 72 小时左右时，大多数淋巴细胞均已处于第二增殖周期内。

2. 加入秋水仙素 为了得到更多的有丝分裂中期相，需在培养终止前数小时加入适量的秋水仙素（或秋水仙胺）。秋水仙素可通过干扰微管组装而抑制纺锤丝的形成，使细胞分裂不能顺利进入后期而停滞于中期，从而可在短期内积累大量最适于进行染色体分析的中期分裂象。此外，秋水仙素还能使染色单体缩短、分开，使染色体呈现明显的外形而利于辨认。再用低渗法处理标本，可使细胞膜膨胀、破裂，染色体分散。

3. 低渗处理 目的是使水分通过细胞膜向细胞内渗入，导致转化的淋巴细胞膨胀，染色体进一步分散而利于分析。同时，低渗处理还可使红细胞质膜破裂，经离心后浮于上清中被去除。

4. 固定 固定过程主要针对淋巴细胞，目的在于尽快使细胞的结构固定于接近存活的状态，以便作进一步处理，若不固定则可因细胞内蛋白质分解而导致结构变化。染色体研究中常用固定液为甲醇—冰醋酸（3∶1）固定液。冰醋酸渗透力强，固定迅速，但易使组织膨胀。而甲醇则可使组织收缩，两者混合使用能抵消各自的缺点，得到较好的固定效果。

经过上述方法处理后，再使用常规的 Giemsa 染色、空气干燥法制片，即可得到较理想的分散良好的染色体标本。

染色体标本的制备可选用多种材料，如外周血淋巴细胞、骨髓细胞、胸腹水细胞、性腺活检标本、胎儿绒毛、实体瘤、胎儿羊水细胞，甚至皮肤、肝、肾标本等。临床上以外周血淋巴细胞最为常用，因其取材便利，用血量少，损伤小，培养简单，容易被患者所接受，因此目前已为临床医学、病毒学、药物学、遗传毒理学等广泛应用。

【实验器材】

1. 实验仪器 采血器材、酒精灯、培养瓶、超净工作台、恒温培养箱、恒温水浴箱、离心机、刻度离心管、乳头吸管、试管架、量筒、试剂瓶、载玻片、吹风机、托盘天平、显微镜、镜油、二甲苯、擦镜纸、记号笔、玻片架、10ml 注射器。

2. 实验材料 正常人外周血。

3. 实验试剂 RPMI 1640 液体培养基、小牛血清、肝素（500 U/ml）、植物血凝素（PHA）、秋水仙素（10mg/ml）、KCl 低渗液（0.075mol/L）、甲醇、冰醋酸、Giemsa 原液、磷酸缓冲液（PH6.8）。

【实验方法】

染色体标本的制备。

1. 采血 用一次性 2ml 灭菌注射器抽取 500U/ml 的肝素 0.2ml，润湿注射器针筒，将多余的肝素弃去。常规消毒被检者的肘部皮肤，采取肘静脉血 3～4ml，轻轻转动针筒使血液与肝素混合均匀，防止血液样本凝固。

2. 接种 接种要求在超净工作台上进行，注意需严格遵循无菌操作原则。将全血注入培养瓶中（内含 20% 小牛血清及 PHA 的 RPMI1640 培养液 5ml，pH7.2），每瓶 0.25～0.30ml（7号针头约 13～15 滴），轻轻摇匀。

3. 培养 将接种后的培养瓶置于 37℃恒温培养箱中培养 72h，于终止培养前 2～4h 加入新鲜配制的浓度为 100μg/ml 的秋水仙素溶液 4～5 滴（7号针头），使其终浓度为 0.4μg/ml。轻轻摇匀后，放回培养箱继续培养 2～4h。

4. 收获 将培养瓶从恒温培养箱中取出，轻轻摇匀，使贴壁细胞脱落。用止血钳开瓶后，收集全部血细胞进入离心管中（倒入），配平后，1500r/min 离心 7min，弃上清。弃上清液时要倾斜试管，匀速、快速、一次完成，不能再倒第二次，否则细胞易被冲散导致上层白细胞损失。如有血凝块，也需全部倒入离心管中，勿损失。

5. 低渗处理 向离心管中加入预热至 37℃的 0.075mol/L KCL 溶液至 6ml，用吸管轻轻吹打 1～2min，混匀细胞，置于 37℃恒温水浴箱中低渗处理 25min，使白细胞膨胀、染色体分散、红细胞解体。

6. 预固定 向离心管中滴加新配制的甲醇—冰醋酸固定液 0.6～0.7ml，用吸管轻轻吹打 2～3min，混匀后配平，1500r/min 离心 7min，弃上清。

7. 固定 沿管壁加入固定液至 7ml，吹打 2 min，室温静置 30min。1500r/min 离心 7min，弃上清。

8. 二次固定 沿管壁加入固定液至 7ml，吹打，时间可稍短，室温静置 30min。1500r/min 离心 7min，弃上清。

9. 制片 根据沉淀细胞的多少，加入适量新鲜固定液（≤0.5ml），轻轻吹打制成细胞悬液。用滴管吸取少量细胞悬液，滴 4～5 滴至冰片上（冰片可易于染色体附着及扩散），滴片时注意需有一定高度，30～35cm，以利染色体分散，然后轻轻吹散，冷风吹干或空气干燥。

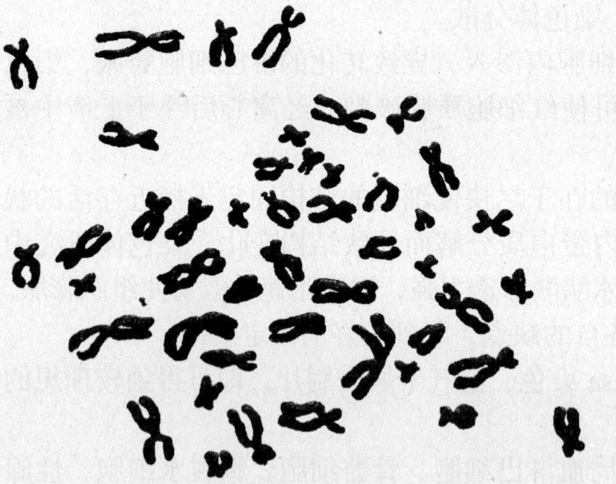

图 2-4-1-1　人类外周血淋巴细胞中期染色体

10. 染色 用 Giemsa 原液和磷酸盐缓冲液（pH 6.8）按 1：10 配成 Giemsa 染液，染色 7min，流水冲洗，吹风机冷风吹干，镜检。

【实验结果】

取上述制备好的正常人体细胞染色体标本，先在低倍镜下选择染色体分散良好、染色清晰、无重叠的中期分裂细胞，依次用高倍镜和油镜仔细观察分析。

【注意事项】

1. 接种的血样愈新鲜愈好。

2. 培养中成败的关键，除了至为重要的 PHA 的效价外，培养的温度（严格控制在

37℃±0.5℃）和培养液的酸碱度（最适 pH 为 7.2～7.4）也十分重要。培养过程中，如发现血样凝集，可将培养瓶轻轻振荡，使凝块散开，继续放回 37℃恒温箱内培养。

3. 秋水仙素用量过大，时间过长，会使分裂细胞增多，染色体过度收缩而短，乃至染色单体离散；用量过小则影响分裂象，使分裂细胞少，染色体细长。

4. 低渗的目的是使红细胞膜破裂，淋巴细胞膨胀，染色体分散，所以浓度、时间要适当，使染色体分散开。低渗不够，则染色体分散不好；低渗过度，则细胞破碎，染色体丢失。低渗后混匀要轻，否则引起膜破裂，染色体丢失。

5. 离心速度过高，细胞团不易打散；速度过低，则丢失细胞。离心前要配平。

6. 机械打散细胞团（吹打）时，用力要适度，若用力过猛，细胞易破碎，染色体不完整。

7. 固定液纯度要高，应现用现配，否则固定作用不足，染色体将出现毛刷状。固定液应沿管壁慢慢加入，如果加入太快，会使固定作用过强，导致染色体扭转。

8. 载玻片一定要洗净，否则染色体分散不好。

9. 制片过程中，如发现细胞膨胀得不大，细胞膜没有破裂，染色体聚集一团伸展不开，可将固定时间延长。

10. 预固定液的加量不必十分准确，但不能太多；预固定液及固定液要贴壁加，以使染色体同时接触固定液，否则过早接触者易卷曲。

【作业与思考题】

1. 为什么在淋巴细胞培养过程的早期要加 PHA，在晚期要加秋水仙素？
2. 在染色体标本制备过程中为什么在固定前要进行低渗？
3. 如果染色体分散不好或染色体太短，可能是什么原因造成的？
4. 影响染色体制备结果的主要因素有哪些？

【试剂配制】

1. RPMI1640 培养液 RPMI1640，10.4g；肝素，80mg；PHA，182mg；胎牛血清，100ml；抗生素，8 万单位；$NaHCO_3$，2g；双蒸水定容至 1000ml。

抽滤除菌，分装，−200℃保存待用。使用前 37℃恒温水浴锅中温育 10min。

2. 低渗液（0.075mol KCl） KCl，2.794 g；三蒸水，500ml。

3. 固定液 甲醇（AR）：冰醋酸（AR）=3：1；现用现配。

4. Giemsa 染液

（1）贮存液：Giemsa，5g；纯甘油（AR），330ml；甲醇（AR），33ml。

先将 Giemsa 粉剂溶于少量的甘油中，在研钵中充分研磨至无颗粒黏糊状，再将全部甘油加入，然后移至烧杯中，在 55～60℃温箱中放置 2 小时，冷却后加入甲醇，充分搅拌均匀，在室温放置 2～3 周后过滤除去絮状物，储存在棕色瓶中，一般放置 3 周后使用效果更好。

（2）使用液：磷酸缓冲液甲、乙各 2.5ml，加 45ml 双蒸水，加 Giemsa 原液 2.5ml。

5. 2.5% 胰蛋白酶原液 胰蛋白酶粉剂，2.5g；生理盐水，100ml。

6. 秋水仙素（10mg/ml，使用液 100μg/ml） 秋水仙素，1g；生理盐水，100ml；抽滤，棕色瓶保存。

7. 肝素（2500U/ml，使用浓度 50U/ml） 肝素，312.5 mg；生理盐水，100ml；高压灭菌。

8. Hanks 液（g/L） NaCl，8.00g；KCl，0.40g；$CaCl_2$，0.14g；$MgSO_4 \cdot 7H_2O$，0.20g；Na_2HPO_4，0.06g；KH_2PO_4，0.06g；$NaHCO_3$，0.35g；葡萄糖，1.00g；酚红，0.02g。

（李　虹）

第二章 人类染色体常规核型分析

【实验目的】

1. 掌握人体细胞染色体的形态、结构、数目及计数方法及核型分析的方法。
2. 了解核型分析在检测染色体病中的意义。

【实验原理】

核型是指一个细胞中的全部染色体，按其大小、形态特征顺序排列所构成的图像。核型分析是对这些图像进行染色体数目、形态结构特征的分析。

正常人类体细胞中含有46条染色体，配为23对，每对染色体都有其特定的形态和结构。染色体作为人类基因的载体，其数目和结构的异常均可导致人类的疾病，这种由染色体异常引起的疾病称为染色体病。研究发现，除了一些经典的染色体疾病外，许多其他疾病，如流产、先天畸形、辐射病及肿瘤等均伴有染色体的异常，因此核型分析在这些疾病的诊断中起到非常重要的作用，同时核型分析也可用于产前诊断、性别鉴定等方面。

【实验器材】

正常人类体细胞中期分裂象照片、剪刀、表镊子、胶水、牙签。

【实验方法】

1. Denver 体制 1960年在美国丹佛召开了第一届国际细胞遗传学会议，制定了统一的标准命名系统，即丹佛(Denver)体制，是识别和分析人类各种染色体病的基础。根据Denver体制，人类的46染色体依据长度和着丝粒位置分为23对，A、B、C、D、E、F和G七组。

正常人类体细胞中含有46条染色体，配成23对，其中1～22为常染色体，为男女所共有，另外两条染色体X和Y则称为性染色体，男性和女性不同，男性为XY，女性为XX。

（1）人类染色体的类型：根据染色体上着丝粒位置不同，人类染色体分为三类：

中央着丝粒染色体：着丝粒位于染色体的1/2到5/8之间，长短两臂基本相等。

亚中着丝粒染色体：着丝粒位于染色体的5/8到7/8之间，长短两臂明显不同。

近端着丝粒染色体：着丝粒位于染色体的7/8到顶端之间，短臂极短，末端常有随体。

（2）人类染色体分组方法

A组：包括1号～3号三对色体。1号染色体为最大的一对染色体，为中央着丝粒染色体，其长臂的近侧偶见次缢痕。2号染色体较1号染色体稍小，为亚中着丝粒染色体。3号染色体为A组最小的一对染色体，为中央着丝粒染色体。

B组：包括4号和5号染色体，均为较大的亚中着丝粒染色体，且短臂均较短，是其区别于C组染色体的重要特点。

C组：包括6号～12号染色体和X染色体，均为中等大小的亚中着丝粒染色体，彼此在长度难以区分，其中6、7、8、11号染色体的着丝粒较偏下，短臂较长，而9、10、12号染色体的着丝粒较偏上，短臂较短，9号染色体的长臂有一次级缢痕。X染色体的长度一般介于7号和8号染色体之间。

D组：包括13、14和15号染色体，均为中等大小的近端着丝粒染色体，短臂末端有随体相连。

E组：包括16、17和18号染色体。其中16号为中等大小的中央着丝粒染色体，而17和18号染色体均为亚中着丝粒染色体，长度略短于16号染色体。

F组：包括 19 和 20 号染色体，均为较小的中央着丝粒染色体，比较难以区分。

G组：包括 21、22 号染色体和 Y 染色体，为最小的一组近端着丝粒染色体，长臂常呈分叉状，短臂末端有随体相连，21 号染色体长度略小于 22 号染色体。Y 染色体长度长于 21 号和 22 号染色体，长臂平行伸展，短臂末端无随体。

2. 核型分析

（1）计数：核型分析应首先进行染色体计数，判断是否有染色体数目异常。为方便计算，可先将图片中的染色体分为若干区域，分区计数后再算出染色体总数，以防止数重或数漏。

（2）染色体排列分组：将图片中的染色体分裂象一个个剪下（注意不要紧贴染色体剪，应留有明显的空边，以免破坏染色体的形态），放在报告纸上，注意保管，不要将染色体丢失。依据 Denver 体制，按照各组染色体的特征，将剪下的染色体分组编号排列在实验报告纸相应位置上，经过反复核对调整直至正确。

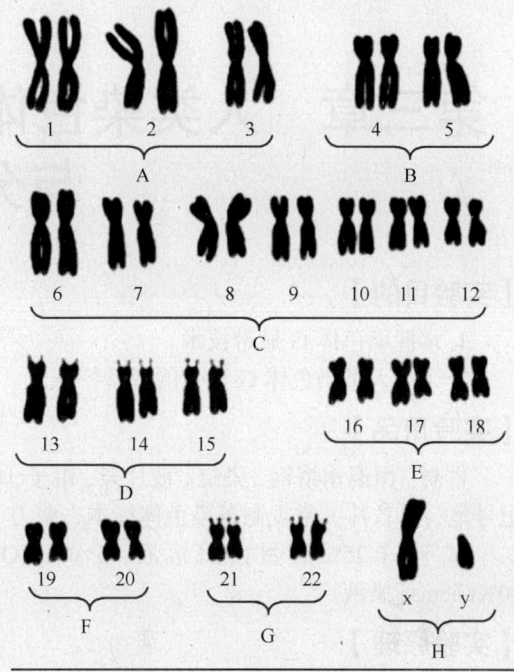

图 2-4-2-1 人类染色体常规核型分析（男性）

（3）染色体的粘贴：粘贴时一定注意将每个染色体的着丝粒排在一条水平线上，短臂朝上，长臂朝下。最后将核型分析的结果写在报告纸上。

（4）核型分析结果的表示方法：染色体总数，性染色体组成

正常男性核型：46，XY

正常女性核型：46，XX

【作业与思考题】

1. 人类染色体分组的依据是什么？各组染色体的特点是什么？

2. 正常人类染色体常规核型分析。

（李　虹）

第三章 人类染色体 G 显带标本的制备与分析

【实验目的】

1. 掌握染色体 G 显带技术。

2. 了解人类染色体 G 显带的带型特征。

【实验用品】

器材：恒温水浴锅、染缸、玻片架、镊子、电吹风、光学显微镜、香柏油、二甲苯、擦镜纸、记号笔、示教片、常规制备染色体标本、剪刀、胶水。

试剂：0.25% 胰蛋白酶溶液、5%Na_2CO_3、0.85% 生理盐水、0.01M 磷酸盐缓冲液、10%Giemsa 染液。

【实验原理】

常规制备的染色体标本先用胰蛋白酶（trypsin）消化（也可以用热碱、尿素、去垢剂或其他溶液等进行预处理），再用 Giemsa 染色，染色体将沿其纵轴显示出深浅交替的横纹，即 G 带。阳性带富含 A-T，阴性带富含 G-C。

每一号染色体的带型都是独特而较为稳定的，因此利用 G 带可以较为准确的识别每一号染色体，发现可能存在的染色体数目畸变和结构畸变。G 显带技术方法简便，重复性好，带纹清晰且可长期保存，被广泛应用于临床，如染色体病、肿瘤等的诊断和研究当中。

【实验方法】

（一）G 带制备

1. 常规染色体制片标记细胞面，置于 70℃ 烤箱中 2 小时，自然冷却。

2. 染缸中加入 0.25% 胰酶溶液 4ml，生理盐水 46ml，$NaHCO_3$ 调 pH 至 7 左右，置 37℃ 恒温水浴锅中预温。

3. 将玻片浸于胰酶溶液中约 1min，轻轻振荡使胰酶作用均匀。

4. 37℃ 预温生理盐水漂洗玻片两次，终止胰酶消化。

5. 37℃ 预温 Giemsa 染液（Giemsa 原液与 0.01M 磷酸盐缓冲液 1：9 混匀）染色 5～10min。

6. 流水冲洗，晾干或吹干。

（二）G 带分析

低倍镜下选择分散良好，染色体长度适中的分裂象，转换油镜观察显带，选择显带好的分裂象进行 G 显带核型分析。

正常人类染色体 G 带特征：

A 组　1～3 号染色体。

1 号染色体：最大的中央着丝粒染色体。

短臂：近侧段有 2 条深带，第 2 深带稍宽。远侧 1/2 部着色较浅，质量好的标本上，远侧段可显出 3～4 条较为浅染的深带。

长臂：近着丝粒处的异染色质区着色较深。其远侧为一宽的浅带，近中段与远侧段各有两条深带。

2号染色体：最大的亚中着丝粒染色体。

短臂：4条深带，分布较为均匀。

长臂：7条深带，第3和第4深带有时融合，分布较为均匀。

3号染色体：第二大的中央着丝粒染色体。

两臂带纹对称。长、短臂近中段均有1条较宽的浅带，短臂末端深带较长臂末端的深带略窄。

短臂：近侧段可见1条较宽的深带，远侧段可见2条深带。在处理较好的标本上，近侧段的深带可分为2条深带。

长臂：近侧段和远侧段各有1条较宽的深带，在处理好的标本上，近侧段的深带可分为2条深带，远侧段的深带可分为3条深带。

B组　4号、5号染色体，均为较大的亚中着丝粒染色体，短臂与长臂比例约为1/4。

4号染色体

短臂：2条深带。

长臂：4条深带，均匀分布。处理较好的标本，远侧段的2条深带又可各自分为2条深带。

5号染色体

短臂：2条深带。

长臂：4条深带，分布不均匀，第2、3条带相距较近，与第4条带相距较远，中间有一条明显的宽浅染带。

C组　6～12号和X染色体，均为中等大小的亚中着丝粒染色体。

6号染色体

短臂：中段有1条明显宽阔的浅带，近侧段和远侧段各有1条深带，近侧深带贴着丝粒。在处理较好的标本上，远侧段的深带可分为两条深带。

长臂：5条深带分布较为均匀，近侧1条深带紧贴着丝粒，远侧末端的1条深带着色较浅。

7号染色体

短臂：远端有一明显深带，似盖住短臂末端顶部。

长臂：有2条明显深带，较其他深带更为深染。

8号染色体

短臂：2条深带，中段有1条明显的浅带，可与10号染色体相区别。

长臂：3条深带，尤以远侧端第3条深带最为明显。

9号染色体

短臂：近侧段和中段各有1条深带，在处理较好的标本上，中段可见2条较窄的深带。

长臂：2条深带，靠近着丝粒处有1较细的次缢痕，在有的标本上呈现出特有的细颈区。

10号染色体

短臂：近侧段和近中段各有1条深带。

长臂：3条深带，分布较为均匀。靠近着丝粒的第一条深带尤为明显。远侧段的2条深带稍靠近，可与8号染色体相区别。

11号染色体

短臂：近中段可见1条深带，在处理较好的标本上，这条深带可分为3条较窄的深带。

长臂：近侧1条深带，紧贴着丝粒。远侧1条明显的较宽的深带，两者之间为1条宽阔的浅染带，是与12号染色体相鉴别的一个明显的特征。

12号染色体

短臂：中段可见1条深带。

长臂：近侧有1条深带，紧贴着丝粒，中段有1条宽的深带。

X 染色体：长度介于 6、7 号之间。
短臂：中段有一明显的深带。
长臂：3 条深带，近中部 1 条最明显，且与短臂的深带距着丝粒的距离相等。

D 组 13、14、15 号染色体，近端着丝粒染色体。
13 号染色体
长臂：4 条深带，第 1、4 深带较窄，染色较浅；第 2、3 深带较宽，染色较深，且距着丝粒较远。
14 号染色体
长臂：2 条深带，一条距着丝粒较近，一条距着丝粒较远。
15 号染色体
长臂：中段有 1 明显深带，远侧段染色浅。

E 组 16、17、18 号染色体
16 号染色体：中央着丝粒染色体。
短臂：中段 1 条深带。
长臂：近侧段和远侧段各有 1 条深带。近着丝粒处次缢痕明显，深染区连续增大。
17 号染色体：亚中着丝粒染色体。
短臂：1 条深带，紧贴着丝粒。
长臂：远侧段 1 条深带，其与着丝粒之间的浅带宽而明显。
18 号染色体：亚中着丝粒染色体。
短臂：一般全为浅带。
长臂：近侧和远侧各有 1 条明显的深带。

F 组 19、20 号染色体，小的中央着丝粒染色体。
19 号染色体：着丝粒及其周围为深带，其余部分均为浅带。
20 号染色体：着丝粒区深染。
短臂：1 条明显深带。
长臂：中段和远侧段有 1～2 条染色较浅的深带，有时全为浅带。

G 组 21、22 号和 Y 染色体，小的近端着丝粒染色体。
21 号染色体：最小，着丝粒区着色淡。
长臂：深带宽而明显。
22 号染色体：着丝粒区染色深。
长臂：2 条深带，近侧的 1 条着色浓，远侧的 1 条着色淡。
Y 染色体：无随体，长度变化大。
长臂：末端异染色质区被深染，长度可达到或超过 1/2。

正常人类染色体 G 带特征口诀 一秃二蛇三蝶飘，四鞭炮五黑腰；六号小白脸，七号戴草帽，八带靠下九苗条，十号长臂近带好，十一低来十二高，X 两带相对称，又名一担挑；十三十四十五，下、中、上；十六长臂缢痕大，十七长臂戴脚镣，十八人小肚子饱；十九中间一点腰，二十头重脚飘飘；二十一黑葫芦瓢，二十二头戴小黑帽，Y 黑脚。

【注意事项】
1. 控制好胰酶溶液的温度、pH 等因素，保证胰酶活性的正常发挥。
2. 控制好胰酶消化时间，避免消化不足或消化过度。
3. 处理标本数量越多，胰酶消耗越大，相对作用时间应适当延长。

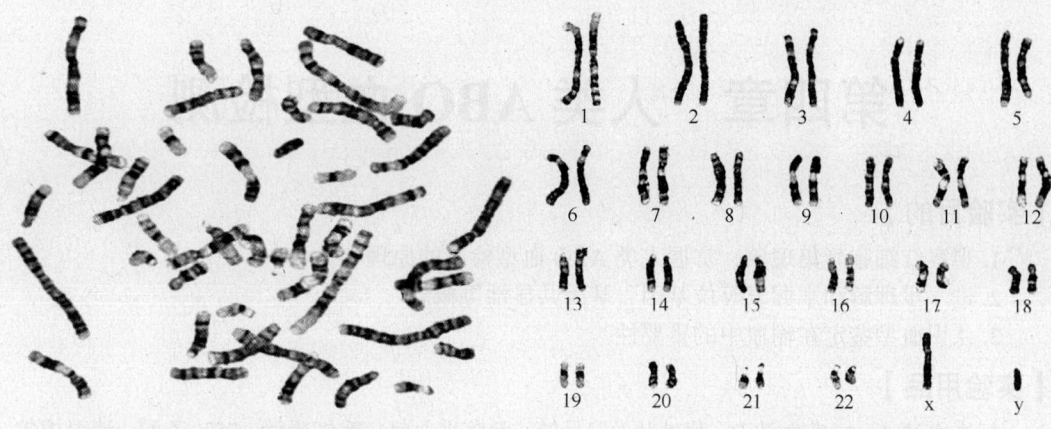

图 2-4-3-1　正常男性 G 带核型　　　　图 2-4-3-2　正常男性 G 带核型分析

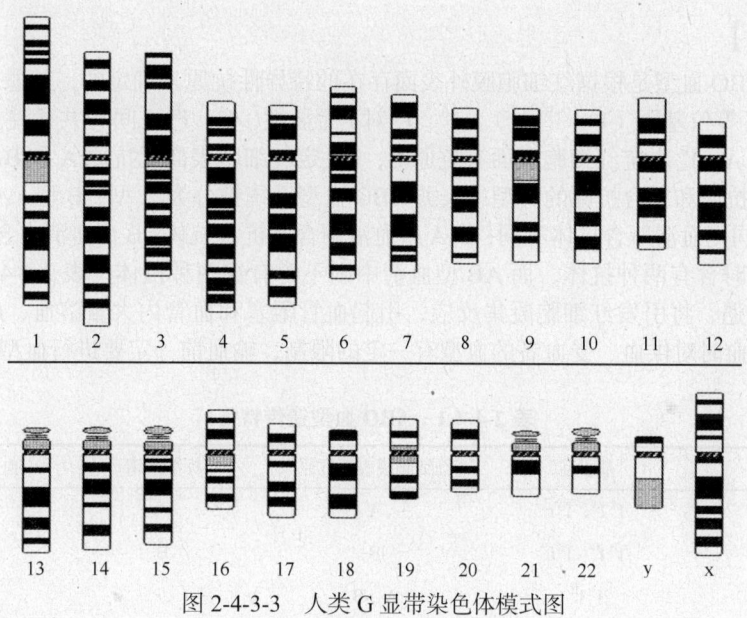

图 2-4-3-3　人类 G 显带染色体模式图

【作业与思考题】

1. 绘制 G 带核型，标注染色体序号。
2. G 带制备过程中，胰酶消化不足或消化过度对染色体的形态将造成什么样的影响？
3. 影响 G 带标本质量的因素有哪些？
4. 与其他显带技术相比，G 显带有哪些优势？

（侯　威）

第四章 人类ABO血型检测

【实验目的】

1. 观察红细胞凝集现象,掌握人类ABO血型检测的原理和方法。
2. 进一步理解和掌握复等位基因、基因共显性等概念。
3. 认识血型鉴定在输血中的重要性。

【实验用品】

标准血清A、标准血清B、载玻片、记号笔、无菌采血针、毛细吸管、75%乙醇、消毒棉签、显微镜。

【实验原理】

人类的ABO血型是根据红细胞膜外表面存在的特异性抗原来确定的,其遗传基础是位于9q34的一组复等位基因(I^A、I^B、i)。I^A、I^B对i为显性,I^A、I^B之间为共显性。I^A决定红细胞表面有抗原A,I^B决定红细胞表面有抗原B,i决定红细胞表面无抗原A和B。根据红细胞表面是否含有抗原和所含抗原的类型,人类ABO血型系统被分为A型、B型、AB型和O型。此外,血型不同则血清所含抗体不同,如A型血清中含有抗B抗体,B型血清中含有抗A抗体,O型血清中同时含有两种抗体,而AB型血清中则不含有这两种抗体(表2-4-4-1)。当抗体与相应抗原相遇,将引发红细胞凝集反应,引起血管阻塞和血管内大量溶血,严重者可危及生命,因此输血时对供血、受血者的血型有一定的限制,输血前一定要进行血型检测。

表2-4-4-1 ABO血型遗传特征

ABO血型	基因型	红细胞膜表面抗原	标准血清	血清中天然抗体
A	$I^A I^A$、$I^A i$	A	A	抗B
B	$I^B I^B$、$I^B i$	B	B	抗A
AB	$I^A I^B$	A、B		无
O	ii	无A、B		抗A、抗B

【实验方法】

1. 用记号笔划线,将载玻片两等分,一侧写A,一侧写B,标准血清A和B各1滴,分别滴加在玻片两侧的中央。
2. 常规消毒耳垂或指端(一般为无名指),用无菌采血针刺破皮肤表层,挤压出血。用毛细吸管的两端各刮取适量血液,分别与标准血清A和B均匀混合。静置约2分钟,肉眼或镜下观察凝集现象是否发生。
3. 根据结果判断血型。

【注意事项】

1. 采血部位及实验用具严格消毒,尤其采血针必须1人1针,避免交叉感染。
2. 采血量不宜过大,避免形成团块,造成假凝集。
3. 采血后要立即与血清混合,防止血液凝固。

4. 不要弄混或混合两种血清，避免判断失误。
5. 凝集反应强度因人而异，有时需借助显微镜才能确定是否出现凝集。

【作业与思考题】

1. 根据实验结果，判断自己的血型及可能的基因型。

2. 根据自己的血型，推测父母可能的所有的血型组合。

3. 根据自己的血型，讨论在临床上你能够给哪种血型的患者输血，能够接受哪种血型个体的输血，为什么？

4. 如果已知某人的血型为 A 型（B 型），在无标准血清的条件下，如何确定其他人的血型？

（侯　威）

第五章　人类苯硫脲（PTC）尝味实验

【实验目的】

掌握苯硫脲（PTC）尝味能力的测试方法，并通过对苯硫脲尝味能力的调查，加深对单基因遗传规律的理解。

【实验原理】

苯硫脲（phenylthiocarbamide，PTC）是一种无毒无副作用的白色结晶状药物，由于其含有 N-C=S 基团，因此有苦涩味。人类对 PTC 的尝味能力由一对等位基因（Tt）决定，其中 T 为显性基因。在不同人群中对 PTC 的尝味能力不同，有的人能尝出 PTC 的苦味，称为 PTC 尝味者，其中基因型为 TT 的个体尝味能力最强，能尝出 1/75 万～1/600 万的 PTC 溶液的苦味，杂合型 Tt 的尝味能力较低，能尝出 1/38 万～1/48 万的 PTC 溶液的苦味；基因型为 tt 的个体尝味能力极低，称为 PTC 味盲，只有在 PTC 的浓度大于 1/24 000 时，才能尝出其苦味，有的甚至连 PTC 粉末结晶也尝不出苦涩味。PTC 尝味能力是目前最常用的人类遗传学实验之一。

近年有研究发现，PTC 尝味能力还与人类其他性状相关。目前已知纯合体味盲易患结节性甲状腺肿，故 PTC 尝味能力也可作为此种疾病的辅助性诊断指标。同时，PTC 尝味能力还与人体形态及身体素质相关，PTC 味盲者男性身高相对较高、体重较重、体脂肪较多下肢及小腿较长。而 PTC 尝味者的力量、柔韧性素质则优于味盲者。因此 PTC 尝味能力也常用于运动员的选拔。

【实验器材】

1. 器材　洁净滴管若干。

2. 试剂　不同浓度的 PTC 溶液：1/24 000，1/50 000，1/750 000，蒸馏水。

【实验方法】

1. 将三种浓度的 PTC 溶液按浓度由低到高的顺序分别标为 1 号管、2 号管和 3 号管。

2. 让受试者坐于椅子上，仰头张嘴。用滴管滴 5～10 滴 1 号管溶液于受试者舌根部，让受试者徐徐下咽品味，然后用蒸馏水作同样的试验。

3. 询问受试者能否鉴别此两种溶液的味道，若不能鉴别或鉴别不准确，则依次用 2 号管和 3 号管溶液重复试验，直至能明确鉴别出 PTC 的苦味为止，测出自己对 PTC 尝味能力的范围。

4. 测出自己对 PTC 尝味能力的范围，估计自己属于哪种基因型，并对全班的基因型进行统计。

5. 测定时应将 PTC 溶液与蒸馏水反复交替给受试者，以免由于受试者的猜想及其他心理作用而影响结果的准确性。

【实验结果与实验报告】

写出自己的尝味实验结果，分析自己可能的基因型，并推测父母的 PTC 尝味能力及可能有的基因型，并讨论其原因。

PTC 浓度	有无苦涩味	基因型	表现型
1/75 万			
1/5 万			
1/2.4 万			

【试剂配制】

PTC 溶液

原液：取 PTC 结晶 1.3g，加蒸馏水 1000ml，时时摇晃，在室温（20℃左右）下 1～2 日即完全溶解。

原液的 PTC 浓度约为 1/750，原液稀释 1 倍为 2 号液，2 号液稀释 1 倍为 3 号液，以此类推，直至配成 14 号液，浓度为 1/6 000 000。将配好的 14 种 PTC 溶液分别置于消毒好的滴瓶中。其中 6 号管浓度为 1/2.4 万，7 号管浓度为 1/50 万，11 号管浓度为 1/75 万。

（李 虹）

第三篇 综合性实验

第一章 形态学定量分析

第一节 显微测量

【实验目的】

1. 掌握显微测量尺的基本原理和使用方法。
2. 使用目镜测微尺和镜台测微尺在显微镜下观察蟾蜍红细胞,计算核质比。

【实验原理】

显微测微尺的结构

测微尺是用来测定显微镜下细胞等微观结构大小的,包括物镜测微尺和目镜测微尺,两尺需配合使用。

1. 物镜测微尺 也称镜台测微尺,是中央部分刻有等分线的载玻片,将1mm等分为100格,每格长10μm,专门校正目镜测微尺(如图3-1-1-1所示)。

2. 目镜测微尺 为嵌于目镜中的圆形玻片,中央有一刻度尺,被等分为100格(图3-1-1-2)。目镜测微尺为实际测量用尺,每格代表的长度随不同物镜的放大倍数而异。因此,使用前必须进行标定。

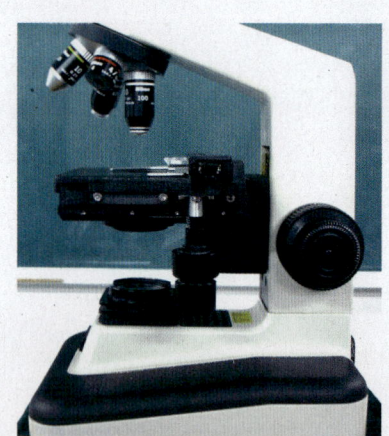 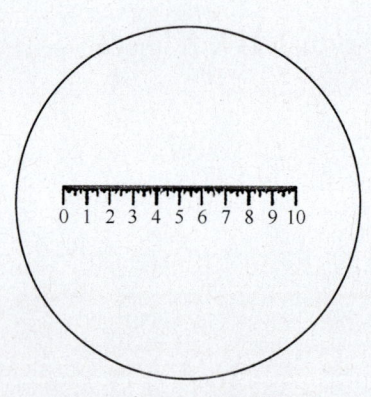

图 3-1-1-1 物镜测微尺　　　　图 3-1-1-2 目镜测微尺

【实验用品】

显微镜、目镜测微尺、物镜测微尺、蟾蜍血涂片。

【实验方法】

1. 显微测微尺的标定 标定即运用物镜测微尺,明确目镜测微尺每一小格在当前显微镜的低倍镜和高倍镜下分别代表的长度。标定方法:

(1)将物镜测微尺放在载物台上夹好(刻度面朝上),在低倍镜下或高倍镜下找到物镜测微尺刻度并调节清楚。

（2）首先转动目镜，使目镜测微尺和物镜测微尺平行；然后移动物镜测微尺，使两尺左侧的起始线重合，然后由左向右找出两尺另一次重合的直线。

（3）纪录两条重合线间目镜测微尺和物镜测微尺的格数，按公式求出目镜测微尺每格代表的长度（μm）：

$$目镜测微尺每格长度(μm) = \frac{物镜测微尺的格数}{对应的目镜测微尺的格数} \times 10$$

请分别计算图 3-1-1-3 和图 3-1-1-4 中的标定结果：

图 3-1-1-3 中低倍镜标定结果，为物镜测微尺的 90 格与目镜测微尺的 85 格完全重合，因此这台显微镜，低倍镜下：

$$目镜测微尺每格长度(μm) = \frac{90}{85} \times 10 = 10.59(μm)$$

图 3-1-1-4 中高倍镜标定结果，为物镜测微尺的 22 格与目镜测微尺的 93 格完全重合，因此对于此台显微镜，高倍镜下：

$$目镜测微尺每格长度(μm) = \frac{22}{93} \times 10 = 2.37(μm)$$

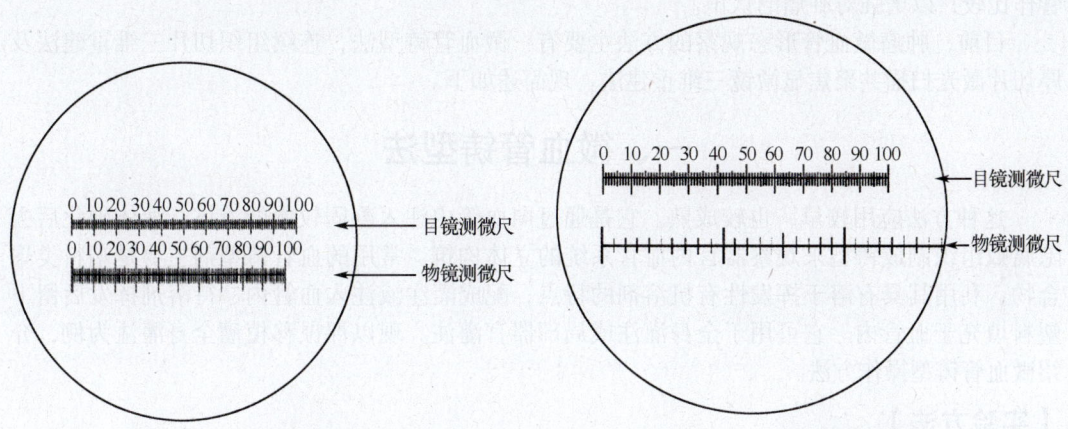

图 3-1-1-3　低倍镜标定　　　　　图 3-1-1-4　高倍镜标定

2. 测量细胞并计算核质比　取下物镜测微尺，将蟾蜍血涂片置于载物台上，选取合适细胞，旋转目镜，使目镜测微尺依次与细胞的长径和短径相平行（图 3-1-1-5），分别测量细胞及细胞核的长径和短径，计算核质比（NP），公式如下：

$NP = V_n / (V_c - V_n)$

圆　形　$V = 4/3\pi r^3$（r 为半径）

椭圆形　$V = 4/3\pi ab^2$（a、b 为长、短半径）

核质比 $N/D = V_n / (V_c - V_n)$（V_n 为核的体积，V_c 是细胞的体积）

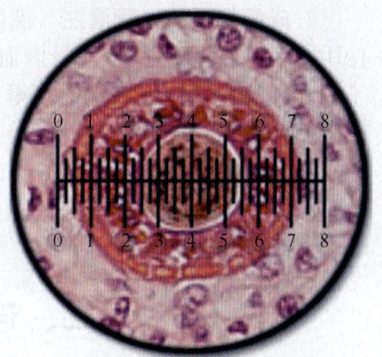

图 3-1-1-5　细胞的测量

【注意事项】

1. 每种细胞需测量多个细胞数值，取平均值。

2. 先低倍镜再高倍镜。

3. 重叠线格数越多，误差越小。

4. 当更换不同放大倍数的目镜或物镜时，必须校正目镜测微尺每一格所代表的长度。

【实验结果】

1. 分别求出使用低倍镜（10×）和高倍镜（40×）时目镜测微尺每格代表的长度：

低倍镜：目镜测微尺每格代表的长度 =　　　×10（μm）=　　　μm

高倍镜：目镜测微尺每格代表的长度 =　　　×10（μm）=　　　μm

2. 计算蟾蜍红细胞的核质比例。

注：需测量 5～10 个细胞，取平均值。

（李　虹）

第二节　肿瘤微血管构筑异质性与正常组织微血管形态观察

大量研究表明，肿瘤的微血管与正常微血管不论在微血管形态方面还是细胞生物学方面都具有明显差异、其中微血管形态上的差异主要表现在微血管外形、密度、有无扭曲、分支多少。粗细均匀程度、有无盲端等。本实验目的旨在观察肿瘤微血管形态，并与相应正常组织微血管作比较，以增强对肿瘤的认识。

目前，肿瘤微血管形态观察的方法主要有：微血管铸型法，连续组织切片三维重建法及厚切片激光扫描共聚焦显微镜三维重建法。现简述如下。

一、微血管铸型法

这种方法应用较早，也较成熟。它是通过向血管内注入凝固较慢的液体，液体硬化后去除腐败组织制成铸型来观察器官内血管系统的立体构筑。常用的血管铸型剂主要是塑料类聚合物，利用其具有溶于挥发性有机溶剂的特点，配成灌注液注入血管内，待溶剂挥发后留下塑料填充于血管内。它可用于全身灌注或局部器官灌注。现以裸鼠移植瘤全身灌注为例，介绍微血管铸型操作方法。

【实验方法】

1. 肿瘤组织的获得　通过裸鼠移植瘤实验获得。

2. 成瘤裸鼠的血管灌注　裸鼠麻醉后，从左心室或主动脉灌注 0.1% 肝素生理盐水，在右心耳处剪一小孔放血，待血管内血液冲洗干净，用聚甲基丙烯酸甲酯或聚乙烯乳胶等进行灌注。

3. 肿瘤血管铸型标本的获得　待灌注完全后放入 40℃ 温水中硬化，根据情况进行补注，直至标本完全硬化，室温下保存。约一周后剥去标本表皮，将标本完全浸入饱和次氯酸钠溶液或浓盐酸中进行腐蚀，每 6 小时换液一次，以保持最佳腐蚀状态。待所有标本腐蚀完全，将标本从饱和次氯酸钠溶液中取出，流水缓慢冲洗后自然晾干。

4. 观察铸型标本　将肿瘤处微血管取下做扫描电镜观察。

二、连续组织切片三维重建法

这种方法随着三维重建理论的发展和完善而得到越来越多的应用。其基本原理是对组织进行连续切片，然后通过标记好的血管切面，运用三维重建软件，重建其立体结构，全面观察其立体形态特点。

【实验方法】

选取肿瘤石蜡组织块,首先切一张切片行 HE 染色,显微镜下观察微血管特点,确定需重建的血管区域。

1. 用细针在所选区域呈三角形打 3 个孔作为后期对位使用。

2. 石蜡组织连续切片,切片厚 5μm,共切约 100 张,并依次编号。裱片水温 48℃,裱片时间尽量相同。

3. 用内皮细胞标记物如 CD31、CD34 等抗体来显示肿瘤微血管。具体方法参考免疫组化技术。

4. 显微镜下依次观察免疫组织化学切片,寻找对位孔,采集图像。采集图像时每张切片需采多张图片,至少要保证图片拼接后有两个对位孔,且相邻图片边缘也需局部重叠,便于后期图片拼接。

5. 利用图像处理软件如 Photoshop 对每张切片所采集的图片进行拼接。

6. 由于捞片时切片的角度有所不同,因此,必须对拼接好的图片进行旋转、移位,使对位孔完全重合。

7. 对位后的所有图片进行统一裁切。

8. 打开三维重建软件,依次把图片输入该软件,自动进行三维重建。这样,在电脑中就可在任意角度观察肿瘤微血管形态。

三、激光扫描共聚焦显微镜三维重建法

激光扫描共聚焦显微镜是现代生物医学图像仪器的重要成员之一,它是在荧光显微镜成像的基础上,利用共聚焦光路和激光扫描获得样品的显微图像,经过计算机进行图像处理,得到细胞或组织内部结构的荧光图像。激光扫描共聚焦显微镜具有高灵敏度和能观察空间结构的独特优点,从而对被检样品从停留在表面、单层、静态局面的观察进展到立体、断层扫描、动态全面的观察,并已在生命科学研究中得到迅速的应用,为该领域新一代强有力的研究工具。它在肿瘤微血管三维结构的研究方面具有重要价值,与上述的连续切片三维重建相比,效率大大提高。

【实验方法】

1. 肿瘤样品制备 新取下的肿瘤标本迅速进行冷冻切片,切片厚 10～25μm。然后置于冷丙酮中固定 20min。PBS 漂洗 3 次,每次 5min。

2. 如果标本事先灌注了标记内皮细胞的荧光染料,则漂洗封片后就可在激光扫描共聚焦显微镜下观察微血管,分层扫描、然后进行三维重建。如果事先未对血管进行标记,则进行以下步骤。

3. 血清封闭 10 分钟,倒去多余血清。

4. 滴加标记血管内皮的一抗如 CD31、CD34 等抗体,4℃过夜。

5. PBS 漂洗 3 次,每次 5 分钟。

6. 滴加标记有荧光的二抗,室温孵育 30 分钟。

7. PBS 漂洗 3 次,每次 5 分钟。

8. 封片,激光扫描共聚焦显微镜下观察微血管,分层扫描,然后进行三维重建。

【实验结果】

上述三种观察肿瘤微血管的方法各具特点。用血管铸型的方法可以得到整个肿瘤微血管的立体空间结构,十分直观;连续切片的微血管三维重建可得到更为精细的微血管三维结构,如果再结合免疫组化双标或三标技术,则不仅可研究微血管的形态,而且还可利用这种方法

研究微血管的形态形成的分子机制；激光扫描共聚焦显微镜三维重建法可对组织标本逐层扫描，然后对其微血管结构进行重建，是这三种方法中速度最快的。

所有正常对照组织微血管三维结构观察标本的制作及观察方法同肿瘤组织。

本实验观察要点：对比肿瘤微血管与正常对照组织微血管在形态、密度、有无扭曲、分支特点、粗细均匀度、盲端等方面的差异性。

【注意事项】

1. 制作微血管铸型时，血管内血液要冲洗干净，推注灌注液时用力要均匀，标本腐蚀要彻底。

2. 连续组织切片肿瘤微血管三维重建时，切片要连续，捞片时间尽量相同，后期对位要准确。

3. 激光扫描共聚焦显微镜三维重建时，肿瘤标本要新鲜。用免疫荧光方法时切片要薄一些，以利于抗体进入；而如果切片前在肿瘤血管中注入了与内皮细胞相结合的荧光物质则可切厚一些，以利于观察更多的细节。

（杨春雨）

第三节 鼠肾发育的体视学分析

一、体视学的基本原理及测试

（一）体视学基本原理

体视学的基本原理为 Delesse 原理，是法国地质学家于 1848 年证明的。他在研究过程中发现：某一结构成分在平面中的面积密度等于其在三维结构中的体积密度，即 $A_A=V_V$。

1930 年有生物学家证明：$A_A=L_L$（L 为单位测试线上的截线长度），$L_L=P_P$（P 为单位测试点中落在测试结构成分上的测试点数）。故 $V_V=P_P$，即某一结构成分点密度等于其在三维结构中的体积密度。这一体视学中最简单、最基本的公式经历了一百多年才完成。

（二）基本概念

1. 体视学（stereology） 由二维结构信息定量推论三维结构信息的科学称为体视学。

2. 生物体视学 体视学的分支，是介于生物形态学和数学之间的一门新兴边缘学科。是用体视学原理和方法，研究生物组织三维结构，并根据生物组织结构特点，研究相应的体视学测试方法。

3. 参照系（reference system） 在体视学上把包含结构成分的某一空间定义为参照系或包容空间（containing space）。

4. 密度（density） 指单位参照系中包含某结构体积、表面积、面积、长度或数量等的量。

5. 截面（profile） 为切片或切面中独立的成分或结构。

6. 切面（section） 为切片或切面中独立的成分或结构。

7. 切片（slice） 两次平行的有限间隔切割组织后产生的。

8. 交点（Intersection） 测试线与截面边界的相交点。

（三）基本测试方法

1. 点计数 计数测试系统中测试点落在所测粒子上的点数（P_X）和所定包容空间上的点数（P_C），两者之比为点密度，用 P_P 表示，即：$P_P=P_X/P_C$。

2. 交点计数 计数测试线与测试结构界面相交的交点数（I_X），用交点密度 I_L 表示。

$I_L=I_X/L_C$，即单位测试线上具有的交点数，其中 L_C 是指落在包容空间内的测试线的长度。

3. 截面计数 计数测试系统中所具有的粒子截面数，用面数密度（N_A）表示。是指单位测试面积中所含的粒子截面数。$N_A=N_X/A_C$，N_X 为粒子截面数，A_C 为包容空间的面积。

4. 横穿点计数 计数测试系统中线性结构的横切面个数（Q_X），用横穿点密度（Q_A）来表示，$Q_A=Q_X/A_C$，指单位测试面积中横穿点数的多少。

（四）基本步骤

1. 随机抽样 在体视学上，最简单、最有效的一种随机抽样方法是等距随机抽样，即开始时按照简单随机抽样方法抽选出第 1 个样本，以后每间隔一定间距依次抽取第 2 个、第 3 个样本……即系统随机抽样（图 3-1-3-1）。

2. 测量 在随机抽取的组织图像上叠加测试点、测试线、计数框和体视框等体视学测试系统，测量待测结构的相对参数（图 3-1-3-2）。

3. 测量 将测试参数代入相应的公式，计算得到体视学测算结果后统计学分析。

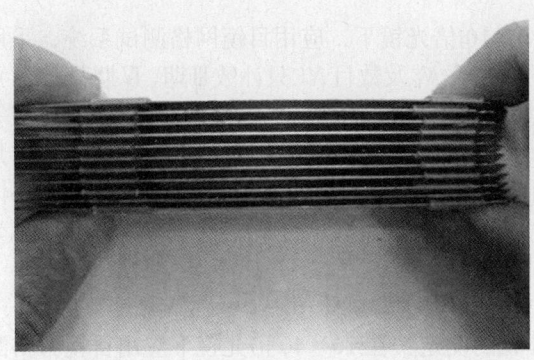

图 3-1-3-1　等距离随机抽样用的排刀

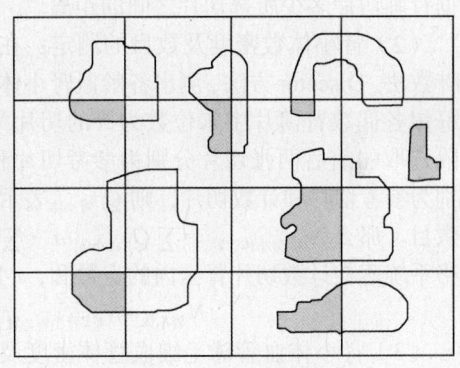

图 3-1-3-2　体视学测试系统

（五）几个基本相对参数

1. 体积密度（V_V） 简称体密度，是指单位参照体积中某结构所占的体积。根据体视学基本原理，体积密度等于落在所测结构上的测试点数与落在参照空间内的测试点总数的比值，即 $V_V=\sum P_X/\sum P_C$。

2. 表面积密度（S_V） 是指单位参照体积中某结构所占的表面积的多少，$S_V=2\sum I/\sum L$，其中 I 为测试线与所测结构表面的交点数，L 为参照空间内的测试线总长度。

3. 长度密度（L_V） 指单位参照体积中某线性结构所占的长度，$L_V=2\sum Q/\sum A$，其中，Q 为所测线性结构的横穿点数，A 为参照系的截面积。

4. 数密度（N_V） 指单位参照体积中含有的某粒子结构的数目，用体视框测量。

二、体视学在鼠肾发育研究中的应用

（一）实验动物的培养与取材

1. 动物培养 选取胚龄 12、14、16、18、20 天的胎鼠和出生后 1、3、5、7、14、21、40 天的仔鼠，每组取 8 只，每只母鼠最多取 2 只胎鼠或仔鼠。

2. 取材 将孕鼠用乙醚麻醉后剖腹取出胎鼠，胚龄 12、14、16 天的胎鼠全胚 4% 多聚甲醛固定。胚龄 18、20 天的胎鼠剖腹取出左右肾脏，生后各龄仔鼠行断头法处死后取出左右肾脏，采用 Fractionator 方法（份额取样法），以 0.825mm 间距排刀横向截切全肾呈片状，4% 多聚甲醛固定，石蜡定向包埋。

（二）光镜标本的制备及体视学测定

1. 光镜标本的制备　胚龄 16、18、20 天胎鼠纵向全肾包埋，各龄仔鼠的肾脏薄片分别定向包埋，然后对各包埋块做 5～7μm 厚度的连续切片，选取仔鼠的偶数薄片末位数为 5 的切片（如 5、15、25…），奇数薄片的第 5 张切片，胚胎肾脏根据肾脏切片的多少等间隔选取两张连续切片，HE 染色，光镜下观察。

2. 体视学的测量

（1）体密度及体积的测定：对生后各奇数肾薄片的第 5 张切片和胚胎肾脏等间隔选取的第一张切片，在 10×40 倍光镜下应用方格测试系统，点计数法，根据公式 $V_V = \sum P_X / \sum P_C$ 测出各胚日龄鼠肾皮质、逗号小体、S 小体、肾小体、血管球、肾小囊的体密度，$\sum P_X$ 为方格系统落在各部的点数，$\sum P_C$ 为方格系统落在参照系的点数。然后根据公式 $V = V_V \cdot V_{肾}$ 计算出各部分体积。$V_{肾}$ 为肾脏体积，由 Cavalieri 点计数法测得，具体公式为 $V_{肾} = \sum A \cdot h$，$\sum A = \sum P_{肾} \cdot a^2$，其中 a 为方格系统中每一小格的边长，$\sum P_{肾}$ 为方格系统落在所选切片肾区内的点数和，h 为根据肾脏切片多少所选切片之间的距离。

（2）肾小体数密度及数目的测定：在 10×10 倍光镜下，应用目镜网格测试系统，采用点计数法、Disector 方法，测出各龄鼠肾小体的数密度 N_V 及数目 N（只计数 Ⅲ 期、Ⅳ 期肾小体）。设仔鼠各偶数肾薄片中末位数为 5 的切片为参考切片，下一张切片为计数切片，胚胎肾脏等间隔选取的前后两张切片分别为参考切片和计数切片，胚胎肾脏等间隔选取的前后两张切片分别为参考切片和计数切片，则 $Q^-_{肾小体}$ 表示在参考切片上未出现而在计数切片上出现的肾小体的数目。那么 $N_{V(肾小体,肾)} = \sum Q^-_{肾小体} / a^2 \cdot \sum P_{肾} \cdot t$，$\sum Q^-_{肾小体}$ 表示肾脏中 $Q^-_{肾小体}$ 总和，$\sum P_{肾}$ 为方格系统落在计数切片肾区内的点数和，t 为切片厚度。

$$N_{肾小体} = N_{V(肾小体,肾)} \cdot V_{肾}$$，$V_{肾}$ 为肾脏体积。

（3）肾小体血管球毛细血管体密度及体积的测定：在 10×40 倍光镜下应用目镜方格测试系统，点计数法，点计数法，根据公式 $V_{VCap} = \sum P_{Cap} / \sum P_C$ 和 $V_{VCap} = V_{Cap} \cdot V_C$ 测出各龄鼠肾小体血管球毛细血管的体积密度和体积。

（4）肾小体血管球毛细血管长度密度及长度的测定：在 10×40 倍光镜下应用目镜方格测试系统，点计数法，根据公式 $L_{VCap} = 2Q_{Cap} / \sum A_C$ 和 $V_{Cap} = V_{VCap} \cdot V_C$ 测出各龄鼠肾小体血管球毛细血管的长度密度及长度。

（5）肾小体血管球毛细血管表面积密度及表面积的测定：在 10×40 倍光镜下应用目镜方格测试系统，交点计数法，根据公式 $S_{VCap} = 2I_{Cap} / L_C$ 和 $S_{Cap} = S_{VCap} \cdot V_C$ 测出各龄鼠肾小体血管球毛细血管的表面积密度和表面积。

（宋小峰）

第二章 动物实验

第一节 血液循环与空气栓塞

正常的血液循环是机体保持正常的新陈代谢和功能的基本条件。当血液中出现了不溶于血液的异常物质，随着血液阻塞血管腔时，称为栓塞。常见的栓塞包括血栓栓塞、气体栓塞、羊水栓塞、脂肪栓塞等。不同的栓塞对机体的影响不尽相同，严重者可危及生命。

【实验目的】

观察空气栓塞对机体的影响。

【实验方法】

1. 取家兔一只。观察家兔的一般状态，如活动状态、呼吸频率、嘴唇颜色及瞳孔大小等。
2. 固定家兔。用浸有二甲苯的棉球涂擦一侧耳郭，使局部血管扩张，便于穿刺注射。
3. 用注射器经耳缘静脉注入空气10～15ml，观察家兔表现并记录。
4. 待家兔死亡后剪开胸腔，观察心脏，并剪开左、右心室，观察泡沫状血液流出。

【实验结果】

请将家兔的表现以及家兔死亡后解剖所见进行记录。

【实验讨论】

空气栓塞引起机体猝死的机制，在今后临床工作中应如何防止空气栓塞的发生。

（杨春雨）

第二节 肾脏血管分布特点与肾缺血性梗死

由于缺血引起器官组织的坏死叫作梗死。梗死的形态与该器官的血管分布有关，多数器官的血管成锥形分支，如肾、肺和脾，因此其梗死也成锥体形，而肠系膜血管呈扇形分布，肠道梗死则呈节段形。

【实验目的】

观察肾动脉分支分布与肾梗死形态的关系。

【实验方法】

1. 取家兔一只。固定家兔，常规备皮及皮肤消毒。
2. 采用戊巴比妥钠（30mg/kg）或硫喷妥钠（10～12mg/kg）耳缘静脉注射麻醉。
3. 剖开腹腔，暴露一侧肾脏，注意分离肾动脉。家兔肾动脉主干起自腹主动脉，无论左肾或右肾都为一条。绝大多数肾动脉在近肾门处或肾窦内发出一级分支，自肾门进入肾实质，结扎该肾动脉一级分支。
4. 缝合腹壁各层，青霉素抗感染。
5. 术后3～5天，处死家兔，分离肾脏，观察肾脏病变特点并记录实验结果。
6. 肉眼观察：肾脏梗死灶位置、大小、形状、颜色、周围有无充血出血带。
7. 显微镜下观察：与正常肾脏组织结构比较，描述梗死区组织形态变化，梗死灶与正常组织交界处有何变化。

【实验讨论】

梗死灶形状解剖学基础及病理改变特点。

（杨春雨）

第三节　小鼠胚胎标本的制作

小鼠出生后2～3个月即达成熟，妊娠时间较短，仅19～21天，小鼠胚胎的胎龄容易掌握。每胎产仔8～10只，属于高产实验动物，故在短期内可获得较多的实验材料。因此许多实验室用妊娠小白鼠作为实验材料，进行发育生物学、胚胎致畸学及各种药物筛选等研究。

【实验目的】

（1）了解小鼠的饲养和繁殖。

（2）掌握小鼠胚胎的取材、固定、包埋和切片方法。

【实验动物】

性成熟小鼠。

【实验器材】

动物饲养笼、动物饲料、恒温水浴箱、培养皿、手术器械、体视解剖显微镜、PBS、甲醛、生理盐水、水合氯醛、各种浓度乙醇、Ehrlich苏木精染液、0.5%伊红乙醇溶液、中性树胶、载玻片、盖玻片、免疫组化试剂等。

【实验步骤】

1. 小鼠动情期的观察及胎龄的确定　取成熟小鼠，体重26～34g，鼠毛洁白光滑，紧贴皮肤，腹部丰满，行动活跃者为佳。

（1）动情期：外阴部暗红，充血肿胀，阴道口开放，阴道黏膜干燥，阴道分泌物涂片可见大量无核角化上皮细胞，即确定为动情期，此时即可雄性与雌性小鼠以1∶2或1∶1，每日下午4～6时开始同笼交配，次日早晨8时检查阴栓或阴道涂片，确定是否受精。

（2）阴栓观察法：出现阴栓即可认为是妊娠第一天，亦即鼠龄的第0天，阴栓是雄雌性小鼠交配后精液与阴道分泌物凝结而成，一般在交配后数分钟即可出现。最初白色而柔软，随后逐渐变硬转呈黄色，能维持十余小时。

（3）精子涂片法：在雌鼠阴道内滴1～2滴生理盐水，然后挤压在载玻片上进行涂片，直接在显微镜下观察，或者固定后进行HE染色，观察到有精子存在即为交配，定为鼠龄0天，查出小鼠受孕后应进行雌雄分笼喂养。

2. 取材

（1）取不同时间段的胎鼠时，用水合氯醛（0.36ml/100g）麻醉孕鼠。

（2）剖开小鼠表皮、腹膜；拉出子宫，将孕鼠子宫从基部剪下，将呈串珠状的子宫剪断，每取1个串珠放在含有PBS培养液的平皿中，将子宫壁肌肉撕开露出里面的绒球，将其与子宫分离。

（3）解剖显微镜下用尖头镊子拨脱羊膜，剪断脐带，分离出胚胎，放入冰预冷DEPC水配制0.1%L PBS备用。

3. 固定　常用固定液为10%甲醛（福尔马林）、Bouin液、Zenker液、Susa液。

4. 脱水　从低浓度乙醇开始，50%→70%→80%→90%逐级脱水，防止组织剧烈收缩。

每级 6～12 小时。但进入 100% 乙醇，须注意时间不宜过长（不超过 3 小时）。

5. 透明　用二甲苯透明，达到组织块完全透明为止。

6. 浸蜡　将透明的组织块放入融化的石蜡中（56～60℃）经 3～4 小时后，待石蜡充分浸入组织内部时，再进行包埋。

7. 包埋　将融化的石蜡倒入金属包埋框中冷却后，石蜡变为固体将组织包埋石蜡中。此步骤须注意石蜡必须完全浸入组织内部，否则组织内、外硬度不一致，影响下一步切片。

8. 切片和贴片　将包埋好的组织块放在切片机上切片，厚度为 5～10μm。将切片放在洁净的载玻片上，为防止切片脱落也可在载玻片上涂上薄薄一层蛋白甘油。

9. 染色　最常用的是苏木精（Hematoxylin）和伊红（Eosin）染色，简称 HE 染色。染色过程如下：

（1）二甲苯 5～10 分钟，脱去切片的石蜡。
（2）各级乙醇（100%→95%→90%→80%→70%），每级 2～3 分钟，除去二甲苯。
（3）蒸馏水洗净乙醇，须 10～30 分钟。
（4）苏木精染细胞核，5～10 分钟，细胞核染成紫蓝色（嗜碱性）。
（5）0.5% 盐酸酒精数秒，切忌时间不能过长。
（6）流水冲洗，30～40 分钟，切片变蓝为止，时间尽量长一些。
（7）入伊红 2～3 分钟，细胞质染成粉红色。
（8）水洗、去浮色、数秒。
（9）用各级乙醇脱水（70%→80%→90%→95%→100%）各 5 分钟。70% 中要短，因时间长脱色剧烈。
（10）二甲苯 10 分钟，使标本透明。
（11）封固：用中性树胶和盖片封固，可长期保存。

【实验观察与讨论】

小鼠发情周期约为 5 天，学会用观察阴栓和阴道涂片方法判断小鼠合笼是否受孕。取胚前先做好实验准备工作，熟悉雌鼠生殖器官结构与取胚步骤。

取材材料要新鲜，如不能获得新鲜材料时，必须在死后短时间内取材，夏季不超过 2 小时，冬季不超过 12 小时。一般以 0.5～1cm 大小为好。

（田　娟）

第四节　血管内皮细胞的体外培养与鉴定

【实验目的】

1. 掌握血管内皮细胞培养的基本方法和技术。
2. 了解 HE 染色的过程。

【实验材料】

小牛血清、PBSA 溶液、DMEM 培养液、胶原酶、胰蛋白酶、抗生素、吸管、培养皿或培养瓶、明胶、离心管、剪刀、针头、血管夹子、乙醇、苏木精等。

【实验步骤】

1. 制备胶原酶　制备含有 5% 牛血清白蛋白的 PBSA 溶液，溶解胶原酶，制成浓度为 0.25% 的胶原酶，200U/mg。

2. 制备培养基　取 90ml DMEM 培养液，加入 10 ml 小牛血清，混匀，制成含 10% 小牛血清的 DMEM 培养基。

3. 处理培养皿或培养瓶 将 1.5% 明胶放入培养皿或培养瓶内，孵育过夜，次日倒掉明胶液，加入含有血清的培养基，孵育，准备培养细胞。

4. 超净工作台中，在无菌条件下，取一段长 10 cm、直径 2～10mm 的血管。

5. 先用带有钝针头的注射器吸取 20 ml 的 PBSA 溶液冲洗血管内壁。然后向血管内注入制备好的胶原酶，当从一端流出液体后，立即结扎两端口，在平皿中室温下放置 10 分钟。

6. 从紧挨结扎口近处剪断血管，把血管内的液体倒入平皿中，再用 10 ml PBSA 溶液冲洗血管内壁，冲洗液也一并倒入平皿中。

7. 将平皿中的液体移入离心管中，100g 离心 5 分钟。

8. 去掉上清液，加入培养基，离心、漂洗 2 次。

9. 去上清液，加入培养基，制成细胞悬液，接种于铺有明胶的平皿或培养瓶中；5% CO_2 和 37℃下进行培养。

10. 细胞鉴定 利用血管内皮细胞标记物 CD34 对细胞进行鉴定。

（1）制备细胞爬片。将切割好的无菌盖玻片在接种前放入培养瓶或培养皿中，等细胞爬满后取出。

（2）将爬片用 95% 乙醇固定。

（3）加入一抗（CD34 抗体），4℃孵育过夜。

（4）0.01M 的 PBS 冲洗 3 次，每次 5 分钟。

（5）加入 FITC 标记的二抗（IgG）（1∶200），常温孵育 1 小时。

（6）0.01M 的 PBS 冲洗 3 次，每次 5 分钟。

（7）滴加防淬灭剂，封片，置于荧光显微镜下进行观察。

【注意事项】

1. 严格执行无菌操作，避免细菌等微生物的污染。

2. 胶原酶消化血管内壁的时间要适当，避免过度消化，从而损伤血管内皮细胞。

3. 细胞需要定期传代。当细胞铺满培养瓶底时，倒掉培养基，加入消化液（胰蛋白酶/EDTA）5～10 分钟（以液面盖住瓶底为宜），在倒置显微镜下观察细胞，当大部分细胞出现胞质回缩、细胞变成圆球形、细胞间隙增大现象时立刻倒掉消化液，加入培养基，制成细胞悬液，按照一定密度接种到培养瓶中继续培养。

4. 细胞鉴定时，一抗和二抗的浓度与反应时间需要预实验摸索。

（张 莉）

第三章 疾病分析与诊断

第一节 诊断病理学概要

病理学（pathology）是研究疾病的病因、发病过程以及形态结构和功能、代谢等改变的医学科学，通过对疾病发生发展规律的研究，对阐明疾病的本质发挥着重要作用。在病理学长期的发展过程中，产生了诸多分支，临床上应用病理学手段对一些疾病进行诊断，形成了诊断病理学。

病理诊断（pathological diagnosis）是一项重要的临床疾病诊断过程，通过病理医师应用病理学的知识和相关的技术，以个人专业的临床实践经验，对送检的标本（包括活体组织、细胞和尸体剖检的组织等）进行病理学检查，并结合相关临床资料，通过综合分析，对该送检标本作出相应的病理诊断。临床医师可能通过各种检查手段和检验技术，对疾病作出初步诊断，而对于一个进行了病理学检查，又得到了明确的病理诊断的病例，这时的病理诊断是疾病的最后诊断。它为临床医师制订治疗方案、评估疾病预后等方面提供重要的、甚至是决定性的依据。同时病理学诊断对于临床医师总结诊治疾病经验提供相当有效的途径。

诊断病理学（diagnostic pathology）又称为外科病理学（surgical pathology）是指临床上由于诊断（有时也兼有治疗目的）的需要，对取自病人活体内的病变组织、细胞，进行病理诊断的一门医疗实践科学，是一个重要的临床学科。诊断病理学是病理学的一个分支学科，其的研究对象是患者，直接目的是确诊疾病，与此同时它也为临床医师提供了判定疗效和预后的重要信息。在这项医疗实践中，病理学诊断的执行者应是注册的执业病理医师；病理诊断报告书是对临床诊治负有法律责任的医疗文件。诊断病例学包括常规的组织病理诊断和细胞学诊断，也包括通过尸体剖检进行诊断的过程。

一、诊断病理学的任务和重要性

诊断病理学的任务包括确定疾病的诊断，为临床提供选择治疗方案的依据、提供临床医师有关疾病的预后信息等；尸体剖检，则可提供某些疾病诊治过程的经验教训，从而提高临床对某些疑难病例的认知、诊断和治疗水平。

1. 确立疾病的诊断 随着科学技术的发展，临床检验技术和影像学技术有了长足的进步，在临床诊断中起了相当重要的作用，CT、MRI、PET等先进设备的引进，使临床诊断的依据更为充分，通过相应的影像学和临床检验学等技术的应用，临床有能力对某些疾病作出初步的诊断。但是就大多数有明确器质性病变的疾病而言，上述的技术都无法取代病理诊断，因为病理诊断提供最为可靠和最后的诊断。而临床所需的一些重要信息只有通过病理诊断才能提供。任何临床可触及的包块、经影像学检查发现的器官内的占位性病变及对内窥镜检查发现的各种病变，只有经过经病理活检才能确诊，即对病变的性质、种类及程度等做出正确的判定。例如影像学检查发现的肺部阴影，先进的影像学技术不能100%明确它的性质是肿瘤（良性抑或恶性）还是炎症。对于一个肿瘤病例来说更是如此。病理诊断可以明确肿瘤的性质是良性还是恶性、肿瘤的类型是上皮源性还是间叶源性、肿瘤组织的分化程度如何等，这些信息对临床治疗至关重要，可直接指导临床治疗。而这些信息只能经过病理检查才能明确。

2. 为临床选择治疗方案提供依据 对疾病进行诊断的直接目的是治疗疾病，因此选择合理的治疗方案的关键在于诊断是否正确。其中病理诊断是最可靠的诊断，因而一个准确的病理诊断对于临床采取有效、合理的治疗就显得尤为重要。尤其是对于恶性肿瘤等重大疾病的治疗，更是关键。例如一个活检的宫颈癌标本，除了病变性质外，病理诊断还必须包括癌组织累及的范围和深度，如果是原位癌或原位癌累及腺体，临床上一般采用宫颈锥形切除术治疗，治愈率近100%，且可不影响生育；如果癌组织浸润深度＜5mm、宽度＜7mm，则属于早期癌，手术切除范围相对较小，而如果癌组织累及范围超过上述深度和宽度，临床上治疗应当采取全部子宫切除甚至扩大切除其他组织器官。手术中病理诊断对临床手术更具指导意义，其直接影响手术方案的制定和执行。

3. 提供疾病的严重程度和预后的信息 病理诊断对许多疾病，特别是恶性肿瘤，能提供许多形态学参考，可以作为判定疾病程度和预后的重要指标。除了肿瘤的性质和分化程度外，肿瘤对周围组织的浸润范围，尤其是浸润深度、脉管内癌栓的有无、淋巴结有无转移及转移程度对于临床肿瘤病人的治疗和判断患者预后都是非常重要的信息。例如，对于一个尚未形成转移的浸润性乳腺癌的病例，普通类型的导管癌10年存活率约为30%，而特殊类型的黏液腺癌则可达70%以上；对于胃癌的病理，如果癌组织浸润在黏膜下层以内，则属于早期癌，如果浸润超出黏膜下层则属于进展期癌，二者预后明显不同。一般而言无转移的癌比有转移的癌预后要好。

4. 尸体剖检有助于整体医学水平的提高 尸检剖检虽为病人死后的病理诊断过程，但是这个过程无疑对于临床诊治行为具有相当重要的意义。通过尸体剖检，病理医师可全面了解死者全身各器官系统的疾病情况以及疾病程度，通过综合分析，诊断死者生前所患疾病（有些是生前未能觉察的），提出死亡原因，通过此过程，一方面可以有效提高病理医师认知和诊断疾病的能力和水平，另一方面通过尸检报告的形式，为临床医师提供有用的信息，临床医师可借此全面总结对某种疾病的诊断、治疗的全过程。全面了解疾病的临床诊断是否正确，治疗是否得当，以利于总结经验教训，全面提高临床对疾病的诊治水平。此外，通过尸体剖检，对全身进行详细病理检查，有助于了解疾病的发病，疾病的演变、转归等过程。对促进医学发展具有非常重要的意义。

此外，病理学诊断也可为科学研究积累宝贵的资料；为提高临床诊断水平服务以及为发现新的病种、疾病的新类型提供有效的帮助。

二、诊断病理学的局限性

一个病理诊断正确与否可能会受到多种因素的影响，要做出一个相对准确的病理诊断，病理医师需要参考很多临床信息，而这些信息能否准确提供，可能直接影响病理诊断的准确性。诊断病理学在临床诊疗实践中是一个十分重要的临床学科，是现代医学不可或缺的重要组成部分，但是，和其他学科一样，病理诊断不是万能的，也不可能是100%绝对正确。由于多种客观因素以及诊断者本人主观因素的制约，病理诊断也必然有其局限性。只有了解病理诊断的局限性，才能正确地评价它的重要性。

（一）制约病理医生做病理诊断的客观因素

1. 来自临床送检医师的因素 实际上，临床送检标本到病理科是临床医师和病理医师之间的会诊，有时临床医师由于对病理诊断工作的了解以及自身知识结构等原因，常可能导致病理诊断出现困难：①送检病理标本的取材不规范或者取材范围或深度够，以至于病理医师看不到包块的实质成分及其与周围组织关系，可导致漏诊或无法确诊。内窥镜下进行肿物取材，有时可能只取到炎性渗出物、黏液分泌物、凝血块或坏死组织等，是病理医师无法做出正确的病理诊断；虽已取到肿物的主要成分，但因取材时挤压、牵拉原因，使组织、细胞严重变形，导致诊断困难，有时可能失去诊断意义。②取出的组织标本固定或送达不规范，如手术切除的组织、器官常常需要立即固定，因为固定不及时、不充分，或未固定，会导致送检组织的自溶造而失去诊断意义；③不能完整提供病理诊断所需的临床资料，病理诊断是由病理医生以病变形态学为基础对疾病的一种判断。在多数情况下，形态学变化特征诊断的客观指标，而必要的临床资料也是不可缺少，通过两者的结合，病理医师运用自己的知识和经验进行主观的鉴别和判断，这一过程是一种复杂智力劳动，因而必须有相关的临床资料作参考，否则会造成误诊或漏诊；如多数骨肿瘤或脑肿瘤的诊断，必须是临床 - 放射线 - 病理三结合才能做出正确的诊断，三者缺一不可；有些疾病与性别、年龄和发生部位有密切的关系，如神经母细胞瘤主要发生在儿童，骨肉瘤则主要发生在年轻人，且长骨干骺端为最常见部位等；还有些疾病可能没有特异性病变，必须结合临床的某些比较特异性的表现才能确诊等等。总之，临床医生必须重视标本取材，因此，除了做到正确取材、及时固定外，还必须如是认真填写病理检查申请单，必要时临床医师还可能需要与病理医生相互沟通，才能提高诊断的正确率。

2. 来自病理标本制作技术方面的因素　一个正确的病理诊断，离不开制作良好的病理切片，这是病理诊断的基础，也是制约病理医生做好病理诊断的客观因素，由于技术人员的水平、经验、责任心或器材、试剂等方面的原因，可能在对送检标本的处理上，如固定、包埋、制片、染色等环节上达不到规范要求，导致制片质量差，可能会给病理诊断造成不同程度的困难。

（二）制约病理医生做病理诊断的主观因素

影响病理医师做出正确病理诊断的主观因素有很多，下面仅就重要的几个方面加以阐述。

1. 病理医师个人有限知识面与广泛的业务范围的矛盾　诊断病理学涵盖范畴包括外科各系统，同时还包括眼科、耳鼻咽喉科、皮肤科、妇产，内科系统的相关科室如泌尿内科、血液科、消化科呼吸科等，几乎涵盖了临床所有学科，病种繁多。一个人要精通所有临床科室的业务是不可能的。由于精力有限，病理医师既要掌握上述这些疾病的类型、各类型的病理变化，疾病不同病程的病变形态特点，又要熟悉他们的临床情况，实践表明这是非常困难的。因此会出现一些掌握不好、经验不足的薄弱环节，导致诊断出现失误。即使是一个资深、经验丰富的病理医师，百分之百准确的病理诊断也是不可能的。因而，当前发展趋势是，大的综合医院病理医师要发展"一专多能"，同行间不同的专长互相补充；在专科医院里培养专科病理医师。

2. 病理医师的层次和个人理论技术素质的差异　与其他学科一样，不同资历、相同资历不同个体之间的思维方式和业务能力都会有所差异，因而在病理诊断能力上也不会完全相同，有时则会出现不同程度的误差。

3. 病理医师诊断的主观性和经验积累方面的矛盾　病理诊断虽然是以病变的形态特征为基础做出的，但对于千差万别的病变，有限的形态特点是不够的，多数情况下，还要不同程度地运用临床资料、理论知识、相关的技术和个人的经验等进行综合分析、鉴别诊断才能做出比较接近实际的病理诊断。因而病理诊断也常是带有较大主观性的判断，主观判断就不可避免地与客观实际有所差异，若想减少这种差异，在理论和技术达到某一水平时，主要是靠积累经验弥补，病理医师应特别注重病理诊断中的实践经验的积累。以力求减少诊断的误差。

此外，还需提及的重要一点，即有些疾病，其病变本身或病变特点相对模糊，尤其是肿瘤，有些处于良、恶性之间，成为疑难病例，从而加大了诊断的困难，加之病理诊断的主观性较强，对于这样病例的处理，即使是造诣较深的病理专家会诊，也常会得出几种不同的诊断。甚至可能会出现同一病例一个专家在不同时期的两次会诊，得到两种不同的诊断，可见病理诊断的主观性和复杂性。当然，不能因为病理诊断局限性和难度大，而排斥其重要性和必要性，更不应成为病理误诊的借口，病理医师还应精益求精，并应注意多同临床医师的沟通，以减少诊断的失误。

此处借用 Ackerman 外科病理学中的一段话来评价诊断病例学的局限性很合适：对于外科病理医师而言，了解其专业的局限性如同知道其专业的作用和可能做出的贡献一样具有同样的重要的意义。临床医师有时误认为只要把一小块组织交给病理医师，病理医师就有能力做出绝对正确的诊断。如果病理医师自己也持有相同的观点，那将对人类造成极大的危害。

世界知名的病理学家也是人，也会犯错误；并且总是有一定比例的肿瘤不能做出诊断。

三、诊断病理学的检查种类及其评价

（一）活体组织（病理）检查

活体组织检查（biopsy）简称"活检"，亦称外科病理学检查，是指因诊断或兼治疗的需要，从患者体内切取病变组织，进行病理学检查的技术。这是诊断病理学中重要的部分，对绝大多数送检病例都能做出明确的组织病理学诊断。

活检的组织病理学诊断的过程一般经过肉眼观察、病理切片制作和光学显微镜下观察。通过对病变组织及细胞形态的分析、识别、再结合肉眼观察及临床相关资料，做出各种疾病的诊断。但一些疑难、罕见病例，经过上述的常规检查可能不足以做出准确的诊断，需通过某些特殊检查如组织化学、免疫组织化学、电子显微镜或分子生物学等技术进行辅助诊断。活检可分为以下几类。

1. 常规活检 常规活检是指在治疗性手术前或在其他治疗（如肿瘤的放疗、化疗）前所做的活检。一般是取一小部分病变组织（如病变小又位于体表者常常全取病变）送病理活检，其目的是明确诊断，以便临床择期采取相应的手术或其他治疗措施。这样的活检多在门诊进行。近年对某些内脏器官通过内镜钳取的材料进行活检也已成为常规，如通过胃镜取胃黏膜病变、纤维支气管镜取肺病变、甲状腺、乳腺等体表器官肿瘤、一线等不适宜进行切去组织进行活检的器官则通常采用细针穿刺采取活体组织进行病理学检查。

这种术前活检的优点是创伤较小，一般在门诊即可进行，绝大多数都能在术前确诊，使临床医师对下一步制订治疗方案有了确切的依据。其缺点是：对一些深在部位的病变难于取材；少数可造成出血或播散的病变应慎取活检；取材不合规范或未取到病变，易造成诊断困难或漏诊；患者和临床要等待较长时间才能出诊断报告，对急需明确诊断者不适用。

2. 术中活检 是指在治疗性手术或探查性手术进行当中所做的活检，一般在 20～30min 内完成定性诊断，以便指导手术如何进行。应用最多的是快速冰冻制片技术，用不经过固定的新鲜标本，快速冰冻至零下18℃以下，进行切片、HE染色进行观察诊断。所以也称"术中冷冻"，有时也可使用快速石蜡切片技术或细胞学检查技术。术中活检的目的是：①确定病变性质，以便决定手术方案。如对一个性质不明的病变，在手术台上取病变送检，如为为炎性或良性肿瘤，则手术范围相对较小；如为恶性肿瘤，则需做扩大的切除手术。②了解恶性肿瘤的生长、扩散情况，如浸润的范围、有无淋巴结转移以及手术切除的边缘组织有否瘤细胞等，以决定手术范围。③确定所取标本是否含有预定的组织器官或病变，如要切除甲状腺，但在术野中分辨不清，即可通过冷冻活检帮助确认。

术中活检的最大优点就是在手术进行当中，即能对性质不明的病变予以确诊，使临床能立即确定手术治疗方案，避免再次进行治疗性手术。其次，帮助外科医师了解病变程度，如癌组织侵犯范围和深度，切缘有无瘤细胞等。外科医师在申请做冰冻检查是需要考虑的一个问题是，冰冻病理诊断结果是否影响手术方式，如果对下一步收房时没有影响，冰冻检查就大可不必。另一个需要注意的问题是，快速冷冻技术有很大的局限性：①不是所有的活检材料都适于做快速冷冻检查，仅适用于体表器官（如乳腺、甲状腺）或内部器官手术探查，并需区别良、恶性病变时才应用。而对一些病变复杂的疾病和需要辨认细胞微细结构的肿瘤

（如淋巴瘤）等均不适用。②受取材等限制，有时会出现假阴性结果（漏诊）。③由于制片、染色时间短，组织细胞结构不如普通石蜡切片清晰，又要在很短时间内完成观察，分析并做出诊断，没有更多时间思考，更没有查找文献的时间，故诊断难度大，常需要有丰富经验的病理医师来执行这项工作。即使如此，也会出现误诊或不能做出明确诊断的情况。由于上述原因，术中冰冻病理诊断的准确率仅在90%左右，不能确诊率和假阴性率相对高，假阳性率偶尔也可发生。因此，快速冷冻活检仅是一种应急的初步的定性诊断手段，在此之后，还需把冷冻活检材料再做普通石蜡切片进行病理检查，并作出最后的诊断。如有术中冰冻病理诊断与术后石蜡切片病理诊断有差异，则应以术后诊断为准，这样有时需临床上做第二次手术等补救措施。

3. 术后活检 是指对治疗性手术切除的病变及相关的组织、器官进行较全面的病理学检查。与术前活检不同的是切除送检的常是全部病变并可伴有受累的或需扩大切除的组织器官，以及所属的淋巴结等（如对恶性肿瘤的根治性手术）。故各病变及送检标本均需按规范多处取材。在作出病理诊断时，不单要确定疾病名称、疾病性质，还要尽量给予分类，提供肿瘤侵犯程度、有无播散，手术切缘有无病变等，此种检查所需时间相对较长。术后活检的目的，是确定疾病的性质、类型、严重程度、切除是否彻底、有无播散，以判定术前或术中诊断是否正确、手术治疗是否彻底、是否需要进一步辅助治疗以及预测预后等。

术后活检的优点是检查全面细致，诊断更可靠，可进一步对疾病的治疗及预后判定提供更多的信息和依据。其局限性是对于不适于手术治疗的或手术中发现已不能切除或不能彻底切除的疾病不能进行全面诊断。由于有主、客观局限性，术后活检也有1%左右的漏、误诊率。

（二）细胞学检查

细胞学（cytology）检查是指通过对患者病变部位脱落、刮取和穿刺抽取的细胞，进行病理形态学的观察并作出定性诊断，细胞学检查目前主要应用于肿瘤的诊断，也可用于某些疾病的检查和诊断，如内部器官炎症性疾病的诊断和激素水平的判定等。

细胞学的标本可以是来自生殖道、呼吸道、消化道、泌尿道等分泌、排泄物中的脱落细胞，也可以是经穿刺抽取的胸、腹、心包腔等积液中的脱落细胞，另外，经各种内窥镜刷涂片、印片采集的细胞，或经细针吸取（FNA）技术（针外径 0.6～0.9mm）直接或在超声、X线引导下穿刺获取的细胞等，直接涂片或经离心沉降处理后涂片，一般几小时内即可出结果。主要目的是判定有无肿瘤细胞，是良性还是恶性。

细胞学检查的优点是：①适用范围广，损伤小，经济、快速、安全。②常有较高的阳性率。③尤其适用于大规模的肿瘤普查，可对人体多种恶性肿瘤（尤为各器官的癌）起到初筛作用。

细胞学检查也有很大的局限性。①假阴性和假阳性比较高。②主要用于对肿瘤病变的定性（良、恶），而进一步判定肿瘤类型、亚型、浸润、转移等一般均有困难。因而仅是一种初步的定性诊断。因此，对细胞学阳性（恶性）的患者，在做损害较大的治疗之前，要尽可能地做活检来印证细胞学诊断，并进行分类和分型等；而对细胞学阴性者，临床高度疑为恶性肿瘤，多次细胞学检查或做活检等其他检查非常必要，以防漏诊。

四、病理诊断的表述形式

（一）病理诊断报告书的内容

病理学检查的结果最终以病理诊断报告书的形式发给临床医师，病理诊断报告书是一份具有法律效力的重要医疗文件。病理医师应准确、简明地描述检查结果，做出病理诊断，必要时还应以备注的形式向临床医师或患方说明一些问题。临床医生应当熟悉病理诊断报告书的各项内容及其确切含义。

病理报告书一般分下面几部分：①患者的基本信息，如姓名、性别、年龄、临床诊断、取材部位等。②送检标本肉眼检查所见。③光镜下组织学或细胞学改变的描述。④病理诊断，⑤附注，注明要向临床或患方说明的问题。在病理会诊时第②、③项可以省略。

（二）病理诊断的表述形式及其含义

病理诊断在病理报告书的各项内容中是最重要的部分。一般包括器官、组织名称、上形态学诊断（包括疾病或病变的名称、类型；如为恶性肿瘤，应注明分化程度、浸润范围、有无转移等）。

但由于存在前述的局限性各种原因，病理诊断会受到不同程度的影响，因而病理诊断通常会使用下列几种表述形式，其含义也各不相同。

1. 明确的或基本明确的疾病诊断　明确的疾病病理诊断是指不加任何修饰词，直接标明病理诊断；基本明确的病理诊断是指病变性质已明确，如炎症、良性病变、恶性肿瘤等，但具体病变类型还不能做出肯定的判断，如"肉芽肿性炎"的诊断，作为一个基本诊断，但是是结核病还是其他原因如真菌性疾病，难于清楚判断；"恶性肿瘤"可以作为一个病理诊断，但是癌还是肉瘤？或者是腺癌还是鳞癌？由于分化低，不易判断，有时也可以做出具有一定的倾向性诊断，如恶性肿瘤（癌的可能性大）等等。这在大多数情况下，也能为临床诊断和治疗提供很大帮助，因而也属基本上确诊。对病理上基本上确诊的病例，临床可以按其确诊的范围为依据，进行诊治，病理诊断应对此负责。

2. 不能完全肯定或有所保留的诊断　是指由于各种因素影响，不易判定病变性质或是哪种疾病，特别对那些仅具备部分诊断标准的病变，常常以这种诊断形式表述，即多在"明确诊断"表述形式的前或后加上不同的不太确切含义的修饰词：如"考虑为……""倾向于……""符合……""疑似……"等字样。这种表述的病理诊断，临床医生可以将此诊断作为重要的参考，但不能作为完全可靠的诊断依据，应根据自己掌握的实际情况处理，或者再进一步检查或观察。

3. 描述性诊断　是指送检组织不能满足对各种疾病或病变的诊断要求，如送检标本为凝血块、坏死组织或仅有正常组织等。因而按所观察到的结果进行描述。这样的诊断提示临床可能还需要进一步检查。

4. 阴性病理诊断　是指送检组织过小、因牵拉和挤压失去正常结构或标本处理不当，无法辨认病变等，是标本失去诊断意义，此时应简要说明原因后，写明"不能诊断"或"无法诊断"等字样。除查找原因、汲取教训外，临床医生只能再取组织作活检。

五、如何选择性的应用诊断病理学检查是临床医师必须面对的

临床医生每天要面对各种不同的患病个体，要对他们采取正确的治疗，首要的问题是要确立疾病的诊断。选择性的应用不同的技术方法对疾病进行诊断是临床医师要面对实际问题，对于某些病变有形态特点的疾病，常依赖诊断病理学检查来确诊。而对于肿瘤则必须使用病理诊断技术才能达到确诊的目的。如果对其充分了解，就能得心应手，可以大大地提高临床医师的诊治水平，而了解得不够或这方面知识结构欠缺，则会适得其反。

（一）正确选用诊断病理学检查种类

临床医生不但要了解病人各种情况，还应了解诊断病理的重要性、局限性、各种检查的优缺点及病理诊断表述的含义，才能做到选择最佳的方式的病理学检查，从而提高诊断效率。①一般地说，患者条件允许，取材又比较方便，首先应选用术前活检，在病理诊断确定后，或做保守治疗或做择期手术，术后再做"切除标本"检查、确诊。但是如果病变较小，又易于手术切除（如体表），可把病变全部切除，病理检查的同时也可达到治疗的目的。如结果是良性，则无需再做手术。如为恶性，再择期进行根治性手术，术后再做"切除标本"检查、

确诊。②对怀疑为容易播散的疾病（如恶性黑色素瘤），则不宜术前取小活检，因为在等待病理诊断结果的时候，有可能出现血行转移。对于不能术前取材或包括活检在内各种检查难于确诊的病例，则可采用术中快速（冰冻）活检，术后再送大标本进行病理检查、确诊。③对于那些不论其诊断如何，都是手术适应证，而且必须做预定范围的手术切除（如大部分胃切除、截肢等）者，则不必做术前活检，切除后将切除标本送检，以便明确诊断和为后续的治疗提供依据。④探查手术时，发现病变已不能切除时，不要立即缝合，为了明确诊断，如能取小活检，则取之；如不能，则可在直视下涂片或细针吸取涂片检查。⑤细胞学检查，则适应面较宽，并可随时反复检查。

（二）遵守诊断病理学的规范要求送检

临床医生能否按规范进行病理标本取材和送检，在某种程度上，关系到能否减少病理诊断的局限性和病理诊断报告及时、准确地发出。

1. 关于标本取材规范

（1）对可疑病灶的活检取材：①如有多个病灶，应尽量多处取材并标明部位。②如为多处肿大的淋巴结，又怀疑淋巴瘤，不宜每个部位淋巴结都取材，应首先取颈部淋巴结。对于淋巴瘤的诊断，最有代表性的是颈部淋巴结，其次为腋下淋巴结，腹股沟者诊断则较为困难。③对于较小病灶，应在病灶与正常组织交界处垂直切取，如表面有感染、坏死，则也应深部取材以避开感染坏死组织。内窥镜取材组织块要尽量大些（$3mm^3$左右），并要达到一定深度（如胃黏膜取材应超过黏膜肌）。④应尽量避免钳夹、过度牵拉组织，因为这样会导致组织细胞变形，造成诊断困难；尽量避免电刀高温破坏送检组织。

（2）细胞学取材：对查瘤细胞的痰液采集，患者须先咳去口内食物残渣和唾液，弃去喉头的头两口痰，然后努力把呼吸道深处的痰咳出送检，如为吸烟者可先吸一支烟，待痰液稀释后再咳。

2. 关于病理申请书单填写规范 病理学检查申请单是重要的医学文件，临床医师通过病理申请单传递给病理医师必要的临床信息，是病理医师在诊断时的重要参考依据。临床医师须认真填写。病理申请单上的患者基本信息各项均应尽量详细填写，不应漏项。如年龄、性别等常常是病理诊断必须参考的资料。临床医师还应仔细填写患者的临床主要表现，另外手术中所见及必要的检验指标、X线检查结果也应附上，因为这些可能对诊断和鉴别诊断有重要参考价值。临床医师还应向病理医师提供临床诊断，印象诊断或倾向性诊断等内容供病理医师在最后呢段时参考。病理学诊断有其独特性，但并不排斥而且必须与临床相结合，才能减少漏诊、误诊。如果患者以前做过病理检查，临床医师应当注明其病理检查结果，如在本院做的应提供病理号以供病理医师参考。

3. 标本固定及送达 对于常规送检的标本，一般使用4%中性甲醛（即福尔马林）液固定，固定液要充分，一般为标本体积的5～10倍。细针穿刺细胞学涂片应迅速将涂片置于95%乙醇内固定；如需显示脂肪、糖原等特殊染色标本应做冷冻切片，需进行免疫荧光技术、分子生物学方法和染色体分析的标本均不需固定，但须置4℃的密封消毒容器中尽快送达。电镜标本一般用2.5%戊二醛固定。体腔积液如能在30分钟内送达病理科，不必添加固定液，如超过此时限，应适量添加中性福尔马林液固定（福尔马林原液加到送检的液体中，浓度不超过4%）。

标本固定应及时，大标本要切开固定，以免中间部分自溶。对于含气标本如肺组织、富脂标本如脂肪组织应在覆盖脱脂棉，以防标本漂浮而导致固定不良。

送检标本均应表明患者的姓名等信息，连同病理申请单一起送达。同一病例不同部位取材的小标本，应使用小瓶分装；大标本的容器应能同时容纳标本及5倍以上的固定液。

（三）临床医师－病理医师沟通的重要性

前面已经述及，诊断病理学与临床有关科室，尤其与外科的关系非常密切，临床医师和病理医师应经常互相沟通，才能减少病理诊断的局限性，尽可能减少或避免漏诊和误诊。因此，临床医师应该主动向病理提供相关的临床信息；对诊断病理学即病理医师要有正确认识，不能认为病理医师只需要在显微镜下观察病变，而不需要参考临床信息，应尽可能先病理医师提供详细的临床信息；临床医师尽量配合病理医师提出的合理要求：病理申请单上涵盖的信息之外，有些病例尚需进一步的信息，如影像学资料等，要求临床提供或进一步检查，临床医生应当耐心地配合；对明显与临床不符的病理诊断，要及时、主动与病理医生沟通：临床医生不要误认为病理诊断都是绝对正确的，不容置疑。事实上，病理诊断的正确率也不过98%左右。所以，遇有与临床不符的病例，在治疗前或治疗中都应与病理医师及时沟通，或再请有关专家会诊。

六、临床病理讨论会及外科病理讨论会

（一）临床病理讨论会

临床病理讨论会（clinical pathological conference CPC）是针对临床死亡病例，通过尸体剖检，确定生前所患疾病，分析死亡原因，通过临床医师和病理医师共同研讨，总结临床诊断和治疗的经验和教训的专题学术会议；它既是诊断病理学的延伸，也是临床医师与病理医师密切联系，加强协作的有效途径。尸体剖检也是病理医师提高病理诊断水平的有效的训练途径。临床病理讨论会选择的病例通常是临床诊断不清，术中或术后死亡且死因不明的病例，以及复杂、疑难、罕见的病例等。CPC的开展对提升临床诊治水平具有非常重要的作用。

讨论会召开的先决条件，首先是死亡患者必须经过全面系统的尸检，与会者必须明确临床病理讨论会的目的和意义，主要是实事求是总结诊断、治疗的经验，以提高疾病的诊治水平。

会前，相关科室的与会人员要充分准备，搜集整理相关资料，查阅文献，理清思路并草拟发言提纲。会议通常由临床或病理专业学术水平较高并且有威望的教授或主任医师主持，各相关科室医护人员及医学生均可参加。首先应由临床主管医师报告临床资料，相关科室报告辅助检查结果，各相关科室提出对疾病和治疗过程的分析意见。最后由病理医师向与会者通报尸检结果、生前所患主要疾病和死亡原因（此前尸检结果应当"保密"）。在此基础上，与会者讨论分析临床症状、体征、相关检查结果，尤其是临床诊断同尸检结果不一致的原因，以及治疗方案和治疗过程的成功与失误。最后由主持人总结应汲取的经验和教训。

毫无疑问，CPC对帮助临床医生和病理医生以及相关科室，提高对患者各种信息综合分析的能力，以及科学思维有着非常重要的作用。但由于近年来以总结经验教训为目的的临床尸检大幅度减少，CPC也相应减少，这对医学的进一步发展，诊治水平的提升十分不利。

（二）外科病理讨论会

外科病理讨论会（surgical pathological conference，SPC）是外科病理学的一个组成部分，是手术科室的临床医师与病理医师对疑难、复杂的活检病理进行的小型CPC。这种学术会没有固定形式，常由手术科室或病理科召集，由人数不等的相关人员参加，在更深的层次上探讨对患者的诊断、治疗、预后等问题。通过SPC，临床与病理医生共同讨论分析，可使一些疑难病例进一步明确诊断，为进一步治疗提供更准确的依据。同时，也是临床医生与病理医

生交流、提高的好机会。

附：尸体剖检

尸体剖检（autopsy）简称尸检，是对死亡人体进行系统性全身病理检查和诊断的一种手段。目的是查清死者生前所患何种疾病，病变的程度以及死亡原因等。尸检是医院病理科、医学院病理教研室和法医病理部门的常规工作之一，要由注册的执业病理医师或法医病理医师来完成。一般分为法医尸检和临床尸检。前者是应法律机构请求，由法医病理或病理医师进行尸检，以提供死亡是否与医疗纠纷、事故或谋杀等有关的证据；后者是应临床科室请求，并征得死者亲属同意，或应死者亲属要求而进行的尸检，目的在于查明死因、验证生前诊断、治疗是否得当、总结经验、教训，以提高医疗水平。

临床尸检通常是对尸体进行全面系统的病理学检查，通过肉眼观察，对全身器官组织的必要取材，制作病理切片进行病理学诊断等过程。做出病理学诊断和分析死因，发出正式尸检病理诊断报告（一般要在尸检后 2～4 周发出）。有时，由于各种因素限制，不能进行全面尸检，或由于某种特殊目的不需要做全面尸检，常可做局部（如颅脑、胸腔、腹腔等）的尸检。

临床尸检的重要作用，最重要的是在于提高临床诊断水平和治疗质量，全面系统的尸体剖检是迄今为止最全面、最可靠的诊断。即使是在各种诊断方法和设备都日益先进的今天，临床诊断不清和误诊、错诊率和几十年前差别不大（20%～30% 左右）；尸体剖检可还能对疾病的演变过程、发病机制、病变程度、疾病累及范围及治疗效果等提供详尽的信息。尸体剖检过程还可能发现临床上未觉察生前所患疾病；因而，通过临床尸检总结诊断、治疗中的经验教训是提高医疗水平的最重要的一个手段；是培养临床、病理专业人员不可缺少的一个环节；还能为临床医学教育、医学研究和认识新病种等提供宝贵的标本和资料。

综上所述，尸检工作非常重要，在推动医学诊断、治疗水平的提高，对疾病病因、发病机制、病理变化及疾病转归等认识，起到了无可替代的作用，甚至对整个医学发展起着至关重要的作用。因此，一些发达的国家和地区，十分重视临床尸检工作，有些国家制定了专门的法规，以保证尸检工作的开展，并把住院死亡病例的尸检数作为衡量医院医疗水平的一项指标。虽然近些年来各国尸检率有所下降，但仍然保持在 40%～60% 之间。我国在 20 世纪 50～60 年代尸检率虽不及国外高，但有些单位还是比较好的。但是近些年来，国内尸检工作全面下降，尸检率不足 10%，而且多为小儿尸检。多数医院、医学院甚至全年没有一例成人临床尸检，其原因是多方面的，包括政府相关政策法规方面、现今整体医疗环境、民众旧传统观念束缚等因素。但其结果是医生水平提高医学生教育都受到不同程度的影响。因此在我国尸检立法、相关政策等亟待加强。

（杨 静）

第二节 病例分析与诊断

医学生学习基础医学知识的一个重要目的是为将来学习临床课程做准备。一个好的临床医生需要扎实的医学知识以及很强的临床思维和综合分析能力。因此引导学生将所学的基础医学知识与临床疾病有机地结合，培养学生应用知识、综合分析、思考问题的能力是教学中的一项十分重要的任务。有鉴于此，针对重点章节编写了相应的病例，通过对典型病例的分析，能帮助学生更好地掌握相关知识点，并提高学生综合能力及解决实际问题的能力。

病例 1（损伤及修复）

【病史摘要】

王××，男，12岁，因"车祸后左小腿疼痛活动受限2小时"入院。患者2小时前被车撞倒在地，当时左小腿弯曲、疼痛，不能活动。入院检查：体温37℃，脉搏100次/分，血压90/60mmHg，左小腿肿胀、短缩，局部有压痛，可触及骨擦感，左小腿活动受限。

B超：腹内脏器未见异常。

实验室检查：血常规、尿常规均正常。

X线检查：左胫骨中下段1/3斜形完全性骨折，左腓骨上1/3骨折。

临床处理：牵引，外固定。

术后X线报告对位、对线尚可。术后一周再次复查，结果同前。一个月后复查，对位、对线良好，见少量骨痂形成。牵引一个月后改为石膏固定二个月。术后三个月复查：骨性骨痂形成。

【请讨论】

1. 该骨折愈合属于哪种类型的修复？
2. 简述骨折愈合的基本过程。
3. 哪些因素可影响骨折的愈合。

病例 2（局部血液循环障碍）

【病史摘要】

李某，男，农民，38岁，与本村张某打架时，被其用棍棒猛击左小腿后侧腓肠肌处，该处皮肤略有损伤，事后小腿肿胀、疼痛难忍。第二天出现红、肿、热、痛；第3天体温上升达39.5℃；第四天下肢高度肿胀，下达足背，最大周径为48cm，疼痛更甚，在皮肤裂口处流出血水，在当地医院用大量抗生素治疗，未见疗效；第6天，左足拇趾呈污黑色；第10天黑色达足背，与正常组织分界不清，随到当地县医院治疗，行左下肢截肢术。

病理检查：下肢高度肿胀，足部污黑色，纵行剖开动、静脉后，见动、静脉血管腔内均有暗红色与灰白色相间的固体物阻塞，长约10cm，与管壁粘着。固体物镜检为混合血栓。

【请讨论】

病人所患何病，其发生机理是什么？

病例 3（局部血液循环障碍）

【病史摘要】

患者，女，25岁，足月妊娠，于1998年2月16日清晨起腹痛，并逐渐加剧。10时许自然破膜，约10分钟后，出现寒战及呼吸困难。立即给予高流量氧吸入，注射地塞米松、阿托品及速尿等药物。因病情恶化，继续给予阿托品、654-2、氨茶碱、西地兰。当出现呼吸改变时，给予"呼吸三联"药物静脉推注，行人工呼吸，心脏按压，并给予"心脏三联"药物行心内注射，于2月17日清晨0时40分因抢救无效而死亡。

【尸检摘要】

双肺明显水肿、淤血及出血，部分区域实变，切面红褐色，有血性液体顺刀流下。镜下，肺部多数血管内可见数量不等的有形羊水成分，如胎粪、胎脂、角化物及角化细胞等，但以角化物为多。大部分肺泡腔充满水肿液，部分区域肺泡腔内充满红细胞。全身各脏器充血水肿，心肌有变性。子宫内可见一足月死胎，胎儿脐带绕颈一周半，两肺可见羊水吸入。病理诊断①双肺羊水栓塞，肺水肿；②足月妊娠，死胎。

【请讨论】

1. 病理诊断及诊断依据。
2. 疾病的发生、发展过程。

病例 4（炎症）

【病史摘要】

患者，男，54岁，工人。半个月前前额钝痛，自觉发寒、发抖，次日头痛。三天后头痛加剧，伴有呕吐，右侧肢体活动较左侧减少。病中发热三天，两天前出现昏迷，入院治疗。起病前后经常发生皮肤疖肿，平时体弱多病，曾有糖尿病史。入院体检：体温36.5℃左右，热型不规则，脉率98次/分，脉搏细弱。呼吸16次/分，血压102/65mmHg。昏迷，颈项轻度抵抗，瞳孔左侧3.5mm，右侧2.5mm。右鼻唇沟浅，举起病人两上肢，突然撒手，右上肢比左上肢下落快，右上、下肢肌张力增高，右侧腱反射亢进，右侧巴宾斯基征（+）。体表皮肤，于肩部、臀部、颈部区均有绿豆大的灰褐色结痂，在上唇左侧胡须旁有一黄豆大小疖肿，表现红、肿，边缘皮肤表皮"抓破"。腋、肘窝、腹部皮肤、眼结膜、口唇黏膜区有散在性瘀点。化验检查：白细胞计数 5800/mm³，其中：中性粒细胞 0.85，淋巴细胞 0.1，单核细胞 0.05。尿液检查：糖含量测定（++），蛋白（+），白细胞（+++）。血细菌培养有金黄色葡萄球菌生长。查房决定抢救治疗，左侧颈内动脉造影，检查结果：正位片，左大脑前动脉明显移向右侧，左大脑前动脉和左大脑中动脉位置间距扩大，结合侧位片诊断为左额叶占位性病变。行神经外科手术，开颅穿刺经病理证实脑脓肿，行脓肿摘除，继续治疗，一周后神志清楚，病情平稳。

【请讨论】

1. 病理诊断及病变的发生发展过程。
2. 临床表现与病理变化之间的关系。

病例 5（肿瘤）

【病史摘要】

患者，女，56岁 主诉 上腹部疼痛6个月，腹胀1个月。现病史：患者于6个月前自觉上腹部无规律性疼痛，并逐渐加重，食欲逐渐减退，时而黑便，服用治疗"胃溃疡"的药物无明显效果；近一个月来上腹部胀痛加重，并有肝区不适，曾有黑便。患者自发病以来显著消瘦，乏力；近一个月来有时咳嗽，偶尔，痰带血丝。 既往史：患者近8年来经常于进食后觉上腹部疼痛，曾做上消化道钡餐X线造影、胃镜检查。胃黏膜活检：病理诊断为"符合（胃小弯）慢性溃疡"；（胃窦）重度慢性萎缩性胃炎，中～重度肠化并中～重度非典型增生。一年来胃痛持续，食欲差，消瘦，无力，曾有多次黑便。查体：一般情况差，明显消瘦、衰弱，贫血貌，低热，血压偏低，呼吸较急促。于左锁骨上处可触及蚕豆大淋巴结，较硬、固定、不痛。腹部稍隆起，腹水征阳性，剑突下较饱满，可触及鸡蛋大肿块，肝脏稍大。指肛检查：于直肠前凹可触及栗子大肿物，稍硬、固定。直肠镜检查：无异常发现。妇科检查：盆腔双侧皆可触及拳头大肿物，质硬，考虑为双侧卵巢肿物。胸部X线照片：两肺可见多发、散在、大小较一致、边界较清楚的结节状阴影。胃X线钡餐造影检查：于胃幽门窦前壁可见一个约4 cm×3cm×3 cm的边界不齐的充盈缺损区域，边缘略呈堤状隆起，中央区凹陷。胃纤维内窥镜检查：于近小弯侧的幽门窦前壁处呈现弥漫性增厚区域，约6 cm×5cm，灰白色、较硬、黏膜皱襞粗大、蠕动消失；于近胃壁增厚区的中央处形成火山口样溃疡，其内径约3cm，底部较多坏死并有出血。于病变胃黏膜区域，多处咬取组织送病理科进行活组织检查（活检）。胃黏膜活检病理诊断：黏液性腺癌，低分化（印戒细胞癌）。胃液和腹水脱落细胞学检查：找见肿瘤细胞，多为印戒样肿瘤细胞。 住院经过：患者入院后采用支持疗法和抗肿瘤化学药物治疗，病情继续恶化，呈现恶病质。住院后三个月余，患者又突然排泄黑便，血压下降至50/30mmHg。经抢救无效死亡。

【尸检摘要】

身体极度消瘦，体重30kg。左锁骨上淋巴结肿大。腹水2500ml，橙红，半透明状。胃小弯近幽门处有一椭圆形肿瘤，中央有一4cm×3cm之溃疡，溃疡边缘不规则隆起，质硬，切面呈灰白色，溃疡底部凹凸不平，有出血坏死。镜下见大量腺样细胞巢侵入黏膜下层、肌层及浆膜层，细胞异型性明显，核分裂象多见，可见印戒样细胞。肝脏体积增大，表面及切面可见大小不一的灰白色结节，境界清楚。镜下见结节内为不规则腺样细胞巢，细胞异型性明显，并见印戒样细胞。肺脏表面及切面可见多发散在的灰白色结节，境界清楚，镜下病变与胃内病变相同。肠系膜、大网膜、纵隔、肝门、肺门及胃周边等处淋巴结肿大、变硬；切面灰白色，镜下病变与胃内病变相同。直肠子宫陷凹及双侧卵巢均有多数灰白色大小不等的结节，镜下所见与胃内病变相同。

【请讨论】

1. 病理诊断及诊断依据。
2. 肿瘤的转移方式有哪些及机制。

病例6（心血管系统疾病）

【病史摘要】

王某，女，58岁，退休工人。半年前，因家庭不和，与儿子吵架时突然感觉心前区疼痛，同时感左上臂、左肩疼痛，伴气急、肢体冷、面色苍白，出冷汗，经休息、治疗后缓解。以后，每当劳累后，心前区疼痛等上述症状时有发生。今上午上市场买菜上五层楼后，心前区剧痛，冷汗淋漓，以后出现呼吸困难、咳嗽、咳粉红色泡沫状痰等症状，听诊两肺湿性啰音。今晚吃晚饭送客后，忙于收拾家务时，突然昏倒，神志不清，送医院后ECG示急性前间壁心肌梗死，经抢救无效死亡。

【尸检摘要】

身高159cm，体重65kg，腹壁脂肪厚度为4.5cm。心重350g，左心室壁厚度1.6cm。左冠状动脉前降支和右冠状动脉管腔狭窄（Ⅱ～Ⅲ级）。大脑左半球内小动脉粥样硬化，小动脉瘤形成。左侧内囊，见桃核大坏死灶（软化灶）一个，并见多量出血。双肺体积增大，切面可见暗红色泡沫状液体自切面流出。

【请讨论】

1. 对本病例应何诊断？
2. 请按疾病发展过程，结合尸检所见，解释上述各种临床表现。
3. 患者直接死亡原因是什么？

病例 7（心血管系统疾病）

【病史摘要】

王某，女，30岁，农民。

主诉：间歇性心悸、气短一年，伴下肢浮肿、少尿一个月。

现病史：一年前开始出现劳累后心悸、气短，休息后好转。一个月前因着凉而发热、咽痛、心悸、气短加重，同时出现双下肢浮肿、少尿、右上腹胀痛、食欲减退、不能平卧而收治入院。

既往史：10年前常有咽痛、关节疼痛病史。

查体：半卧位，慢性病容，四肢末梢及口唇发绀。颈静脉怒张。两肺背部有中、小水泡音。心尖部有舒张期震颤。心界向左右两侧扩大。心率110次/分，血压110/70mmHg，心律不齐。心尖部有隆样舒张期杂音。肝在肋下3cm，剑突下5cm可触及，质韧，轻度压痛，肝—颈静脉回流征阳性。双下肢凹陷性水肿。

实验室检查：尿常规：尿蛋白（＋），红细胞1～2个/高倍视野，透明管型1～2个/高倍视野。X线检查：心脏向左右两侧扩大，双肺纹理增粗。

临床诊断：①风湿性心脏病；②二尖瓣狭窄伴关闭不全；③全心功能衰竭。

【请讨论】

1. 临床诊断全心功能衰竭的依据是什么？
2. 根据临床特点，你认为此病人有哪些病变？

病例 8（呼吸系统疾病）

【病史摘要】

患儿，女，4岁。咳嗽、咳痰6天，加重伴气促2天入院。现病史：6天前患儿受凉后出现发热、咳嗽，父母给予感冒清、九九感冒灵口服。症状未见好转，曾到私人门诊输液（具体药物不详）。近2天来患儿病情加重，咳黄脓痰伴明显气促，转我院就诊。既往史：无特殊。查体：体温39℃，脉搏140次/分，呼吸30次/分，血压120/80mmHg。急性病容，患者呼吸急促、面色苍白、鼻翼煽动、口唇青紫、神萎、颈软。心音钝，心律齐。两肺背侧下部可闻及湿性啰音。肝-颈静脉回流征阳性，肝肿大，双下肢凹陷性水肿。其余系统未见异常。胸片示左右肺下叶灶状阴影。血常规：白细胞$20×10^9$/L，中性粒细胞0.90。治疗经过：入院后诊断为小叶性肺炎并发急性心力衰竭。积极给予抗心衰、抗感染治疗，终因病情重，治疗无效死亡。

【尸检摘要】

患儿发育正常，微胖，身长120cm。肺：左右肺下叶背侧实变，切面可见粟粒样散在灰黄色病灶。有的病灶融合成片。镜下病变以细支气管为中心，可见细支气管管壁充血并有中性粒细胞浸润，管腔中充满大量中性粒细胞及脱落的上皮细胞；肺泡腔内有大量中性粒细胞等炎性渗出物；肺泡间隔毛细血管扩张充血，部分有破坏；部分区域肺泡扩张，呈代偿性肺气肿。肝淤血，体积增大。双下肢皮肤有凹陷。

【请讨论】

1. 上述脏器发生了什么病变，做出何种病理诊断？
2. 试分析本例疾病的发生发展过程。
3. 根据病理变化解释为何会出现上述临床表现？

病例9（消化系统疾病）

【病史摘要】

张某，男，50岁，农民，反复上腹部不适十余年，1个月来症状加重伴恶心、呕吐、黄疸、腹胀入院。

现病史：患者十余年前开始出现间断上腹部不适，自服"胃乐宁"可缓解。1个月前自觉上述症状加重，伴恶心、呕吐、黄疸，随即出现腹胀，来我院就诊。

既往史：有40年的饮酒史，平均每天半斤左右。其余无特殊。

查体：体温37℃。脉搏90次/分，呼吸18次/分，血压120/80mmHg。慢性病容，神清少语，定时定向力正常。皮肤、巩膜中度黄染，腹部膨隆，腹壁浅静脉怒张，腹水征阳性，肝脾触诊不满意。肝掌、前胸皮肤可见数个散在的血管痣。肝功能 总胆红素500mol/L（正常1.7～17mol/L），白蛋白26.0g/L，球蛋白31g/L；HBsAg（-）；ALT（GPT）、AST（GOT）增高。

治疗经过：患者入院第五天进食，突然出现上腹部剧痛，面色苍白，呕出鲜红血液约700ml，脉搏134次/分，血压60/50mmHg，经药物及三腔气囊管治疗，停止呕血。入院10天后逐渐出现烦躁，精神差，定时定向力异常，昏迷，各种反射迟钝乃至消失，抢救无效死亡。

【尸检摘要】

皮肤及巩膜中度黄染，腹腔内有黄色澄清液体约2000ml。肝脏重890g，质硬，表面及切面满布均匀一致的绿豆大小结节。镜下肝小叶正常结构破坏，而代以假小叶，部分假小叶肝细胞明显变性坏死，假小叶间为多量纤维组织增生。脾脏重860g，镜下脾窦高度扩张充血，内皮细胞增生，脾小结萎缩。食管下段黏膜静脉丛明显曲张。

【请讨论】

1. 上述脏器发生了什么病变，做出何种病理诊断？
2. 分析引起本病的原因和出现呕血的原因？
3. 分析病人死亡的原因？根据病理变化解释为何会出现上述临床表现？

病例10（泌尿系统疾病）

【病史摘要】

患者，女，14岁，学生。10年前患者因受凉感冒后约10多天出现颜面部浮肿，逐渐波及双下肢和全身。当时诊断为"肾病综合征"，住院治疗1周多，消肿出院。以后每感冒一次即出现面部及四肢浮肿，且病情逐渐加重。1周前再次受凉感冒而发热、咳嗽，3天前开始出现颜面部及双下肢浮肿、尿少，于2010年11月6日住院治疗。入院检查：体温36.8℃，心率120次/min，血压16.0/11.3kPa（120/85mmHg）。患者呈慢性重病容，神清，检查合作。全身浮肿，皮肤、黏膜苍白、干燥，前胸皮肤见数个出血点。心律齐，心尖区可闻及Ⅲ级吹风样收缩期杂音及心包摩擦音，心界扩大。呼吸困难，呈点头样，两肺呼吸音粗，有明显的中细湿啰音。腹软，肝于右锁骨中线肋下2.5cm。实验室检查如下。尿常规：蛋白（+++），白细胞（WBC）2～3，红细胞（RBC）（+++）0～2。血常规：RBC 1.7×10^{12}/L，Hb 50g/L，WBC $(9.60 \sim 24.6) \times 10^9$/L，血沉90mm/h，抗链球菌溶血素"O"＜500U。肝功：（A/G）1.08。心肌酶谱：肌酸磷酸激酶（CPK）420U，乳酸脱氢酶（LDH）358U，谷草转氨酶（GOT）30U。24h尿蛋白定量（PVO）：2.05g/24h。心电图：窦性心动过速，左心室高电压。胸片：

心脏增大，心肌有损害。放射性同位素肾图：双侧肾功能严重受损。

既往史：患者10年间曾先后8次均因"肾脏疾病"住院治疗。

治疗经过：此次住院给低盐饮食，抗感染，利尿，纠正水及酸碱平衡等治疗，病情无好转，并出现血尿素氮持续在80g/L以上，CO_2结合力15mol/L左右，低血钾等。11月25日出现鼻衄、头昏、眼花，手脚麻木发凉，抽搐约2分钟。27日出现心包摩擦音。经予激素、强心药等治疗无效。终因病情逐渐恶化于2010年12月9日23点20分死亡。

【尸检摘要】

少年女尸一具，身长131cm。发育正常，营养中等。尸冷、尸僵存在，尸斑不明显。双眼角膜轻微混浊。腹部膨隆。右侧腹股沟处皮下片状淤血，双下肢踝部凹陷性水肿较明显。

体腔检查：各脏器位置正常，腹腔未见积液，胃高度胀气。双侧膈高第5肋间，肝脏剑下7.5cm。双侧胸腔有草黄澄清积液，左侧240mL，右侧210mL。胸膜无粘连。心包腔内有草黄色积液150mL。

内脏检查：心脏重370g，心脏表面及心包膜壁层可见灰白色纤维蛋白性渗出物，呈绒毛状。左心室壁厚2.3cm，右心室壁1.0cm。左房及左室轻度扩张，左、右心室内含有血凝块。各瓣膜未见明显异常。镜检：心外膜明显增厚，其表面附近有片状或条索状均质红染的纤维素性渗出物，其间可见较多的单核细胞、淋巴细胞及中性白细胞浸润。心肌纤维粗细不等，多数肌纤维明显增粗肥大，结构较清晰。心肌间质血管明显扩张、充血，间质结构疏松水肿，并有少数散在的单核细胞、中性白细胞浸润。左肺重330g，右肺重490g。胸膜光滑。表面及切面呈暗红色。镜检：肺泡壁血管显著扩张、充血，尚可见有片状出血区，大部分肺泡腔内充满红色细颗粒状和红染丝网状物质，有的形成团块。并见散在的单核细胞、中性粒细胞及淋巴细胞浸润。上述改变以两肺下叶明显。左右肾各重105g。肾体积稍缩小，强行剥离肾包膜后见肾表面呈弥漫性细颗粒状，肾表面颜色变浅，未见出血点。切面见两肾皮、髓质界限不清。镜检：肾皮质内大部分肾小球萎缩、纤维化及透明变性。少数肾小球体积增大，球囊腔扩张，部分球囊腔壁层上皮细胞增生形成新月体。肾小管大部分萎缩、消失，部分扩大，残留的肾小管内见有蛋白管型。间质纤维组织增生及单核细胞、淋巴细胞浸润。肾小动脉壁内膜增厚，内弹力膜分离，入球小动脉呈透明变性。

【请讨论】

1. 本病例的病理诊断和诊断依据。
2. 病变的发生发展过程及主要病变间的相互关系。

病例11（传染病）

【病史摘要】

患者，女，4岁，以高热、嗜睡、呼吸困难2小时入院。

现病史：患儿一月前出现低热、乏力、食欲低下，当时家长没有引起重视。2小时前突起高热、嗜睡、呼吸困难，无抽搐。急诊入院。

既往史：无特殊。

查体：体温39℃，脉搏120次/分，呼吸30次/分，血压120/80mmHg。急性病容，唇指发绀，呼吸急促。呼吸音弱，未闻及干、湿啰音。心界不大，律齐。肝可触及，脾触诊不满意，腹水征阴性。双下肢无浮肿。颈部有抵抗感，布氏征阳性。Babinski征、Kernig征、Brudzinski征均阳性。

实验室检查：白细胞$4.2×10^9$/L，中性粒细胞0.75。结核菌素试验（+）。胸片示：双肺均匀分布，直径1.5～2.0mm，密度均匀的粟粒状病灶。

治疗经过：入院后半天病情恶化，治疗无效死亡。

【尸检摘要】

肝、肺、脾等器官见均匀分布，直径 1.5～2.0mm，密度均匀的粟粒状病灶。脑：蛛网膜下腔出现大量渗出物，颅底部视角察附近及脑桥、小脑、大脑外侧裂等处脑膜混浊或呈半透明状。血管周围渗出物较多，而使血管境界不清；在颅底部或渗出物聚集触及血管周围可见到散在分布的多数圆形小结节（由增生的结核性肉芽肿构成，三四个结节融合成较大结节时肉眼才能看到），呈灰白色。

【请讨论】

1. 该病的病理诊断是什么？
2. 分析该病是如何发生发展的？

（杨春雨）

第四篇 创新性实验

第一章 组织损伤与修复

第一节 肿瘤细胞凋亡的检测设计

细胞凋亡（apoptosis）与细胞坏死是两种不同的细胞死亡方式，细胞凋亡是指细胞在一定的生理或病理条件下，通过细胞内基因及其产物的调控而发生的一种程序性死亡（programmed cell death，PCD）。它是一个主动的、高度有序的、基因控制的、一系列酶参与的过程，其在形态学、生物化学、分子生物学上都有别于坏死。当凋亡受到抑制或不恰当激活时，均会导致各种疾病的发生，肿瘤的发生与肿瘤细胞受到凋亡抑制有关，某些抗肿瘤的药物作用机制便是通过恢复或增强肿瘤细胞的凋亡来实现的，检测肿瘤细胞的凋亡可有多种方法。

【实验目的】
1. 掌握细胞凋亡形态学特征，了解生物化学和分子生物学上的主要特征。
2. 了解几种常用的细胞凋亡检测方法及原理。
3. 学会进行肿瘤细胞凋亡的形态学检测。

【实验方法及原理】

1. 形态学检测 细胞凋亡时主要的形态学特征是细胞皱缩、变小、变圆，胞质浓缩，胞核固缩碎裂，胞膜出芽、形成凋亡小体等。目前认为形态学变化是判断有无细胞凋亡的基础，这种变化多发生在超微结构上，呈多阶段发展，因此电镜形态学观察是迄今为止最经典、最可靠的确定细胞凋亡的金标准。此外还可以细胞核染色质的形态学改变为指标，选用能与DNA特异性结合的活性染料，利用其在紫外光激发时能发出荧光的特点，通过荧光显微镜和共聚焦激光扫描显微镜观察评判细胞凋亡的进展情况。常用的DNA特异性染料有Hoechst33342、Hoechst33258、DAPI，三种染料与DNA的结合是非嵌入式的，主要结合在DNA的A-T碱基区，紫外光激发时发射明亮的蓝色荧光。

2. DNA片断化检测 细胞凋亡时主要的生化特征是其染色质发生浓缩，染色质DNA在核小体单位之间的连接处断裂，形成50～300kbp长的DNA大片段（凋亡早期），或180～200bp整数倍的寡核苷酸片段。细胞经处理后，采用常规方法分离提纯凋亡细胞群中的DNA，前者通常采用脉冲电泳技术可观察到50～300kbp长的DNA大片段产生的"爬行"迁移模式；后者进行琼脂糖凝胶和溴化乙啶染色，在琼脂糖凝胶电泳上可观察到典型的梯形电泳图谱（DNA ladder）。若凋亡细胞量很少，可在分离提纯DNA后，用32P-ATP和末端脱氧核糖核苷酸转移酶（terminal deoxy-nucleotidyl transferase，TdT）标记DNA，然后进行电泳和放射自显影，观察凋亡细胞中DNA ladder的形成。此方法适用于含单一细胞成分的标本检测。

3. DNA裂点检测 细胞凋亡时产生具有黏性末端的DNA断链，一条含有游离的3'—OH末端，另一条有伸出的5'末端。利用此DNA断裂点标记进行检测，可分为原位切口平移（in nick-translation，ISNT）和末端脱氧核苷酸转移酶介导的dUTP原位切口末端标记（terminal deoxy-nucleotidyl transferase dUTP nick end labeling，TUNEL）技术。前者ISNT利用Klenow大片段的5'—3'聚合酶活性，将外源掺入标记的dUTP从3'羟基末端起始经5'—3'方向连接在断端上；后者 TUNEL 则利用 TdT 将标记的 dUTP 接到 3'—OH 端，经显色便可观察到细胞是否存在有标记的核苷酸掺入 DNA 断端。TUNEL 法的敏感性远高于 ISNT，尤其对早期凋亡的检测更为合适。

4. 细胞膜完整性检测 细胞发生凋亡时，其细胞膜的通透性增加，但其程度介于正常细胞与坏死细胞之间。经荧光标记后，正常细胞对染料有抗拒性，荧光染色很浅；凋亡细胞主要摄取 Hoecha 染料，其呈强蓝色荧光；坏死细胞主要摄取碘化丙啶（propidium iodide，PI）而呈强红色荧光。利用这一特点，通过荧光显微镜或流式细胞仪检测细胞荧光强度来区分正常细胞、坏死细胞和凋亡细胞。

5. 细胞膜成分检测 磷脂酰丝氨酸（phosphatidylserine，PS）正常位于细胞膜的内侧，但在细胞凋亡早期，PS 便可从细胞膜的内侧翻转到细胞膜的表面，暴露在细胞外环境中。磷脂结合蛋白 V（Annexin-V）是一种钙依赖性磷脂结合蛋白，能与 PS 高亲和力特异性结合。因此用标记过的 Annexin-V 作为探针联用 PI（不能透过完整的细胞膜，坏死细胞高度摄取 PI），通过双染法经流式细胞仪或荧光显微镜等区分出凋亡细胞（Annexin-V 高染，PI 低染）、正常细胞（二者均低染）、坏死细胞（二者均高染）。

6. 凋亡相关分子活性检测 如 Caspase-3 高表达、凋亡相关蛋白 TFAR19 的高表达及核转位等。

【实验内容】

以肿瘤细胞凋亡的形态学检测为例进行实验。

【实验材料】

1. 细胞 对数生长期的肿瘤细胞。

2. 仪器 光学显微镜、倒置相差显微镜、荧光显微镜、37℃恒温培养箱、细胞培养板、微量加样枪、载玻片、盖玻片。

3. 试剂 一定浓度的致肿瘤细胞凋亡药物、完全培养基、PBS、0.25% 的胰酶、80% 冷丙酮、伊红染液、苏木精染液、荧光染料储存液、梯度乙醇溶液、二甲苯、中性树胶、DAB 显色液等。

【实验步骤】

1. 肿瘤细胞培养 将一定数量的肿瘤细胞接种至放有盖玻片的 24 孔培养板中，常规培养至呈对数生长状态，爬片到一定密度。

2. 分组 对照组加不含药物的完全培养基培养；实验组加含一定浓度药物的完全培养基培养，各组分设培养 24h、36h、48h 不同时段组，每组复设 3 孔。

3. 倒置相差显微镜下观察 在倒置相差显微镜下观察不同时段的培养板中正常与凋亡细胞形态学异同。

4. 荧光显微镜下观察 在不同时间段，分别取出对照组与实验组的盖玻片，PBS 冲洗，固定，用 10μg/ml Hoechst 33258 荧光染料避光染色 5min，PBS 洗涤，甘油封片。在荧光显微镜观察凋亡的肿瘤细胞核的形态学变化。

【实验结果】

1. 倒置相差显微镜下观察 培养板内药物诱导组的肿瘤细胞，表现为贴壁细胞出现皱缩、变圆、脱落现象，凋亡细胞体积变小、变形，细胞膜完整但出现发泡现象，细胞凋亡晚期可见凋亡小体。

2. 荧光显微镜下观察 细胞凋亡过程中细胞核染色质的形态学改变分为三期：Ⅰ期的细胞核呈波纹状或折缝样，部分染色质出现浓缩状态；Ⅱa 期细胞核的染色质高度凝聚、边缘化；Ⅱb 期的细胞核裂解为碎块，产生凋亡小体。

【作业与思考题】

1. 本实验中，肿瘤细胞凋亡的形态学检测是定性还是定量检测？
2. 本实验中应用了一定浓度的药物，探讨其对肿瘤细胞作用时间长短与细胞凋亡的数量、凋亡细胞核所处各时期的比例之间的关系如何。
3. 试设计一种定量检测肿瘤细胞凋亡的实验方案。

（杜晓媛）

第二节 局部因素对皮肤创伤愈合的影响

皮肤是人体最大的器官，是与外界环境接触的屏障。皮肤的创伤愈合（wound healing）是指机体遭受外力作用，皮肤等组织出现离断或缺损后的愈复过程，包括各种组织的再生和肉芽组织增生、瘢痕组织形成等，表现为各种修复过程的协同作用。

【实验目的】

1. 观察正常皮肤创伤修复，掌握外伤后，新生组织增生的形态学变化发生规律。
2. 探讨影响皮肤创伤愈合的局部因素。

【实验原理】

皮肤的伤口的早期局部有不同程度组织坏死和血管断裂出血，数小时内便出现炎症反应，故局部红肿。2~3天后，伤口边缘的整层皮肤及皮下组织向中心移动；大约从第3天开始从伤口底部及边缘长出肉芽组织，填平伤口。第5~6天起成纤维细胞产生胶原纤维；表皮再生在创伤发生24h内，伤口边缘的表皮基底层细胞增生，向伤口中心移动，若伤口过大（一般认为直径超过20cm时），则再生表皮很难将伤口完全覆盖，往往需要植皮。

影响创伤愈合的因素包括全身和局部两方面。全身因素主要包括年龄、营养等方面；局部因素主要包括感染与异物、局部血液循环、神经支配、电离辐射等方面。

【实验内容】

以碘对大鼠皮肤创伤愈合的影响为例进行实验。

【实验材料】

1. **动物** 健康成年雄性大鼠40只。
2. **器材与试剂** 鼠笼、普通天平、1ml注射器、手术刀、打孔器、解剖镊、麻醉剂（戊巴比妥）、手套、洞巾、纱布、制作标本切片的系列仪器、试剂和设备。

【实验步骤】

1. **创伤模型制备** 大鼠经腹腔注射1%戊巴比妥溶液（30mg/kg）麻醉，剃净背部正中毛发，常规消毒后用打孔器切除背部直径约1cm全层皮肤，形成机械损伤动物模型，造模后大鼠伤口暴露，单笼常规颗粒饲料喂养。
2. **分组** 实验分为两组，分对照组与实验组各20只。
3. **给药** 手术后实验组用含KI 30mg/l的去离子水滴覆创面，而对照组用无菌生理盐水，每日两次，每次剂量以不溢出创面为宜。
4. **创面愈合率的测定** 各组在创伤形成后的第1、3、5、7天各时相分别随机选取5只，观察其创面愈合面积，评价创面愈合速度。

$$创面愈合率（\%） = （原创面面积 - 各时相实测面积） / 原创面面积 \times 100\%$$

5. **常规病理组织学切片染色** 取皮肤创缘及周围0.5cm宽的组织，常规固定、脱水、包埋，切成 5μm 切片，HE 染色，光镜下观察小鼠皮肤动态愈合过程。

6. 统计学处理 实验所得数据以（$\bar{x} \pm s$）表示，用 t 检验比较组间差异，用 SPSS11.5 软件进行方差分析，$P < 0.05$ 为差异有统计学意义。

【实验结果与讨论】

1. 肉眼观察 创伤形成后的第 1、3、5、7 天各时相伤口是湿润或干燥，是否渗出、收缩（明显），有无有红晕、结痂、长出肉芽组织、薄皮或点状上皮，有无感染等。

2. HE 染色观察 创伤形成后的第 1、3、5、7 天各时相伤口有无炎细胞渗出、成纤维细胞和毛细血管的增生，及其程度如何。

3. 创面愈合率 碘对创面愈合率的影响是否有统计学意义。

【实验报告】

将实验过程，实验结果如实记录，提交实验报告。

（杜晓媛）

第三节　坐骨神经分支选择损伤模型的制备及行为学观察

神经病理性疼痛是由神经系统损伤引起的一种慢性疾病，主要表现为痛觉过敏、触诱发痛（或称痛觉超敏）、局部感觉缺失以及自发性疼痛等。其发病原因多样，可源于外周躯体感觉神经或神经根损伤（如腰椎间盘突出症、腰肌筋膜综合征等）或 CNS 损伤（如脊髓横断损伤、中风）、感染（如带状疱疹后神经痛）、代谢紊乱（如糖尿病性神经痛或放化疗引起的神经并发症）等。目前，神经病理性疼痛的发生率较高，达 1%，可持续数周、数月甚至数年，严重影响患者的生存质量。

【实验目的】

1. 熟悉小鼠坐骨神经分支选择损伤模型的制备方法。
2. 了解坐骨神经分支选择损伤后的行为学改变。
3. 掌握常用的痛觉行为学观察方法。

【实验原理】

坐骨神经分支选择损伤模型是研究神经病理性疼痛的主要动物模型，手术选择性地将坐骨神经分支中的腓肠神经保留，结扎并切断腓总神经和胫神经。由于操作简单、动物之间的差异较小、疼痛效果确切、对机械痛刺激反应敏感，疼痛出现时间较早，动物很少出现自噬行为等优点而得到广泛的应用。行为观察包括动物自主行为学观察、机械痛阈检测和热痛阈检测，可客观地反映动物的异常疼痛。

【实验材料】

小鼠、解剖显微镜、手术器械、Von Frey 刺激针、热刺激仪、金属丝网眼垫、透明有机玻璃罩等。

【实验步骤】

1. 动物分组 12 只小鼠按随机和双盲的原则分为假手术组和模型组，每组 6 只。

2. 假手术 动物用 4% 戊巴比妥钠麻醉（40mg/kg，ip）后取卧位，手术侧后肢备皮、酒精消毒、铺巾。在股骨下缘处平行于股骨切开皮肤，小剥离子经股二头肌间隙钝性分离肌肉，暴露坐骨神经。用神经剥子轻柔地将坐骨神经与周围软组织分离。局部生理盐水冲洗，无菌纱布擦干手术野，将肌筋膜复位对合，1号线缝合皮下组织及皮肤。小鼠麻醉未醒之前置于灯下保暖，清醒后回笼。

3. 坐骨神经分支选择损伤模型 动物麻醉及无菌处理同假手术组。暴露坐骨神经主干至坐骨神经分义，将其三大主要分支中的腓肠神经保留，结扎并切断腓总神经和胫神经。结扎神经后仔细止血，生理盐水清洗后逐层缝合。

4. 坐骨神经分支选择损伤模型的鉴定

（1）动物自主行为观察：从手术后第1天开始，每2天观察小鼠的步态及术侧后肢着地协调程度、着地/离地时间、跛行、爪部畸形以及是否存在甩足、舔爪、咬肢体等现象。

（2）机械性痛阈值检测：将小鼠单独放置于透明的有机玻璃圆柱体中，其下为金属丝网眼。待小鼠适应环境后，以von Frey刺激小鼠术侧足底，从轻至重，每种型号刺激针刺激10次，每次间隔5秒。鼠会出现抬足、缩足、快速甩足以及甩足后舔足等反应。当Von Frey纤毛针曲成90°时小鼠仍不抬足，视为无反应。以出现5次以上缩足反应为阳性，记录能够引发缩足反应的最小力度为机械性痛阈值（g）。术前2天测定后足基础机械性痛阈，并分别于术后第1、3、5、7、9、11、13天测痛阈。

（3）热痛觉过敏实验：将小鼠单独放置于透明的玻璃板上，应用辐射光源直接照射在术侧足底接触的玻璃板上，小鼠足不能耐受热刺激而抬起时光源关闭，同时记录潜伏期（s）作为观察指标。每只观察3次，每次间隔5分钟，取平均值作为热痛阈阈值。术前2天测定后足基础热痛阈，并分别于术后第1、3、5、7、9、11、13天测痛阈。

5. 统计学分析 所有统计学数据以均数±标准差（$\bar{x} \pm s$）表示，采用SPSS12.0统计软件，组间采用单因素方差分析，$P < 0.05$为差异有统计学意义。

【观察指标】

1. 观察小鼠的自主行为学变化。
2. 观察小鼠的机械痛阈值变化。
3. 观察小鼠的热痛阈值变化。

【作业与思考题】

1. 神经病理性疼痛的模型制备方式还有哪些？
2. 坐骨神经分支选择损伤导致疼痛的机制如何？

（张　莉）

第四节　小鼠癫痫模型的制备及形态学检测

癫痫是神经系统的一种慢性难治性疾病，它以反复发作性大脑神经元异常猝发放电所致的暂时性大脑功能失常为主要特征，表现为一过性意识障碍、精神症状、运动性抽搐等。细菌或病毒感染、颅脑外伤、颅脑肿瘤和脑部手术等因素均能导致癫痫的发生和反复发作。目前，癫痫的发病率较高，仅次于心脑血管疾病，位居第二，长期癫痫发作还可导致智力减退、抑郁和精神失常等精神症状，因此，研究癫痫的发病机制从而找到有效的治疗方法势在必行。

【实验目的】

1. 熟悉小鼠癫痫模型的制备方法。
2. 了解癫痫动物海马神经元的形态学改变。
3. 掌握尼氏染色和TUNEL染色方法。

【实验原理】

癫痫发作能过度刺激兴奋性氨基酸受体，导致细胞内出现钙超载，激活与细胞凋亡相关的基因，从而引起细胞凋亡，由此引发的海马神经元大量丢失与损伤是癫痫发病的重要机制之一。尼氏染色可显示神经元尼氏体的形态与数量，可借此反应神经元是否存在损伤；TUNEL 染色是检测凋亡细胞的主要方法，利用这两种染色方法可观察癫痫造成的海马神经元损伤。

【实验材料】

小鼠、匹罗卡品（毛果芸香碱）、阿托品、多聚甲醛、酒精、二甲苯、树胶、焦油紫染液、PBS 缓冲液、石蜡、包埋器、TUNEL 试剂盒、DAB 染液、苏木精。

【实验步骤】

1. 动物分组 20 只小鼠随机分为模型组和对照组，每组 10 只。

2. 制备癫痫模型 小鼠称重，按 300mg/kg 给药剂量给小鼠腹腔内注入匹罗卡品，对照组小鼠注射等量的生理盐水。动物于注射匹罗卡品前半小时预先腹腔注射阿托品（1mg/kg）以阻滞外周胆碱能反应。小鼠在注射匹罗卡品后观察其行为学变化，选择癫痫持续状态的小鼠进行下一步实验。按 Racinests 分级标准评价癫痫行为：

0 级，正常行为；

Ⅰ级，面部肌肉痉挛表现为咀嚼运动、眨眼、动须等，湿狗样颤动；

Ⅱ级，颈部肌肉痉挛表现为点头运动；

Ⅲ级，一侧前肢阵挛；

Ⅳ级，站立伴双前肢阵挛；

Ⅴ级，在Ⅳ级的基础上身体向后倒下失去平衡，四肢抽动。

达到Ⅲ级改变以上者定为癫痫发作，连续的痫性发作超过 30 min 以上者为癫痫持续状态。

3. 取材与标本制备 于癫痫造模后第 7 天取材。各组小鼠经 4% 戊巴比妥钠腹腔麻醉后直接断头，取脑组织，放入 4% 多聚甲醛溶液中，于 4℃ 中固定 12h，水洗，依次放入 70% 乙醇、80% 乙醇、90% 乙醇、95% 乙醇、100% 乙醇进行脱水，二甲苯透明、石蜡浸蜡和包埋、在石蜡切片机上制备石蜡切片，切片厚度为 5μm。

4. 尼氏染色

（1）石蜡切片放入二甲苯中脱蜡 20 分钟。

（2）依次放入 100% 乙醇、95% 乙醇、90% 乙醇、80% 乙醇、70% 乙醇中逐级入水，然后放入水中完全水化。

（3）将切片放入焦油紫染液中染色 10 分钟，水洗。

（4）切片放入梯度乙醇中逐级脱水，直至 100% 乙醇。

（5）入二甲苯中透明 20 分钟，树胶封片，光镜下观察。

5. TUNEL 染色

（1）切片常规脱蜡入水。

（2）加入 0.01M、PH6.0 的枸橼酸修复液，高压修复 2 分钟，然后在室温下放凉。

（3）放入 0.01M PBS 中清洗 3 次，每次 5 分钟。

（4）加入 3% 过氧化氢溶液，放置 10 分钟。

（5）0.01M PBS 清洗 3 次，每次 5 分钟。

（6）加入 20% 正常牛血清，室温下反应 30 分钟。

（7）滴加 TUNEL 反应液，在 37℃ 下反应 90 分钟。

（8）0.01M PBS 中清洗 3 次，每次 5 分钟。

（9）加 POD 转化剂，37℃下反应 30 分钟。
（10）0.01M PBS 中清洗 3 次，每次 5 分钟。
（11）DAB 显色 3～10 分钟。
（12）苏木精复染细胞核，常规脱水、透明、封片，镜下观察。
以 TUNEL 反应液中不加 TDT 作为阴性对照。

6. 神经元计数 每个样本选取 5 张切片，每张切片在 400 倍光学显微镜下系统、随机地选择 3 个视野进行观察，计数海马神经元数量和 TUNEL 阳性细胞百分比。

7. 统计学分析 所有统计学数据以均数±标准差（$\bar{x} \pm s$）表示，采用 SPSS12.0 统计软件，组间采用单因素方差分析，$P < 0.05$ 为差异有统计学意义。

【观察指标】

1. 观察小鼠癫痫发作的行为学变化。
2. 观察癫痫小鼠海马神经元尼氏体的形态及神经元的数量变化。
3. 观察癫痫小鼠海马 TUNEL 阳性神经元的数量变化。

【作业与思考题】

1. 癫痫的模型制备方式还有哪些？
2. 尼氏染色的原理是什么？
3. 检测细胞凋亡有哪些方法？

（张　莉）

第五节　脑缺血再灌注损伤大鼠模型制备及免疫组织化学染色

缺血性中风占全部脑血管病的 60%～80%，与其他脑血管病相比，具有"三高一低"的特点，即高发病率、高致残率、高复发率、低死亡率，严重威胁人类健康。缺血性中风病机概而言之为"血瘀、火、气、风、痰、虚"。活血化瘀是治疗缺血性中风的常用方法。虽然活血化瘀可以使血管再通，恢复血流，但是血管再通却可以导致缺血再灌注损伤，引发更为严重的症状。

【实验目的】

1. 熟悉大鼠脑缺血再灌注模型的制备方法。
2. 了解缺血再灌注损伤后大脑组织的病理改变。
3. 熟悉免疫组织化学技术的方法。

【实验原理】

脑缺血再灌注损伤是指由于脑血流再通所引起的局部脑组织损伤，其主要病理机制是局部脑组织由于供血障碍发生缺血、缺氧，当血流再通时，机体内的细胞受到相应的刺激后产生一系列的级联反应，引发一系列病理生理过程，最终导致神经细胞凋亡或坏死。

Bcl-2 和 *Bax* 是细胞凋亡过程中最主要的调控基因之一，其中 *Bcl-2* 为抗凋亡的主要基因，而 *Bax* 主要发挥促凋亡作用。*Bcl-2* 可以与促凋亡基因 *Bax* 拮抗，抑制细胞色素 c 自线粒体释放至胞质，阻止胞质细胞色素 c 对 Caspase 蛋白酶的激活，从而抑制细胞凋亡。*Bcl-2* 与 *Bax* 的比值（*Bcl-2/Bax*）能提示是否发生凋亡，两者比例升高时促进细胞存活，两者比例降低时促进细胞凋亡。本实验将采用免疫组织化学方法，利用抗原抗体特异性反应的原理，检测脑

缺血再灌注损伤大鼠大脑皮层中 *Bcl-2* 与 *Bax* 的表达水平，探讨二者对脑缺血再灌注损伤的调控机制。

【实验材料】

大鼠、戊巴比妥钠、体视显微镜、线栓、兔抗大鼠 *Bcl-2* 与 *Bax* 单克隆抗体、羊抗兔二抗试剂盒（SP0023）、枸橼酸缓冲液、磷酸盐缓冲液、DAB 显色试剂盒、湿盒、水浴箱、手术器械等。

【实验步骤】

1. 大鼠麻醉 受试大鼠禁食 12 小时后，称重。采用戊巴比妥钠（30mg/kg）腹腔注射麻醉。

2. MCAO 模型制备 将麻醉大鼠仰卧固定于手术台上，颈腹部右侧切口，逐层分离并暴露右侧颈总动脉、颈外动脉、颈内动脉，用动脉夹夹闭右侧颈总动脉、颈内动脉以防止血液反流，在距颈总动脉分叉 8～10mm 处用双重丝线结扎并剪断右侧颈外动脉后，采用电凝器闭塞颈外动脉分支，下拉其近心端，与右侧颈内动脉呈直线。然后在其近分叉处剪开一 V 型小口，将头端光滑烫圆的直径 0.23mm 鱼线，缓慢向颈内动脉插入，同时松开预先夹闭颈内动脉的动脉夹，当将线栓插入距颈总动脉分叉 18～20mm 处并有轻微阻力时，表明线栓已插至 Willie's 环大脑前动脉起始处，阻塞了大脑中动脉主干的起始部。随后，用留置丝线结扎颈外动脉起始处，防止线栓滑落，2 小时后将线轻轻拔除，即为再灌注模型，再灌注时间为 22 小时。逐层缝合，并松开颈总动脉的动脉夹，术中保持肛温在 37～37.5℃。

3. 神经功能评分 参照 Zea Longa 等的 5 分制评分标准，在大鼠清醒时观察并记录神经功能症状：① 0 分：无神经损伤症状；② 1 分：不能完全伸展对侧前爪；③ 2 分：向瘫痪侧转圈；④ 3 分：向对侧倾倒；⑤ 4 分：不能自发行走，意识丧失。

4. 取材 术后 24h，将大鼠再次麻醉后，采用 4% 多聚甲醛灌注固定后处死大鼠，断头取脑。

5. 石蜡切片制备 去除小脑和嗅球，保留大脑。继续采用多聚甲醛续固定，梯度酒精脱水，二甲苯透明，浸蜡，包埋，制备 5 微米厚度的石蜡切片备用。

6. 免疫组织化学染色（SP 法）

（1）石蜡切片脱蜡至水：（二甲苯Ⅰ 10min → 二甲苯Ⅱ 10min → 无水乙醇Ⅰ 10min → 无水乙醇Ⅱ 10min → 95% 乙醇Ⅰ 4min → 95% 乙醇Ⅱ 4min → 90% 乙醇 4min → 80% 乙醇 4min → 双蒸水洗 4min → 0.01M PBS 漂洗 4min）。

（2）高压修复抗原：将切片置于含 pH 6.0 枸橼酸缓冲液的高压锅内，加热至减压阀喷气 2min，自然冷却，取出，0.01 M PBS 洗涤 3 次，每次 5min。

（3）灭活内源性过氧化物酶：3% 过氧化氢溶液处理 10～30min 以去除内源性过氧化物酶，0.01M PBS 洗涤 3 次，每次 5min。

（4）滴加 5% BSA 封闭液：滴加 5% BSA 封闭液，室温 10～30min 以去除非特异性反应。甩去多余液体，不洗。

（5）滴加一抗：分别滴加适当浓度稀释的一抗（兔抗大鼠 *Bcl-2/Bax* 单克隆抗体，稀释浓度 1∶100），4℃孵育过夜，0.01 M PBS 洗涤 3 次，每次 5min；阴性对照采用 PBS 替代一抗。

（6）滴加二抗：滴加生物素化羊抗兔 IgG（SP0023），37℃孵育 30min，0.01 M PBS 洗涤 3 次，每次 5min。

（7）滴加 SP 复合物：滴加试剂 SP，37℃孵育 30min，0.01 M PBS 洗涤 3 次，每次 5min。

（8）DAB 显色。

（9）苏木精复染。

（10）脱水，透明，中性树胶封片。

【观察指标】

1. 观察大鼠的行为学变化。
2. **显微镜下观察** 与正常脑组织结构比较，观察梗死区组织形态变化，梗死灶与正常组织交界处有何变化。
3. 显微镜下观察 *Bcl-2*、*Bax* 的表达情况。

【注意事项】

1. 模型制备过程中，线栓向大脑中动脉插入时，动作要轻柔，以免损伤血管。待大鼠清醒后，注意观察大鼠的行为学变化。
2. 免疫组织化学实验中，高压修复后要让切片自然冷却，以免影响抗原的定位表达。一抗的稀释度要经过反复摸索，筛选出最适宜的抗体浓度。

【作业与思考题】

1. 大脑中动脉走行的解剖学基础。
2. 大脑梗死区的病理学改变特点。
3. 免疫组织化学的基本原理。

（包翠芬）

第六节 危重病性肌病大鼠模型的制备及 HE 染色

越来越多的研究表明，许多危重病患者在被收入重症监护病房（intensive care unit，ICU）以后，陆续出现了以肌肉功能障碍为主的并发症，其临床特征表现为全身性肌无力，肌肉萎缩，临床上将其定义为危重病性肌病（critical illness myopathy，CIM）。相当多的危重病患者在急性期过后，由于伴发的 CIM，导致机体功能恢复延迟、住院时间延长、生活质量下降、死亡率增加，给家庭和社会造成了沉重的负担。美国的统计数据显示，危重病性肌病的出现将 ICU 患者的治疗费用（中位数）提高 3 倍，目前国内虽然还没有相关统计数字，但保守估计也将相当惊人。因此，对危重病性肌病的研究与防治已经成为目前临床工作中亟待解决的问题。换言之，对 CIM 其致病因素及发病机制的深入研究，将有利于该病在易感人群中的预防、早期诊断和有效的治疗，并降低医疗费用、减轻社会负担，因此具有极大的科学价值和社会意义。

【实验目的】

1. 熟悉大鼠危重病性肌病模型的制备方法。
2. 了解危重病性肌病后肌组织的病理改变。
3. 掌握 HE 染色方法。

【实验原理】

苏木精-伊红染色（hematoxylin-eosin staining），简称 HE 染色法，是石蜡切片技术里常用的染色法之一。苏木精染液为碱性，主要使细胞核内的染色质与细胞质内的核糖体等结构染成蓝紫色，称嗜碱性；伊红为酸性染料，主要使细胞质和细胞外基质中的成分染成粉红色，称嗜酸性；与两种染液亲和力都不强的，称为中性。

【实验材料】

大鼠、地塞米松、电子秤、显微镜、HE 染色缸一套、中性树胶、眼科镊子、盖玻片等。

【实验步骤】

1. 危重病性肌病模型制备　用 5mg/kg 地塞米松连续腹腔注射，每日 1 次，连续注射 9 天。

2. 神经功能评分　参照 lennon 等的分级法将症状严重程度分为四级。0 级：无肯定的无力表现；1 级：撕咬无力，肢体力量较差，在光滑地面上前肢打滑，活动减少且易疲劳；2 级：明显无力，休息时身体呈隆起姿势，头尾下垂，大腿外展，前肢脚趾弯曲，动作笨拙，步态不稳；3 级：严重肌无力表现，无撕咬动作，肌肉震颤，呼吸困难，濒死或死亡。症状居于中间者，分别评为 0.5、1.5、2.5 级。每日按照以上标准观察并记录症状变化。

3. 取材　将大鼠再次麻醉后，采用 4% 多聚甲醛灌注固定后处死大鼠，暴露左肢，分别垂直于比目鱼肌长轴方向切取长约 1cm 组织。

4. 石蜡切片制备　继续采用多聚甲醛续固定，梯度酒精脱水，二甲苯透明，浸蜡，包埋，制备 5 微米厚度的石蜡切片备用。

5. HE 染色　石蜡切片经二甲苯脱蜡、梯度酒精入水，苏木精染色 5 分钟，水洗，流水返蓝 30 分钟，伊红染色 1 分钟，水洗。切片片经梯度酒精脱水，二甲苯透明，树胶封片，显微镜下进行观察。

（1）二甲苯 10min，2 次；
（2）100% 乙醇，2～5min，2 次；
（3）95% 乙醇，2～5min；
（4）90% 乙醇，2～5min；
（5）80% 乙醇，2～5min；
（6）70% 乙醇，2～5min；
（7）蒸馏水洗，5min；
（8）苏木精染色，10～15min，自来水洗；
（9）分色：0.5%～1% 盐酸乙醇，30 秒～1min，自来水洗；
（10）蓝化：0.5%～1% 氨水，30 秒～1min，自来水洗。光镜下镜检细胞核分色质量；
（11）流水冲洗，5min；
（12）1% 伊红水溶液，5～10min；
（13）蒸馏水快洗；
（14）70%、80%、90% 乙醇速洗，每次各数秒～数十秒；
（15）95% 乙醇，30 秒～1min，光镜下镜检细胞核，细胞质颜色对比情况；
（16）100% 乙醇，2～5min，2 次；
（17）二甲苯，10min，2 次。

【观察指标】

1. 观察大鼠的行为学变化。
2. 显微镜下观察：肌组织的病理改变。

【注意事项】

1. 严格遵守染液的使用方法。
2. 防止染色过程中所使用的试剂的挥发。
3. 组织切片放入染色缸时，一定要使试剂的液面超过切片上的组织。
4. 一旦组织切片置于二甲苯内脱蜡，就不能使组织切片出现因试剂的挥发而干涸的现象。
5. 染色过程中蒸馏水要随时更换。
6. 染色时，在更换染缸时，一定要将组织切片上的液体尽量去掉。

7. 染色后的颜色控制需要在镜下监测。检测时，要分清正反面，时间要短，尽量使用低倍镜观察。

【作业与思考题】

1. 危重病性肌病的模型制备方式还有哪些？
2. HE 染色过程中，盐酸酒精分化的作用是什么？
3. HE 染色过程中，二甲苯和乙醇均起着怎样的作用？

（包翠芬）

第七节　糖尿病肾病大鼠模型制备及 PAS 染色

糖尿病肾病是糖尿病微血管并发症之一，是糖尿病患者重要的死亡原因。临床特征为蛋白尿，渐进性肾功能损害，高血压，水肿，晚期出现严重肾功能衰竭，是糖尿病引起的严重和危害性最大的一种慢性并发症。

【实验目的】

1. 熟悉大鼠糖尿病肾病模型的制备方法。
2. 了解糖尿病肾病大鼠肾组织的病理改变。
3. 熟悉 PAS 染色技术。

【实验原理】

糖尿病肾病是糖尿病主要的微血管并发症之一，是导致终末期肾病患者死亡的主要原因。至今，糖尿病肾病的发病机制不明，也尚无有效的治疗手段。糖尿病肾病的主要病理特征为肾小球体积增大，基底膜增厚，足细胞结构损伤，细胞外基质表达增加，最终表现为肾小球硬化和肾小管间质纤维化。

PAS 染色，又称过碘酸雪夫染色，糖原染色。一般用来显示糖原和其他多糖物质。其原理为过碘酸能使细胞内的多糖乙二醇基氧化成二醛，再与 Schiff 液的无色品红结合，反应产物为红色，定位于胞质。PAS 染色是观察肾小球基底膜的常用手段。

【实验材料】

大鼠、戊巴比妥钠、水浴箱、手术器械、链脲佐菌素、强生血糖仪、多聚甲醛固定液、酒精、过碘酸、Schiff 氏液、苏木精等。

【实验步骤】

1. **糖尿病大鼠模型制备**　受试大鼠适应性喂养 1w，禁食 12h，腹腔注射 1% STZ 溶液（55mg/kg），间隔 1d 再次注射一次。STZ 以 0.5mmol/L 的枸橼酸 - 枸橼酸钠缓冲液配制，现用现配。大鼠连续喂养 2w。比较注射 STZ 前和喂养 2w 后大鼠的血糖、尿量和尿蛋白，若血糖值 > 16.7mmol/L，尿量 > 原尿量 150%，尿蛋白 > 30mg/（kg·24h），则糖尿病肾病模型制备成功，计算成模率。

2. **取材**　大鼠饲养 24w 后，10% 水合氯醛麻醉处死，迅速摘取肾脏，生理盐水冲洗后称重，计算肾重/体重比值，将肾组织置于 4% 多聚甲醛中固定。

3. **石蜡切片制备**　取多聚甲醛固定的肾组织，流水冲洗，梯度酒精脱水，二甲苯透明，浸蜡，包埋，制备 5μm 的石蜡切片备用。

4. PAS 染色

（1）石蜡切片脱蜡至水：（二甲苯Ⅰ 10min →二甲苯Ⅱ 10min →无水乙醇Ⅰ 10min →无水乙醇Ⅱ 10min → 95% 乙醇Ⅰ 5min → 95% 乙醇Ⅱ 5min → 90% 乙醇 5min → 80% 乙醇 5min →双蒸水洗 5min）；

（2）1% 高碘酸氧化 5min，流水冲洗 10 min，蒸馏水洗 5min，2 次；

（3）Schiff 液染色（避光）30min；

（4）0.5% 偏重亚硫酸钠溶液浸洗 2 次，每次 2min，流水冲洗 10min，蒸馏水洗；

（5）苏木精染色 5min，水洗；

（6）1% 盐酸酒精分色，流水冲洗 10min；

（7）脱水，透明，中性树胶封片。

【观察指标】

1. 观察大鼠的肾重体重比值。
2. 显微镜下观察：与正常肾组织结构比较，糖尿病肾组织肾小球基膜有何变化。

【注意事项】

1. 链脲佐菌素的用量要计算好，小剂量间隔给药可减少动物死亡率。
2. 过碘酸和 schiff 液要新鲜配制，schiff 液需避光反应。

【作业与思考题】

1. 肾脏的结构。
2. 糖尿病肾病的病理学特点。
3. PAS 染色的基本原理。

（田 鹤）

第八节 帕金森模型的制备及行为学观察

帕金森病是一种常见的中枢神经系统退行性疾病，以中脑黑质多巴胺能神经元变性缺失为主要病理特征。主要临床症状表现为主动运动减少、静止性震颤、肌张力增高，严重患者伴有记忆障碍和痴呆等症状，已成为影响中、老年人身体健康常见疾病。

【实验目的】

1. 熟悉大鼠帕金森模型的制备方法。
2. 了解帕金森模型鼠的行为学改变。
3. 掌握 TH 阳性神经元的免疫组化检测。

【实验原理】

皮质-基底节-丘脑-皮质环路的改变是帕金森病发生、发展的基础，苍白球外侧部是基底节间接环路的重要核团，在机体运动功能调节中发挥重要作用。在帕金森状态下，黑质致密部的多巴胺能神经元进行性的变性坏死，导致纹状体中多巴胺的含量降低，对 D2 受体神经元的抑制作用减弱，释放的抑制性神经递质 GABA 增多，导致苍白球外侧部过度抑制，使其释放的 GABA 减少，对 STN 的抑制作用减弱，引起 STN 过度兴奋。而 STN 向黑质网状部和苍白球内侧部的投射末梢释放兴奋性神经递质谷氨酸增多，最终的结果是黑质网状部和苍白球内侧部的 GABA 能神经元过度兴奋，导致丘脑中继核团过度抑制，从而引起了各种的帕金森症状。

【实验材料】

大鼠、手术器械、脑立体定位仪、牙科钻、微量注射器、大鼠帕金森病模型旋转计数器、外科手术器械及手术用敷料等。

【实验步骤】

1. 动物分组 20 只大鼠随机分为模型组和对照组，每组 10 只。模型组大鼠称重，用 10% 水合氯醛腹腔注射麻醉（3ml/kg），将麻醉好的大鼠腹面向下固定于脑立体定位仪上。

2. 头部备皮，常规碘酒、酒精消毒后，沿后眦连线中点、耳间线中点连线切开皮肤及皮下组织，消毒棉球压迫 1～2 分钟，钝性分离骨膜，暴露顶骨、额骨和冠状缝、矢状缝。

3. 确定前囟的位置，调整微量注射器，使针尖正对前囟中点。

4. 依据大鼠脑立体定位图谱确定黑质致密部及内侧前脑束的注射位点坐标。选用的注射位点坐标为如下两点：一点为前囟后（-）4.0mm，正中线左旁开（L）0.8mm，硬脑膜下（V）8.1mm，门齿棒高于耳间线（+）3.4mm；另一点为前囟后（-）4.4mm，正中线左旁开（L）1.1mm，硬脑膜下（V）7.9mm，门齿棒低于耳间线（-）2.4mm。

	门齿棒高度	前囟后	左旁开	硬脑膜下
黑质致密部	-2.4	-4.4	+1.1	-7.9
内侧前脑束	+3.4	-4.0	+0.8	-8.1

5. 在手术显微镜下立体定位上述注射位点，用牙科钻于相应地颅骨处小心钻开一小孔，暴露脑实质，小心剔除孔底部的小骨片，注意不要损伤大脑实质。

6. 用微量注射器，分别将 4μl 新鲜配制的 6-OHDA 溶液（相当于 12μg 的 6-OHDA），于上述两个注射位点缓慢匀速地注射到大鼠脑内，按 1μl/min 的速度推进，每注射完 1μl 的液体后，留针 2 分钟，每点注射完毕时，留针 15 分钟，然后缓缓退出 Hamilton 微量注射器。

7. 于伤口处撒布少许青霉素粉末，以预防感染，然后全层缝合皮肤切口。

8. 将动物放置于温暖的环境中，等待其苏醒后，给予食水，送返动物饲养室。

9. 取脑组织，并将纹状体和黑质分离。

（1）取到达时间点的实验动物，称重，以 10% 的水合氯醛腹腔注射麻醉（3ml/kg）。

（2）将动物固定于灌注台上，沿剑突处横行剪开腹壁，暴露腹腔脏器，剪开膈肌，并沿腋中线向上剪开胸壁，暴露心脏和肺。

（3）在靠近膈肌处，找到胸主动脉，并夹闭。

（4）用大止血钳稍固定心脏，在左心室侧壁剪一小口，将穿刺针插入左心室，并沿主动脉口方向将穿刺针插入升主动脉，用止血钳固定穿刺针，剪开右心耳。

（5）调节生理盐水的速度，以 35ml/分钟的速度将约 300ml 生理盐水灌注，冲出血液。

（6）待右心耳的流出液为清亮时，抽出穿刺针，取下动物，沿耳后断头，剪开颅顶部皮肤，翻向两侧。

（7）小心地用咬骨钳剥离枕骨大孔上方的骨片，游离颞骨岩部周围的肌组织，咬除双侧颞骨岩部骨组织及余下的枕骨骨组织，小心向前向上咬除顶骨，刚开始时防止大幅度牵拉硬脑膜对脑组织的造成切割损伤，可以先用眼科剪剪开硬脑膜。待将颅顶骨去除至嗅球上方，小心地用眼科剪剪断粗大的三叉神经，分离脑垂体，向前翻大脑，从下方剪断嗅束，分离出脑组织。

（8）将取材固定的脑组织从固定液中取出，梯度酒精脱水，二甲苯透明，石蜡包埋。制备 5～6μm 厚的切片。切片常规脱蜡至水。

(9) 脑片 TH 染色

1) 切片入 0.01%PBS 液中浸洗 4 分钟，×3 次。

2) 切片入 0.01 枸橼酸钠缓冲液（pH6.0），抗原修复（微波），在微波炉里加热至沸腾后将组织芯片放入，断电，间隔 5～10 分钟，反复 1-2 次。

3) 切片入 0.01%PBS 液中浸洗 4 分钟，×3 次。

4) 切片入 3% H_2O_2 消除内源性过氧化物酶的活性，室温 10～15 分钟。

5) 切片入 0.01%PBS 液中浸洗 4 分钟，×3 次。

6) 切片入 5% 正常羊血清 PBST 液，室温封闭 30 分钟，（抑制非特异性背地）。

7) 倾去 5% 正常羊血清 PBST 液，切片不清洗，直入适当稀释的一抗 TH（1：12000，0.01MPBST 稀释），4℃孵育过夜。

8) 切片入 0.01%PBS 液中浸洗 4 分钟，×3 次。

9) 切片入生物素标记的Ⅱ抗（1：300，1%BSA-0.01%PBST 稀释），37℃温箱孵育 30 分钟。

10) 切片入 0.01%PBS 液中浸洗 4 分钟，×3 次。

11) 切片入 DAB 显色，室温 3～5 分钟。

12) 切片入流水充分浸洗。

13) 切片入苏木精进行复染 10 分钟，流水充分浸洗，蒸馏水冲洗。

14) 切片入盐酸酒精分化 10～20 秒，流水充分浸洗，蒸馏水冲洗。

15) 切片上行脱水，透明，封固。镜下观察并拍照。

(10) 脑片 TH 阳性神经元计数：依据大鼠脑立体定位图谱，取前囟后 -4.4 至前囟后 -6.2 的连续切片，每隔 6 张切片取 1 张，共计 6 张，进行 TH、GAD65 免疫组织化学染色，5× 视野下，应用 Leica-Qwin 图像分析软件，计数黑质部位的全部 TH 阳性神经元的数目。

10. 统计学分析　所有统计学数据以均数±标准差（$\bar{x}\pm s$）表示，采用 SPSS12.0 统计软件，组间采用单因素方差分析，$P<0.05$ 为差异有统计学意义。

【观察指标】

1. 观察帕金森模型鼠的日常行为变化。

2. 观察帕金森模型鼠的旋转实验和步态实验结果。

3. 观察大鼠的 TH 阳性神经元计数结果。

【作业与思考题】

1. 帕金森模型制备方式还有哪些？

2. 帕金森病的发病机制是什么？

（王雅光）

第九节　大鼠肝损伤模型制备及相关检测

肝病是一种世界性疾病，多由病毒、酒精以及药物等因素损伤肝细胞所致。由于各种病因所致的肝细胞的受损均涉及自由基损伤、炎症介质、免疫功能紊乱、病因直接作用等环节。因此，对肝病致病因素及发病机制的深入研究，将有助于保肝药物的研发。

肝细胞损伤是各种肝病共同的病理基础。现代医学对肝损伤的研究比较深入，已从多方面探讨了肝损伤的发生机制。氧化应激（oxidative stress，OS）是指机体在需要清除体内老化的细胞或在遭受各种有害刺激时，体内高活性分子，如活性氧自由基（ROS）和活性氮自由基（RNS）产生过多，氧化程度超出氧化物的清除，氧化系统与抗氧化系统失衡，从而导致细胞器、细胞甚至组织损伤。近几年的研究发现，氧化应激在肝病的发生发展中起着非常重要的作用，它已成为现在肝病研究的热点。

由化学药物引起的经典肝损伤动物模型均属中毒性肝坏死范畴。CCl_4 模型是肝损伤的经典模型，能准确反映肝细胞的功能、代谢及形态学变化，重复性好。但 CCl_4 还同时损害动物的其他多种脏器。关于 CCl_4 的肝毒作用机制，研究较多，存在多种意见，但都一致公认，氧自由基的形成及引发的链式脂质过氧化反应是其主要机制。

【实验目的】

1. 熟悉大鼠四氯化碳肝损伤模型制备方法。
2. 了解肝损伤肝组织的病理改变。
3. 掌握 PAS 染色方法。

【实验原理】

PAS 染色又称过碘酸雪夫染色，糖原染色。一般用来显示糖原和其他多糖物质。过碘酸能使细胞内的多糖乙二醇基氧化成二醛，再与 Schiff 氏液的无色品红结合，红色，定位于胞质上。

【实验材料】

大鼠、谷草转氨酶（GOT/AST）试剂盒、谷丙转氨酶（GPT/ALT）试剂盒、丙二醛（MDA）测定试剂盒、超氧化物歧化酶（SOD）测试盒、谷胱甘肽（GSH）（除蛋白）测定试剂盒、电子秤、显微镜、HE 染色缸一套、中性树胶、眼科镊子、盖玻片、恒温水浴锅、紫外分光光度计等。

【实验步骤】

1. CCl_4 所致大鼠急性肝损伤 大鼠 20 只，随机分成 2 组，每组 10 只：空白组、CCl_4 组。CCl_4 组，腹腔注射 CCl_4 大豆油溶液 8 g/kg，给药体积为 0.1 ml/10g，空白组腹腔注射相同体积的食用大豆油。隔夜禁食不禁水 24 h 后，摘眼球取血，分离血清，按照试剂盒说明测定血清中 ALT、AST、GSH 含量。处死动物，立即取肝脏备用。

2. 肝组织中 MDA、GSH、SOD 含量的测定 用冰冷的生理盐水冲洗肝脏左小叶数次，滤纸拭干后，精确称重 0.1g，制成 10% 和 1% 的肝组织匀浆（经 10% 匀浆稀释），按照试剂盒说明测定 MDA，GSH 含量和 SOD 活性。

3. 光镜下视网膜组织形态学观察 肝脏标本常规固定、脱水、石蜡包埋，切片厚度为 5μm，常规 HE 染色、PAS 染色，OLYMPUS 光学显微镜下观察并拍照。

4. PAS 染色

（1）石蜡切片脱蜡至水；
（2）蒸馏水洗；
（3）过碘酸酒清夜 10min；
（4）自来水冲洗 10min；
（5）Schiff 液 10min；
（6）流水冲洗 5min；
（7）用苏木精核染 3min（细胞核染色过深可用盐酸酒精分化）；
（8）流水冲洗 5min；
（9）常规脱水、透明、封固。

【观察指标】

　　1. 血清中丙氨酸氨基转移酶（ALT）、天门冬氨酸氨基转移酶（AST）的含量；肝脏中丙二醛（MDA）和还原型谷胱甘肽（GSH）的含量与超氧化物歧化酶（SOD）活力。

　　2. 显微镜下观察　肝脏组织的病理改变。

【注意事项】

　　1. 注意腹腔注射药物的剂量。

　　2. 防止动物禁食时间死亡被吃。

【作业与思考题】

　　1. 肝脏损伤的模型制备方式还有哪些？

　　2. HE、PAS 染色的结果如何评价？

（王　丹）

第二章 肿瘤的生物学行为分析

肿瘤的侵袭及转移能力分析；肿瘤的生长与凋亡分析。

肿瘤组织在细胞形态和组织结构上，都与其起源的正常组织有不同程度的差异，这种差异称异型性。其中包括细胞异型性和组织异型性。肿瘤的异型性反映了肿瘤的分化程度。分化愈高的肿瘤，异型性愈小，良性肿瘤一般异型性不明显。分化愈差的肿瘤则常具有明显的异型性。这是区别良、恶性肿瘤重要的组织学依据。侵袭和转移是恶性肿瘤的两个特征。肿瘤细胞的生长，可以由原发部位连续不断地通过组织间隙、淋巴管、血管、神经等侵入邻近组织和器官继续生长，也可从原发部位侵入血管、淋巴管或体腔，在远处器官内继续生长，形成与原发瘤同样类型的肿瘤，新形成的肿瘤为转移瘤。转移是恶性肿瘤的绝对指征。肿瘤的转移方式分为三种：淋巴道转移、血道转移、种植转移。

肿瘤的发生引起细胞信号转导一系列的变化，其一是不受调控的生长、扩增；其二就是不受体内环境调控，抑制肿瘤细胞的凋亡。肿瘤细胞的抗凋亡研究是近年来研究较热的课题，主要表现为抗失巢凋亡和抗药物诱导的凋亡。在正常体内环境下，细胞发生异常即会启动凋亡，而在肿瘤细胞，它们可以侵袭转移至其他部位，这与它们可以克服细胞在离开原发部位后经历的变形，进入血行或淋巴，接收血液等的冲击、切向力等作用，黏附至转移灶，逐渐扩增形成转移瘤有关。而在肿瘤的生物学行为中，具有重要的作用和意义。对抗药物诱导的凋亡即是肿瘤细胞的耐药性，表现为肿瘤细胞可以高于正常细胞耐受药物的作用。

本章主要对肿瘤的生物学行为侵袭、转移、生长、凋亡四种现象作一简要介绍。

第一节 肿瘤的侵袭及转移能力分析

肿瘤的侵袭和转移包括一系列时间和空间的细胞行为，恶性肿瘤从原发灶转移到继发灶需要经历所有的细胞行为，缺一不可。研究显示，只有很少的一部分肿瘤细胞能够具备转移到继发灶的能力。简言之，细胞起初通过细胞-细胞之间黏附能力的改变脱落离开原发灶；接着通过蛋白水解作用进入间质，进入血液循环，在此过程中，肿瘤细胞必须克服宿主免疫监视和血液切向应力的作用；然后，肿瘤细胞在微血管处停留，离开血液循环，完成侵袭进入继发灶；最后，这些小部分的侵袭残余细胞必须诱导血管再生以满足细胞生长存活（如图4-2-1-1所示）。

肿瘤的侵袭和转移的分子机制非常复杂，是由很多因子、很多成分参与的结果。其中包括生长因子及其受体、细胞外基质、TGF-β、TGF-α、EGF、IGF、VEGF等。为研究肿瘤体内侵袭和转移行为和机制，研究者们采用了很多方法，我们介绍一下其中的四种代表方法。

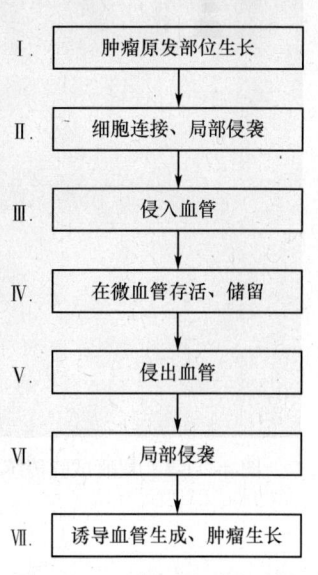

图4-2-1-1 原发性肿瘤的侵袭转移过程

一、创伤愈合实验

（一）简介

创伤愈合实验是一种简单、低廉的研究细胞体外侵袭的方法，是最早应用于细胞体外侵袭的方法之一。该方法模拟了细胞体内创伤愈合的过程。

（二）实验方法

基本方法就是将融合成单层的细胞上面做一道划痕，可以用固定大小的枪头等在细胞层上划一道直线或直接插入宽度一致的插片，使划痕的宽度一致，放入培养环境培养，观察细胞创伤的愈合情况。

（三）实验步骤

（1）取一块24孔板，室温预热10分钟。

（2）以 $0.5 \sim 1.0 \times 10^6$/ml 培养基悬浮不同处理的细胞。

（3）每孔接入 500 μl 细胞悬液。

（4）放入细胞培养箱培养过夜。

（5）第二天取出培养板用小枪头在细胞层上面划一道明显的划痕，尽量用 PBS 漂洗干净细胞碎片或未贴壁的细胞，加入新鲜的培养基继续培养 24 小时。

（6）观察细胞的愈合情况：可以用倒置显微镜直接观察拍照，也可以用 DAPI 或者其他适宜的染料将细胞染色，荧光显微镜下观察，再进行测量。

（7）测量结果分析：可选择用愈合的百分率表示，也可选择应用愈合的距离来比较。

传统的伤口愈合分析，主要是在单层培养细胞间制作划痕以产生愈伤区域，然后使用显微镜观察相应时间段内划痕的愈合情况，具体的愈合时间随不同的细胞类型、培养条件以及伤口的区域大小而变化。但是这样的方法并不能形成一个连续性的愈伤结构，其伤口区域的大小及宽度变化较大，而且划痕可能会对周围的细胞造成损伤从而影响其迁移的效率，因此这种"划痕"伤口愈合试验结果由于细胞间相互的多因素作用而不够理想。

近年来研究者们又改良了这种方法，以 Cell Biolabs 的 CytoSelect 系列的 Wound Healing Assay Kit 和 ABI 的 ECIS Wounding Assay 为代表，他们伤口愈合试验试剂盒克服了上述缺点，通过一个更具一致性的方法产生一个 0.9 mm 伤口 Gap：在细胞培养板上预先放置好用于产生伤口 Gap 的插槽，铺上细胞培养并形成单层后移去插槽，从而形成一个均一的 0.9 mm 伤口。随后开始监控该伤口周围细胞的增殖以及转移现象，并且能通过缩时显微技术实时观察实验结果如图 4-2-1-2 所示：左图为传统方法，右图为新方法。

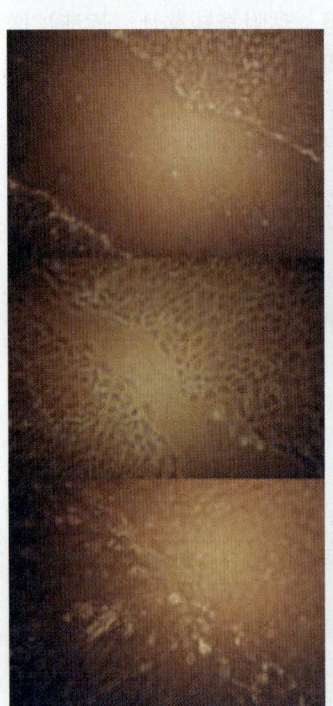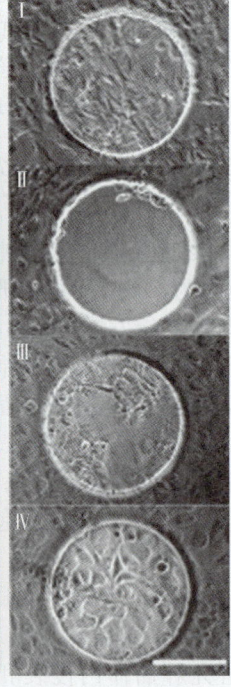

图 4-2-1-2　划痕试验传统方法与新方法的图片

二、Transwell 实验

（一）简介

Transwell 实验是一种实验技术，根据使用小室的不同方式，它可以用来检测肿瘤细胞的不同侵袭转移方式。将 Transwell 小室放入培养板中，小室内称上室，培养板内称下室，上室内盛装上层培养液，下室内盛装下层培养液，上下层培养液以聚碳酸酯膜相隔（如图 4-2-1-3）。我们将细胞种在上室内，由于聚碳酸酯膜有通透性，下层培养液中的成分可以影响到上室内的细胞，从而可以研究下层培养液中的成分对细胞生长、运动等的影响。应用不同孔径和经过不同处理的聚碳酸酯膜，就可以进行细胞趋化、细胞迁移、细胞侵袭等多方面研究。

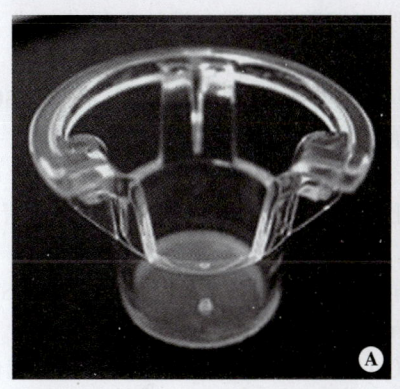 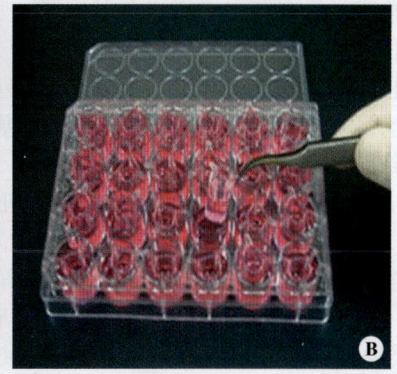

图 4-2-1-3　Transwell 小室构成
A. 为小室；B. 为 24 孔板接种后的情况

（二）实验方法

1. 趋化性实验　可用 5.0、8.0、12.0μm 膜，上室细胞可穿过聚碳酸酯膜进入下室，计数进入下室的细胞量可反映下室成分对上室细胞的趋化能力。

（1）检测细胞 B 对细胞 A 的趋化作用：将细胞 A 种于上室，细胞 B 种于下室，可以研究细胞 B 分泌或代谢产生的物质对细胞 A 的趋化作用。

（2）检测趋化因子对细胞的趋化作用：将细胞种于上室，下室加入某种趋化因子，可研究该趋化因子对细胞的趋化作用。

2. 肿瘤细胞迁移实验　常用 8.0、12.0 μm 膜，上室种肿瘤细胞，下室加入 FBS 或某些特定的趋化因子，肿瘤细胞会向营养成分高的下室跑，计数进入下室的细胞量可反映肿瘤细胞的迁移能力。

3. 肿瘤细胞侵袭实验　常用 8.0、12.0μm 膜，原理与肿瘤细胞迁移实验类似。上室肿瘤细胞，下室加入 FBS 或某些特定的趋化因子，肿瘤细胞会向营养成分高的下室跑，但与肿瘤细胞迁移实验不同的是，聚碳酸酯膜上室侧铺上一层基质胶，用以模仿体内细胞外基质，细胞欲进入下室，先要分泌基质金属蛋白酶（MMPs）将基质胶降解，方可通过聚碳酸酯膜。计数进入下室的细胞量可反映肿瘤细胞的侵袭能力。

（三）实验用品

（1）Transwell 小室：Costar、Corning、BD 生产的小室。

（2）上层培养液：无血清培养基。

（3）细胞：常用饥饿 4 小时后再做实验，效果更为明显。

（4）基质胶：层黏连蛋白和Ⅳ型胶原等。

（5）下层培养液：常用含 5%～10% FBS 的培养基，具体浓度根据细胞侵袭力而定。下层也可用趋化因子，有人将纤维粘连蛋白加入下层培养液作为趋化因子。

（6）细胞培养板。

（四）实验步骤

1. Transwell 小室制备

（1）无基质胶 Transwell 小室制备：①包被基底膜：用 50 mg/L Matrigel 1∶8 稀释液包被 Transwell 小室底部膜的上室面，4 ℃风干。如果需要在下室面铺 FN 的话，可将 200μl 枪头的尖端剪掉，吸取 FN 均匀涂抹在小室的下面。用胶原（collagen）的话，一般配成 0.5mg/ml，直接用枪吸了涂在膜上。②水化基底膜：吸出培养板中残余液体，每孔加入 50μl 含 10g/L BSA 的无血清培养液，37℃，30 分钟。

（2）有基质胶的 Transwell 小室制备：将小室放入培养板中，在上室加入 300μl 预温的无血清培养基，室温下静置 15～30 分钟，使基质胶再水化。再吸去剩余培养液。

2. 制备细胞悬液

（1）制备细胞悬液前可先让细胞撤血清饥饿 12～24 小时，进一步去除血清的影响。但并非必须。

（2）消化细胞，终止消化后离心弃去培养液，用 PBS 洗 1～2 遍，用含 BSA 的无血清培养基重悬。调整细胞密度至（1～10）×10^5/ml。

（3）接种细胞：①取细胞悬液 100～200μl 加入 Transwell 小室，不同公司的、不同大小的 Transwell 小室对细胞悬液量有不同要求，请参考说明书。24 孔板小室一般 200μl。② 24 孔板下室一般加入 500μl 含 FBS 或趋化因子的培养基，不同的培养板加的量有不同要求，具体请参考说明书。下层培养液和小室间常会有气泡产生，一旦产生气泡，下层培养液的趋化作用就减弱甚至消失了，要特别留心，一旦出现气泡，要将小室提起，去除气泡，再将小室放进培养板。③培养细胞：常规培养 12～48 小时（主要依癌细胞侵袭能力而定）。时间点的选择除了要考虑到细胞侵袭力及处理因素对细胞数目的影响。

（4）结果统计：检测穿过的细胞数有两种方法：①直接计数法：通过给细胞染色，可在镜下计数细胞，用棉签擦去基质胶和上室内的细胞，常用的染色方法有结晶紫染色、台盼蓝染色、Giemsa 染色、苏木精染色、伊红染色等。把 Transwell 小室反过来底朝上就可清楚看到小室底膜上下室侧附着的细胞，正置显微镜进行观察和拍照。②间接计数：通过 MTT 法、结晶紫染色等，通过 DMSO 溶解后形成显色，通过酶标仪检测 OD 值。

三、鸡胚转移模型

（一）简介

鸡胚绒毛尿囊膜（chick embryo chorioallantoic membrane，CAM）技术，简称鸡胚模型。鸡胚绒毛尿囊膜技术可以模拟人体内环境，且鸡胚的外胚层是疏松结缔组织，有利于肿瘤的侵袭和转移。因此，鸡胚在研究肿瘤的侵袭和转移方面具有重要的实验价值。鸡胚的孵化过程，约 20～21 天，如图 4-2-1-4 所示。一般选用第 5～9 天的活鸡胚进行肿瘤实验研究。CAM 是由胚龄 4～5 天时绒毛膜体壁中胚层和尿囊膜脏层中胚层融合而成，第 6～7 天的 CAM 及其血管覆盖了整个卵黄囊表面，大部分绒毛膜与壳膜相接触，尿囊体积迅速增大，绒毛膜尿囊膜的两中胚层互相融合。CAM 组织学结构有三层：外胚层，位于壳膜下方，由来自绒毛膜的上皮组成；中胚层，是一层富含毛细血管的结缔组织；内胚层，位于尿囊，由来自尿囊膜的内皮形成。CAM 是一个体外呼吸器官，随胚龄的增加而增大，毛细血管极其丰富。鸡胚可用于体内或体外实验，鸡胚整胚、器官、组织和细胞都可在体外培养，胚胎在体外培养最初 24 小时与体内的发育生长情况基本相同，随着时间的延长，其生长速度逐渐落后于在体内生长速度，故离体后最好在 72 小时内进行实验研究。

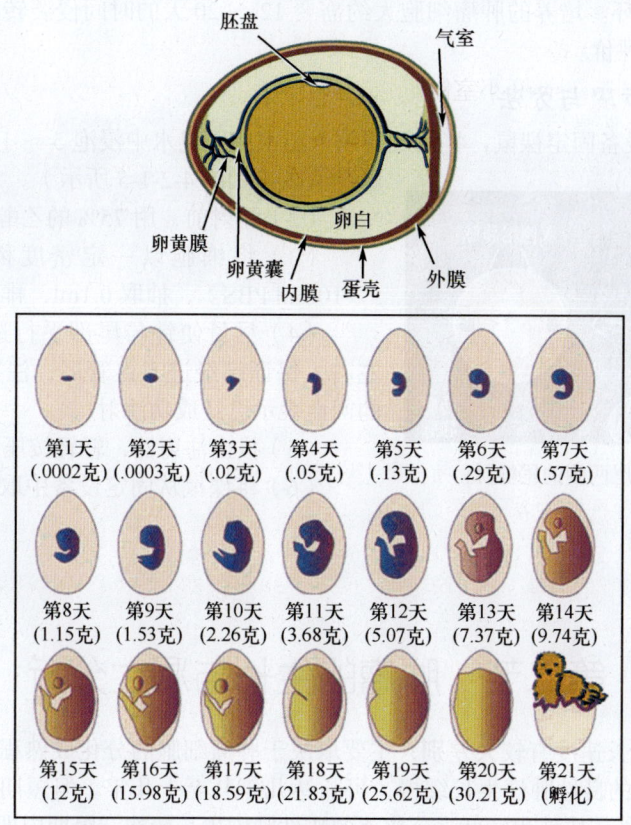

图 4-2-1-4　上图为鸡胚结构；下图为鸡胚的发育

（二）实验方法与步骤

根据肿瘤细胞生长速度和侵袭能力的不同，模型的时间也有所差异。

1. 制作细胞　选择患者原代来源的组织或者建系的细胞系，消化，计数细胞密度，一般以 100μl 中含 $10^6 \sim 10^7$ 个细胞，用 PBS 混匀。

2. 鸡胚接种　取胚日龄 6、7 天鸡胚，用 75% 乙醇溶液消毒表面，在尿囊膜一侧开一个 1cm×1cm 的小孔，将细胞混合均匀接入膜上（或下面），用石蜡将开口处封好。

3. 效果观察　将鸡胚放入孵化箱中，开口处向上。于 38℃±0.5℃，相对湿度 60%～80% 的孵箱中孵育，每天用自制检卵灯观察两次，第 3 天无血管出现者退出实验。

4. 结果评价　根据实验的设计选择合适的时间收集细胞或者取材。

（三）鸡胚材料的应用

鸡胚材料的应用，包括：①建立肿瘤转移模型；②肿瘤侵袭和转移机制的研究；③肿瘤血管生成作用的研究；④肿瘤治疗的研究；⑤肿瘤病毒学研究。

四、裸鼠尾静脉注射实验

（一）简介

裸鼠尾静脉注射实验是在体模拟肿瘤细胞侵袭和转移。即肿瘤细胞必须满足一系列的条件，才可以完成转移。肿瘤细胞通过血行进入裸鼠体内，克服各种因素作用，循环中的肿瘤细胞停留在微血管组织，建立转移灶。此方法可以评价肿瘤细胞最一般的侵袭和转移能力，这种转移方式被称作"实验转移"。与自发转移不同，自发转移是原发灶注射进入肿瘤细胞逃离淋巴和血液循环。培养的肿瘤细胞大约需要 12～20 天的时间侵袭转移，并且一般肺组织出现转移瘤作为评价。

（二）实验步骤与方法

（1）用固定设备固定裸鼠，将其尾部放入温水或肥皂水中浸泡 5～10min，使裸鼠的尾静脉清晰（如图 4-2-1-5 所示）。

（2）注射前，用 75% 的乙醇溶液擦拭尾部。

（3）将细胞以一定密度稀释好（一般 2～5×10^7/ml PBS），抽取 0.1ml，排出气泡。

（4）尽量使针与尾部平行进针，约进入 2mm 左右，保证已经进入血管后，注射细胞，看见明显的回血表示已经成功注射。

（5）拔出注射器，轻轻按压注射部位。

（6）将裸鼠从固定设备中取出，继续控制其行动，防止血管出血。

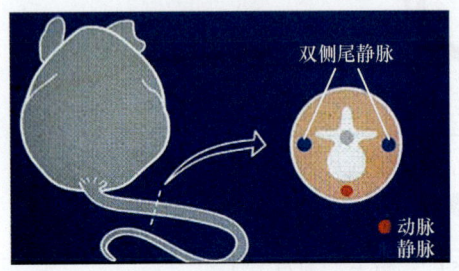

图 4-2-1-5　鼠尾两侧的尾静脉

（苏荣健）

第二节　肿瘤的生长与凋亡分析

各种肿瘤的生长速度有较大差别，主要取决于肿瘤细胞的分化成熟程度。一般来讲，成熟程度高、分化好的良性肿瘤生长缓慢，可长达几年甚至十几年。但短期内生长突然加快，应考虑有恶变的可能。成熟程度低、分化差的恶性肿瘤生长较快，短期内即可形成明显肿块，并且由于血管形成及营养供应相对不足，易发生坏死、出血等继发改变。肿瘤的生长方式有膨胀性、外生性和浸润性生长。肿瘤的生长有其自然的规律，虽然现在还不能确定其具体的生长规律，但是数学界经历了四种方式，①指数模型；②Logistic 模型；③Gompertzlan 模型；④一般模型。模型各有其优缺点，以第四种模型更为准确。肿瘤细胞的生长方式表现为生长初期每经过一定的时间，肿瘤细胞数目就增加一倍。在肿瘤生长后期各一种生理条件的限制，肿瘤细胞数目逐渐趋向某个稳定值。

细胞凋亡，又称程序性细胞死亡（programmed cell death），是指有核细胞在一定条件下通过启动其自身内部机制，主要是通过内源性 DNA 内切酶的激活而发生的细胞死亡过程。细胞凋亡是受基因调控的一种主动性细胞自杀过程，是生物体中普遍存在的现象。目前研究表明，细胞凋亡是维持人体正常生理过程和功能活动所必需的贯穿了生物全部寿命周期。与细胞的坏死不同，细胞凋亡不是一种被动的过程，而是一种主动过程，它涉及一系列基因的激活、表达以及调控等的作用（见表 4-2-2-1）。它并不是病理条件下自体损伤的一种现象，而是更好地适应生存环境而主动采取的一种死亡过程。发生凋亡的细胞，在早期很长一段时间内，细胞膜结构不受影响，只是线粒体对染料的吸收或排斥能力改变。接着，细胞膜发生皱缩、凹陷，染色质变得致密，最后断裂成小碎片。进一步发展，细胞膜将细胞质分割包围，有些包围了染色质的断片，形成了多个膜结构尚完整的泡状小体，成为凋亡小体（apoptotic body）。其特点是具有完整的膜状结构，胞膜表面微绒毛消失，内容除了胞质以外，还有降解的染色质断片。目前，通过研究肿瘤细胞的凋亡来研究肿瘤的发生、发展机制以及研制开发新药备受关注。

表 4-2-2-1　细胞凋亡与细胞坏死的比较

区别点	细胞早中期凋亡	细胞坏死
形态学	细胞皱缩、片段化	溶解
膜的完整性	保持	不能保持
线粒体	自身吞噬或不受影响	肿胀、Ca^{2+} 内吞
染色质	致密	分解
自吞噬	常见	缺少
潜伏期	数小时	没有
蛋白质合成	有	无
始发因素	胚胎、变态发育	毒素、缺血、酸碱
控制因素	内分泌	毒素
胞质生化改变	溶酶体酶增多	溶酶体解体
核生化改变	DNA 片段化	弥漫性降解
最初表现	蛋白质合成下降	肿胀

一、MTT 实验

（一）简介

MTT 全称为 3-（4,5）- dimethylthiahiazo（-z-y1）-3,5-di-phenytetra zoliumromide，汉语化学名为 3-(4,5-二甲基噻唑-2)-2,5-二苯基四氮唑溴盐,商品名：噻唑蓝,是一种黄颜色的染料。MTT 比色法是一种检测细胞存活和生长的方法。其检测原理为活细胞线粒体中的琥珀酸脱氢酶能使外源性 MTT 还原为水不溶性的蓝紫色结晶甲瓒（formazan）并沉积在细胞中,而死细胞无此功能。二甲基亚砜（DMSO）能溶解细胞中的甲瓒,用酶联免疫检测仪在 490nm 波长处测定其光吸收值,可间接反映活细胞数量。在一定细胞数范围内,MTT 结晶形成的量与细胞数成正比。该方法已广泛用于一些生物活性因子的活性检测、大规模的抗肿瘤药物筛选、细胞毒性试验以及肿瘤放射敏感性测定等。它的特点是灵敏度高、经济。

（二）MTT 溶液的配制方法

通常 MTT 浓度为 5mg/ml,用 0.22μm 滤膜过滤以除去溶液里的细菌,放 4℃ 避光保存即可。在配制和保存的过程中,容器最好用铝箔纸包住。

（三）实验步骤

1. 普通 MTT 法

（1）接种细胞：用含 10% 胎小牛血清的培养液配成单个细胞悬液,以每孔 1000～10 000 个细胞接种到 96 孔板,每孔体积 200μl。

（2）培养细胞：同一般培养条件,培养 3～5 天（可根据试验目的和要求决定培养时间）。

（3）呈色：培养 3～5 天后,每孔加 MTT 溶液（5mg/ml 用 PBS 配制,pH=7.4）20μl。继续孵育 4 小时,终止培养,小心吸弃孔内培养上清液,对于悬浮细胞需要离心后再吸弃孔内培养上清液。每孔加 150μl DMSO,振荡 10 分钟,使结晶物充分溶解。

（4）比色：选择 490nm 波长,在酶联免疫监测仪上测定各孔光吸收值,记录结果,以时间为横坐标,吸光值为纵坐标绘制细胞生长曲线。

2. 药物 MTT 法

（1）贴壁细胞：①收集对数期细胞，调整细胞悬液浓度，每孔加入 100μl，铺板使待测细胞调密度至 1000～10000 个细胞/孔，（边缘孔用无菌 PBS 填充）。② 5% CO_2，37℃ 孵育，至细胞单层铺满孔底（96 孔平底板），加入浓度梯度的药物（抑制或者促进生长），一般 5～7 个梯度，每孔 100μl，设 3～5 个复孔。③ 5%CO_2，37℃ 孵育 16～48 小时，倒置显微镜下观察。④每孔加入 20μl MTT 溶液（5mg/ml，即 0.5% MTT），继续培养 4 小时。若药物与 MTT 能够反应，可先离心后弃去培养液，小心用 PBS 冲 2～3 遍后，再加入含 MTT 的培养液。⑤终止培养，小心吸去孔内培养液。⑥每孔加入 150μl 二甲基亚砜，置摇床上低速振荡 10 分钟，使结晶物充分溶解。在酶联免疫检测仪 OD_{490}nm 处测量各孔的吸光值。⑦同时设置调零孔（培养基、MTT、二甲基亚砜），对照孔（细胞、相同浓度的药物溶解介质、培养液、MTT、二甲基亚砜）。

（2）悬浮细胞：收集对数期细胞，调节细胞悬液浓度 $1×10^6$/ml，按次序将下列液体加入：①补足的 1640（无血清）培养基 40μl；②不同浓度梯度的药物 10μl；③需检测物 10μl；④细胞悬液 50μl（即 $5×10^4$ cell/孔），共 100μl 加入到 96 孔板（边缘孔用无菌水填充）。每板设对照（加 100μl 储存液或 100μl 1640）。

（3）置 37℃，5% CO_2 孵育 16～48 小时，倒置显微镜下观察。

（4）每孔加入 10μl MTT 溶液（5 mg/ml，即 0.5% MTT），继续培养 4 小时（悬浮细胞推荐使用 WST-1，培养 4 小时后可跳过步骤 4），直接酶联免疫检测仪 OD_{570} nm（630 nm 校准）测量各孔的吸光值。

（5）离心（1000 r/min，10 分钟），小心吸掉上清，每孔加 100μl 二甲基亚砜，置摇床上低速振荡 10 分钟，使结晶物充分溶解。在酶联免疫检测仪 OD_{570} nm（630 nm 校准）测量各孔的吸光值。

（6）同时设置调零孔（培养基、MTT、二甲基亚砜），对照孔（细胞、相同浓度的药物溶解介质、培养液、MTT、二甲基亚砜），每组设定 3 复孔。

二、集落形成实验

（一）简介

在体外培养基中由一个祖先细胞增殖形成的细胞团，称之为集落。肿瘤细胞能无限繁殖，所以具有这种能力，成熟分化的细胞则不能形成集落。这种方法可用于细胞分化的基础研究和临床肿瘤治疗的疗效检验等方面。体外的集落形成实验是半定量的，可以检测细胞的表型改变也可以检测药物对肿瘤细胞的影响。表型改变有接触抑制消失、锚定非依赖（不再依赖贴附固相介质才能进行分裂）等。常用软琼脂实验来检测克隆（集落）形成。图 4-2-2-1 所示为克隆染色图片，C 为放大的克隆。

（二）实验方法

基本方法是：①准备 0.8% 的 base 琼脂；②准备 0.7% 的 top 琼脂溶液；③收集细胞；④计数细胞，以一定密度悬浮于 top 琼脂溶液中；⑤将 top 琼脂倒于 base 琼脂上（37℃ 预热）；⑥培养 10～30 天，每周加培养基两次。

（三）实验步骤

1. 准备 base 琼脂

（1）灭菌所有一次性的材料，微波炉加热溶解 1% 的琼脂，水浴冷却至 40℃。

（2）准备 falcon 管，水浴加热含 20% 血清的 2×RPMI 及适量抗生素，温度维持 30 分钟。

（3）等比混合两种溶液，形成 0.5% 的琼脂＋1×RPMI＋10% 血清。

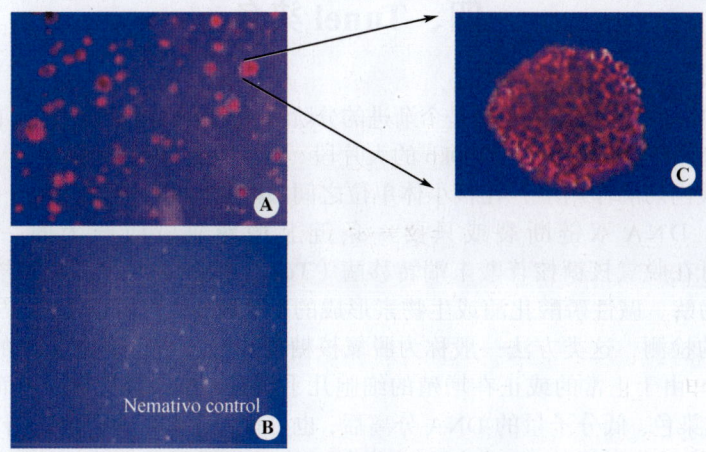

图 4-2-2-1　克隆形成试验染色

（4）加入 1.5ml 的混合液至 35 mm 的培养皿中，放置 5 分钟，使胶凝固（这些板可以 4℃储存 1 周）。

2. 准备 top 琼脂

（1）微波炉加热溶解 1% 的琼脂，水浴冷却至 40℃，准备 falcon 管，水浴加热含 20% 血清的 2×RPMI 及适量的抗生素至 40℃。

（2）消化悬浮细胞，计数细胞密度，注意制成单细胞悬液。

（3）需要每一个平皿 5000 个细胞，制作 4 个板就需要 20 000 个细胞。

（4）将细胞 0.1ml 加入 10ml 的 falcon 管中。

（5）加入 3ml 的 2×RPMI+20% FCS 和 3ml 0.7% 琼脂至 base 琼脂上，每个板加入 1.5 ml 的混合液。

（6）37℃，保湿孵育 10～30 天，每周换两次培养基。

（7）加入 0.5ml，0.005% 的结晶紫染色＞1 小时。

（8）倒置显微镜下观察。

三、裸鼠皮下接种实验

（一）简介

裸鼠皮下接种实验是检测肿瘤侵袭能力的经典方法，通过将肿瘤细胞以不同密度接种于裸鼠皮下，观察皮下成瘤情况。常规接种部位是肩后部（不易被裸鼠抓咬，便于观察）。

（二）实验方法

（1）不同因素处理的细胞，以统一密度悬浮于 PBS 中，一般要求 $1×10^6$～$1×10^7$/ml。

（2）用 1ml 的注射器吸取细胞，将针头轻挑皮下。

（3）每只鼠接种 100～200μl（等体积）。

（4）注意在鼠皮下出现明显的小包表示成功注射，撤针时小心按压伤口 1 分钟，保证细胞少渗出。

（5）观察肿瘤细胞在裸鼠体内的生长情况，每天观察肿瘤是否生长。

（6）一般肿瘤 1 周～1 个月可以杀裸鼠取材（与肿瘤细胞的生长速度有关），观察拍照肿瘤大小，用尺测量长宽高，电子秤称重，比较处理因素对肿瘤的影响。

（7）如果观察药物对肿瘤的影响，可以成瘤后，注射抗肿瘤药物，观察效果，统一时间取材测量大小。

四、Tunel 染色

(一)原理

细胞凋亡中染色体 DNA 的断裂是个渐进的分阶段的过程,染色体 DNA 首先在内源性的核酸水解酶的作用下降解为 50～300kb 的大片段.然后大约30% 的染色体 DNA 在 Ca^{2+} 和 Mg^{2+} 依赖的核酸内切酶作用下,在核小体单位之间被随机切断,形成180～200bp 核小体 DNA 多聚体。DNA 双链断裂或只要一条链上出现缺口而产生的一系列 DNA 的 3′—OH 末端可在脱氧核糖核苷酸末端转移酶(TdT)的作用下,将脱氧核糖核苷酸和荧光素、过氧化物酶、碱性磷酸化酶或生物素形成的衍生物标记到 DNA 的 3′-末端,从而可进行凋亡细胞的检测,这类方法一般称为脱氧核糖核苷酸末端转移酶介导的缺口末端标记法(TUNEL)。由于正常的或正在增殖的细胞几乎没有 DNA 的断裂,因而没有 3′-OH 形成,很少能够被染色。低分子量的 DNA 分离后,也可使用 DNA 聚合酶进行缺口翻译(nick translation),使低分子量的 DNA 标记或染色,然后分析凋亡细胞。TUNEL 或缺口翻译法实际上是分子生物学与形态学相结合的研究方法,对完整的单个凋亡细胞核或凋亡小体进行原位染色,能准确地反应细胞凋亡最典型的生物化学和形态特征,可用于石蜡包埋组织切片、冰冻组织切片、培养的细胞和从组织中分离的细胞的细胞凋亡测定,并可检测出极少量的凋亡细胞,灵敏度远比一般的组织化学和生物化学测定法要高,因而在细胞凋亡的研究中已被广泛采用。

(二)实验方法

原理:脱氧核糖核苷酸衍生物地高辛 [(digoxigenin)-11-dUTP] 在 TdT 酶的作用下,可以掺入到凋亡细胞双链或单链 DNA 的 3′-OH 末端,与 dATP 形成异多聚体,并可与连接了报告酶(过氧化物酶或碱性磷酸酶)的抗地高辛抗体结合。在适合底物存在下,过氧化物酶可产生很强的颜色反应,特异准确的定位出正在凋亡的细胞,因而可在普通光学显微镜下进行观察。除了酶标记,也可以用 FITC 直接标记地高辛,直接用荧光显微镜或流式细胞仪来检测 FITC 标记的绿色荧光。

洋地黄(毛地黄)植物是地高辛的唯一来源。在所有动物组织中几乎不存在能与抗地高辛抗体结合的配体,因而非特异性反应很低。抗地高辛的特异性抗体与脊椎动物甾体激素的交叉反应不到1%,若此抗体的 Fc 部分通过蛋白酶水解的方法除去后,则可完全排除细胞 Fc 受体非特异性的吸附作用。

用途:本方法可以用于福尔马林固定的石蜡包埋的组织切片、冰冻切片和培养的或从组织中分离的细胞凋亡测定。

(三)实验步骤

tunel 的实验步骤根据方法的不同,可以按照不同公司的说明书操作,下面仅写出 POD 标记法的步骤。

1. 标本预处理

(1)石蜡包埋的组织切片预处理:将组织切片置于染色缸中,用二甲苯洗两次,每次5分钟。用无水乙醇洗两次,每次3分钟。用95% 和75% 乙醇各洗一次,每次3分钟。用 PBS 洗5分钟加入蛋白酶 K 溶液(20μg/ml),于室温水解15分钟,去除组织蛋白。用蒸馏水洗4次,每次2分钟,然后按下述步骤2进行操作。

(2)冰冻组织切片预处理:将冰冻组织切片置10% 中性甲醛中,于室温固定10分钟后,去除多余液体。用 PBS 洗两次,每次5分钟。置乙醇:乙酸(2:1)的溶液中,于-20℃ 处理5分钟,去除多余液体。用 PBS 洗两次,每次5分钟,然后按下述步骤2进行操作。

(3)培养的或从组织分离的细胞的预处理:将约 $5×10^7$ 个/ml 细胞于4% 中性甲醛室温

中固定 10 分钟。在载玻片上滴加 50～100μl 细胞悬液并使之干燥。用 PBS 洗两次，每次 5 分钟，然后按下述步骤 2 进行操作。

2. 色缸中加入含 2% 过氧化氢的 PBS，于室温反应 5 分钟。用 PBS 洗两次，每次 5 分钟。

3. 用滤纸小心吸去载玻片上组织周围的多余液体，立即在切片上加 2 滴 TdT 酶缓冲液，置室温 1～5 分钟。

4. 用滤纸小心吸去切片周围的多余液体，立即在切片上滴加 54μl TdT 酶反应液，置湿盒中于 37℃ 反应 1 小时（注意：阴性染色对照，加不含 TdT 酶的反应液）。

5. 将切片置于染色缸中，加入已预热到 37℃ 的洗涤与终止反应缓冲液，于 37℃ 保温 30 分钟，每 10 分钟将载玻片轻轻提起和放下一次，使液体轻微搅动。

6. 组织切片用 PBS 洗 3 次，每次 5 分钟后，直接在切片上滴加两滴过氧化物酶标记的抗地高辛抗体，于湿盒中室温反应 30 分钟。

7. 用 PBS 洗 4 次，每次 5 分钟。

8. 在组织切片上直接滴加新鲜配制的 0.05% DAB 溶液，室温显色 3～6 分钟。

9. 用蒸馏水洗 4 次，前 3 次每次 1 分钟，最后 1 次 5 分钟。

10. 于室温用甲基绿进行复染 10 分钟。用蒸馏水洗 3 次，前两次将载玻片提起放下 10 次，最后 1 次静置 30 秒。依同样方法再用 100% 正丁醇洗三次。

11. 用二甲苯脱水 3 次，每次 2 分钟，封片、干燥后，在光学显微镜下观察并记录实验结果。

五、流式细胞术

（一）简介

流式细胞术是检测细胞凋亡与细胞周期常用的技术。在凋亡发生的各个过程中，都有相应的流式细胞术的检测方法，可以采用以下检测方法。

（二）实验方法

1. 线粒体功能　线粒体被认为是凋亡生化反应的基地，因为它可能是决定细胞存活或死亡的中心。线粒体功能检测的试剂盒主要采用阳离子型荧光染料。原理：正常细胞中，TMP（线粒体膜电位）由膜内外包括质子在内的离子形成的。内膜内面是带负电的，因此带正电的亲脂性荧光素染料可以在线粒体内聚集；而细胞凋亡早期，TMP 发生改变，染料无法进入线粒体，只能在胞质中以单体形式存在。值得注意的是：TMP 变化早于 DNA 断裂和 PS 外翻。可以在荧光显微镜下或流式检测。采用 488nm 激发，其检测波长分别是 527 nm 和 590 nm。整个实验过程操作简单，只需要 30 分钟就可以见到结果。

2. DNA Cycle　DNA 周期检测原本是用来反映细胞各个期，即细胞增殖状况的。利用细胞内 DNA 能够和荧光染料，如 PI 结合的特性。细胞各个时期由于其 DNA 含量不同从而结合的荧光染料不同，流式检测的荧光强度也不一样。G_2-M 期 DNA 含量是 G_0～G_1 的两倍，而 S 期介于两者之间。

但是由于发现凋亡的细胞 DNA 含量减少，因而可以在细胞 G_0～G_1 期前面有一个亚二倍体峰，从而认为是凋亡细胞。但是在由于死亡晚期的细胞本身其 DNA 含量也是减少的，因而区分凋亡和死亡的细胞并不十分准确。故而，诱导凋亡时，需要注意凋亡检测的时间。

3. Caspases　Caspases 家族在发生凋亡的过程起着重要的作用，通过 Caspases 对大分子结构的级联水解反应，导致细胞凋亡。在 Caspases 家族中，Caspases-3 是最重要的指示蛋白酶，活化的 Caspases-3 可以水解切割和激活其他的 Caspases、相关的胞质靶位点（C K18）和 PARP。Caspases-3 是早期的指示因子，在凋亡过程中持续升高，在凋亡的晚期快速下降。

Caspases 家族可以检测的分子还有很多，也有不少商业的试剂盒可以应用。即使没有相应的试剂盒，只要有相应抗体基本上是可以检测的，具体的方法是参照细胞内蛋白检测的步骤。

4. Annexin V Assay 细胞膜改变是较早出现的凋亡改变。凋亡细胞中，细胞膜磷脂酰丝氨酸（PS）从细胞膜内侧翻转到细胞膜外侧。Annexin-V 是一种 35～36kD 的 Ca^{2+} 依赖的磷脂结合蛋白，它对 PS 具有较高亲和力。细胞凋亡时，可以和外翻的 PS 结合，从而可检测凋亡细胞。发生死亡的细胞其细胞膜上的 PS 也外翻，因而也会阳性。故常用凋亡试剂盒除采用 Annexin-V 标记之外，还会加一种 DNA 染料，常用的有 PI 和 7-AAD，由于死亡的细胞膜通透性增高，染料可进入细胞内和 DNA 结合，从而发荧光，区分出死细胞。

5. DNA Fragmentation Assays 晚期凋亡的细胞由于 DNA 断裂，可出现 DNA ladder，从而也就有了经典的检测方法 TUNEL。流式也能进行 TUNEL 检测，其原理与经典 TUNEL 原理基本一致。以 BD 公司为例，利用 TdT 能将荧光素标记的 dUTP 标记到断裂的 DNA 末端，从而使凋亡的细胞具有荧光。但由于在细胞内标记，细胞需要进行固定处理，操作类似免疫组织化学法，容易造成假阳性。建议采用原装大厂的试剂盒，并严格设立对照。经过预实验方法稳定后再大规模实验。标本处理后均可以用荧光显微镜观察，拍照。流式检测后可以进行精确的计算凋亡百分比。这一点，经典 TUNEL 是做不到的。

（三）实验步骤

1. 线粒体功能 将正常培养的细胞和诱导凋亡的细胞加入为罗丹明 123（终浓度为 1mmol/L）或 DiOC 6（终浓度为 25 nmol/L）、JC-1（终浓度为 1nmol/L），TMRM（100nmol/L），37℃平衡 30 分钟，流式细胞仪检测细胞的荧光强度。

荧光探针 JC-1 是一种阳离子型的亲脂性染料，能够自由穿过细胞膜，随细胞膜电位的变化而在膜两侧保持动态平衡。其特点是线粒体膜电位低时浓度低，主要以单体形式存在，488 nm 激发时最大发射波长为 527 nm，呈绿色荧光，细胞质相对线粒体为低电位，形成流式图中所有细胞 FL1 均为阳性；膜电位高时浓度高形成聚集体，488 nm 激发时的最大发射波长为 590 nm，红色荧光。活细胞线粒体膜电位高，线粒体内 JC-1 聚集体的浓度高，红色荧光很强，在流式图上表现为 FL1 和 FL2 双阳性，而凋亡细胞则大多为 FL1 单阳性。

2. DNA Cycle PI 染色法是检测 DNA 周期常用的方法，步骤如下：①配置 PI 染液：PI 5mg、RNase 2mg、1.0% Triton X-100、生理盐水 65ml、枸橼酸钠 100mg，加蒸馏水至 100ml，调 pH 7.2～7.6，用棕色瓶分装，4℃储存；②制备单细胞悬液，细胞计数，取（1～5）×10^6 个；③加入 3ml PBS，300～400g 离心 5 分钟；④去上清，加入冷无水乙醇，终浓度为 70%，4℃过夜；⑤离心去除固定液，3 ml PBS 重悬 5 分钟；⑥400 目筛网过滤 1 次，离心弃去 PBS；⑦加入 1ml PI 染液，4℃，避光孵育 30 分钟；⑧流式细胞仪检测：PI 用 488nm 的氩离子激光器激发，由 630nm 的带通道滤光片接收，通过 FSC/SSC 散点图收集 10 000 个细胞，分析 PI 荧光，直方图上细胞各周期的百分率及凋亡百分率；⑨结果观察：荧光直方图上凋亡细胞在 G_1/G_0 期前出现一亚二倍体峰。

3. Caspases 活性检验 Caspases-3 活性试验原理：Ac-DEVD-AMC 是一种人工合成的四肽荧光复合物，激活的 Caspases-3 可将其分解，为 DEVD 和 AMC。AMC 是一种荧光基团，可在 380 nm 紫外线波长激发下发出 450nm 波长的荧光，通过对 AMC 荧光强度的检测就可以间接观察 Caspases-3 的活性。步骤如下：①诱导细胞凋亡；②收集细胞，800g 离心 5 分钟；③弃上清，计数细胞，2×10^6 个；④将细胞重悬于 1 ml PBS 中；⑤取 100μl 细胞悬液，加入 400μl PBS 溶液，加入 10μl Ac-DEVD-AMC；⑥37℃孵育 1 小时；⑦流式细胞仪测定；⑧设置阴性对照：不加 Ac-DEVD-AMC 和 Ac-DEVD-CHO；抑制试验加入 Ac-DEVD-CHO 10μl；⑨结果判断：荧光强度评价 Caspases-3 活性参数。

4. Annexin V Assay 步骤如下：①把将被染色分析的细胞用冷 PBS 洗涤二次并在恰当的染色缓冲液中以 1×10^6 细胞/ml 的浓度重悬（染色缓冲液中必须含有 Ca^{2+}）。②吸取 100μl 的细胞（1×10^5）至试管中（必须在室温下进行）。③加入适量的荧光标记的 Annexin V 试剂和 PI（必须在室温下进行）。④混匀后避光室温下孵育 15 分钟（必须在室温下进行）。⑤孵育后加入 400μl 染色缓冲液，立即上流式细胞仪分析。⑥设置对照：没有染色的细胞、仅用荧光标记的 Annexin V 染色的细胞以及仅用 PI 染色的细胞。⑦结果判定：AV-PI 双阴性的细胞为活细胞；AV（阳）+PI（阴）为凋亡细胞；PI（阳）+AV（阴）为坏死细胞；AV-PI 双阳性的细胞可能为晚期凋亡细胞。

（苏荣健）

第三章 基因与遗传

第一节 人类性状的家系收集和遗传分析

【实验目的】

1. 了解人类一些常见遗传性状的遗传方式。
2. 了解和掌握遗传学研究中基本的调查与统计方法。
3. 了解计算基因频率和基因型频率的方法。

【实验原理】

人类的各种性状均由特定基因所决定，遗传基础不同则性状表现各异。通过调查分析某特定人群中的某一性状，可以初步了解该性状的遗传方式、基因的性质、并计算出基因频率与基因型频率。根据所测数据还可进行群体遗传结构分析，判断该群体是否处于遗传平衡状态。

系谱分析法是研究人类性状或疾病的遗传方式的重要方法之一。系谱是从先证者（proband）或索引病例（index case）开始，追溯调查其家族各个成员的亲缘关系和某种遗传病的发病（或某种性状的分布）情况等资料，用特定的系谱符号按一定方式绘制而成的图解。此方法常用于单基因遗传性状和单基因病遗传方式的研究，包括常染色体显性和隐性以及性连锁显性和隐性遗传方式的分析。

基因频率指群体中某一基因在其所有等位基因数量中所占的比例。任何基因座位上全部基因频率的总和等于1。基因型频率指群体中某一基因型个体占群体总个体数的比例。任何群体各个基因型频率的总和等于1。通过对人群中某种性状的遗传分析，可以了解不同种族或民族的基因频率和基因型频率。

【实验方法】

在自己家系中调查几种常见遗传性状，绘制系谱图，确定该性状的遗传方式，计算基因频率和基因型频率。

几种常见人类遗传性状：

1. 卷舌性状 人群中有卷舌者（tongue roller），能够将舌的两侧在口腔中向上卷成筒状，此性状为显性。

2. 眼睑性状 人群中有单重睑（俗称单眼皮）和和双重睑（俗称双眼皮）两种性状。一般认为单重睑为隐性性状，双重睑为显性性状。

3. 耳垂性状 人群中分为有耳垂（free ear lobe）与无耳垂（attached ear lobe）两种情况。有耳垂为显性性状，无耳垂为隐性性状。

4. 前额发际性状 人群中，某些个体前额发际（hair line of the forebead）基本水平，呈"一"字形。某些个体前额发际由正中向下延伸呈峰形，即"V"字形，此性状为显性。

5. 发式性状 个体自然发式有卷发和直发之分。卷发为显性性状，直发为隐性性状。

6. 发旋性状 个体发旋的螺旋方向有顺时针和逆时针两种。顺时针方向为显性性状，逆时针方向为隐性性状。

7. 酒窝性状 人群中的个体有些有酒窝，有些则无。有酒窝是显性性状，无酒窝是隐形性状。

8. 食指长短 人群中，某些个体食指较无名指长，某些个体正好相反。食指较无名指长为显性性状，反之为隐性性状。

9. 拇指端关节外展 人群中，某些个体的拇指第一节可向指背弯曲，另一些个体的拇指第一节只能保持挺直不能外展。不能外展为显性性状，能外展为隐性性状。

【注意事项】

遗传性状识别准确；实事求是，不编造数据。

【作业与思考题】

在自己家系中调查 1~2 种遗传性状，绘制系谱图，确定该性状的遗传方式，计算基因频率和基因型频率。

（侯　威）

第二节　疾病家系收集和遗传分析

【实验目的】

1. 初步掌握调查和统计人类遗传病的方法。
2. 了解计算基因频率和基因型频率的方法。

【实验原理】

人类遗传病是由于细胞中遗传物质的改变而引起的疾病，通过社会调查和家系调查等方式，可以了解其发病率，遗传方式，计算基因频率和基因型频率等。

系谱分析法是研究人类性状或疾病的遗传方式的重要方法之一。系谱是从先证者（proband）或索引病例（index case）开始，追溯调查其家族各个成员的亲缘关系和某种遗传病的发病（或某种性状的分布）情况等资料，用特定的系谱符号按一定方式绘制而成的图解。此方法常用于单基因遗传性状和单基因病遗传方式的研究，包括常染色体显性和隐性以及性连锁显性和隐性遗传方式的分析。

基因频率指群体中某一基因在其所有等位基因数量中所占的比例。任何基因座位上全部基因频率的总和等于 1。基因型频率指群体中某一基因型个体占群体总个体数的比例。任何群体各个基因型频率的总和等于 1。

【实验方法】

1. 确定调查病例（如红绿色盲、深度近视等），制定调查记录表。
2. 实施调查。
3. 整理分析调查数据。
4. 得出结论并形成报告。

【注意事项】

实事求是，不编造数据。

【作业与思考题】

将调查结果形成实验报告。

（侯　威）

第三节 遗传咨询

【实验目的】

1. 初步掌握遗传咨询的方法和步骤；
2. 了解各种遗传病的临床表现和诊断、鉴别诊断方法。

【实验原理】

遗传咨询（genetic counseling）是由咨询医生（医生或从事医学遗传学的工作人员）应用遗传学和临床医学的基本原理和技术，与遗传病患者和亲属以及有关社会服务人员进行商谈的过程。其内容包括所患疾病是否为遗传病，该遗传病的发病原因、遗传方式、诊断、治疗、预后、再发风险率估计，并在权衡对个人、家庭、社会利弊的基础上，给予咨询者婚姻、生育、防治等方面的医学建议和指导。遗传咨询是做好优生工作，预防遗传病发生的最主要手段之一。遗传咨询一般按照五个步骤进行：确诊，确定遗传方式，估计再发风险、提出对策、随访和扩大咨询。

【实验方法】

利用自己调查收集到的病例或提供的病例进行遗传咨询。

1. 详细询问病史，绘制系谱，进行分析。除一般病史外，着重患者的家族史（如亲属中还有哪些个体患有同种疾病，程度如何等）、婚姻史（如婚龄，次数，配偶职业及健康情况，是否近亲结婚等）、生育史（如生育年龄、子女数量及健康状况，有无流产、死产和早产史，患儿有无产伤，妊娠早期是否接触过致畸因素等）。

2. 根据患者的症状与体征，建议进一步诊断项目，如染色体检查、生化检查、MRI、基因诊断等。

3. 根据诊断结果，判断该病是否为遗传性疾病，遗传方式，再发风险，治疗方案等，并告知咨询者。

4. 解答咨询者提出的相关问题，并提出可供选择的各种方案，如劝阻结婚、避孕、人工流产、人工授精、产前诊断等。

病例一：一位 26 岁的妇女已妊娠 14 周，因其弟弟是先天愚型患者而来进行遗传咨询，询问其所孕胎儿有没有本病的发病风险。

病例二：一对年轻夫妇，男方的弟弟患苯丙酮尿症（PKU），他们婚后始知 PKU 是 AR 遗传病，前来咨询他们是否也会生出 PKU 患儿。

病例三：一对青年夫妇生出了一个先天性聋哑女儿，担心再生孩子还会患先天性聋哑，同时也关心这个患儿结婚以后，是否会再生先天性聋哑的后代。

病例四：一对夫妇生出一个（软骨发育不全）侏儒儿，患儿生后体矮，头大，前额突起，面容粗犷，腰部脊柱前突，臀部后翘等，来进行遗传咨询。

病例五：一位 23 岁的男青年，因患严重的佝偻病并有骨骼畸形、骨痛、行走困难，前来咨询所患疾病是否为遗传病，怎样传递的，能否治疗，他的子女有没有发病风险。

病例六：一对青年夫妇第一胎生了一个无脑儿，夭亡，前来咨询。

病例七：一对夫妇生了一个智力低下的孩子，前来咨询能否治疗，治疗方法及再发风险。

【注意事项】

询问病史绘制系谱时，一定要尽量保证系谱的系统性、完整性和可靠性。如询问家族史时，应从患者的同胞开始问起，然后再分别沿父系和母系追问，尤其不要遗漏先证者的Ⅰ、Ⅱ级亲属。死亡者（含婴儿）须查清死因，是否近亲婚配、有无死胎、流产史等要详细记述等等。

【作业与思考题】

选择一个病例进行遗传咨询并写成实验报告。

（侯 威）

第四节 DNA 损伤与遗传性疾病

小鼠骨髓嗜多染红细胞（PCE）微核检测

【实验目的】

1. 学习和掌握小鼠骨髓嗜多染红细胞（PCE）微核测定方法。
2. 了解细胞染色体损伤情况，掌握检测断裂剂和部分非整倍体致突变剂的测定方法。
3. 进一步熟练制片和镜检操作。

【实验原理】

细胞在受到射线、化学物质等有害因素作用后，可产生除细胞核以外的次级核，研究证明，微核的化学成分与细胞主核相同，因其体积很小，故称微核（micronucleus）。多数学者认为细胞通过两种机制产生微核：①染色体断裂剂导致染色体断裂，产生的无着丝粒断片或环不能进入子细胞核，被包含在子细胞的胞质内，单独形成一个或几个规则的微核。②纺锤丝毒性药物（如秋水仙碱等）能抑制纺锤丝的形成，破坏染色体和纺锤体的连接，阻止细胞分裂中期纺锤丝将染色体拉至细胞的两端，染色单体行动滞后，不能进入子细胞的主核，而形成了一组微核，体积往往略大于一般典型的微核。

由于微核的产生与染色体和 DNA 损伤有较大关系，故常将微核的检出率作为 DNA 损伤的一种指标。

【实验器材】

1. **动物** 小鼠（18～20g）。
2. **器材** 载玻片、推片、血细胞计数器、滴管、注射器、解剖剪、镊子、止血钳、解剖盘、离心机、天平、晾片架、滤纸、电吹风机、染色缸、研钵、恒温水浴箱、光学显微镜……
3. **试剂** 环磷酰胺、灭活小牛血清、甲醇、Giemsa 染液。

【实验方法】

1. **染毒** 小鼠腹腔注射环磷酰胺 40mg/kg 体重。可采用多次染毒法（每天染毒一次，连续 4 天，第五天取样）或两次染毒法（处死前 30 小时 + 处死前 6 小时）。
2. **取材** 以颈椎脱臼法处死小鼠，取两腿股骨，剔净肌肉，擦去附着在上面的血污，剪取两端股骨头，暴露骨髓腔，用注射器吸取 1ml 灭活小牛血清，将针头插入骨髓腔上段冲洗，用试管接收冲洗液，即成骨髓细胞悬液。
3. **离心** 1000r/min 离心 5 分钟，弃大部分上清液，留少许液体，用毛细吸管将细胞团块轻轻吹打均匀。
4. **涂片** 混匀后的液体滴 1 滴于载玻片上，血常规涂片法涂片，自然干燥。
5. **固定** 玻片标本置于甲醇溶液中固定 5～10 分钟，晾干。
6. **染色** Giemsa 原液用磷酸缓冲液按 1∶10 的比例稀释，染色 10 分钟。自来水轻轻冲去多余染液，晾干，镜检。
7. **观察** 先在低倍镜下选择细胞分散均匀、形态完整、染色良好的区域，再转到油镜下，观察嗜多染红细胞的微核。典型的微核多为单个、圆形、边缘光滑整齐，偶尔呈肾形、马蹄形或环形，嗜色性与主核一致，直径通常为红细胞的 1/20 ～ 1/5。每张玻片标本计数 100 ～ 200 个嗜多染红细胞，按"‰"计算微核的出现率，微核计数以"细胞"为单位，即 1 个细胞中出现 2 个或 2 个以上微核时，只按"1"计算。

【注意事项】

1. 防止小牛血清污染。

2. 胸骨须擦拭干净，以免影响结果。

3. 涂片不要过厚或过薄。

4. 选择分布均匀、疏密适度、形态完整、染色好的区域镜检。由低倍镜到高倍镜，并按一定顺序镜检。

5. 注意微核与颗粒异物的区分，PCE 与其他骨髓细胞不同阶段血细胞区分。

【实验结果与实验报告】

计算小鼠骨髓嗜多染红细胞的微核率。

【试剂配制】

1. Giemsa 储备液 将 1g Giemsa 倒入研钵内，加入少许甘油混合研细，分次倒入剩余的甘油至 66ml，转移到烧杯内（或试剂瓶内）。放入 55 ～ 60℃水浴中并不断搅动至 2h。取出冷却后加入 60ml 甲醇，混匀后置室温，2 ～ 3 周后过滤，保存于棕色瓶内备用（存放时间越长染色效果越好）。

2. Giemsa 染色液 实验前取 Giemsa 储备液与磷酸盐缓冲液（pH 6.8）1∶9 混匀。

（李 虹）